孔子这个人

（民国）丁寅生◎著
张弛◎译

九州出版社
JIUZHOUPRESS

图书在版编目（CIP）数据

孔子这个人 / 丁寅生著；张弛译. —北京：九州出版社，2008. 10

ISBN 978-7-80195-899-0

Ⅰ. 孔… Ⅱ. ①丁…②张… Ⅲ. 孔丘（前 551~前 479）—哲学思想—研究 Ⅳ. B222.25

中国版本图书馆 CIP 数据核字（2008）第 145957 号

孔子这个人

作　　者　(民国)丁寅生　著　张　弛　译
出版发行　九州出版社
出 版 人　徐尚定
地　　址　北京市西城区阜外大街甲 35 号(100037)
发行电话　(010)68992190/2/3/5/6
网　　址　www.jiuzhoupress.com
电子信箱　jiuzhou@jiuzhoupress.com
印　　刷　北京佳艺丰印刷有限公司
开　　本　787×1092 毫米　1/16 开
印　　张　20.5
字　　数　350 千
版　　次　2008 年 10 月第 1 版
印　　次　2008 年 10 月第 1 版　第 1 次印刷
书　　号　ISBN 978-7-80195-899-0/B·249
定　　价　29.00 元

目录
CONTENTS

目录 CONTENTS

圣人出而黄河清

孔子，是百代儒宗的先师，万世景仰的圣人。

孔子所在的春秋时代，恃强争霸，政出权门。这和孔子的王道理想大不相容，以致他一生栖栖惶惶辗转奔波，其言其行不为当世理解和接受，奉行的大道无处施行。更不幸的是，孔子生前的著述，经过秦始皇焚书坑儒的劫难，早已所剩无几！

万幸的是孔子的后代中有个叫子襄的，他把孔子的那些珍贵秘本藏入曲阜孔宅的墙壁之中。直到孔子故宅遭到汉朝鲁恭王的毁坏时，里边的藏书才被人发现，最后这些书简全归孔子的十二世孙孔安国所有。

藏书原本全是上古文字，后来孔安国将其译为汉代通行的隶书。其中最有价值的是《孔子家语》，记载了孔子和他的弟子及当时的公卿大夫之间的对话。至于《论语》，其实是孔子的弟子有若从《家语》中摘录出来的、比较有事实根据的言论，它流传于后世，被儒家奉为经典。

孔子本是成汤的后裔，怎就姓孔了呢？

这得从“孔”这个姓的谱系说起。商朝的始祖叫做成汤。商朝发展到纣王时期，民不聊生，怨声载道。武王灭纣，得了商朝的天下，把纣王的儿子武庚分封在朝歌。成王继位，武庚作乱，周公东征平定了这场祸乱，改封纣王的兄长微子启为成汤后裔，国号为宋。宋至孔父嘉时，其族人已多得数不胜数，于是按照东周“五世亲尽，别为公族”的惯例，凡孔父嘉的子孙都以孔为姓。孔父嘉即为孔子的六世先祖。

后来，孔父嘉的后人防叔为躲避祸乱，从宋国逃到鲁国，从此世世代代居住在山东曲阜。防叔生伯夏，伯夏又生叔梁纥。

叔梁纥便是孔子的父亲。叔梁纥在壮年之时从军，随主将孟孙蔑攻打逼阳。当军队冲入城中，城上突然放下千斤闸板，叔梁纥正好经过，急忙伸出双手托住，高喊道："城中有埋伏，快退！"鲁国将士因此得以全部生还。叔梁纥以其勇武闻名于当世，后来出任陬邑大夫。

叔梁纥与施氏成婚多年都不能生子，只好纳侧室，不久生下一子名孟皮，字伯尼。伯尼生性愚钝，还是个瘸子。叔梁纥见儿子体貌不全，担心他不能继承父业，希望再有一个儿子。不幸的是，很多年过去了，妻妾都没能生下一男半女。叔梁纥只好休了施氏，准备另选名门淑女为继室。听说曲阜颜氏有三个女儿，德才兼备，又都没有出嫁，于是托媒人登门求婚。

颜父熟知叔梁纥的家世，但考虑到叔梁纥的年纪比女儿大一倍多，便没有自作主张，特地进入内室对女儿们说："今天，陬邑大夫叔梁纥托媒人来求婚。你们也知道，他是圣王成汤的后代，一个骁勇善战当世皆知的大英雄，与我家称得上门当户对。不过，他的年纪有些大。不知你们哪个愿意嫁他为妻？这是你们的终身大事，愿不愿都应该给我一个明确的答复。"

大女儿与二女儿都低头不语。小女儿名叫征在，年纪最轻，才德最出色，她站在两个姐姐背后，缓缓地说道："古礼是女子在家从父，父亲又何必相问呢？"颜父听后，就把征在许配给了叔梁纥。

征在嫁给叔梁讫多年都没有生育，她为此很是烦闷，便问丈夫："我的年纪虽轻，您却年近半百，只担心再这么拖下去难得子嗣！听说尼山上有神灵，只要诚心许愿，颇为灵验，何不同往求子？"叔梁纥欣然答应。

第二天早上，夫妇两人乘车到尼山脚下，步行登山，到山神庙烧香叩拜，祈求早生贵子。祈祷完后，沿原路下山，途中，征在发现路旁上山时还叶叶向上的草木在此时都叶叶下垂了。她觉得奇怪，便指给丈夫看。叔梁纥说："在我看来，这并不奇怪。上山时露水未干，草木带着朝气，有劲度，所以叶子向上翘起；现在草木被太阳光晒得软弱无力，叶子只得垂下来。"

当晚，征在睡到三更时梦见一位垂髫仙女，自称奉北方黑帝之命来召唤征在。说着，仙女把征在带到宫殿上。征在看见南向坐着一个穿锦衣罗裙的黑帝。那黑帝传下口谕："你不久将生圣子，当选一个名叫空桑的地方来生产。"说完，赐她一把玉柄。征在接过把玩，见上面刻有"水精之子，继衰周而素王"十个小字，正在细看玉色，忽然失手掉在了地上，于是一下从梦中惊醒过来。征在认为自己白天想得太多了，夜间才有这种奇怪的梦，就未曾把这件事告诉他人。

没过多长时间，征在果然怀孕了。十个月后，她又做了个梦，梦见那位小仙女牵着一头酷似小牛、满身龙鳞的独角兽，背上坐一个活泼可爱的小孩子。小仙女说，此兽名为麒麟，专为送子而来。征在把腰间的丝带解下，绑在麒麟角上。刚绑好，那麒麟忽然张口狂鸣，征在吓得一下子从梦中醒来，刚才的梦境如在眼前。

第二天一大早，征在将前后两个梦都仔细地说给丈夫听，叔梁讫听完，很开心："传说文王出生时，他的母亲就梦见了麒麟送子，想来这是吉兆。"征在催促道："有这样一个好梦，我就要生产了，快去找一个叫空桑的地方吧。"叔梁纥带上家人，在城内城外到处寻访，打听到南山有个石洞，俗称空桑。叔梁纥去南山石洞察看，发现不过是个小石洞，一年到头不见阳光，阴森潮湿，并没有什么特别的地方。

家人都说，这样一个石洞，即使穷到没有地方住，也不选在这里生产，不如另找一个地方，假称是空桑，敷衍过去吧。叔梁纥听从他们的建议，在陬邑城外昌平乡租赁了一间空屋，他回家对征在说："空桑已经找到，房屋也租赁好了。"征在当日就高高兴兴地搬了过去。

周灵王二十一年，岁次庚戌，冬十月庚子日，一个男婴呱呱落地。万世师表的孔子就这样诞生了。

这年正值鲁襄公在位，黄河水原本一直浑浊不清，自孔子降世，黄河忽然清澈见底。众所周知的"圣人出而黄河清"的典故就由此而来。

孔子接受教育

叔梁纥已年过半百，忽然得到一个儿子，真是喜出望外。等到孩子满月的时候，他大摆筵席款待亲友，隆重地为孩子起名。因小孩是秉受尼山灵气所生，所以取名为丘，字仲尼。

孔子从小就活泼可爱，声音也特别洪亮，父母都十分宠爱他，像宝玉一样捧在手里。等到孔子三岁牙牙学语时，父母就教他用完整的句子说话。孔子一学就会，并且永远不忘。

征在觉得自己的孩子长得和别人很不一样，就把算命先生邀至家中，替孔子看相。那算命的端详了孔子一会儿，说道："孩子太小，面部轮廓还没有完全定型。现在说什么都为时过早。但看他一脸福相，眉宇开豁，将来肯定是个顶天立地的奇男子。不过，这孩子的右眼稍高于左眼，恐怕有早年克父之嫌啊。"征在听了，半信半疑。

谁知，过了不久，叔梁纥就莫名其妙地病了。刚开始，大家都认为不过是风寒，他练过武功，挥挥拳脚，活动活动筋骨，出一身汗就没事了。可叔梁纥这次生病却不同，越是出汗，身子越虚。看着丈夫的病越来越重，征在焦急万分，赶紧请来医生诊脉开方。征在每天都亲自煎药，衣不解带日夜侍奉着。可是，叔梁纥还是撒手人寰了！

叔梁纥去世时，孔子只有三岁。此后孔家就从陬邑搬回曲阜老家。曲阜是鲁国的都城，祭祀的地方宗府和孔家相离不远。每到祭祀的时候，哥哥伯尼都会带上孔子一同去观看。孔子五六岁时，已经对祭礼十分熟悉。一有机会，孔子便到玩具摊上买许多俎豆、簠簋回来，逼着伯尼和他演祭祀礼仪，神气十足。

伯尼大孔子六岁，走路不方便，他担心在私塾里会被同学笑话，便在家里接受征在的教导。孔子为了不荒废兄长的学业，只好自己表演祭祀之礼，自娱自乐。征在看得烦了，就含笑问道："你天天戏弄俎豆，是不是想学会了这套礼仪，去做个管庙的礼官啊？"

孔子回答："母亲只顾教伯尼读书，又不教我。我没什么好玩的，只能玩俎豆了。"

征在说："你既然肯读书，那明天就和伯尼一起学吧。不过以后你就是学生了，可不能再这样贪玩。"孔子高兴地答应了。

第二天，征在开始教孔子识字。令征在惊喜的是，孔子竟然有过目不忘的本事，不到一个时辰，就把征在准备让他一个月学会的三百字个个熟读熟写。征在担心学多了会厌烦，便对孔子说："今天就学到这里，明天再继续吧。"

孔子却说："跟您教伯尼的时间比起来，我的少得不能再少，您这不是偏心吗？"征在只好接着教他，一天下来整整学习了一千个字，忙得征在连吃饭的时间都没有。

教完了汉字，征在开始教孔子读文章。令她更意外的是，长长的一段文字，孔子竟能一目十行。征在辛苦地注明句读，教了十行，他却一读就熟，逼着母亲再教。一天一百行，孔子还嫌太少。征在实在教不过来，就把孔子和伯尼都送到私塾。

有孔子在身旁，伯尼不再被同学取笑和捉弄。孔子有兄长陪伴，也不觉得寂寞。

在私塾学了三年，孔子一天对母亲说："老师太懒了，每天只肯教我一次新东西。我读熟了想再学新的，他就说：'学生多，如果每个都要一天教两次，那我要花多少功夫和精神！'所以我要换一个勤快些的老师。"

征在回答："那就去你外公那里吧。我的学问就是向他学的。他很博学，现在年龄大了，已经不收徒讲学了。但你是他外孙，又这么聪明，要让他教你，肯定不成问题，就看你自己是不是愿意了。"孔子欣然应允。

第二天，征在带孔子回到娘家，向父亲说明来意。颜父生平最疼爱这个女儿，答应亲自教导外孙，说："论礼、乐、书、教四科，我足以担当外孙的老师。至于射、御，我知之甚少。"

征在答道："我就这一个孩子，决不让他去从军。那两科，不教更好。"

从此孔子就在外祖父家勤奋求学。

颜父见孔子天资聪明，好学不倦，长得又与众不同，认定他不是一般人，便下决心好好教育他，将来能够承传禹、汤、文、武的道统。颜父常常把三皇五帝的故事讲给孔子听，鼓励他做君子。

光阴荏苒，很快孔子就十九岁了。

一天，孔子问外祖父："怎样做君子？"

"君子有三思：年少不勤学，年长了一无所能；年老不讲学，死后无人纪念；有财不布施，穷了无人救助。"

孔子听完，说自己会谨记不忘。

"君子还有四恕，恕就是推己及人，仁爱待物的意思。有君不能事，出仕求差使，便是不恕；有亲不能孝，有子望他报，也不是恕；有兄不能敬，有弟要他顺，也不是恕；有友不先施，有施望厚报，也不是恕。"外祖父又道。

"这四恕，我都没能做到！有君主但不用我，有父亲但已下世，有兄长不能敬，有朋友不能先施予，所以心中常觉惶惑不安！"孔子答道。

外祖父微笑道："你年纪尚轻，还处在求学时期，当然谈不到恕。将来你如果能居高位、掌国政，就应该学习尧舜，从顺天时，观察地理。那样，小则可以教民安乐，大则可以平治天下。切记我的话，将来遵循周公留下来的道统，才算是顶天立地的大圣人！只可惜我年岁已高，等不到你成名的时候了。”

孔子恭敬地接受外祖父的教诲，专心治学。不料，那年九月，外祖父寿终正寝。孔子陪着母亲守孝百日，出完殡，便和母亲一起回了家。

小官大作为

征在看到孔子已长大成人，自己盼着早抱孙儿，开始催促孔子赶紧结婚。孔子却直言拒绝：“男婚女嫁，本该父母作主，依礼是不可以不遵母命的。可我学识甚浅，想趁着年轻到各国游历，访求名师，学成济世之才，将来为世所用。再说成婚之事，按照古礼，男子三十而娶，这是周公定的婚制。您又何必急着要我娶妻呢？”

征在叹道：“你父亲娶我的时候，都已经四十一岁了，以致让我早早就终年守节，连累你少年无父。我不想让你像你父亲一样，因此主张早婚。我已经问得宋国上官氏家有个才女，四德兼备，又和你同岁，你们可称得上珠联璧合。双方媒人已经说好，希望你不要违背我的意愿。成婚以后，你大可外出求师访友，勤求学问。我有媳妇在旁侍奉，也可不让你操心。古礼虽说男子三十而娶，那可是最晚的期限。你要知道，男子二十成人，你今年十九。虽差一岁，可你身体健康强壮，成婚决无妨碍。你就当我抱孙心切，依了我的话便是孝顺我！”

孔子向来都很孝顺，听了母亲这番话，只好说婚事由母亲作主。

征在取得爱子同意，第二天就让媒人到上官家定礼，然后择吉日迎娶成婚。

孔子自结婚以后，经常与家乡的贤士大夫出游访学，和南宫敬叔更是好朋友。敬叔是鲁公族孟懿子的兄长，赐居南宫，他以此为姓，名叫适，号子容。敬叔见孔子好学多才，就敬以师礼。孔子为人谦逊，不肯受此恭维，常和敬叔结伴游学，访求名师。

一日，他俩同游泰山。忽然看见一位老者，鹤发童颜，身披鹿裘，颈挂丝索，胸前挂着一张五弦琴。那老者边走边弹，引吭高歌，笑容可掬。

孔子问敬叔：“这老者是谁？”

敬叔答：“是鼎鼎大名的乐道宿儒荣声期。”

孔子又说：“看他须发如雪了，还未曾得志，只怕是徒有虚名！我倒要去请教他在乐些什么？”

于是，孔子急行上前，向荣声期拱手作揖道：“大家都尊称您为乐道宿儒，晚辈很想知道您乐的是些什么？”

荣声期抬头看了看天，慢悠悠地说道：“可以为乐的东西很多，但最重要的只有三件。第一，天生万物，唯人灵贵，我为人，便是一乐；第二，生人有男女，男尊女卑，我为男，便是二乐；第三，人命有长短，我已有九十五岁，乃是三乐。贫穷，本来就是士人的常态。死亡，更是每个人的最终归宿。能够处常得终，还有什么不乐呢！”

孔子道：“洗耳恭听后才知，先生是个能自我宽慰的人啊。”说完，作了作揖，转身离开。随后孔子对敬叔说道：“一个乐天知命的迂儒，不足师法。”

敬叔附和道：“那老朽无能，徒负虚名！”

孔子道：“我听人说，荆公子只有十五岁，却能够通晓天命，处理朝政井井有条。我不大相信！”

敬叔道：“我有事要出远门，荆地为必经之路，我倒要去看看他的政绩。”

十几天后，敬叔登门拜访孔子。

一见面，孔子就问：“可是从荆地归来？那荆公子的政绩如何？”

敬叔答：“很好。我到他朝上看了看，很清净。还去了他的相府，五位老人坐在堂上，二十名壮士坐在廊下。荆公子遇到文事就咨询那五位老人，遇到武事就参考那二十个壮士的意见，然后才拿主意，所以政绩很好。”

孔子说：“汇集二十五个人的才能足以治理天下，何况一个小国呢？”

敬叔道：“为政呢，应该先由小地方做起。等熟悉政务了，再担当大任，才不会误事。”

孔子说：“这个叫小试。一个人有才学，却藏在肚子里，他人不会知晓；一旦进了朝廷，才干显现出来，自然会名闻于世，列国诸侯也会争先恐后来请教征聘，给个一官半职不是问题。”

敬叔说道：“这也是实至名归。你要愿意去小试，我倒有个现成地方，是专管田赋粮仓的委吏，官位很低，不知道你愿不愿屈才呢？”

孔子答：“你如此盛情，我就惟命是从了。”

敬叔回去之后，在他弟弟孟懿子面前极力推荐孔子。懿子名何忌，姓仲孙，是鲁国的贤大夫。他知道敬叔是真正的君子，所交的朋友必是才人贤士，于是任命孔子为成邑委吏。

以孔子的才干学识，做这个小官是绰绰有余的。不过，初入仕途，其中的利弊，他全然不知。开始，孔子按照前任的办法管理，留用前任移交下来的人。谁知这些人以为孔子年少可欺，和一群商贩暗中勾结，打着灾荒的幌子不肯交税。孔子调查后，了解到今年收成很好，那些人的理由根本就是子虚乌有。

孔子没有马上揭穿这件事，只是继续访察。后来才知道，自己手下有两个负责具体事务的差头，势力很大，农民本来都愿意交赋税，只是因为量具特别大，要求改换，因此才观望不交。那两个差头趁机和农民串通起来，编造灾荒的谎言，违抗赋税。

孔子查明事实后，立即把两个差头送交上级法办。之后，改换通用的量具，任用公正的人去征税。设立限期制度：在期限前交完的，只纳九成；在期限内交完的，纳九成五；超过期限的，加一成；拒不纳税的，改让他人耕种，等到欠赋完清，才能继续耕种。结果，限期还没到，就如额收足，开创了前所未有的纪录。

孔子把赋税交给孟懿子并向他说明，由于自己勒限催征，所以农民所交的赋税比定额少了一成。孟懿子查对历年的数目，发现这次所征收的赋税非但不少，反而多出两成。

孟懿子见孔子不像历任委吏那样侵吞赋税，便鼓励道；“你实心办事，忠于职守。初入仕途，不受狡猾的差役欺骗，实属难得！如果大小官吏都能像你这样奉公守法，还愁国家不会富强吗！”

等到下次征收赋税的时候，孔子以为驾轻就熟，不会有困难，依然按照限期制度收税。结果却只有几家小户在期限内交完，赋额较多的大户根本没人交纳。他料定有人暗中捣鬼，私下派一些人去查访，但欠赋的人守口如瓶。孔子去催他们完赋，他们也只是口头答应，没有任何实际行动。

原来，按照现有的规矩，委吏收到的田赋，应该通过邑宰转交地主。孔子因为由敬叔直接推荐给地主孟懿子委任，曾预先叮嘱孔子有事与孟懿子直接沟通，所以上一次征税时，孔子收交的田赋就没有经过邑宰。邑宰忌恨孔子越权，又恨捞不到油水，这次征税时就全力阻挠。他一方面和地主家臣联络，一方面雇用孔子开除的那两个差头，让他们暗地里叮嘱那些纳税大户：不要给委吏纳税，等邑宰来时再交纳，不论迟早都纳九成；如果交给了委吏，邑宰不但不承认，还要重交全额！乡下的农民无知，认为宰官大于委吏，当然要服从宰官的命令。因此藉辞推托，屡催不交。

眨眼间，征收赋税的限期已满，孔子只收到了三成定额。他心想：初来时容易催征足额，现在有了一年的经验，反而催征不力，真是没想到！

孟懿子是个贤大夫，他知道本届田赋收不到，肯定是邑宰从中作梗，于是就让敬叔去秘密调查。

一天，孔子正在为征税的事发愁，敬叔忽然来访，孔子便简单地说了一下事情的经过。

敬叔道："我就是为此事而来。孟懿子已经猜到是邑宰从中作梗，按照惯例，委吏催征不力，要归宰邑去催的。他肯定没想到这次由我来查催。"

孔子听了，恍然大悟，向敬叔道："我有个方法，需要借你的名用一下，怎么样?"敬叔听了孔子的方法，欣然应允。

没想到只过了一天，交纳赋税的人就陆续赶来。孔子和敬叔照额收纳，一周之内就已收足。原来，孔子借敬叔之名，通知各个纳税人：现在地主孟懿子派自己的兄长来督征田赋以防邑宰中饱私囊。以后的田赋，邑宰永远不得过问，由地主直接派委吏征收！这样一来，下届邑宰再也没有阻挠的理由了。

敬叔收足了税，回去交差。

孟懿子问："你究竟用的是什么方法，能在一天之内催交足额呢?"

敬叔答："这不是我的功劳。是孔丘使的'一劳永逸'之计。以后，我们就可高枕无忧了！"接着把事情经过详细讲述了一遍。

孟懿子不由赞叹："孔丘的才干实在可赞，真是个人才啊。"

敬叔说道："既然这样，我们就顺水推舟，把他推荐给朝廷吧。"

孟懿子叹息着说："现在国家一天不如一天，主宰鲁国政权的孟孙、叔孙和季孙三家。又各自加强势力。我们的赐邑虽然和别的两家一样，但是无论财产还是人口都不如他们。至于孔丘，就先留作自己用，将来我们势力强大了再推荐给国家吧。这可怨不得我有私无公，实在是形势所逼啊。"

敬叔趁势说："经过孔丘两届整顿，我们的财产一天比一天多。就调他为司职吏吧。"

孟懿子点头赞同："我正有此意。"说罢，便调任孔子为司职吏。

上任司职吏

司职吏是专管户口的。东周时，最小的诸侯有一百里的管辖区，鲁为周公之后，是最大的诸侯之一，其治理的地方约占现在山东的一半。春秋时，无论公私谁家百姓多，一般就认为谁家势力强大，所以各诸侯都设立司职吏，专管户口。

孔子到任之后，专程去见孟懿子表示感谢。孟懿子设席款待，敬叔在旁陪坐。

孟懿子问孔子："在这称雄争霸的时代，国内百姓越多越好。可为什么我们鲁国的人口却不增加，是不是以前的司职吏办事不力，没有认真调查？"

孔子答道："可能有这样的原因，但也不能全怪司职吏没有从实调查。依我所见，可以有五种方法增加住户：少收税，轻徭役，不要动不动就刑戮，让婚嫁年龄有法可循，另外还要节俭。如果这五件事都做到了，邻国的百姓就会闻风而来，人口自然一年比一年多！若赋税苛重，民众不堪重负自然会离开，所以要薄赋税；抽取壮丁服兵役，老百姓都怕战死沙场只能逃亡，所以要轻徭役；滥用死刑，会引起人民的恐惧以致要搬迁，所以要慎刑戮；男婚女嫁限定年龄，才能保证人口数量，所以要定婚嫁；不知节省，百姓容易穷困而无法生活，所以要行节俭。"

孟懿子道："我会请君王大力推行你的这些政策，你尽力辅佐就是。婚嫁是增加人口的根本，应该如何规定呢？"

孔子答道："若早婚，夫妇的身体还都发育不足，易生出不健全的婴儿，贻害很大；而太晚结合，生育肯定也会很少。这二者都不合理。所以男子当以二十二岁为婚期，女子十八岁为嫁期。除有特别原因的，例如残疾、恶病等须预先报告司职吏，其他人须一律遵守。到期不婚嫁，先罚家长。另外，现在民间婚嫁耗费太大，经常因为缺少六礼而不能举行婚礼，所以我们还要规定婚礼必须从简。"

司职吏一职比委吏闲散，而且无人阻挠，孔子只管大胆去做。一年以后，当地的人口大增，而且有很多人从别的地方迁来居住。

差事闲散，孔子有很多时间和精力来研究政治，还可以经常和贤士交往游玩。孔子自认为不理民事，不收田赋，就不会发生弊端，却不知清官难逃恶吏。他手下有个叫景和的吏役，专管登记调查，那人刁猾成性，收受贿赂从中作弊。当时正实施三丁抽一的征兵制，需凭借司职吏的调查簿编册子。

当地有一对叫左伯、左仲的亲兄弟，按规定，左伯已到服兵役的年龄。当时，左伯已聘定秦氏女花容为妻，但还未成婚。花容嫌左伯家穷，暗中和一个名叫商高的人私通，想和左伯解除婚约，与商高结为夫妇，只是找不出好的理由。于是，商高用重金买通景和，让景和帮自己解决此事。

景和就去对左伯说："鲁国将要出兵伐齐了，你如果去服兵役的话，肯定死多活少。"左伯求他设法相救。景和说："只要你说自己身有重病并去登记，便可不用当兵，这样就可以保全性命了！"左伯诚恳道谢。景和奸笑，回去对商高说："左伯已经登记身有重病，按例不能娶妻了。"商高便向花容的父亲提亲。

左伯后来见鲁国并未出兵，聘的妻子又要嫁与他人，才知自己上当，只好到司职吏衙门前哭诉，正巧遇见孔子。孔子向左伯盘问明白，立即传景和与他当面对质。水落石出后，景和被革职，左伯仍与花容结为夫妇。

敬叔听说了此事后，就去见孔子。

孔子无奈地叹道："人善被人欺。我不想再做官了！听说京城里的老子博古通今，贯通礼乐的奥秘，精研道德的深义。我想去寻访他，你愿意同去吗？"

敬叔欣然答应："极愿奉陪，你只管辞职。我还要向君主请求，赐给我们车马。"说完，匆忙作别，直接入宫。敬叔向鲁昭公说："臣的先父曾说过，孔子是圣王成汤的后裔，其祖辈离开宋国来到鲁国。有个叫正考父的人，辅佐武公、宣公有功，特制鼎铭，上面写道：'饘于是，粥于是，以糊其口。'便是讲孔子祖辈的恭俭。藏武仲也经常对臣子说，圣人之后，必有明德达才之人。孔子天生就精通六艺，臣应该拜孔子为师。现在孔子不愿当司职吏了，想到京城考察礼乐源流，这是大事业。请赐以车马，臣愿和他一起去。"

昭公早就听人说过孔子多才好学，并且知道敬叔是个贤臣，所以立刻赐给他们一辆配有两匹马的车子。

孔子和敬叔入朝谢恩，临走时又对孟懿子说："我缺少从政经验，容易受人欺骗。前思后想，我决定还是和敬叔一起到京城观礼。”说完，便与敬叔驾车启程，向京城进发。

学礼问乐

周武王开国时，以陕西长安为京城。后来，周平王为避犬戎之乱，迁都河南洛阳，也就是孔子前往的京城。从曲阜到洛阳，路程很远，并非一日可以到达。幸好孔子和敬叔两人结伴而行，一路上才不至于寂寞。

一天，他们从一座山下经过，正巧看到山上有人张网捕雀。孔子命车夫停下车来，依在车栏杆上观看，只见捕鸟人捕到的都是些小黄雀，就问捕鸟人：“为什么捕不到大黄雀呢？”

捕鸟者答道：“大雀机警，一见网就远远避开；小雀贪食，往往会自投罗网。如果小雀若和大雀一起飞，就不容易捕到了”。

孔子看了看敬叔，说：“机警则远祸，贪食则忘身。小鸟都是慎选所从才能免祸，所以人更应该择交而从。小雀不见得不懂得贪心不好这个道理，只可惜贪念未除，难免不自投罗网。”说着，便让车夫继续赶车前行，一路上不再耽搁直抵京城。

这时天色已晚，孔子找到住所先安顿车马，休息了一晚。又让车夫先去探明老子的住址，次日再去拜访。

第二天一早，孔子和敬叔递名帖拜见。老子迎接他们进去，坐定后，双方寒暄了几句。孔子表明来意：“久仰先生博通今古，精明礼道。今日和敬叔特来求教，希望您不要把我当作鄙人俗客，不屑教诲。”

老子笑答：“二位既然误信了我的虚名，不辞劳苦地赶来，我当然欢迎。不过我自觉惭愧，只怕学问不及二位。我只能将我的一知半解尽量与二位分享。说到礼和德，我还能略知一二；至于乐，从尧、舜、禹、汤、文、武、成、康到现在，古乐今乐那真叫多。我不是乐官，没有专心研究过这方面的东西，且乐又是宴飨要用的，很重要，我不曾身体力行，不敢乱讲。二位既奉鲁君之命来到这里，必然会问周乐，我自愧不能称职。但我的好朋友苌弘，他现在是王朝乐官长，他的祖父和父亲也曾任过乐官。苌弘经验丰富，你们的问题，他肯定能详细解答。我先为两位介绍，你们改日去拜访就是了。”

孔子赶忙拱手谢道：“我还是想请教一下，今日之礼为何不如古礼呢?”

老子微叹道：“这都是周室衰微，诸侯争霸，各自僭礼称雄的结果！古礼是周公辅佐武王、成王时制定的。西周盛时，各种礼制完备，上下遵守，没有人敢僭越。东周以来，古礼日渐泯灭。你们要知古礼，耳听不如眼见，请随我到郊社、明堂、宗庙处看看，便可一目了然。”

说完，老子就带着孔子和敬叔去了明堂。来到明堂，孔子举目四顾，只见四面大门上分别画着尧、舜、桀、纣的画像，个个都活灵活现的。尧、舜和善魁梧，带着兴旺的神气；桀、纣则凶恶尖削，带着颓废的色泽。还有周公辅佐成王图，鼎铭盘铭更是多得看不完。

退出明堂后，他们又去太庙参观各式祭器。孔子在石级前，看见一个大小与人相当的铜铸人像，口上粘着三道封锁，背上刻着很长的铭文。从头到尾看了一遍后，孔子对敬叔说道：“今天见了这个三缄其口的铜像，才知道做人不要多言，言多必有失；不要多事，多事必然会招来烦恼。”

不知不觉到了午后，老子就邀孔子、敬叔一起吃饭。吃完饭，孔子又向老子请教：“各种礼制的意义，没有高人的指导，我是不能贯通的，请您多多指教。”

老子道：“坐吧，我来说给你们听。礼制的作用大得很哪！天下可以依礼而正，所以明主都是秉礼在位，治道隆盛；幽王和厉王反其道而行之，以致遭殃。可见，礼制关系国家的治乱兴衰，决不能等闲视之。你们首先要知道，古圣王顺承天道而治人情，奉鬼神之意而立教化，因此制定出各种礼制。”

孔子听到这里，问：“那鲁国为什么不行天子祭天地的郊礼?”

老子答：“鲁国是周公后裔，郊社礼是周公修订的，专属天子的祭礼。鲁国奉周公遗制，按照先例冬至不举行郊祭礼。”

孔子便说：“郊社的古义是什么?”

老子答道：“总的来说是郊祭天，社祭地。详细解释这两种祭礼很复杂。古帝王的郊祭，是祀祖的。万物之本是天，众人之本是祖。郊祭就是报本反始，所以祭上帝，它必须在冬至一阳生日举行，主要是迎长日的。郊祭始自周，用冬至月，上辛日。社祭行于惊蛰日，是祈祷农事，称大郊祭。百姓在南郊建了一个坛，名叫园丘，也叫天坛、泰坛等。再说牲器，郊祭用的牛，要预先养三个月；社祭用的牛，要临时准备。它们分别用来祀天神与人鬼，颜色都须是红色。祭祀前要把园丘打扫洁净。祭器用陶匏，郊礼用的象天数，社礼用的象地数。以上这些都是天子的祭礼，诸侯不能僭用的。”

孔子又问：“天子郊天时的礼仪是怎样的？”

老子答道：“天子郊祭，要先占卜，选定日期；然后到祖庙祝告受命，到父庙告已备好卜筮用的龟，这些表示对祖先的尊敬。卜筮那天，天子亲临，接受卜官缮正的祭天誓命。卜礼既毕，供献誓命于库门，让百官们先行斋戒。郊祭那天，百姓们穿丧服的不能入国门，遇丧事的不能哭，道路要清洁，行人要止步。天子披衣裘，乘素车，队伍最前面的是十二面绣着龙纹日月的旌旗，代表天。天子到泰坛下车，换上祭天衮服，戴上十二旒的平天冠。接下来的献爵、上香、燔柴、读祝等，郊与社都一样。总而言之，郊社礼，是敬祀神灵的。谛礼、尝礼，是敬祀昭穆祖先的；此外还有民间通行的各种礼制，比如说馈奠礼，是敬死丧的；射飨礼，是敬乡党的；食飨礼，是敬宾客的。”

孔子说道：“我曾听郯子说，居家有礼则长幼分，闺门有礼则三族和，朝廷有礼则官爵尊，田猎有礼则戎事闲，军旅有礼则武功成。如果反其道而行之，又会遇到怎样的灾难和祸害呢？”

老子答道：“要是那样的话，就会像瞎子走路，突然失去了搀扶的人；又像是整晚都坐在没有蜡烛的黑屋子中，什么都看不见，手脚不敢乱动，连进退都为难了。”

说到这里，刚好苌弘来拜访老子。老子起身迎接，说道：“我们还想去拜访你，你却不请自来，省了我们许多脚步啊。”接着把孔子、敬叔介绍给他。

苌弘微笑道：“一客不烦二主，不用问我这个才疏学浅的人。如果你们有问而我无答，岂不要当众出丑！”

敬叔插言：“久慕大名，不必客气。乐府浩如渊海，博大精深，没有谁能博通无遗。先生如果将您所知的教给我们，我们会获益很多。”

孔子走上前来，鞠了个躬，严肃地问道：“武乐深奥，我经常觉得不能明知其理。请问，‘武之备戒之已久’是什么意思？”

苌弘答：“武王恐怕士众不能长久敬服他，于是作此乐歌来警众。”

孔子又问："'发扬蹈厉之已蚤'又是什么意思？"

苌弘又答："这是说很多事不能做得太早，也不能太晚。该做的时候再做。"

孔子接着问："'迟矣而又，久立于缀'又怎么解释？"

苌弘想了想，答道："这个就有些复杂了。总的来说是形容成功的，即表彰周朝灭商纣的功绩。'迟矣而又'是说灭纣成功的迟缓。'久立于缀'，是说久立着等待诸侯来会。所以武乐说，'总干而山立'，即武王统领大军会合诸侯于孟津，那气势就像山一样，立在那儿。武乐有六成，俗称六节：一成出兵伐纣，二成灭商，三成开国，四成南国诸侯归附，五成分陕而治，六成颂天子，这是武乐的大成。"

孔子说道："我能听到这番教导，了解武乐的底蕴，真是有幸。但不知武乐和韶乐，究竟哪一种好？"

苌弘说："韶是虞、舜的乐名，武是武王的乐名。论他们的功业，舜继尧治国，武伐纣救民，分不出个轻重。可要是就乐论乐的话，韶乐就显得气势宏盛，无论形式还是内容都要完美一些。武乐呢，音声虽美，但歌调晦涩，不如韶乐。"

又讨论了一会儿，苌弘有事，就先行告辞了。

孔子在京城观光了几天后，准备行装打算回去了。他去向老子辞行，老子诚意款待，并嘱咐孔子道："有钱人用财物来送行，仁人君子只会送以言辞。我既不富裕，又枉背着君子的盛名。但我还是要送你几句话：现在有知识的人，太聪明深察，不易活得长久，因为他们喜欢议论他人长短；太博学善辩的，又难保身家，因为他们喜欢揭发他人的罪恶。做人呢，在家就应该修养身心，孝敬双亲；在朝就要听取别人的良言，忘掉自我，一心念着君王。"

"您的教诲我会谨记于心，终身不忘。"说完，孔子便与敬叔上车，回鲁国去了。

逃　亡

孔子和敬叔回到鲁国，向鲁昭公复命。

昭公询问经过，孔子详尽回答。昭公听得肃然起敬："我曾听敬叔说你是当世无双的国士，果然名不虚传。"

此后，昭公经常召见孔子，再加上敬叔在公卿、大夫面前不断称赞，很快，孔子名声大振。鲁国好学的人纷纷拜孔子为师。

鲁昭公二十五年，孔子三十五岁了。因为早婚，已经有一男一女。男孩十五岁，名鲤，字伯鱼。伯鱼从小就由孔子亲自教育，虽说年龄小，学问却已不浅。

一天，伯鱼跟着孔子走到鲁桓公庙中观光，看见神位前斜放着一件木器，便问守庙者："这是什么祭器？"

守庙者答："是宥坐，也就是帝王的劝戒器。"

孔子说："我听说过这东西。空的时候会歪斜，注水到一半则会平正，水满会倾倒。明君常用它来劝戒自己，所以放在身边。伯鱼，你往里边倒水试试看。"

伯鱼随即向守庙者要了一些水，注入器皿中。注到一半，器皿端正起来。接着再注，等到注满的时候，那东西忽然就翻倒了，里面的水也全都流了出来。

孔子长叹道："世上哪有满而不倒的东西呢！伯鱼，你要记住我的话！"说完，就去北堂参观。

来到北堂，伯鱼发现北面的窗户都是断的，就问："这是工匠的过失吗？"

孔子说道："建造太庙，选出来的都是名匠，木材也都是上好的。工匠们是尽巧尽妙，决不会出现你说的情况。肯定另有原因，想来应该是昭示后人要不断修葺吧！"

回到家中，孔子对伯鱼说："你年少无知，不太知道立身处世的道理。做人，有三点很重要：知耻、知鄙、知危。少年时不勤奋学习，老了一无所成，是可耻的；做个显官达贵，遇见贫贱故交却不理睬，是可鄙的；亲小人而远君子，是危险的。这三件事你要谨记！”

就在孔子的弟子日益增多的时候，鲁国的权相季孙氏久慕孔子贤名，想征孔子为家臣。孔子见季孙氏在宴飨时用纵横皆为八人的乐舞，僭用天子的礼乐，还去祭奠泰山，知道他野心勃勃不把鲁君放在眼里，以后肯定会闹出大乱，所以不愿应征。季氏只好退而求其次，逼孔子选个贤弟子来替代。无奈之下，孔子只好将冉求荐为季氏宰。

冉求，字子有，精通政事六艺，是孔门的贤弟子。最初，冉求并不愿依附权门。孔子私下对他说：“昭公待我不薄，只可惜政落权门。如今，昭公想削夺季氏政权，又怕季氏先发制人。我不能消除国乱，但一定要保护昭公安全出国。一旦你作了季氏宰，就可以探听机密，然后告诉我，我再上报昭公。”

冉求谨遵师命，去见季氏。季氏问了许多政治方面的事情，冉求都对答如流。季氏十分高兴，说名师出高徒，果真不错。

季氏非常信任冉求，任为家臣，遇到机密事肯定会召冉求商量。冉求白天在季氏家办理政事，晚上到孔子那儿学习，把季氏的阴谋全部告诉孔子。季氏的儿子命令家臣阳虎训练了两千甲兵，准备叛乱，孔子知道后赶紧通知敬叔，让他深夜入宫报信。昭公连夜逃到齐国。

齐鲁两国本来就有亲舅之谊，再加上齐景公用晏婴为相，使得国富兵强，经常以济困扶危为己任。对于逃亡而来的鲁昭公，齐景公自然加以厚待。

昭公逃亡后，孔子把妻小托给冉求、敬叔照料，和一帮弟子驾车逃到齐国避乱。

逃到泰山时，孔子看见有个妇人在野地里大声嚎哭，声音悲切，于是对子贡说：“这哭声沉痛，又忽断忽续，肯定是哀伤过度，气都堵在喉咙了，你快下车去问问。”

子贡见哭者是一位中年妇人，就问：“你为什么独自在田野间痛哭啊？”

妇人断断续续地答道：“我的公公、丈夫和孩子相继被老虎吃了。你说，我能不悲伤吗？”

子贡问：“为什么不早早地搬出这地方？”

妇人说：“因为害怕别的地方有苛政，所以宁愿冒着危险住在这里，却不想三代都死于虎口！”

子贡因为赶路，不再多言，回到车上，就把妇人的话转述给孔子。

孔子长叹："真是苛政猛于虎也！一个地方就算是有猛虎，也不会把每个人都吃了。但有了苛政，所有的人都会遭受痛苦！你们将来出仕为官，一定不要施行苛政，害得百姓求生不得，求死不能！"

进入齐国境内，孔子又听见一阵阵哭声，"真是奇怪！我们逃避国乱，一路上好兆头一桩也没有见到，却一再听到哭声！我没权没位的，这不关我的得失，想必昭公没有复国之日了！"

渐渐地，哭声越来越近。孔子说："这哭声虽悲哀，却不像哭丧者的声音。"于是向车外张望，只见路旁有一位怪人，手持镰刀和绳索，泪流满面，并不沉痛。

孔子下车，向怪人问道："你是什么人？"

怪人答："丘鲁子。"

孔子问："这里不是丧葬的地方，为什么在这儿哭？"

丘鲁子答道："因为我有三件遗憾的事。等我开始觉悟的时候，后悔都来不及了！"

孔子又问："是什么事？"

丘鲁子答道："我少年好学，游学四方，等回到家时，父母都不在了，不能孝敬侍奉他们，这是一失；我长时间尽忠于齐君，但君王骄奢，我不能匡正，这是二失；我向来厚待朋友，现在他们却都与我断绝，这是三失。树欲静而风不止，子欲孝而亲不在，欲亲旧交而情已绝，我活着还有什么意思呢！"说完纵身投水。

孔子忙命弟子下水相救。可风大水急，已无从捞寻。

子贡说："这个人目光呆滞，想必是个疯子。那些围观的人，有的说他是书痴。有的说他因父母去世，自己在远方求学，等到接信赶回来，遗产早被人吞尽，所以气疯了，几次想上吊，都被人救下来。"

孔子却说："虽然他是疯子，他说的话却很有道理。他这条命都送给求学了！现在，你们都应该自问，确实内顾无忧才可以跟我远行；要不然，尽早回去。国乱还不知要闹到什么时候，你们都身为人子，求学不在一时，国乱带来的灾难可不能忽视啊！"

听了孔子的话，众弟子中有十一人回鲁国去了。孔子又驱车前行，直到齐国都城临淄。

晏婴其实很小气

齐大夫高昭子曾和晏婴一起出使鲁国。晏婴是当世闻名的贤士，与孔子早就相识。当初晏婴和昭子到达鲁国后的第一件事就是去拜见孔子。

孔子赴齐之前，先给晏婴、昭子写了封信。所以，等孔子一行人走到临淄郊外，昭子早就命族人高庭在城门口迎接。孔子和高庭是初次见面，还以为他是相国晏婴的使者。

孔子见了高庭，下车拱手说道："承蒙相国盛情，劳您亲迎，我实在担当不起！"

高庭说道："我是奉高大夫的差遣来迎候夫子的。想必高大夫在家都等急了。"孔子就随高庭去见高昭子，见面寒暄后，分宾主坐定。

孔子道："我投奔贵国，一来探望老友，二来问候鲁君。不知昭公现在在哪里？"

昭子答："我们君主让他住在堂阜，离这里约有半日路程。"

孔子请昭子派人带子贡到堂阜去见昭公。

不到半日，子贡就从堂阜回来向孔子报告："昭公得了小病正卧床休息，他身体好后会亲自来与您相见。"

晚上，昭子设盛宴替孔子洗尘，还邀请晏婴陪坐。

晏婴身材矮小，却很有名气。当初齐景公任用他为大夫，曾派他出使楚国。楚王见他矮小，想羞辱他，在城门旁边开了一个狗洞，故意把城门紧闭，让他从狗门进去。

晏婴从容地说："如果我出使的是狗国，我肯定会从狗门进去，可今天我来的是楚国，就应该从城门进。"弄得楚王自取其辱，只好下令将城门打开。等他回到齐国复命时，景公提拔他作了相国。

按理，晏婴和孔子既是老朋友，就应该为国荐贤，与孔子同掌国政，像鲍叔荐管仲那样。谁知，晏婴见孔子的才学胜他十倍，就想：如果我们共同效力于齐国，景公必然要重用孔丘，轻视自己。那么靠着狗门得来的这把交椅，就得拱手让与孔子了。由于晏婴存着这个私心，所以在宴席上，昭子力劝孔子在齐国从政的时候，晏婴假装没听见，只和子贡在一边高谈阔论。

昭子对孔子说：“您说鲁国是您的生养之地，应当辅佐鲁君尊周室、攘夷狄，大则王天下、小则霸诸侯。您的政见实在很伟大，不过就鲁国目前的形势，实在是难成霸业。鲁君出逃，国乱开始，孟孙、叔孙、季孙三家争权夺地，政落权门，公室一天不如一天。现在由季氏拥戴的新君定公，在权臣的威逼下，只管些祭礼杂事，连国政尚且不能过问，还说什么争王图霸！若要辅佐季氏，去干大逆不道的事业，您肯定誓死也不愿意。本来，论您的先世，应该先考虑去宋国。不过自襄公以来，宋国国势比鲁国还弱，您去那里肯定不会有所作为！所以，您要想有一番大的事业，齐国应为首选。自从管仲辅佐桓公称霸诸侯以来，齐国国境日渐扩大，国民日渐增多，国库充足。您要是肯留在这里，实现宏图大志将是易如反掌的事！”

昭子苦口婆心地劝说孔子留在齐国，晏婴却只顾与子贡口若悬河地长谈。孔子是何等聪明之人，晏婴的心思，他早就猜出一二。他对昭子说：“管仲是君子，他肯定也赞成我尊奉周室，赶走夷狄。最难能可贵的是，他能够不用战计就帮助桓公征服诸侯，统领天下。如果老天不生管仲，或是管仲没遇到鲍叔，或者桓公不用管仲，夷狄早已夺取衰周的天下。我们也只能做夷狄的百姓了！所以我说管仲是个君子。”接着又顾左右而言他，绝口不谈留在齐国的事。

昭子也看出了孔子和晏婴的心事，就知趣地和孔子谈今论古了。

晏婴这时才主动向孔子说：“你我分别不到三年，你门下都人才济济了。仅一个子贡的学问和口才，就堪称国士无双了。等再过几年，天下英才就全归你门下，这是何等荣幸之事啊！将来恐怕连我也要拜投到你的门下啦。”

孔子微笑道：“我怎么敢收您这名闻天下的贤相国为弟子呢！只希望大家能够矢志不渝，永远做至交。这样我就觉得无上光荣了！”

真是说者有心，听者有意。此时晏婴的胸口像压了一块千斤巨石，浑身不舒服。齐景公素来爱才若命，晏婴便想：“景公一旦和孔子见面交谈，肯定会任以官职，其职位必然和我不相上下。孔子是有大本领之人，而我只是口才好。他要是留下的话，我的位置就要动摇了。”想到这里，便如坐针毡，不等宴席结束就先告辞了。

昭子与孔子兴尽才散席。昭子再三挽留，孔子和弟子便在高宅留宿。

第二天，晏婴派人给昭子带来一封信，说：孔子是天下贤才，如果你执意要举荐他，我只好辞官。希望昭子还是不要在景公面前说起孔子。昭子虽然怪他嫉贤，但想到晏婴毕竟是相国，又深得景公倚重，便没有与他作对，只好答应下来。

晏婴一面向卿大夫一一叮嘱，一面和孔子同车出游，只是瞒着齐景公。

这一天，景公在朝廷内看见一只一足鸟。那鸟飞到殿前，展翅而跳。景公很奇怪，就问晏婴："我有生以来，从没见过这样的鸟，一只脚还能展翅跳跃，你知道它叫什么吗？"

晏婴答："我不知道，也不敢随便捏造。"

景公又问群臣，群臣谁也不知。

此时，鲁昭公入朝感谢厚待，见到这种情况，就说："孔丘是我国的博学之士。他现在在贵国大夫高昭子家作客，您何不派人过去问问。"

景公就让昭子去问孔子。

孔子问："齐侯怎么知道我在你府上呢？"

昭子答道："是鲁侯说的，还说夫子是博物君子，肯定知道这鸟的名字。"

弄明白原因后，孔子想了想，便说："那鸟应该叫商羊，是预示水灾的。以前的孩童屈一足，张两手，唱这样的童谣：'天快下大雨的时候，商羊鸟就会翩翩起舞。'如今，你们齐国在朝廷上看见此鸟，可能是水灾来临的征兆。快去通知百姓，让他们开沟渠，修堤防。"

昭子把孔子的话原原本本地告诉了景公。景公深信不疑，命昭子通知百姓，修葺堤防，预防水灾，并让昭子亲自监工。

晏婴冷笑道："不过是一首童谣罢了，不可就此轻信。要是没有水灾，我们这样兴师动众的，岂不要失信于百姓，还是再等等吧。"

景公向来信任晏婴，便对昭子说："相国言之有理，就先听他的。"

不料，当天就下起了大雨。昭子知道孔子的话应验了，就连夜行动起来。大雨连着下了三天三夜。邻国都惨遭水灾，只有齐国幸免于难。景公向高昭子说道："圣贤果真不会去说那种耸人听闻的话。"于是命昭子回家善待孔子。

三月不知肉味

过了几天，景公到高府来见孔子。孔子以臣礼相待。

景公问："寡人在位多年，一向爱才举贤。即便这样，还是不能继承先君桓公的霸业。依你看，怎么样才能使国富民强？"

孔子答："欲求富强，最重要的就是节省财用。"

景公高兴地说："真是切中时弊。那么请问，当初秦国国小地僻，穆公为什么能成霸业？"

孔子道："秦国国土虽小，穆公的志向却很大；秦地虽偏，穆公行政却不偏。另外，他举贤时坚决果断，谋国时中和不激，立法无私，令出必行。穆公能把百里奚带入宫中，与之长谈三日，授以国政，就因为他是贤才。孟明两次兵败，秦穆公依旧信任于他，用他为将，所以孟明以死图报，帮穆公战胜晋国，称霸西戎。"

景公听后非常高兴，拜孔子为师，改称夫子，经常去拜访他。

一天，景公正在和孔子谈论政事。

高昭子入见说："周使刚才到外馆，说周先王庙遭受火灾。"

景公问道："那么多周先王，到底是哪个？"

昭子答："周使没有说。"

孔子道："肯定是釐王之庙。"

景公问："何以见得？"

孔子答："《诗经》说，'皇皇上天，其命不忒。'就是天理昭彰，有善必报，有恶必罚的意思。釐王改变文王、武王订立的制度，穿玄黄华丽的衣饰，住雄伟的宫室，出行时车马奢侈，他骄淫过度，所以天降灾殃，烧掉他的祭庙！"

景公问道："老天为什么不在他活着的时候惩罚他，而是在他死后烧掉他的宗庙呢？"

孔子答道："大概是因为文王、武王积德高厚。如果生前降罚了釐王，文、武肯定断绝后代。所以老天退而求其次，降罚釐王的庙，以向后人昭示他的罪过!”

景公派随从向周使询问。不一会儿，随从回报，被烧的果然是釐王庙。

景公肃然起敬，向孔子拱手说：“今天我算是领教了夫子的智慧与见识。”

以后，景公格外敬重孔子。每次朝罢，肯定会去拜访孔子，见面就笑言：“弟子来上学了。”

一天，景公约孔子到郊外打猎。景公用弓召唤虞人——掌管山泽苑囿之官，虞人不应命。景公大怒，差人把虞人带到面前进行责问。

虞人说：“先王有规定：招大夫用旗，招士用弓，招虞人则用皮冠。我看见您用弓，还以为是招士，所以没有前去。”

景公听完便平息了怒气，说：“你说的很有道理，制度是不可以随便违背的，就定你无罪。”

孔子在旁说道：“守道不如守官，虞人能奉狩猎的官制，谁能说他不是呢!”

第二天，吴国的季札奉命出使来到齐国，他是吴国的知礼大夫，有贤德之名。孔子得知此事，很想与他见上一面。

季札到昭子这里谢礼时，昭子便说：“鲁国的孔丘，现在屈居寒舍。他久慕大夫贤名，很想一见。”

季札答：“我久慕他无书不读，无所不知，是个上知天、下知地的大圣人。本打算亲自去鲁国请教的，现在他既在府上，正巧一见。”

昭子就请孔子与季札相见。两人一见如旧，谈话很投机。孔子请求季札暂住高府，与自己论乐。季札有问即答，比起京城的苌弘更加详尽。季札与苌弘二人都认为韶乐优于武乐。

孔子问：“韶乐在前，武乐在后。武王为什么不效仿韶乐，而偏要去制作那种声容不大，歌意晦涩的武乐呢?”

季札答：“这是因为舜、武两人处境不同。舜处顺境，尧将两个爱女嫁给他，又把帝位让给他。虽是以臣继君，但也在禅让的范围之内，合情合理，没有人批评他的不是。舜志得意满，便发五弦琴，著南风歌。歌云：‘南风之熏兮，可以解吾民之愠兮；南风之时兮，可以阜吾民之财兮。’声容何等宏大，诗歌中洋溢着欢乐与满足，让人一听就可想见他盛德化民的情形，王公、大人至今还津津乐道呢。相反，武王所处的却是逆境。当年他出兵东征伐纣，遇着伯夷、叔齐进谏：‘以臣伐君，万万不可!’后来，武王虽得了商朝的天下，却逃不了以臣伐君的公论。因此，他在作乐时，不便全是显扬功德、形容旧君罪恶的论调。于是就有了吞吞吐吐、寓意曲折难解的武乐。”

孔子说道：“大夫说得对。我以前只简单地以为武乐才是当世士人应该学习的，直到去洛邑观礼遇到苌弘指教，他的看法与你如出一辙。我很早就想学韶乐，还望大夫多多指教。”

季札笑着说道：“夫子喜欢韶乐，我很愿意为你正拍。不过，我想要长子毅留下来向夫子讨学，请你不要推辞！”

季札的长子毅跟随父亲出行，这次有机会遇到孔子，便拜孔子为师，成为其门下学生。

季札和孔子谈论了几天韶乐，之后就离开了。

孔子专心练习韶乐，整整三个月，学得津津有味，连吃好东西都没工夫品尝滋味了。所以《论语》记载说他“在齐闻韶，三月不知肉味”。

冉求越礼

孔子在齐待的时间很长。这年春天无雨，庄稼颗粒无收，造成灾荒。民众饥肠辘辘，食不果腹。齐景公问孔子：“前年水灾，幸亏有夫子指教，才能有备无患，渡过难关。现在三个月都不下雨了，旱灾已成，该怎么办啊？”

孔子答道：“补救是来不及了，只有赈济饥民了！”

景公问，具体该怎么赈济。

孔子严肃地说：“尧帝时九年水灾，汤帝时七年旱灾。这是古圣王都要面对的事情，我们也难逃其害。最好的方法就是不动土木，不要杀牲，祈祷时专用币玉，祭祀不作乐、不宰牛。贤君就是这样救民的。再者，要向丰收的邻国买米，然后以半价转卖于民。总之，水旱灾荒，都要事先预防，不可临渴掘井。所以，尧、舜经大禹治水后，遇到水灾就可避免祸害。”

景公听了孔子的话，就让昭子请示孔子办理这件事。孔子让昭子搬出仓中积米，劝富室官家献粮若干以充赈灾之用。

昭子让几个孔门弟子协助赈灾。不料，季札的长子毅在去赢博放粮赈济时，病亡了。孔子知道季札那时正在鲁国，一面派人前去报丧，一面带着自己在齐国的所有弟子前去送葬。季札见长子毅入棺时还穿着随身衣服，并未加衣；葬地又挖得很浅，棺中也没有放入名贵器物；落葬时，封土也只有三尺高。他手抚坟土，欲哭无泪，哽咽说道："白发人送黑发人，骨肉归此土这是我们的命！你比我走得早，可你的魂魄依旧与我日夜相伴。"

丧事告终后，季札向孔子等人一一行过谢礼："我有任务在身，不敢叙私以误公事，就此告别吧。"说完，登车而去。

孔子与弟子们登车回到高宅。

孔子感叹道："这样的葬礼，堪称合礼。"

子贡问："常人死后的用具，于礼有什么规定吗？"

孔子答："那就要看他家的情况了。"

子贡又问："不管贫富，所用器具都要一样吗？"

孔子说道："当然不是。若有的话，也不能超过定礼；没有，就草草成殓，他人不会对此有非议。礼节只是形式，人的情感才是最为本质的东西。礼大于情不如情大于礼，葬礼如此，宴客也如此。要说季子，他可是吴王的兄弟，葬子本该从丰。但季子奉命为使，因公务在身，不得已只能草草殓葬。听他最后哭的那三声，肯定是心中无限悲痛，这就叫礼不足而哀有余。"

几个月后，孔子接到庶兄伯尼死在卫国的讣告。原来，鲁国内乱时，伯尼带着夫人及子女到卫国岳母家中暂住。伯尼自己虽然身有残疾，生的孩子却都聪明异常。长子名忠，字子蔑，也是孔门弟子。次女闺名无加，生得美丽动人，又受过祖母征在的教导，所以才德兼备。无加的外祖母非常钟爱她，因此将她留在身边。伯尼得病，本来并非绝症，因为庸医竟死于劣药。齐国距卫国不远，子蔑差人连夜赶到高宅向孔子报丧，并让孔子到卫国主办丧事。

孔子要走，昭子挽留不住，怕他一去不回，立即入宫告知景公。

景公来见孔子："我听说你的兄长在卫国去世，有这么回事吗？"

孔子答："我今日午前接到讣告，准备明早去卫国主持丧礼，所以提前辞行。"

景公说道："古有定制：嫡庶不并礼。你们既非一母同胞，夫子就这样亲自去主持丧礼，卫国士大夫肯定会笑话你不知礼。并且，这样做也对不起令堂太夫人，还是让门下弟子去吧。"孔子见景公诚意相留，只好暂时留下，让子贡前往主丧。

景公回到宫里，就叫侍从去送吊礼，并命令守城官等子贡的车马路过时带去。因为丧礼是不能够直接送入高家的。

孔子派子贡去主办丧事，另派子张代表自己前往吊丧。

孔子对子贡说："叫我如何是好啊？论吊丧的礼制，兄弟应该在庙里哭；丧者父亲的朋友，应该在庙门外哭；师长，应该在丧者的住处哭；朋友，应该在丧者的寝门外哭；泛泛之交，就在野地里哭。现在，我寄居朋友家中，回到兄长的住处哭显然不可能，在野地里哭又显得我对他感情太淡。真是叫人左右为难！只好向你表明哀思，劳你代表我临丧。你此去代我主丧，遇到我这边的亲戚、故交弟子来就替我拜谢；遇伯尼的亲戚朋友来吊，你只要以宾相待，让子蔑出堂叩谢就是。"

子贡问："我既奉夫子之命去主丧，为什么死者的亲友来吊，不让我拜谢呢？"

孔子说："这是礼节的问题。你既不是死者的亲族，又不是死者的子婿，没有拜谢的道理。况且有子蔑在，应该由他拜谢。"

子贡又问道："那夫子的亲友、弟子吊丧，为什么又要我拜谢呢？"

孔子答道："我的亲友往吊，本来我要在旁拜谢。但我不能亲自前往，所以派你去做代表。要切记你的任务是代表谢客和主办丧事。另外我又派子张代表我去吊丧。因为你有自己的身份和使命，一身不能二役，就是这个道理。"子贡恍然大悟。

子贡和子张一起告别孔子，两人登上车，很快出了城。守城官把景公的吊礼奉上，子贡下车，正容站立，双手接来，放在车轼前面，以表对君礼的敬重。他们一路直奔到卫国，很快见到了子蔑。

子蔑说道："寿衣棺椁早已备全，就等着叔父，他却迟迟不来。正巧冉求在卫国，他既是叔父的弟子，又是外祖母的至亲，就由他帮办入殓了。我叔父为什么不来呢？他是知礼之人，同父的兄长死了，却不亲临，未免失礼吧？"

子贡答道："你不要错怪他。夫子一接到讣告，就欲亲来主丧，车马都驾好了，不料齐君一再挽留，执意不让走。夫子不得已，只好派我来主丧，派子张来吊丧，你不能说他失礼。不过，你既有讣告到齐，为什么又如此急于入殓呢？”

子蔑答道：“这不是我的主张。冉求奉季氏之命出使卫国，听说先父死耗，就急速赶来。外祖母还以为他是奉叔父之命到此，就带我相见。我一见面就问他可是从齐国到此，他说不是，是奉季氏之命而来。我又问他可知叔父来不来？他说叔父在齐，颇得景公优待，既尊为圣人，又称为夫子，景公肯定不放他走。听他这么一说，我就没了主见。祖母向冉求说：‘天气酷热，赶紧入殓的好！’因冉求有公事在身，只能在此住一天，于是刻不待缓，赶办了衣衾棺椁，已于昨日下午入殓。冉求今日清早也动身离开了。叔父既得齐君厚待，那就掌他的国庭大权，享他的万钟禄养去吧。你们这些从行弟子，也可以弹冠相庆了！”

子贡听出了子蔑话中的怨气，说道：“齐君虽然优待夫子，可齐臣都心怀嫉妒。恐怕夫子很难坐上高位！”

子蔑说：“齐相晏婴是叔父的老友，齐国重臣高昭子又是叔父的知己，还会有什么人嫉妒他呢？”

子贡答：“齐国有势力的卿大夫多的是。像田常、黎弥这些人，专门与小人朋比为奸，怎么能容得下夫子？景公虽然优待，却不能摈绝这群小人。夫子虽有济世救民的好意愿，却一件也不能实行。所以我预料夫子在齐国的仕途是不会顺利的。”说完，取出带来的祭礼递给子蔑，与子张到灵位前上香拜祭。

子贡见丧事办得井井有条，自己用不着再留下来，就同子张别过子蔑，回到齐国。

进入高宅，见到孔子，子贡便把事情经过讲与孔子。

孔子听后大惊：“真是万万没有想到！冉求竟会越俎代谋，让我失礼于先兄！”

子贡出仕

齐景公想任命孔子为司寇，于是向相国晏婴咨询意见。

晏婴答道："臣与孔子结交多年，只知道他是个博学之人。列国的世家子弟，都以做孔子的学生为荣。至于做官，据我所知，他可是不擅长的。他以前做过委吏、司职吏，可都因为没有经验，被手下作弊欺骗，孔子也因此辞官。司寇的职任不轻，您何必强人所难？还是让他去教书育人吧！如果选拔夫子门下的贤弟子，委以官职，那么于国、于民、于他就都有益了。"

景公说道："依我看，孔门弟子中，子贡、曾子两人最有才干。你就先任命他们邑政的职务。如果真贤才出众，廉洁过人，即可大用。"

晏婴答道："曾子不过是孝行出众；子贡不仅口才出众，还精通六艺，称得上孔门第一。信阳为大邑，让他去治理，定能胜任。"于是委任子贡为信阳宰。

子贡接到委任，告知了孔子，然后到晏婴的住处表示感谢。晏婴催他即日到任，因为前任因病出缺，公务急待移交。子贡退出后，回到高宅，向老师辞行。

孔子说道："从政，一定要勤快和谨慎。能够做到不夺、不伐、不暴、不盗，便可称得上贤宰官。"

子贡说道："我从小受夫子教诲，怎么会做出那种事情呢？"

孔子摇头说："看来你对于这四个字还不是很了解，你先坐下听我解释。前后任都清廉爱民，就是以贤代贤。如果前任清廉，本不该去位离职，后任虽也清廉，但在这种情况下接前任的位置，那感觉就好像是从人手中夺来的一样，这叫做夺；前任是贤明的，后任是糊涂的，以不肖代贤，就似用蛮力打下来的，这种情况叫做伐；缓令急诛，即颁行命令时缓，施用刑罚时急，这就叫暴；取善自与，即拣好的归自己，就叫做盗。你不要把这个盗当作窃盗解释。你要知道，精通吏治的人，会奉法以利民；不懂吏治的人，会枉法以害民。另外，为官要平、见财要廉，廉、平是为官的天职，不可以改变。还要近君子而远小人，要学会慎独。若能笃力奉行，不要说作邑宰，就是为相治天下也不难了。”

子贡受完训诫就告辞，直接到信阳上任去了。

一日，高庭衣冠整洁地来见孔子，说道：“我专诚前来，想问一下服事君子的道理，请夫子赐教。”

孔子说道：“办事干练，待人敬重，行仁不倦，举君子，退小人，不为恶，用你的忠心对待君子。师法君子的行事和礼貌，那么即使你们相距千里，他也会待你亲如兄弟。但如果行事不遵法，礼貌不知学，那么即使近在对门，他也不会和你往来。智者说话时，从不忘自己的忧虑；行动时，也不忘自己的患难，这就是人们讲的‘常存恐惧以除后患，力行恭俭以避艰难’。一个人终身为善，很可能因为一句话就前功尽弃，所以说话一定要谨慎！”

高庭鞠了一躬，说道：“听夫子一番教训，就像饱尝了一顿山珍海味。我会终身谨记，当作立身处世的箴言。”

孔子教人，并不是一成不变，而是因材施教，所以他的门下才会人才济济。

一日，孔子接到晏桓子（晏婴的父亲）的讣告，就亲往吊丧，只见晏婴身穿粗布素衣，手持丧杖，脚穿草鞋；还戒斋吃粥，晚上就睡在庐边，把草铺在地上，以草做枕。

有几个送丧的长者批评道：“这不是相国丧父的礼制。”

晏婴说道：“你们说的对。但我自小受先父教导，学问日进，才有今日。父恩深重，现在却没有方法报答了！用此过重的丧服，只是为了尽我的孝思！”

晏婴说这些话时，孔子早已回到高宅，曾子还留在晏宅办丧事，他回来便向孔子转述此事，追问究竟谁是谁非。

孔子说道：“幼丧不可以过礼，长丧则不然。晏子既不拿自己的是，驳他人的非，又不讥笑诸老不知礼，可称得上善避是非！”

正在谈论的时候，琴张走了过来，向孔子说道：“学生昔年因躲避国乱，投到夫子门下。不料好友宋鲁以身殉主，与公孟同死。当时因国乱未平，我不敢往吊，现在乱首已除，卫君也已复国。我想去吊丧，请给一月假期。”

孔子听后坚决不许。吊丧送葬，本是常理。孔子为什么不许琴张去呢？其实是因为孔子认为宋鲁死得不义。

孔子对琴张说：“宋鲁不能谏明公孟，以阻止齐豹作乱，就是助齐豹为盗；不先通知公孟避难，这和杀害公孟没什么两样。这种不智之徒，吊他有什么意义！”

归　鲁

齐景公觉得孔门弟子曾子的才能和子贡差不多，想用他做邑宰，就向晏婴征求意见。

晏婴说道："论曾子的才干和学识，我觉得他还是做个卿士比较合适。"景公听了晏婴的话，用聘卿之礼请曾子出仕。

曾子不想接手这件差事，就托人代为辞谢。那受托之人说道："晏相国了解你的才能，才会荐举。你既然不愿为官，就应该当面向他辞谢。"

曾子把这件事告诉了他的父亲子晳。

子晳说："你的恩师都不肯在那里作官，准备回去了，你当然要辞谢了。"

曾子到相府，请见晏婴，辞谢道："承蒙您推荐学生为下卿，学生先在此谢过。但是学生正在求学时，六艺未精，政治经验一点儿也没有，与其不自量力接受任命，贻误国家，还不如趁早辞谢。再加上学生只想孝敬双亲，不愿远离家门。所以，恳请相国收回成命，不要认为学生不近人情。"

晏婴见曾子如此恳切，也就不再勉强。曾子拱手告别。晏婴送他到门外，但仍不死心，停下来又说："送人以财，不如送人以言。我先给你讲个小故事：有个人种了三年的兰花，经常用鹿肉酱给花施肥。那兰花便长成了异种，竟然可以换一匹良马。倒不是这兰花生来就名贵，而是用了名贵肥料的缘故！所以，君子居必择处，游必择方，仕必择君。其实，君子就像兰花，也需要君王的好好栽培。"

曾子知道晏婴在点化自己，应该留在齐国做官，而且说得在情在理。曾子无话可答，只能一再谢恩："承蒙相国赠言，学生当终身不忘。"说完就回去了。

曾子把晏婴的赠言告诉了孔子。

孔子点头称赞："晏子所言都是君子之言！人追随贤士，就不会迷惑；追随富人，就不会贫穷。马蚿断了脚，仍能行动，就因为它是一种多足的动物。同样，如果富贵人能够与人谦让，能够关爱他人，人才愿和他接近、亲密。"

曾子说道："学生看那晏相国在跟人讲话的时候，虽想表达反对的态度，却能采用和婉的语气，可谓深得富贵达人的神髓！"

孔子说："普通人富了就会奢侈，穷了就会吝啬，不严禁就会淫逸。鞭打下的儿子，会不服从父教。刑戮后的百姓，会不服从君令。可见，做任何事把握好度是非常重要的。君子要不急断，不急制，只求饮食有定量，衣服有礼节，宫室有制度，用器有规定，蓄积有数目即可。"

曾子问："那君子是怎样立身处世的？"

孔子答："多智好谋，有勇好问。君子处高位，负重任，恐惧之心随之愈重。《诗经》上说：'战战兢兢，如临深渊，如履薄冰。'这是君子立身处世的箴言。"

这时，昭子急急跑来报告："景公驾到！"孔子忙随昭子出来迎接。

待君臣到屋里坐下，景公对孔子说："夫子屈留在此，让寡人获益颇多，百姓们沾的恩泽也不少。寡人要为夫子买房置邑，希望夫子不要推却。"

孔子婉言谢绝："我没有恩泽施于齐国百姓，无功不受禄，还请您收回成命。如果您一定要为我置邑，势必会引人非议。我实在担当不起，到时就只好不辞而别，周游列国了。"

谈了一会儿政事，景公就去了相府，他对晏婴说："寡人专门为孔丘置邑，他推辞了。所以，寡人准备把尼溪之田赐给孔丘作禄养，以供他的门下弟子作饮食之用。要不然，孔丘身在我们国家，却要常到鲁国去取日用物品，这太说不过去了！"

晏婴怕景公会继续想办法挽留孔子，赶紧解释道："臣与孔子交往多年，知道他向来言而有信。他既然不肯接受置邑，又怎么会接受封田呢？孔子认为鲁国是他的父母之邦，因为避乱才来到我们齐国。现在鲁乱已平，他早晚要回去。臣已看出他的心事，所以并不劝他在此从政。您要是替他置邑封田，无异于是逼他离开齐国，还是算了吧。"

景公笑言："相国不会看不出来，孔丘博学多才无所不知。寡人只是想拿俸禄来留住他呀！"

晏婴则继续坚持自己的立场："孔子的家眷仍在鲁国，祖宗坟墓也在鲁国。您想，他怎肯久居临淄呢？"

景公听后，只好作罢。不料，晏婴把景公的话告诉了曾子，曾子又转告给孔子。

孔子说道："看来，已经到了我该回鲁国的时候了，晏子既然在齐君前说破了我的心事，我再住下去就显得太不知趣了。"

曾子不解："昭子对夫子以诚相待，又常举荐夫子从政，他应该不会让夫子回去吧？"

孔子说道："齐国的卿大夫，如果人人都能像昭子这样对我推诚以待，我早就把家眷接来作久留之计了。鲁国现在的情况你是知道的，当时我离开鲁国，本来有良禽择木而栖的意思，但那些齐国大夫，除了高昭子，没有一个人敢与我接近，他们的心思我还看不透吗？我若贪图禄养，早留下来与他们同朝执政了。现在，归鲁之事我已安排妥当，等我离开了齐国的地界，你们再告诉昭子，并替我入朝谢过齐君，然后再收拾行李赶来。这样可省却许多麻烦。"

第二天早上，孔子对昭子说到堂阜去探望鲁昭公。昭子并没有起疑心，直到傍晚，还不见孔子回来。这时，曾子把孔子已经回鲁国的事说了出来，昭子觉得为时已晚，只好熬过一晚，第二天和曾子入朝拜谢。

随后，曾子诸弟子别过昭子回到鲁国。

孔子嫁女

不觉已是鲁定公二年了，孔子已经四十四岁，儿子伯鱼早已娶妻。伯鱼的胞妹无违和子蔑的胞妹无加因为孔子不在家，没有人为她们选择快婿，都尚在闺中。

孔子回到故里，他以前的许多弟子又相继赶来求学。另外，还不断有新的学生登门谒师求教，孔子忙得不可开交。

孔母征在还健在，见两个孙女都没出嫁，就催促孔子在门下弟子中择婿。孔子认为公冶长才智过人，就把女儿无违许配给他。

征在却有异议："公冶长是进过牢狱的罪人，算不得佳婿！"

孔子解释说："公冶长虽然受过拘禁，但那并不是他的罪过。因为他听得懂鸟语，有鸟对他说：'公冶长，山前有头老乌羊，你吃肉来我吃肠。'公冶长去了山前，果然看见草地上有一头不系绳索的黑羊。他信了鸟语，就把羊牵回家。不料在途中却遇见失主，失主说公冶长是偷羊贼，还把他带到官府。任公冶长怎么解释，那为官的都不信，最后幸亏有士大夫出面保释。至于侄女，她的才貌比无违好，也大无违三岁。现在，南宫敬叔原配已去世，他又正想续弦，我们就把无加嫁给他吧。”

征在还是不同意：“敬叔的家世，与我们称得上是门当户对，只可惜他生在权门！”

孔子说：“敬叔虽属权门子弟，可他的言行却非常谨慎。昭公在位时，国内太平，他能久居大夫之位；等到昭公逃亡，国内扰乱，他又能安居国内，不曾遭遇刑戮。由此可见，敬叔肯定是个贤大夫。就这么定了，我去说媒，然后择吉日成婚。”

当时，有人议论孔子厚侄女、薄己女。曾子把这些话告诉了孔子。

孔子笑笑：“他们误会了。相女配夫，古有明训。无违年纪轻，才智不足，只能配公冶长，可享夫唱妇随之福。敬叔已在壮年，原配留有子女，无加才智过人，必能担起内助的责任。这叫量才择配，又有什么厚薄的分别呢？”

此后，孔子敬爱门下弟子的好名声，传遍列国。远道人士，纷纷赶来求学。

仲由，字子路，生性刚直，好武艺，有胆量。他敬慕孔子，也来拜投门下。初次相见，子路身穿盛服。孔子说道：“你这样就不太好了！江水出自岷山，发源处水浅得连酒杯都浮不起来，但到了下流，支干的水汇在一起，行大船都不成问题。现在你求学之初就有如此气势，别人还怎么敢指出你的错误？你又怎么能够汇诸流而入大海？”子路听后就换了戎服进来见孔子，还拨出剑在院中舞了起来。

舞完，子路说：“我听说夫子的父亲生前是武将，至今还为人称道，论理，夫子也应该学剑习武，继承先业。”

孔子说：“君子以忠为本，以仁卫身，拿忠、仁来教育与感化他人的。以力服人，是勇夫所为，他人不会心服。何必习武呢？”

子路非常佩服，又去换了一身平常衣服。

见子路如此勤于学习，孔子说道：“你听着，君子要出言不苟，立行无亏。出言不苟便是智，立行无亏便是仁。”

第二天，子路侍坐在孔子身边，感叹道：“以前，双亲健在的时候，为了伺候他们，学生没敢有出门作官的想法。现在，父母都不在了，学生没有后顾之忧，可以实现自己的抱负了。学生生长在弁地，那儿有一个人起早贪黑耕田种树，手足都起了厚皮，辛辛苦苦奉养双亲，可没有人称他是孝子，为什么呢？"

孔子思索片刻，答道："可能是因为他不爱惜自身，说话不顺，面色不和吧！你要谨记：如果一个人有国士的力量，却不自举，不是他力不足，而是势不能。君子在家笃修内行，出外结交贤友，有了那些朋友的称赞与推荐，他才会闻名于世。"

一日，孔子讲完学，休息时忽然发声长叹："要是铜鞮伯华不死，恐怕天下早已安定了。"见子路一脸好奇，孔子接着说道："他年少时聪明好学；壮年时，有勇而不屈；到了老年，又非常谦让。对这样的人来说，要平定天下，想来不是件太难的事情。"

子路说："前两点可能不难，至于第三点，他肯谦让于人，别人未必会谦让于他。"

孔子循循善诱道："以多攻少，以贵事贱，就没有什么是不可能的。只要你自己的修养能够达到，别人最终是会被感化的！"

孔门中只有子路崇尚勇夫之猛，他经常以夫子的卫士自诩。孔子说："自从子路向我求学以来，就没有人敢恶声相对。"

子路听到这样的话十分高兴，格外用心练习剑法。

孔子问子路："你生平最擅长做什么？"

子路斩钉截铁道："当然是长剑。"

孔子有些不高兴："我不是问你的武功，我是说你原有的才能加上现有的学问，你会去做什么？"

子路有些不解："既有才能，何必还要学问？"

孔子说道："没有鞭子，马就不好驾驭；有了准绳，木材才有可能变直；人有了学问，做事才会容易。

子路还是坚持自己的意见："南山上的竹子天生就是直的，做成箭，就可以穿透牛皮。这样看来，学问未必有用。"

孔子说道："那给竹子装上羽毛，把竹尖再削得锋利一些，它的穿透力岂不更好？"

子路点头称是，问道："要是有人穿着普通却身怀宝玉，您会怎样看？"

孔子说道："国家不太平的话，你就是藏在深山也没有用。国家太平，你就是把宝玉挂在胸前也不会有人来抢。"

过了一会儿，子路要去拜见季孙氏。

孔子觉得奇怪："季氏权势日强，他知道我门下多贤才，常想引为己用。你莫非是冉求荐举的？"

子路点头承认，孔子便教导子路要向冉求学习，两人应当并驾齐驱，不可背道而驰。

子路到了季孙氏那里。季氏问以政事，子路均对答如流。季孙氏看他文武兼备，非常赏识，任为蒲邑宰。

子路向孔子辞行时，请孔子赐以箴言，孔子说："无强力，不能自达；不耐劳，不能建功；不忠便无亲；失信一次就会让人很难再相信你；不恭便失礼。"

子路说："我会终生奉行您的教诲，那么请问什么叫亲交取亲？言寡可行又是什么意思？长为善士而无犯呢？"

孔子笑答："你所问的，都在我所说的五事中，亲交取亲就是忠，言寡可行就是信，长为善士而无犯便是礼。邑宰的职位虽然低，但风声所播，也会传遍各国。对于亲民之官，一邑的百姓会把你当作父母一样敬奉。千万不能滥用刑罚，刚愎自用，横征暴敛，弄得老百姓怨声载道！"

子路心中有些忐忑，说道："我性子直，办事缺少涵养，又是第一次做邑宰，还请夫子明教从政要旨。"

孔子说道："要体察民间疾苦，提前防范水灾旱荒。视百姓犹如自家子弟，不论男女老少，贫富贵贱，一律教他们知道廉耻、晓得仁义。让士农工商各安本业，努力革除无业游民的惰性。另外，还要细心查案，不过讼案太多，一个人的心思耳目难以审察周到，不免要有冤枉。那就只有教百姓知廉耻，不欺诈，那样，事事公平，自然没有人打官司了。"

子路作揖谢道："我会谨记夫子的教导。希望夫子有空，亲来蒲邑纠正我的错误，那么蒲邑的民众也会受到恩泽了。"说完就告辞离开。

详解冠礼

一天，邾隐公命大夫朝见鲁定公，并向孟懿子询问冠礼之事。孟懿子不知，便去问孔子。孔子说："冠礼非常复杂。太子加冠，要表情严肃地站在主位即左边台阶上，然后在客位即右边台阶敬酒。加冠三次，首次绕缁布，二次戴用白鹿皮制成的皮弁，三次加爵弁，冠上加字，就算冠礼告成。这种冠礼，不论是世子还是士人的嫡子，都是一样的。世子冠礼，一定要在祖庙进行，奠酒享神，上香行礼，还要撞钟奏乐，以表示对先祖的敬重。”

孟懿子问：“如果天子未成年时即位，等到成年还要行冠礼吗？”

孔子答：“古时世子年纪虽幼，一经即位，便尊为人君，算做成人，没有必要再行冠礼。”

孟懿子又问：“那诸侯加冠与天子有什么不同？我最近听说郗君在行冠礼，他这样做合礼吗？”

孔子答道：“诸侯加冠始自夏末，现在没有人对此有非议。当年周武王去世的时候，成王才十三岁，那时就嗣位了，周公（武王之弟，成王之叔）担任相国管理朝政。第二年夏天，安葬了武王后，成王在祖庙加冠，召见各诸侯。周公让祝雍念冠颂，祝雍先祝道：‘要让王得民心，长寿命，丰财用，亲贤人，举才能。’然后说，从今天开始，君主就不再是小孩了。”

孟懿子有些迷惑：“夫子刚说人君不必行冠礼，现在又说成王行冠礼，似乎前后自相矛盾。”

孔子淡淡地说道：“你再仔细想想我的话。”

孟懿子苦想了一会儿，恍然大悟道：“夏以前不用冠礼，诸侯的冠礼始自夏末，天子的冠礼始自西周成王，是这样吗？”

孔子笑言：“你已经了解得差不多了，我就不再多说了。”

孟懿子却打破砂锅问到底：“诸侯行冠礼，为什么要有宾主的规定呢？”

孔子答道：“这是行冠礼的仪节，公爵加冠以卿为宾。公爵作揖迎宾，登上阶级，表情严肃地立在席的北面，对宾客行三献礼，然后敬酒，从主位左阶走下。侯、伯、子、男等加冠也是这样，只是最后要从宾位西阶走下。公爵加冠四次，加玄冕，着祭服，冠礼既成，以币酬报宾客。”

孟懿子又问道：“夏、商、周三王的冠，为什么不一样呢？”

孔子答道：“三名异而实同，都属祭服，是皮弁素绩。而夏、商、周平常的冠，各叫毋追、章甫、委貌。加冠礼制，王太子与士子无异，只须记得礼毕以后，当走西阶宾位下退，要是从立的台阶下退，便是失礼。至于冠之华贵，算不得僭礼的。”

孟懿子听完，便谢过孔子告辞离去了。孔子把他送到门外，然后和子贡闲步走到大河边俯身观看流水。

子贡问孔子："君子遇见大河大水，都会像您这样细心察看，为什么呢？"

孔子语重心长地说："你看那水，经年常流不息，普及一切生物，好像十分有德的样子；它向来都是从高往低流，形状有方有长，但都循理，好像君子十分有义；水浩大无边，就像得道之人一样心胸宽广；它在高险的山间流淌却丝毫没有害怕之意，好像非常有胆量；你把它放入任何容器，它都不会高低不平，好似十分守法；量见多少，不用刮削，好像正直；无孔不入，好像什么都能明察；发源必自东，好像立志；万物靠水洗涤洁净，水又好像善于变化。水有这么多好处，君子才会细察它各种品相的意义，从而推出立身处世的大道。"

孔子接着对子贡说："你在信阳任职时名声很好，离开后，信阳百姓还替你建立生祠，可见你有德施于民。不过，只顾修德，不知守法，顾此失彼也会坏法乱纪。鲁人若能赎臣妾于诸侯，当从国库中取金钱，这是鲁国定法。可你却执意退还赎金，这是你的过失！现在，鲁国穷人多富人少，就算赎人受金不廉，可这是规定。否则，就没有鲁人再赎人于诸侯了！"

子贡很是惭愧，说道："我知道错了。"

孔子见他态度真诚，说道："谁都会犯错，重要的是能知错就改。"

闲话王道

一日，弟子们有的去学习射箭，有的去学习骑马，只有曾子侍坐在孔子旁边。孔子向曾子说："现在所谓的君子，只会说些为官者的言论，真正能说出君子言论的却没几个，殊不知，一个人如果懂得了王者的言论，即使不出门户，也可教化天下。"

曾子赶紧站起来问："那王者的言论又是什么？"

孔子沉吟了许久才对曾子说："你坐下吧。道和德是互相联系在一起的。只有德，道不能尊；只有道，德不能明白。虽有好马，不用御马之道来驾驭，它是不会赶路的。虽有众多百姓，却不以治民之道来抚治，人就不会称王称霸。古时明王有七教三至，内外兼顾，不劳力，不费财，这就是明王之道。"

曾子问："那道与德的含义究竟是什么？"

孔子答："道，就是万事万物的道理，能够通达一切物理事理。德，是正大光明，无偏无私的行为。不过德、善两字很容易被混淆。放生戒杀，施粥施衣是善行，不是德行。明王之道，重视明德。"

曾子又问："七教是怎样解释的？"

孔子说："百姓都会向位高权重的人学习。敬老、尊长、好施、亲贤、好德、恶贪、廉让，这就叫七教。七教是治民的根本，不修七教，不能正邦。一旦教能够施展开来，国家就会大夫忠诚，士人诚信，百姓敦厚，风俗朴实，男子诚实，妇女贞节。"

孔子停顿了一下，接着说道："还不止这些！古代明王治民，见臣子有功，就会为他们分地封爵，派人每日巡察，是贤良的便任用，不肖的就革职。明王还同情鳏寡，周济穷人，劝行孝悌之义。这样君王就会受万民仰望，威振天下。只有得道的人才会去这样做。"

曾子接着问："七教我明白了，那什么是三至？"

孔子说："三至是君王选才与用人的标准。一是至礼不让，天下平治；二是至赏不费，天下士悦；三是至乐无声，天下民和。古明王派大司徒教万民订立宾兴制度，让卿大夫考核士人礼艺，择贤能的推荐给朝廷，君王再让卿大夫考核良士们的贤能。另外，各地举贤又有定数，如列侯郡守，每年举两人，人口多至百万的举五人。明王用爵禄来回报天下的良士，这就是至礼不让，天下平治的意义；用天下的官禄，使天下的贤士富贵，这就是至赏不费，天下士悦的意义；天下贤士既得爵禄，人人就会求才能出众，这就是至乐无声，天下民和的意义。如果能实现这三至，那就有能力去征服别的国家了。然而，仁者以爱人为本，明王也只是诛戮暴君罢了。"

孔子讲学是抱着悲天悯人的热心肠的。春秋时期，王室衰微，诸侯称雄争霸，兵灾连年不断，各国的百姓妻离子散，日间不能饱食，夜来不能安枕，孔子决定拿仁道来救世救民。他分身乏术，所以广收天下贤士，教以六艺、政治学识及为王之道。然后，孔子让学生到列国求仕，等有朝一日自己执政，就可以达到事半功倍的效果。孔子抱着这样的宏愿，来者不拒，量才施教。

一日，有个互乡的小孩来请见。孔门弟子都认为互乡风俗极坏，主张把小孩拒之门外。孔子知道后，却让颜回把那小孩带进来，问道："你来这里做什么？"

小孩小心翼翼地答道："奉父亲之命来问'小孩到几岁可以来这儿上学？'"

孔子和善地说："只要他通达文义，听得懂我的讲义就可以，不限年龄大小。"小孩告辞而去。

见弟子们都不以为然，孔子严厉地说道："我也知道互乡是坏地方，但是孩子诚心来见，我只管他现在的纯洁，不问他以前的善恶。我要是让他吃了闭门羹，那些生长在不良风俗里的人，还敢来吗？岂不是阻塞了别人求学之路？"

有个男子因世居鲁国，便自号鲁男子。他孤身一人，手头又有点儿积蓄，日子过得颇为舒适。在他的房子东边住着一个寡妇。

一日，天降大雨，还刮着恶风，直至深夜都没有停。那寡妇的房屋被风雨损坏了，她无法安睡，就跑到鲁男子家，希望留宿在那儿，鲁男子却坚决不让寡妇进来。

寡妇隔着门说道："你家中没有其他人，为什么不能收留我一晚上呢？"

鲁男子答："我是怕别人的闲言闲语坏了你的名声。再说，你我都还年轻，我怕把持不住自己。"

寡妇却说："难道你没听说过柳下惠吗？他能够坐怀不乱，你就不能像他一样吗？"

柳下惠是鲁国的贤大夫，曾经有个中年妇女在夜间闯入柳下惠的卧室，坐在他怀中，他却一点儿都不动心。因此，鲁人都称他见色不乱。

鲁男子听了，坚决地答道："柳下惠可以让妇女坐怀中，我却不能。我会把这两件事讲给孔夫子听，让他来评评是非。你还是回去吧！"妇人怀恨而归。

过了几天，鲁男子托曾子去问孔子对这件事的看法。孔子说道："好啊！那些想学柳下惠的人都没有他这样严守礼义，他才称得上正人君子！"

曾子疑惑："夫子是说柳下惠不如鲁男子？"

孔子笑了笑："当然不是，柳下惠足智多谋，这是鲁男子所不及的。而柳下惠能够容妇女坐怀不乱，也不是容易的。不过在夜深人静的时候，有年轻孀妇叩门借宿，鲁男于能够坚决拒绝，这种态度，比坐怀不乱更可称美。他身份不及柳下惠，竟能不犯女色，保全寡妇的节操，就是鬼神也要敬重他。我怎能不称赞他呢！"

弟子们听到孔子的这番道理也都频频点头。

七十二弟子

很快，鲁定公在位已八年了，他几次召用孔子，孔子都因当时鲁国由季氏专政，不愿应召。

定公早就知道孔门多贤才，问南宫敬叔：“大夫也是孔门弟子，肯定知道他门下贤士众多，你何不为国荐贤？”

敬叔谨慎地答道：“夫子门下有七十二个贤弟子，各有所长，夫子也有题名录记载着，臣也在内。不过，臣若荐举了其中的一个，不免得罪其他同门，还是待臣抄回题名录，由您亲自选拔。”定公答应了，还嘱咐敬叔要在名单上注明各人的才能。

敬叔又说：“都是夫子的手笔，有注有不注，臣只好照抄，不敢擅自增减。”

退朝之后，敬叔直接去禀明孔子。

孔子说：“抄呈是可以的，只怕枉费你的精神，辜负鲁君的盛情！学优则仕，理所当然。凡是肯做官的，既可以出仕在他国，也可以任职于季氏。你这样做无异于要他们舍彼就此，我说这些话不是阻拦你，是事实。”

敬叔在无奈之下还是抄了题名录，交给定公披阅。题名录的内容如下：

颜回，字子渊，鲁人，以德行著称。不忧家贫，好学不倦。

闵损，字子骞，鲁人，以德行著称。后母经常虐待子骞，在冬天用芦花制成衣服给他御寒，子骞父亲知道后想把后妻赶出去，子骞却恳求道：“有后母在，就我一人受寒；她要是不在了，我和弟弟两人都要受寒了！”当时人称子骞为孝子。

冉耕，字伯牛，鲁人，以德行著称，身患重病。

冉雍，字仲弓，鲁人，与伯牛属一大家，以德行著称，父亲却是个无赖。

曾参，字子舆，南武城人。从小就十分孝顺，齐景公聘他为下卿，他以父母年老不忍远离为理由推托掉了。后母待他不好，他却悉心供养。他的妻子蒸梨给后母，因为没有蒸熟，子舆就把妻子赶出了家。有人向他诘问：“只是蒸梨不熟罢了，你未免太小题大做了。”他答称：“蒸梨这样的小事，她都不听我的，何况大事呢！”此后终身都没有再娶，怕的是后妻虐待他儿子。夫子因他作《孝经》。

曾点，字子晳，曾子之父。

颜由，字季路，鲁人，颜回之父，最先到孔门求学。

宰予，字子我，鲁人，有口才，以言语著称。

冉求，字子有，鲁人，有才艺，通政事，为季氏宰，进则处理官职，退则勤求学问，虽入仕途，仍像个学子。

言偃，字子游，鲁人，以文学著称。

端木赐，字子贡，卫人，有口才，家境富裕，时常拜访原宪。原宪住在草屋中，穿着旧衣服，每天只吃些蔬菜，虽身体不好却有怡然自得。子贡说：“你为什么得这样的病呢？”原宪答称：“吾闻无财叫贫，学道不行叫病，吾是贫不是病。”子贡为自己说错了话而感到惭愧。子贡还擅长做生意，在齐做官，任信阳宰。

仲由，字子路，又字季孙，弁人，有勇力，多才艺。为人刚烈率直，不善变通，自列门墙，从不对人恶语相向。

卜商，字子夏，卫人，熟读《诗经》，能叙述诗义，以文学着称。子夏生平好论精微，在卫，听人读史至“晋师伐秦，三豕渡河。”子夏道：“不是三豕，实是己亥。”读史者便去问晋国史官，果然是己亥。

颛孙师，字子张，陈人，为人容貌出众，性情宽厚，擅长交际。只是不能谨守仁义，因此同门弟子虽和他为友，但并不敬重他。

澹台灭明，字子羽，武城人，虽容貌不佳，但为人公正无私，有君子风度。

高柴，字子羔，齐人，身材矮小，相貌极丑，但为人笃孝，公正守法。少时居鲁即入孔门为弟子。

宓不齐，字子贱，鲁人，性仁爱，有才智。为官清廉，不欺百姓。

有若，字子有，鲁人，为人博闻强识，好古道，能著述。

樊须，字子迟，鲁人，没有大志，好学好向，才是他的长处。

公西赤，字子华，有口才，擅交际，可束带立朝应谢宾客。

原宪，字子思，宋人，清净守节，安贫乐道。虽穷不贪财，可称廉士。

公冶长，字子长，为人能忍耻，能辨鸟语，是夫子婿。

南宫韬，字子容，一字敬叔，鲁人，世清不废，世浊不污，于鲁做大夫。

公析哀，字季沈，齐人，重气节，有高士之风。

商瞿，字子木，好读《易经》。

漆雕开，字子若，蔡人，习《尚书》，不求仕进。

公良孺，字子正，贤而有勇。

秦商，字不慈，鲁人，为将门之子。

颜刻，字子骄，鲁人，善御。

司马牛，字子牛，宋人，性躁急。

其余弟子只记姓名，至于性情及才能则一概不谈。

未卜先知的颜回

鲁定公把“孔门弟子题名录”看了一遍，见颜回排列第一，便向敬叔问道：“这题名录上颜回居首，还说他以德行著称，贫而好学，这些都与从政没什么关系。那他究竟有没有富民强国、成就霸业的才能呢?”

敬叔不敢草率回答，心想：颜回自己都穷得一无所有，岂能替民众谋福？还是说他没有这个才能吧！但转念一想，又觉得不妥，于是答道：“臣和颜回并不是旧交，只是听夫子称他德行高尚，不怕穷，不羡富，不求闻达于诸侯。主公何不召他入朝口试，到时一切不就明白了。”

定公命敬叔告知孔子，召颜回朝见。

敬叔奉命来见孔子。孔子说道：“论颜回的年纪，可以等几年出仕，但论他的境况，又应当早入仕途。”话音未绝，恰巧颜回走来。孔子便向颜回说明了情况。

颜回说：“鲁君是不信我有从政之才，所以召去面试。夫子学识高于泰山尚且不求仕，我只是一个贫士，见闻不广，只愿终身跟随夫子!”

孔子听他这么说，心中很感激，但还是劝道：“读书人，总得求个好的前程，就连我，将来也要出仕，决不会在这里终老。你既然有此机会，就当谨慎应召入仕，不要辜负了敬叔荐举你的美意。虽然你不喜欢研究政治，但是你才智过人，胜任是不会有什么问题的。”

等敬叔走后，孔子又教导颜回：“自信是成就功业的基石，无论做什么事，都不可以自馁。”

颜回却说："我虽未入仕途，但仕途中人的情况，也多有耳闻目睹，他们的结局往往出人意料。就说臧文仲与臧武仲吧，世称武仲为圣人，他比文仲贤能可最后却被人暗算，戴罪逃奔齐国，可见才智不足恃。武仲好谈兵却为小国所败，可见自信不可靠。文仲虽不如他，但死后，人们都敬重他的言论。"

孔子批评道："虽然如此，文仲还有三不仁、三不智，死后仍被人议论，也算不上贤人。他明知柳下惠是贤才，却不加重用，设立六处关卡征税，让妾织蒲以贪图小利：这就是文仲的三不仁。僭用天子的威仪，既知不合祭礼而不加禁止，使国人为海鸟建立祠堂：这是他的三不智。武仲逃至齐国，预知齐将有祸，不受田而避祸这种智能更属不易。你一贫如洗，还是早些出仕为好。虽则做官以清廉不贪为荣，但把分内应得的俸禄积蓄起来，就可以娶妻成家，你又何必这么忧虑呢？"

颜回还是有些犹豫："夫子说得都在理，但只怕鲁君信不过我的从政才能，不加委任，到时又该如何？"

孔子见他还是没有信心，便不再说话。

第二天早上，颜回跟随敬叔入朝，以臣礼见定公。

定公问："孔子精通政教，你又是孔门中第一贤弟子，古代圣王的政教，想必也能熟习贯通。"

颜回据实回答："政教不是日用的学问，我没有详细学习，只是偶尔听夫子讲授罢了。"

定公穷问不舍："那你在夫子门下学习些什么？"

颜回说："礼、乐、射、御、书、数等六科，还有德行、言语、文学、政事等，我都是量力而学。"

定公开始为难颜回了："政事为建功立业的重要学问，为什么不加熟习呢？"

颜回直言答道："臣是一介贫士，只晓得克己复礼是立身处世之根本。政事是卿大夫的学问，与普通人有什么重要关系呢？"

定公不高兴了，厉声问道："什么叫'克己复礼'？"

颜回有些惧怕，但依旧回答："就是克制自己的私欲，处处凭着天理做事。那样，小则可使终身无祸，大则可使天下人归顺自己，但我却做不到。"

定公听了这一席话，觉得他迂腐不切实用，又故意问道："你既然熟习六艺，那么对御马的方法精通吗？”

颜回答道：“我很少实践，不敢说精通。”

定公紧接着问：“那你可知道东野毕精通御马？”

颜回答道：“我听说过，他虽精通御马之术，但尚有不完善之处，等不了多久他的马就会跑掉。”

东野毕是定公手下的御马官。定公见颜回分明有顶撞的语气，便不再理他，侧转头来，愤愤地说道：“原来君子也会污蔑人！”

颜回回去后，将朝上之事，对孔子略说了一遍。

孔子说道：“你在前面的几个问题上一直答得很得体，惟独说错了‘东野御马必跑’那几句话。”

颜回不解地问：“我据理直对，有什么过错？”

孔子解释道：“你不能够这样直截了当地回答，应该委婉些，不让人觉得受到了顶撞。只怪你口才不行，要是换了宰我、子贡，也不至于说得鲁君生气。我虽然讨厌别人巧言令色，不过在诸侯面前直言顶撞，我也不太赞成。”

颜回懊丧地说：“既然这样，我只好终身不近诸侯，免得自寻烦恼！”

过了三日，鲁定公正在朝上与卿大夫议政，忽见牧马的圉人来报：“东野毕的马跑了！”定公听后，立即召见颜回。

定公含笑问颜回：“你怎会预先知道东野毕的马要跑掉呢？”

颜回如实相知：“从前虞舜善治民，造父善使马。虞舜不会用尽民力，造父不会用尽马力，所以虞舜在位无隐士，造父任职无逃逸之马。现在东野毕的御马，上马就执辔，待嚼环正了就奔驰于道路，步伐非常快，历险行远，马力尽了，他还只是搜求快马。马为六畜中最有灵性的，所以我们可以教他临阵冲锋，可以使它负重至远，可以用他代步赶路。它喉间虽生了横骨，不能讲话，但主人饲养多年，它也知道报答。臣见东野毕御马，必使马四蹄淌汗，力竭声嘶，马岂有不逃的道理呢？”

颜回见定公有赞赏之意，继续说道：“臣听说鸟急了会乱啄，兽急了会乱攫，人穷极了便要使诈，所以自古到今，没有哪个统治者穷尽百姓而不发生危乱的！”

定公听了，称赞了一番，就对颜回委以重任了。

何以立身

定公见孔门弟子多贤才，心中对孔子的敬重更多了一层，便亲自驾车去拜访孔子。

孔子迎接定公到正室中，分君臣礼坐定。定公把颜回预知东野毕佚马的问答详细告诉孔子，问道，“夫子门下，像颜回一样有才智的，共有几人呢？”

孔子说：“颜回才智过人，找不出第二个人。我从来没听过鲁国有善御马的，东野毕是不是鲁人？主公何以晓得他善御马呢？”

鲁定公听孔子谈到东野毕，便开心地说：“提起东野毕，有一件旧事，我还想请您解释。东野毕是卫国新筑人，其父名弓，以善制马饰著称，曾是新筑大夫仲叔于奚的御者。先君成公元年，齐兵伐我北疆，时值卫君奉晋命派孙林父为将，率兵伐齐。当时，齐兵已攻破包围，卫兵大败。孙林父幸得仲叔于奚相救才得生还，回到卫国后，他便赏赐于奚一块封地，结果被于奚拒绝。东野弓便说请赐曲悬，繁缨以朝，竟得准许。于奚此举，合礼不合礼呢？”

孔子答道：“过失在卫君，他应该多封赏于奚。诸侯用的车服叫名器，是不可以借给他人的。名器属国君独有。只有不失名位，才能使人民尊仰，不失尊仰才能保守名器。名器分尊卑，尊卑行礼义，礼义生利益，利益安万民。这六项是国政大节，如果拿来借给他人，好比把国政借人一样，国家就会从此灭亡！这事责任应归卫穆公，不过好在主张出自国卿孙林父，所以卫国不至于灭亡。这是周定王十七年的旧事，相隔久远，您为什么会提到它呢？”

定公答道：“东野毕以此事在寡人我前夸耀。我误听了他的虚言，还以为他善御马。”

随后，定公去参观孔门弟子的功课，有的读史，有的读经，有的读礼，个个彬彬有礼。

定公说道：“天下英才，全被您收列门下了，我打算借夫子门下的贤才，共商图强救国的大计，请夫子举荐。”

孔子有意推托：“门下弟子虽然不少，可未必尽是英才，可用的不过三人，他们是言偃子游、宓不齐子贱、漆雕开子若。颜回、原宪、曾子等才智虽然不弱，但他们都只喜欢求学，不喜欢求禄。”

碰巧子贱、曾参因事回家，只有子游在。

定公和子游谈论了一些政事，见他确实思路不凡，想委任子游为下卿。可是，用人行政大权都在季氏手中，定公只好将子游的才能告知季氏，叫他给以相应官职。季氏为了防止子游任下卿，接近定公，削夺自己的权势，就只任子游为武城宰。

孔子门下，颜回、原宪两人最穷。刚开始孔子还怕他们会因穷屈节，就常拿节操来勉励他们。不料，他们气节高尚，远在那些富贵弟子之上，不但不愿屈节权门充家臣，而且对于现任权门家臣的同学也羞与为伍。

孔子开导说：“做家臣不过是权宜之计，一则可以由下而上达，二则可以监察权门，随时加以匡正点化，把忠君爱民的道理教给权臣。要是天下贤士都像你们两个人，那权门中就没有正人君子，只剩下献媚求荣的小人，专干些助纣为虐、为虎作伥的勾当！我们只好逃到九夷去了。”

颜回便问：“九夷风俗鄙陋，如何久居呢？”

孔子说：“君子居之，何陋之有！就像原宪居蓬户，你居陋巷，不依然很快乐吗？”

颜回知道宋国是夫子始祖所在之地，夫子一直有心到宋国去。颜回想趁机劝孔子去宋国：“我生在中原，不愿居夷，想要西游宋国，请问该怎样立身？”

孔子回答：“这就需要做到恭、敬、忠、信四个字。恭，自然不近祸患；敬，自然得人亲爱；忠，自然与众和睦；信，自然得人信任。另外，还要近亲远疏，内外兼修，做事三思而后行。”

颜回说：“立身的道理学生明白了，那交友又该注意些什么？”

孔子答道：“君子交朋友，别人对你的恩惠，即使过去很久了也不能忘记；别人对你的怨恨，即使刚刚发生，你也不要记得。”

颜回又问：“怎样可以称为君子？小人成人与君子成人，有什么分别呢？”

孔子答道：“爱人以德，行事必先揣度轻重，对自己不偏重，对他人不轻视，就是君子。小人与君子很容易分别。毁坏他人善行为博辩，行使狡诈为智能，见人有过失，私心欢喜，羞耻求学、羞恶无能，这便是小人；通达情性，明了物类的变化，知幽明，这样可称得成人。既为成人，再加以能行仁义，能知礼乐，便是成人中的先进之士。”

颜回继续问道：“小人的言语也有类似君子的，怎样辨察呢？”

孔子分析道：“君子用品行来发言，小人用口舌来发言。君子为着仁义，用言语相劝，能够久远相爱；小人为着乱事，用言语相诱，不能久远相亲。你能够注意到小人和君子言语的不同，学道高出他人之上，就可称得上模范弟子。别人都以为言语不重要，不加研究。就是宰我、子贡皆以言语著称，也只注重自己的发言答语，至于君子、小人的语气都漠不关心。殊不知辨别他人的言语，比自己的言语更加重要。常言道：‘良药苦口利于病，忠言逆耳利于行。’汤王、武王常同百官商议朝政，所以叫做‘汤武谔谔而昌’；桀王、纣王不听忠谏，反加刑戮，吓得百官不敢直谏，所以叫做‘桀纣唯唯而亡。’君没有直言争论的忠臣，父没有直言争论的孝子，兄没有直言争论的贤弟，士没有直言争论的良友，任何一个人都不会没有过失。所以古语云：‘君失之，臣得之；父失之，子得之；兄失之，弟得之；己失之，友得之。’”

颜回听得这些教导，如获珍宝，立即拜谢孔子，准备辞别。子贡设宴为颜回送行，邀仲孙何忌、叔孙武叔作陪。在席上，颜回又谈及孔子刚才的赠言。

何忌问：“你既然研究君子言语，那么请问‘君子一言必有益于仁智’该怎样解释呢？”

颜回答道：“一言必有益于智，莫如豫；一言必有益于仁，莫如恕。忠恕就是己所不欲，勿施于人的意思。”

何忌又问道：“武叔喜欢评论他人过失，也是失言吗？”

颜回答道：“称人之恶，不能算赞美自己；论人之枉，不能算匡正自己，所以君子只会攻自己的恶，而不会攻他人的恶。武叔则恰恰相反，应该算口过。”

宋景公十五年，颜回来到宋国。此时，宋国国势衰弱，颜回不愿意在宋做官，就故意在那里耽搁了几天，然后到别处访友。

明辨孝慈

曾子即曾参，家在尼山北麓，屋后有一大片园圃，父亲曾皙种植各种蔬菜瓜豆，用来作饭菜。

一天，曾子扛着锄，到瓜畦边锄草。锄草本是农夫的活计，曾子没怎么干过，便抡着铁锄向草多的地方发力，不料把瓜根斩断了。

见曾皙走过来，曾子说："三棵冬瓜根都被我斩断了。"

曾皙有些生气："谁叫你来的，你把锄当作玩物，随意乱来，要知道这是异种冬瓜，种子是向吴国寻来的，如今被你连根斩断，怎么开花结果？"

曾子答道："把断根接牢了，施些肥，何愁不能结瓜呢？"

曾皙大怒道："人头砍断了还可以接上继续活吗？做错了事情，还敢出言顶撞，这还了得！"说着便取过大杖猛击曾子两下，曾子倒在地上，昏了过去。

过了一会儿，曾子苏醒了，爬起身来对曾皙说："以前我得罪父亲，父亲用力杖责，今天我又得罪父亲，父亲杖责之力却很轻微，莫非年高力弱了？"说完，曾子就回到卧房，弹琴唱歌，有意让曾皙听见，好让他认为自己没有受伤。

正在这时，伯鱼与陈亢登门拜访。两人来到曾子卧室，看见曾子正在弹琴歌唱。伯鱼发现曾子的衣服上有不少泥垢，伸手替他拭去，边拭边问："你在家做什么事呢？身上这么多泥土。"

曾子答："刚才除草时不小心弄断了瓜根，父亲大怒，拿着大杖向我猛击，我昏倒在地，衣服上就沾满了泥土。"

伯鱼又问："你刚刚挨打，现在怎么还有兴致鼓琴唱歌？"

曾子说："我担心父亲为我身受杖伤而忧虑，特地鼓琴唱歌，表示我体健无伤，以解父忧。"

伯鱼微笑道："不仁的严父逢着你这愚孝的好儿子，真是运气好！此所谓棒下出孝子，曾子不知受过了多少次的杖责了，否则怎么分得出前次杖责力重而这次杖责力轻呢?”

曾子道：“家父就像严君。儿子有了过失受父杖责，这是为人子常有的事，只怕伯鱼也受过夫子的杖责吧?”

伯鱼摇头：“我常听父亲说，人的身体是父母所遗，不可毁伤。自小祖母爱我如珍宝，母亲怜惜我是独子，父亲对我慈爱，所以有生以来，还没受过杖责。”

曾子满脸羡慕之意：“不知你几生修得为圣人之子！除了圣门，谁不是人子？谁没有父母？谁不受父母的教训呢?”

陈亢道：“世上慈善父母多得是，父母都有爱怜子女的心肠，视亲生儿女作牛马般看待，常常责打，这是顽固父母的不仁。凡属诗书之家，父慈子孝，家庭间融融洽洽，家道自然会兴盛。古今弑父的原因，都是父不父、子不子，父母视子如畜类，动辄责打咒骂，不顾儿子的廉耻，积怨日深，父子遂成仇敌，杀机潜伏，一发不可收拾，演成违背常伦的惨剧，父子同归于尽，真是可惜！要是父母能以慈爱至仁的心肠来对待儿子，儿子虽然残暴不知孝亲，也不会弑父的。”这一席话，说得曾子羞容满面，不作一声。

陈亢意识到自己刚才说得严重了，连忙转变语调，问伯鱼：“我们都羡慕你生在圣门。夫子既具慈爱之心，那么亲传衣钵，想必对你有特别的教训，可略说一二?”

伯鱼便说：“父亲施教，至公无私，所以我与子蔑和诸同学一堂授教。有一天，父亲问我可曾读过《诗经》，我摇头说‘没有’。父亲就严厉地说：‘不读《诗经》，不能够通达事理，更不能平心气，怎能立言！’于是让我退而学诗。还有一次，父亲又问我可曾学《周礼》，我答称不曾学。父亲又严肃地说：‘不学《周礼》不能够明白品节，更不能坚定德性，怎能自立！’我就退而学礼。除此以外，没有什么别的了。”

陈亢高兴地说：“我问了一句，就听得了学诗、学礼两个益处，还知道了圣人教子和教门下诸弟子是一样的。”

之后，陈亢和伯鱼一同告别而归。

陈亢回到孔子家里，就把自己不赞成曾氏父子行为的想法告诉了孔子，孔子听后，评说道：“误断瓜根是极细小的事，曾皙不该杖责；曾子被打得昏倒在地，不该再鼓琴作歌，以示体健无伤，真是父不父、子不子。以后曾氏父子到此，不许他们入内。”

次日，曾子来问学，却被看门人拦在门外不让进入。曾子一想，肯定是昨天陈亢把自己受杖的经过告诉了夫子。

曾子只好转身离去，一边走一边想：这事必须得请同学在夫子面前解释清楚，南宫敬叔和夫子关系最好，请他最合适。曾子便去见敬叔请求帮助。

敬叔最爱帮助朋友，听了曾子的话，心想：他又受严父杖责，又遭夫子拒绝，心里该多难过呀！这事本身又不是什么大事，曾子并无大过，容易解释清。随即，就向曾子安慰道：“你不用愁，我立刻和你去见夫子，一定能把事情解释清楚。”说着就同曾子出门，一路向孔子的住处走来。

敬叔一见孔子就说：“曾子并无大过，请夫子当面训责。他现在垂手站立在阶下，不敢走上讲堂。”

孔子说：“你进来吧。”

曾子听到夫子喊自己，便快步跑到夫子面前，垂手侍立。

孔子看着曾子说道；“你被父亲打得都昏倒了，为什么还要鼓琴作歌，表示你身体安康呢？难道你没有听过虞舜有顽父瞽瞍的故事？舜对瞽瞍尽孝道，而瞽瞍溺爱次子象，误听象的诈言，欲使舜身陷险地，舜却并没有远逃。象要害死他却搜寻不到，舜遇小棰则忍受，遇大杖则逃走，结果使得瞽瞍没有背上不父的罪名，舜至今也不失为孝子。现在你晕死而不逃避，如果你被杖打死了，陷你父于不义，那才叫不孝！你是天子的百姓，你父打死了天子的百姓，又该当何罪？”

曾子这才醒悟过来，说道：“那我的罪过可大了！现在听到夫子教诲才明白过来，以后一定改过。”

何为德政

子路做了蒲邑县宰之后，一直勤政爱民。他在视察全邑乡区时，发现这里有很多低洼地方，遇到久雨，田中积水不能开泄，不但农作物被水淹死，还会酿成水灾。子路认为这都是历任的邑宰对老百姓漠不关心，不替低洼地区的老百姓预先打算造成的。

子路打算改变现状，就召集乡民，大兴水利。

颜回自宋归鲁，经过蒲邑时，看到了子路在那里监察施政的情况。回到孔门，颜回把子路的情况告诉了孔子。孔子不但不以为然，反而派子贡前去劝止。

子路认为自己在施行德政，不料孔子竟派人前来阻止，大为不解。第二天，便和子贡乘车回曲阜去见孔子。

一见面，子路就说："我受夫子教导多年，蒙夫子称道，被荐为蒲邑宰。我见暴雨将至，担心住在低洼地方的人受水灾，所以发动民众修沟渠以备泄水；又见贫民挨饿做工，心觉不忍，便给每人每日发放箪食、壶浆，以消渴解饥。夫子却派子贡来阻止，这不是夫子阻止我行仁义吗？夫子常以仁义教学生，又禁学生行仁义，我不敢受命，除非您有别的说法。"

孔子说："你的为人样样都好，就是性情率直，不知道随机应变。你是我最器重的弟子之一，现已出仕为官，能够为民预防水患，勤政爱民，我听了非常高兴。不过，在这公室衰微、权臣执政的鲁国，居官、行政都要格外要小心，要是你只管凭着良心施行仁政，恐怕奖励还没得到，你人就已经离开官位了！"

子路不解道："按夫子的说法，那现在鲁国做官的都不用行仁政，而要去贪赃枉法、剥削百姓了？"

孔子耐心地说："廉洁是做官的基础，一定不可以有贪污行为。只是那些趋炎附势的小人多如蚂蚁，都等着夺取你的位置。一旦你有了不合礼的政令，他们就拿此当话柄，在权臣面前加油添醋、危言耸听，直到你被撤任才罢休。这就是我派子贡来劝阻你的原因。你既然怜惜贫民挨饿工作，为何不禀明鲁君，发公家仓廪中的粮米来赈济？你自以为是行德政，却是在表明鲁君无德！我差人去阻止，还担心迟了会被小人先行报告了权臣，那时就太晚了。"

子路惭愧地说："夫子关心我，胜过父母，希望您能够和我一起去蒲地，以便我随时请教。"

孔子说："现在你有什么难处只管问就是了。"

子路答："蒲邑多壮士，难以管制，又不能用仁义的行为来感化。"

孔子说："对人恭敬严肃，可以慑服悍勇；行政宽和正大，可以折服刚强；爱众而恕，可以使民劳作；断狱明察，可以抑制奸邪。能够做到这些，治民有什么难处呢？"

子路又说："我请假五日，想在夫子跟前接受五日的教导。"

孔子答道："为政不在多言，量你的才智学识，治蒲邑足够了，何必多问呢！趁此好天气，还是出去游玩山水比较好。今天已经晚了，明天早上一起去游农山。"

第二天早上，孔子和子路、子贡、颜回等人驾车出游。到了中午，大家都觉得饥肠辘辘，孔子命停车，与弟子下车，在路旁寻找客店。可是那一带并无客店，孔子师徒四人不得已走到一农家，向主人买饭充饥。不料这是一个过于节俭的人，家中日用器具残缺不全。主人拿瓦鬲煮饭，用瓦盆盛着，端给孔子，孔子赶紧端正地站着，并用双手接饭盆，好像接受祭祀时的馈赠一样。

子路说："瓦甂是陋器，饭菜是劣品，夫子为什么还这样毕恭毕敬呢？"

孔子答："我不是敬他饭菜好，而是因为他一个穷苦乡民，竟肯不取报酬煮饭给我们充饥，虽然是青菜、黄米饭，可这在他看来却是厚待了，我怎能不感谢致敬呢？"

孔子取出钱财报谢主人，主人仍不肯接受。

孔子对主人说："你的粮食得来不易，我和你非亲非友，怎么能白吃呢！"

主人说道："因为离集市太远，来不及买鱼肉荤腥，就拿家常便饭来招待贵客，怎么好意思要求回报呢？"孔子坚持把钱物塞给主人，然后急忙与子路等人登车赶路。

人各有志

孔子同弟子们登山游览古迹，他们来到山顶最高处，四面眺望，远天一色，只有两三只飞鸟在白云中出没；远近的房屋鳞次栉比，几处炊烟上腾，瞬间被风吹散，大自然的风景好似一幅画。欣赏了一会儿，孔子觉得俗虑全消，便到松树下安坐，感叹道："在这地方，会让人有远离尘世的想法，怪不得古往今来的高人都愿隐居深山。”

子路说：“在这地方，只可享清闲，而功名无分；胸中有学问，却无人知道，死了连姓名都不为人所知，简直是枉生人世!”

孔子说：“你难道没有听说过傅说隐居岸阿，出为相国；伯夷、叔齐饿死首阳山，名传后世，谁说功名无分呢？你们都坐下，说说自己的志向。”

子路性情急躁，抢先回答：“我愿得到月亮似的白羽，红日似的赤羽。战场上，我统率士兵，钟鼓声音，响得震天，旌旗招展，遮得满地，把敌兵打得退到千里以外，夺取敌人的旌旗和俘虏的耳朵。”

孔子道：“你可以称得上勇士。”

子贡随后说：“如果齐国与楚国交兵，在广阔的沙场上大战，两面的营堡相对，战场上尘沙蔽天，兵刃相接的声音盈耳，我穿着缟衣戴了白冠，到战场上游说两国，详论利害，解释用兵的祸患，使齐国、楚国停战言和。”

孔子道：“你可以称得辩士。”

颜回只管拾石上的松果玩弄，不作一声。

孔子问道：“颜回你怎么不说话?”

颜回答：“武有子路，文有子贡，我还有什么可说的呢?”

孔子说：“人各有志，譬如小孩子，有的喜欢吃糖果，有的喜欢玩耍。你有七尺的身躯，有预知东野毕佚马的才智，必然也有不凡的志向。”

颜回答道：“我听人说：香草、恶草不可以同器收藏，唐尧、夏桀不可以同国而治，为的是不同其类。我愿辅佐圣主为相，施行父义、母慈、兄友、弟恭、子孝的五教，拿礼乐制度来开导人民。既使百姓不必修城郭，也绝无人越沟池。改造农器，放牛马于平原，千年没有刀兵的灾祸，百姓没有离散的痛苦。如果这样，就用不着子路的赳赳勇力，也用不着子贡的落落辩才了。”

孔子对颜回说：“好啊，这便是德。”

子路举手问道：“夫子选择哪一个的志愿?”

孔子答道：“不伤财，不害百姓，不费唇舌，只有颜回的志愿能够全包括。”孔子说罢，望见红日已经西向，说道：“时光不早了，回去吧!”于是一起走下山来。他们登车回家时，已经万家灯火了。

吃过晚饭，子贡、颜回觉得疲倦，就到卧室休息去了。孔子和子路不觉得疲倦，就同冉有、公西赤、曾皙坐在一起继续闲谈。

子路借机问："夫子为什么偏爱颜回？"

孔子微笑道："我喜欢颜回，主要喜欢他有君子的品行：一强于行义，二怕人称誉，三不敢做官，四谨慎终身。卫大夫史鱼，只有三项君子的品行，不曾做官，却能够敬君；不曾祭祀，却能够敬鬼；持躬正直，待人曲谅。颜回比史鱼还胜过一筹，怎能不让人敬爱！"

曾皙插言："我从前听夫子说过三句话，一是见他人一桩善行忘却他一百桩不善，这是夫子劝善；二是见他人有好的品质，好像自己也有；三是听得了善事，必要自身先行，再指导他人，这是以身作则。我学夫子的三事，一事也没有学好，自知不及颜回！"

子路问孔子："我不以古道为法，只管行自己的意见，可以吗？"

孔子答道；"不可以。起初不慎，到后来反悔，哪里来得及？现在你要舍弃古人的大道，完全按自己的意愿行事，怎么辨别是非呢？还是取古为法，参考别人的意见，那么行事就会少犯错误！"

子路惭愧地说："闻夫子教诲，我终身不敢妄行己意。"

孔子赞道："你闻善言能够竭力奉行，这是你的长处。不过你性情急躁，遇事往往不详察利害就着手，这是你的短处。望你谨记我的话，改去急躁的性情，遇事多加审察，莫再冒昧从事。"

子路又提起自己白天在山顶上所说的志愿，请夫子判断谁好谁坏。

孔子说："我已经评过你是勇士呀！我的年纪比你们长一点，你们何妨在我面前直吐心愿？你们常常说，当世无人知道你们的姓名。要是有人知道，使人来征聘，那你们怎样为世所用呢？"接着又对子路说："你已经出仕，志愿也说过了，现在不必再说了。"

子路笑着答道："我的志愿多得很，不要说两次，只怕说十次、百次也说不完。要是有一个一千乘兵车的国家，屈服在大国强权之下，经着兵祸，遇着荒年，我去治理，只要三年，就能够使百姓有勇力，并且使他们知道如何保卫国家。"孔子微笑不言。

冉有接着说道："方圆六七十里，或是五六十里的小国，我去治理，期限三年，就能够使国家富足。"

公西华以礼乐著名，当下说道："我不敢称能，只愿求学罢了，遇到祭礼盟会，就穿上礼服，戴上礼冠，为诸侯赞礼。"

轮到曾皙了。曾皙说道："暮春，天气极好，我愿身穿春季便服，同五六个少年、六七个童子，出城踏青，到沂水的温泉中洗浴，到舞雩坛边去纳凉；累了，就一路缓步唱歌而归，岂不快乐？"

孔子听了长叹道："我的志愿，与曾皙相同。"

第二天，曾皙清早起身，走出卧室，见夫子已在庭中看花，上前请过早安，问道："昨夜三子的言论如何？"

孔子答："不过各说各的志愿罢了。"

曾皙又问："夫子为什么要笑子路呢？"

孔子说："治国以礼为本，他出言不逊，所以笑他。"

曾皙继续问："冉有与公西华的志向如何？"

孔子答道："冉有说六七十里、五六十里的小地方，却是一个邦国；公西华所说的祭礼宗庙，召集会盟，也算诸侯的大事。他们却都以为是小地方、小事。他们三人的志愿，都与我不同。我愿安顿老人，提携少年，以诚信对待朋友，使万物各适本性，惟有你的志愿，和我相近。"

曾皙听了这一席话，心中窃喜，自以为学得像圣人了！

乡 射

孔子因为久不习射，就对子路说："你精于射，但自你去蒲邑后，我就不怎么练习了。周官制特设左右仆射，专司其事。射分大射、宾射、燕射等，是男子必习的技艺。精大射，可以临阵迎敌；精燕射、宾射，可以赞相宴飨之礼。今日矍相圃有乡射，我们去参观，顺便练习一下。"

子路欣然答道："好啊！那我们就尽快去吧，迟了恐怕人多挤不进去。"

孔子命其他弟子先去，自己带子路、子贡后到。

乡射以是否射中鹄来分胜负，负者须饮罚酒。同射的，都是一些乡邻亲友。每次举行乡射，参加的人非常多，孔子幸亏有许多弟子跟随护从，才能够站在前排。

孔子说："射是快乐的，怎样射？怎样听？都应该依着声音发矢。只有经常练习的人才能够射中鹄，我们平常之辈只要不犯大的错误就可以了。

今天的乡射大约有五百多人参加，人人都精于此道，这就好比是对奕，高手遇高手，格外精彩。不要说他们自己兴高采烈，连我这个旁观者，也看得眉飞色舞了。”

观众陆续跟来，人多挤在一起像城墙一般结实。

按乡射之礼，先校射，后行乡饮酒。校射时，选一人为司马，检查是否射中鹄；饮酒时，选一人为正司，纠察威仪。

孔子对子路说：“今日只习射，不饮酒，就选你做司马吧！”

子路应命，手执弓箭，站出来，高声说道：“这次乡射，我们应该与乡里士大夫同乐。不过败军之将，亡国之夫，应退在人后，不得争入。”

子路又让之裘、序点举起洒器高声说道：“壮年能够孝悌之人，年长能够知礼之人都站在这里。”

只剩下极少数的人了。然后，子路让孔门弟子按照次序，两人为一组，逐一习射。子路立在箭道口检查，之裘、序点立在箭靶近处，遇中鹄的，之裘就击鼓上报，序点登记入册。最后的结果是冉求、子贡、颜回、子夏、冉雍箭无虚发，三射三中，其余诸弟子平日里不怎么练习，中鹄的很少。

子路走到孔子面前问：“今天习射，由学生充任司马，您觉得学生的表现如何？”

孔子说：“你做得非常好。我们来的时候观众环立如城墙，在你的指导下，一切都井井有条了。今年新春，弟子们跟我来习射，观众比今天还要多两倍。我先派仲弓做司马，他婉言劝观众退让，观众对他置之不理；后来又换冉求，他强制观众退出矍相圃，观众不服，差点儿闹出乱子来。今天，有了你的帮助，一切都井然有序，只可惜你已出去做官，不能够常来指导他们习射了。”

冉求插言说：“那趁子路在这里，我们来练习乡饮酒礼吧！”

孔子说：“乡饮酒礼是宾主的交际礼，只有国君、国卿接待上宾时才行此礼。并且喝酒误事：不会喝的，勉强喝了就会觉得不舒适；量小的，贪杯喝多了，要么呕吐，要么借酒骂座，最后弄得不欢而散，还是算了吧！你们要真想了解这种礼节，我回去解释给你们听。”

子路有些不死心，说：“我明天就要回蒲邑去了，还是想请夫子当场讲乡饮酒礼。”

无奈，孔子道："这种礼节非常复杂：一开始，主人整理好衣冠在正门口等着，当众宾走到正门外时，就要向宾客作揖行礼；众宾入室，位尊者、年长者应该走在前面；然后，主人作三个揖立在阶上，众宾三让入堂；由赞礼请众宾入席，众宾互相谦让都不去坐首席；主人敬酒，众宾必须立饮。乐工上堂，歌"鹿鸣四牡，皇皇者华"三遍，主人献酒，吹笙者上堂，歌"南陔，白华，华黍'三遍，和以笙瑟之音，主人再献酒，歌'鱼丽，南有嘉鱼，南山有台'三遍，奏笙鼓瑟，和声而歌'周南，召南'三遍，乐工报告乐已奏完，退出；最后，司正扬觯，请众宾入座，众宾以酒回敬主人，主人敬介众宾，先长后幼，敬到三巡为止。饮酒之日，从早到黑，都很热闹。如果众宾退席，主人必须送客人于门外。"

子路问道："为什么要一而再地歌唱呢?"

孔子答道："不过是用音乐来劝酒、娱宾罢了，没有什么太深的意义。"

第二天早上，子路诚意邀请夫子和他同去蒲邑。孔子答道："将来有空，我会去看你的。"子路拜谢过夫子后返回蒲邑。

为什么杀人罪最轻

冉有向来注重德行，见愚民为非作歹而受重刑罚，于心不忍，就问孔子："我曾经听人说，古时三皇五帝治天下都不用刑罚，是这样吗?"

孔子答："圣王立法，制五种刑罚而不用，这叫至治。至治就是最好的治法。百姓做盗贼是源于衣食不足，衣食不足是因平日不知节制，所以需要设立国法，使百姓遵守；忤逆不孝，起于不仁，不仁起于不懂丧祭，所以需要修订丧祭礼节，教民仁爱；凶暴杀上，起于不义，义是用来分贵贱、别尊卑的，有了贵贱尊卑的分别，百姓自然尊上敬长了，因此需要使朝聘有一定的礼节；争斗伤人，起于相欺，相欺起于长幼无别，忘记敬让，因此需要上行乡饮酒礼；淫乱起于男女混杂不分，夫妇之间没有保障，因此需要制定婚姻嫁娶之礼。这五种刑罚的发生，各有起源，如果不从根源着手，专门依靠刑罚，那简直是在设陷阱害百姓！刑罚的起源，都是由于不能节制嗜好、私欲，而礼制法度就是用来限制百姓的嗜好和私欲的。三皇五帝也是依此教化百姓的。”

冉有听完夫子对五刑的解释，又问：“那以前晋国铸刑鼎，也算合乎礼法吗？”

孔子道：“这是晋国将亡的预兆，不足为法。”

冉有又问：“既然不合礼法，为什么他们还要制造刑鼎呢？”

孔子答道：“晋顷公时，晋大夫赵鞅、荀寅出兵取得陆浑之地，于是筑城驻守，因为鼎上满刻范宣子所作的刑书，所以叫做刑鼎。这是晋国将亡的预兆。按道理晋国应该遵守始王唐叔所传的周武王的法度，用法度来治理百姓。可晋顷公却轻视祖宗的法度，铸刑书于鼎。百姓看惯了刑鼎，怎能尊贵？怎能守业？怎能立国呢？晋国废弃先王的法度，所犯的罪比杀人罪更大。”

冉有问道：“为什么乱法罪要大于杀人罪呢？

孔子说：“大罪有五种，杀人罪最轻；违逆天地的，罪最重，罪及五世；诬蔑文王、武王不足为后世法的，罪及四世；逆人伦的，罪及三世；谋鬼神的，罪及二世；亲手杀人的，杀人者死，罪及一身，岂不是最轻吗？”

冉有说：“先王制法，刑不上大夫，礼不下庶人。也就是说，大夫犯罪，不可以加刑；庶人行事，不可以用礼？”

孔子道：“不是的！刑无分上下。治大夫，是拿礼来治他的心，重之以廉耻。所以古时大夫，有犯贪藏污秽而被革除的，不说他贪藏污秽，却说他‘簠簋不饬’，换句话说，就是说他祭器不整齐；有男女混杂而淫乱的，不说他男女混杂淫乱，却说他‘帷幕不修’；有欺君不忠的，不说欺君不忠，却说他‘臣节未著’；有糊涂不胜任的，不说他糊涂不胜任，却说他‘下官不称职’；有犯国纪的，不说他犯国纪，却说他‘行事擅专’。这五种大夫既然定有罪名，不直接了当地说他，而用讳言，目的是为了他知廉耻。大夫身犯这五刑之罪，一旦败露或被人告发，那他就要穿着白冠厘缨的罪服，自己走到朝廷上请罪。犯有大罪的，要听王命，向北面两拜，跪地自裁，而国君是不会让人捆绑刑杀大夫的，处决时，国君会说：‘子大夫自取之罪，吾待子是有礼的。’所以‘刑不上大夫’这种说法是不对的。还有礼不下庶人，因为庶人仓促从事，不能够尽礼，所以不限定依礼置备。喜欢热闹的，尽可以照礼节举行；喜欢节俭的，就可以放弃繁文缛节。总而言之，庶人遇婚嫁、丧葬，是很自由的，行礼制不行礼制，在礼法上并无确切规定，所以‘礼不下庶人’这种说法也是错的。”

冉求听了，肃然起敬：“夫子解释得详细极了，我会记录下来，以免忘记。”

后来，冉雍问孔子：“我听人说，至刑无所用政，说的是夏桀、商纣失国之事；至政无所用刑，则是讲周成王、康王治国之事。这些话有什么根据吗？”

孔子说：“圣人教化天下，一定要刑与政兼施。上古圣王以德教民、以礼化民，然后才定刑法。只有教不听、化不变，伤风败俗，才会用刑。定五刑是迎合五伦之意，执行刑罚的官吏，不可以作威作福。《礼记》上说：‘刑者，一成而不可更。’所以君子定刑时十分谨慎，不敢粗心。”

冉雍又问：“古时听讼，处罚只凭事实，不问心理，这是为什么呢？”

孔子答道：“审理五刑的讼案，需要以父子之情、君臣之义作为权度来估量轻重、细察深浅。还要运用自己的聪明，表白自己的忠正，才能尽大司寇正刑察狱的责任。每件案子必经三讯，对比事情的大小。所以封爵必在朝上，这是给满朝文武看的；杀人必在集市口，这是表明众人共弃的。”

冉雍问：“古时讼狱之事，是哪一种官专职呢？”

孔子说：“先接到案子的是狱吏，狱吏报告给狱官正，狱官正审查明确，呈报给大司寇严加审问后，上呈国君。国君又命三公卿士复审，然后再把狱情呈报上来。对于已成的狱讼，国君会再三宽恕。最后由大司寇按定刑处治。这些足以表明君王对施刑之事的慎重。”

冉雍接着问：“不用公卿大夫复审的狱讼有哪几种？”

孔子答：“用巧言破坏法律，拿旁门左道之术来乱政的；制作惑乱人心的淫声，创制怪异的衣服，使用怪技异器来摇荡人心的；作伪使诈，传布不正当学说来煽惑众人的；假借鬼神，用卜筮来愚弄众人的。我举了四种狱讼，没有必要复审，可以直接行刑。”

冉雍仍有些心软，便说：“这四种都被列为十恶不赦的大罪，不加复审，又不宽恕，用刑未免太重了吧？”

孔子答道：“这四种是重刑，此外还有十四种有干禁令的规定。不过，在审查所有的狱讼时都要慎之又慎，就算是那四种不复审的重罪，也不能掉以轻心。要是有谁捕风捉影构成冤狱，一经查明，就有失察之罪。”

冉雍避席说道："闻夫子一席话，胜过学生读十年书。"

孔子说道："我并非生来就知道这些，全是靠自小读书，慢慢积累起来的。"

删《诗》阐《易》

孔子决定要修订一些典籍，因为他觉得这些古书里存在很多问题。例如《周易》辞义深奥，《尚书》难断句读，《诗经》内容良莠不齐。

孔子知道子夏精通诗义，就和他商议道："《诗经》采集列国诗歌而成，好诗固然不少，但也有一些不堪入耳的东西，比如《郑风》、《卫风》，连桑间濮上的野合也形诸笔墨。在当时的作者看来，不过是描写一些不良的风俗，但后来却逐渐形成淫靡的歌风。如果后世年轻学子朝晚诵读这类歌词，成何体统？所以我决心删去十分之六七，只剩三百篇，你以为如何？"

子夏答道："学生非常赞同夫子的做法，学生认为《郑风》确实不如《卫风》，《卫风》中尚有几篇还不错。"

见学生赞同自己的想法，孔子就提出了修改意见："乐工遇着宴飨、祀祭，必选《诗经》歌风奏唱，所以我们必须选出谐声的韵文，谱好曲子，用来歌唱；凡属不谐声、词句长短不匀、词意秽亵的，一律删除。"

子夏欣欣然说："以前也有不少贤士批评《诗经》中淫靡歌词太多，但都没有删改的勇气，现在夫子毅然大加删除，让它变成一部尽善尽美的《诗经》嘉惠后代，您的功德真可与日月争光。只是今天早上夫子读《诗经》，读到《正月》第六章时，为什么发出长叹呢？"

孔子微叹道："立身处世，随风依俗不免会废弃道德。世人不行善，一己独行，不是妖人便是妄人，所以贤人生不逢盛世，恐怕不得终老吧！夏桀杀贤臣龙逢，商纣杀忠臣比干，都是这样的例子。所以，《诗经·正月》篇说：'谓天盖高，不敢不局；谓地盖厚，不敢不蹐'。你应该明白这几句的释义吧？"

子夏答："局作曲身解，蹐作累足解。就是说天虽最高，但依然要弯曲着身体小心行事，惧怕上触忌讳；地虽最厚，却要缚结了脚缓步行路，惧怕踏着法网。这是说立身处世，不可不谨慎。”

孔子说：“是啊！讲的都是君子处世，虽然天高地厚，却都惧怕获罪，不能够无虑呀！”

子夏又问：“《诗经》容易解释，不像《周易》的意义那么深奥。而昨夜夫子读《周易》，读到‘损卦’时，为什么也掩书长叹，不再读了呢？”

孔子答道：“‘损而不已必有益，所以损卦之后得益；益而不已必决，所以益卦之后得损。’我读至此想起《尚书·大禹谟》上云：‘满招损，谦受益。’因此废读长叹，百感交集！”

子夏问道：“学者可以求益吗？”

孔子说：“道不可以自称完美，因为道越有益身越有损。学者能够自知不足，才肯向人虚心求教，成为不自满的博学君子。天道成则必变，凡是满的东西从来不能够持久。从前唐尧治天下，能够拿信用、恭俭来守身，拿谦让来待人，所以千年益盛，到现在更觉彰明。夏桀自满无厌，逞意妄行，斩杀百姓犹如草芥，天下共起讨伐，一直遭人唾骂。做人要把握好盈虚，不可以自满。”

子夏就说：“学生终身奉行夫子的教诲。”

子夏读了几天的《周易》，就去把自己的感受说给孔子：“我读了几日《周易》，明白天地生育万物，各有奇偶；人及鸟兽昆虫，所受气分厚薄不同，因此生理各异，我向来不能穷究本原，今日方知可用数理乘法推算。”

孔子说：“你详细地说给我听吧！”

子夏有条不紊地说：“天一、地二、人三，这是产生万物的三才。所以三是生育万物的始基，三三如九，九九八十一，一主日，日数十，故人孕十月而生。按日子母月从一而起，便是阳从奇数。用甲、乙、丙、丁、戊、己、庚、辛、壬、癸十个天干逐日轮流，便是日数十。人之生育原理居奇数之首，所以人为最高动物。八九七十二，二为偶数，偶以从奇，奇主辰，辰为月，按每年十二月，以子、丑、寅、卯、辰、巳、午、未、申、酉、戌、亥十二个地支逐月轮流，故称辰为月，月主马，故马孕十二月而生。七九六十三，三主斗，斗主狗，故狗孕三月而生，六九五十四，四主时，时主豕，故豕孕四月而生。五九四十五，五为音，音主猿，故猿孕五月而生。四九三十六，六为律，律主鹿，故鹿孕六月而生。三九二十七，七主星，星主虎，故虎孕七月而生。二九一十八，八主风，风主虫，故虫八月而化生。以外生物各从其类，鸟类、鱼类，生阴属阳，所以都是卵生，鱼游水内，鸟飞云中，每到立冬燕雀入海化为蛤，这是鸟类的变种。蝉只饮不食，蚕只食不饮，蜉蝣不饮不食，甲虫夏食而冬蛰，龁吞的八窍而卵生，龃龉的九窍而胎生，四脚没有羽翼，戴角的没有上齿，无角的膏而无前齿，有角的脂而无后齿。昼生的，感阳气象父；夜生的，感阴气象母，所以至阴主牝，至阳主牡”

孔子称赞道："是的。我以前听老聃说过，他却没有像你说的这样详细。"

子夏感慨地说："天地生育万物，形状各别，动静生活也各不相同，造物的奇妙，简直不思议！"

子贡随即向孔子问道："子夏所论八种奇偶生理，夫子以为如何？"

孔子问："你以为如何？"

子贡答："他解释得很畅达，但治国何用考究这奇偶生理呢？"

孔子说："他还没有从政，何用考究治国。他现在在我门下做弟子，谈论平日读书的心得，再适当不过。他所说的句句有来历，一个字也没有杜撰。我的弟子中，像他这样好读书的有很多，在你看来，还有谁的知识比他渊博呢？"

子贡毫不迟疑地答："据我看来，颜回博学，可以与他相比吧？"

孔子说道："论颜回的好学，诚然不弱子夏。不过，颜回强于悟性，弱于记性；而子夏却在悟性、记性两方面都很强。这是各人的资质，基于先天禀赋。凭这一点，颜回就不免相形见绌了。颜回自知记性不能够过人，所以寒暑手不释卷，阅读的书多于子夏。而子夏参透读书三昧，知道贵精不贵多，每读一种书，推理入微，能够找出他人看不出的奥秘。且他案头的读本，本本都有精确的批注，所以刚才谈论易理，竟有这一大篇的精深言论。现在研究《周易》的人，多得车载斗量，除了老聃以外，只怕没有第三人知道这个奇偶生理了！古人说：读书最有乐趣。像子夏这样的读法，能够找出书中隐藏的奇思妙想，自然乐趣无穷了。我少时从师读书，只能领会一些浅显外露的道理，直到有人从学以后，才知道深究书中奥旨。我没有闲功夫研究了，真是遗憾哪！"

子贡生来性情骄傲，因为不服子夏才向孔子发问，现在听了孔子的一派赞美之词，又不好直言反驳，就又问孔子：“夫子埋没了自己的博学，一味赞美子夏，难道夫子的知识还不及子夏渊博吗?”

孔子听了子贡的话，明白了他的心思，就想挫挫他的锐气，于是含笑答道：“你们当中胜过我的不只子夏一人。颜回多智，非我所能及；子路有勇，非我所能及；琴牢庄重，非我所能及；子夏博学，非我所能及。”

子贡又问：“他四人既然胜过夫子，为什么还要师从夫子呢?”

孔子道：“造物不生全才，人各有所长，也各有所短。颜回虽能信，却不能自反；子路虽有勇，却不能谨慎；琴牢虽能庄重，却不能谦和；子夏虽然好学，却不能藏拙。我虽然无四子所长，却兼有四子所短，所以四子皆愿师事于我。”

子贡接着问：“我有无短长?”

孔子答：“你长于辩才，短于骄傲不屈。”

子贡避席说道：“生我者父母，知我者夫子。我当谨记教言，革除傲性。”

为官之道

这时，南宫敬叔走近案前，子贡退下。

当初，鲁定公即位，政权都落在相国季平子手中。鲁定公看到季平子目无国君的样子，心里很难受。鲁定公知道敬叔是个贤大夫，就私下对敬叔说：“寡人虚有君位，无权委任，望卿把人才推荐给相国，不过要向被荐举之人说明是寡人的意见，必须忠于王室，不可心向季氏。”敬叔就在定公前荐举了子蔑、宓子贱，然后去见季平子。

季平子和敬叔谈到了单父、邹县的两个邑宰他们贪污残暴，百姓怨声载道，这两县很难治理，非另委任贤明清廉的邑宰不可。季平子问他：“孔子门下有无能胜任邑宰的人才?”敬叔就举荐了子蔑、宓子贱。季平子立即下令任命宓子贱为单父宰，子蔑为邹邑宰。

子蔑、宓子贱两人由敬叔陪着去见季平子表示感谢。敬叔趁此机会，向季平子游说道：“家有家长，子弟出门礼当向家长告辞；国有君主，新委官吏到任，礼当向国君请训。现在只向相国辞行，好事者不免要在背后谈论相国目无君上，何不叫他们去见君请训，防止流言。”

季平子同意敬叔带两人入朝请鲁定公训话。子蔑自知不善言谈，让宓子贱走在前面。

鲁定公问：“邑宰为亲民官，卿等还是初次从政，有什么政见能够上不负国君的委任，下不负民众的寄托呢?”

宓子贱答：“臣幼读经史，知道从政不在多言，对上只有忠勤廉洁，以报委任之思；对下只有清正爱恤，以任寄托之重。”

鲁定公便说：“好啊！从政能够力行这八个字，做官能够首重一个忠字，非但能够做邑宰，就是做相国也绰绰有余了！卿家好自为之，寡人正在为国求贤，到任后遇到兴废政事，随时呈报寡人，使寡人得以看见你的优秀政绩，以备大用。”

宓子贱心想：若事事要呈报，非但麻烦，只怕有佞臣私进谗言，使我不能行政，岂不要误事吗！而且初次请训，又不能不遵君命，还是听他的吧！不过一转念间，又道：“臣初次为宰官，毫无经验，恳请大王指派近史两人同至任所，以便遇事指导。”鲁定公即派公叔成、秦正两近史，随宓同行至任所。

敬叔责问宓子贱道：“为什么要请君派人随往任所，两近史奉君命监责肯定会牵绊你，可见你初入仕途，没有经验!”

宓子贱微笑道：“因为鲁定公命我随时呈报，一则不胜麻烦，二则恐被小人进谗言阻挠。我有心让这两个近史随我到任，不用十日，他们自然而然会回朝辞委的。如果相国问及此事，烦你转言。”

敬叔说：“真是多此一举，鲁定公本无派人监察的心思，而且又是你自己请派的，怎么可能在十日之内撵走他们呢?”

宓子贱答：“鲁定公要我遇事呈报，我初次请训，不好不依，才会弄此玄虚。撵走他们肯定不合情理，不过，我可以略施小计，让他们不能安居单父，使鲁定公觉悟到派人在旁监察，事事掣我的肘，就不再派人监察了。”

敬叔恍然大悟道：“原来如此，难怪鲁定公说你是天下奇才，尽管放胆去做吧，我会向季平子直说的。”

子贱和公叔成、秦正来到单父。当近史拿笔写公文时，宓子贱暗地里让属吏在旁边捣乱掣肘，让他们写不好字。宓子贱见字写得非常不好，就向属吏大发雷霆："书法如此低劣，怎能当好邑吏？"邑吏说明是二近史的手笔。宓子贱又怒目看着近史，公叔成和秦正愤怒之极，向子贱辞归。

宓子贱故意说："二位书法太劣，不能胜任缮写公文之责，子贱不敢相留。"

两近史回去向定公报告："不知道宓子贱是何居心，让臣缮写公事却又派人掣肘，见字迹恶劣，就笑臣无能。臣等不得存留，所以归来复命。"

鲁定公很奇怪："子贱没来由掣你们肘，莫非是你们想和邑吏串通作弊，邑吏不敢，告之宓子贱。宓子贱不好意思直截下逐客令，才有此恶作剧吧？"

公叔成答道："臣等在单父只有五天，第二天，邑吏就拿公事来托我们缮写。最怪的就是这个邑吏，在旁边推案掣肘，第一次我们不介意，可是每逢我们写公事，他必在旁边掣肘。这分明是受人指使呀！"鲁定公听说，觉得莫名其妙，便召敬叔入宫，转述了两近史的话，让他去问孔子。

孔子听了敬叔的话，略微思考后答道："宓子贱是君子，有辅佐君主的才能，现在屈节为单父宰，他有这种举动，是想以此进谏君上，不要派人监察吧！既然任命他为单父宰，又派两近史随往监察，这就好比既委近史写公事，又叫人在旁掣肘一样。"

敬叔说："是啊，宓子贱到单父去的时候，在我面前提起过的，只是我没有在君上面前和盘托出。"

孔子赞道："你待朋友必忠必信，大有鲍叔的遗风。不过宓子贱没有管仲那样的机遇，你说呢？"

敬叔答："子贱的才能与管仲不相上下，我自愧不如鲍叔。管仲为相之前，齐国的国力远比不上我国，鲍叔能够平定国乱，击退敌兵，等到大局已定，然后推荐管仲代替自己；我眼见公室衰微，政权落在权臣手中，却无法挽救，怎能比得上鲍叔？我唯一能为人称道的，只是'为国荐贤'四字。但是要做到使公室强盛，非夫子亲身出马不可。夫子现已年过五旬，确实是应该及时从政，我会在季氏面前极力推荐，希望夫子不要推辞。"孔子听了这一席话，微微点头，表示许可。

敬叔高兴地回来见鲁定公，把孔子的话转述了一遍。

鲁定公顿然觉悟，长叹道："寡人扰乱宓子贱行政，就像故意掣他人的肘转而又评判他的书法优劣一样，亏得夫子提醒，否则寡人怎能自悟呢！"

随即派敬叔往单父，代自己安慰子贱："从今以后，寡人不会再问单父的事了，有利民的政策，子贱只管执行就是，五年之后再来报告大事。"宓子贱谨奉诏言，从此放胆去做。

宓子贱见单父地方的风俗习气太坏，决定改良。他首先以身作则，穿布衣戴布冠，外出时步行，不用车马，提倡俭朴，禁止奢华。等风俗渐渐敦厚了，又挨户劝导：居家要父慈、子孝、兄友、弟恭、要夫唱妇随、男子要孝、女子要贞节。等到百姓都知道孝亲睦族了，又劝导工商小贩做买卖要诚实，一物不二价，老少无欺。等到百姓都知道诚实为贵，虚伪为耻了，又劝导在职的役吏、做交易的百姓，办事要有忠心、有信用，才能够得人家的信任。最后施行仁政，废除苛捐杂税，修沼沟洫，预防水旱灾荒。

宓子贱在任一年多，把单父治理得井井有条，人人称颂他是个贤宰官。

单父的地界与齐国接壤。一年初夏麦熟时，郊外一带大约有几千亩麦田没有收完，农民怕从单父城外经过的齐国强盗来抢劫，推举老农进城拜见宓子贱，希望他能命令城内百姓出城帮助收麦。

宓子贱只是应承而不置可否，老农退出城去。等了一会，农民们不见有人出城，又让老农入城再见子贱，重申他们的请求，子贱仍不放人出城。等到农民第三次推老农入城时，齐国的强盗蜂拥而来，他们本想入城抢粮，看见郊外的熟麦，便下田收割，满载而去。结果，城内未曾遭劫，人人称颂贤邑宰，幸亏他下令闭城不放城内百姓出去收麦，否则麦没收完，强盗们早冲进城内抢劫了。

不料，那位入城请愿的老农是季氏家臣的族人，他到曲阜告知季氏家臣，说邑宰故意不放城内百姓出城收麦，结果熟麦被齐国的强盗割去。季平子听了，怀疑宓子贱私通齐寇，立即命家臣到单父，责问宓子贱："农民辛辛苦苦把麦种熟了，受到抢劫，自己不能吃，岂不很难过！老农三请放城内百姓出城收麦，你都不听，爱民的贤邑宰会这样做吗？"

宓子贱答道："今年农民没有收麦，明年还可继续耕种。失去单父这一季的麦，既没有加强强盗们的实力，也没有削弱我们的国力！况且齐国的强盗来得很快，要是城内百姓出城收麦，城门不能紧闭，强盗们入城抢粮，失去的不只是城外的麦子。"

家臣把这一席话报告给季平子，季平子听后长叹道："宓子贱才能比我高，又有远虑，所以能避免近忧，我自知不及他。"

此后，宓子贱名闻全国，人们都在孔子面前称赞他。

后来，孔子专门派巫子期到单父去查看宓子贱的政绩。巫子期到了单父，装成贫民，穿着破旧衣服，暗地里想弄明白那里的真相。

一天，暮色苍茫，巫子期经过河边，看见一个老人捕到一条鱼后又把它放入河中。子期诧异地问："捕鱼的鲛人志在得鱼，你为什么捕到了鱼又放了呢？"

鲛人答道："大鱼名叫鲭，都是产生小鱼的母鱼，这里的贤宰官爱护它们，所以我捕得了又放生；小鱼名叫鳐，贤宰官要使它长大，所以我捕得了也会放生。"

子期又问："那你们违背了他的禁令要受处罚么？"

鲛人说："不会的。我们的贤宰官常常在集市上步行，遇见了鲜活没死的大鱼和小鱼，他都买去放生，向我们说明原因，劝我们不要捕捉这两种鱼。"

子期听后非常佩服这位贤宰官。他又往各地调查了三天，只见男耕女织，境内没有失业的游民，也没有失学的子弟；再到县衙前察访，只见那里冷冷清清，没有涉讼罪犯，也没有邑吏。子期回去，一路上又听得民众称颂邑宰贤明。回来后，他把考察的结果详细告诉了孔子。

孔子说："宓子贱用仁德感化民众，使民众做事，好像严刑在旁，不敢有不仁的举动，这不是容易的。"

巫子期问："他用什么方法使人在背后不敢违背他的仁政呢？"孔子答道："我曾对他说：'唯天下至诚能化。'宓子贱就是用至诚来管理单父的。我要亲自去观察宓子贱、子蔑、子路、子游、子骞等五人的政绩，谁优谁劣，一看便知，你们愿意跟随的，就跟我走吧！"

诫子蔑

孔子先到邹县。子蔑一听叔父来了，急忙出迎，把他们接入衙中款待，问道："叔父是要远行才经过这里么？"

孔子说："专程到此，观察你的政绩。你任事以来，有没有得失呢？"

子蔑答："侄儿没有得着什么，而失去了三样：一是王事未闻，不能够专心学习，这是学问的缺失；二是俸禄少，不能分恤亲戚，这是骨肉的缺失；三是公事繁多，无暇吊死问疾，这是友道的缺失。"

孔子听了，心中纳闷，道："这三失又很容易求得：第一失，只要研求关于王事的书籍，若能专心有恒，获益必多；第二失，只要力行节俭，戒绝奢华，节省不正当开支，俸禄自有盈余；第三失，只要办公事谨慎迅速，就会有空闲功夫应酬礼节上的交际。"

子蔑问道："行己的道理是怎样的？"

孔子很简明地答道："知道了不去实力奉行，还不如不知道；亲近了不信任，还不如不亲近；遇到快乐，不可以因乐而骄；碰到了祸患，不可以因患而忧。"

子蔑又问:"行己之道就是这些了？"

孔子答："这不过只是大纲，还有具体的条目。能力不及的要勤求，置备不全的要补足。不要拿己所不能的怀疑人，不要拿自己所能的向人示骄。终日出言无遗己忧，终日行事不遗己患，只有智者能够如此。你与子贱同日接任，而今子贱已把单父治理得井井有条：工商以至诚待人，士人以礼义自守，农民以勤劳为本，妇女以贞节自励，口碑载道，政绩在全国首屈一指。你在任的日子也很久了，无政绩可言。你能说说这是怎么回事吗？"

子蔑答道："侄儿到任以来，调查全县年少失学的男子，占全县人口总数十分之三，并且因服兵役的关系，很多家长都把自己的小孩藏起来，隐瞒不报。侄儿在四乡添设乡校，劝导十五岁以下的失学男子来学校读书，每季调查一次，发现有失学子弟的，罚其家长；刁顽农民不缴纳田赋的，下季不准耕种。若上缴所欠田赋，最少缴纳半数，方许耕种；遇有盗贼，从严处办；遇有狱讼，秉公判断。侄儿到任至今，不敢收受丝毫贿赂。侄儿自以为无负职守了，民众们却没有称颂。"

孔子说："你只知治标不知治本，以致徒劳无功。子贱在单父，专做治本工作，非但能收事半功倍的效果，并且能得民众称颂，士大夫都在我面前称誉他贤能。若是一两个人的揄扬，或由标榜而来，当然不足为信。可无论远近亲疏，人人都赞美子贱，这总不是虚传吧？"

子蔑问："这样看来，叔父必然到过单父，观察过子贱的政绩，那他的治本工作是怎样的呢？"

孔子说："单父尚未去过，因为在朝的卿大夫都称他贤能出众，我就派巫子期实地考察，才知他是用至诚做治本工作。明白治标治本的不同很容易，就拿你告诉我的几件事来说：四乡添设乡校本是一件好事，不过你只知强迫失学子弟读书，便是治标工作。你应该慎选品学兼优，平日又为当地民众信赖的热心士人，担任教师，把规劝失学子弟读书的责任完全托付他们，这是普及教育的治本办法。不许欠赋农民种田，也是治标而收效甚微的。要知道农民欠缴田赋，因为遇着水、旱灾害，或收成不足，或籽粒无收，以致无米充饥，不得已欠缴田赋，你应该未雨绸缪，在高地开河凿井，每遇干旱，有河流、井水可以灌田；在低洼的地方修治近田的沟渠，遇到久雨不晴，田中积水，容易泄洪。农民不会遇着水旱灾荒，储粟渐多，就无欠赋之理，这是整顿田赋的治本办法。

"至于严办盗贼，公断狱讼，也都是治标，难收宏效的，应该从根本上解决，从而使全邑民众各安职业，戒除奢华，力行节俭，使全邑没有一个失业游民。常言道：'饥寒起盗心'，人人有职业，家家有饭吃，谁愿意去做盗贼，既无盗贼，盗案窃案就无从发生了。使人人知礼义，重廉耻，不取非义之财，不干没廉耻之事，口角殴打无从发生，狱讼自然就没有，这是关于盗贼狱讼的治本办法。你若能事事从治本入手，一年以后，政绩可观；二年以后，万民称颂；三年以后，能与宓子贱并驾齐驱。你好自为之，我将到蒲、费、单父、武城四邑，查看其他四人的政绩，明天早上就要动身了。"

子蔑诚恳挽留道："侄儿听叔父一席话，受益匪浅，自当实力奉行，委屈叔父多耽搁几天，使侄多得些益处。这不只是侄儿一人的幸运，全邑民众都会感念叔父的恩惠。"

孔子说道："为政不在多言，只须谨记我言，一切作为，能够认清标本，事事从治本上做去。将来定会有大的作为。"

奢华的代价

孔子坐车往单父城内前进。他沿途观察，只见店铺林立，市面繁盛。这里交易公平，老少无欺。忽然瞥见道旁一个小孩，大约有十多岁，一手提筐篮，满面泪痕，一手拿着钱，对一个白发老人呜呜咽咽不知在说些什么。

孔子命令停车，同颜回下车上前观看，他们向旁观者打听后才得知，小孩家境贫寒，母亲得了重病。他向名医公孙亮求助，医生不仅为他母亲看病，还给了他抓药的钱。谁知抓药时因为行走匆忙而丢了钱，药店老板拾到后，不仅还给了他，还多赠了一些，小孩执意不要，老人却一定要给。

正在争执着，忽然老人把钱放在小孩筐篮中，逃也似地走开了。小孩还想追到药店中还他，孔子急忙命令颜回把他拖住，向他说道："那位药店老板，乐善好施，送你钱财，帮助你医治母病，成全你的孝道，不可以不收。不过你不要忘了将来想法报答他，这才是君子。"小孩感激地答应下来。

孔子向颜回说："十岁童子有孝义，白发老翁有这样的慈善心肠，若不是宓子贱用至诚至仁来感化民众，单父哪里会有这一对老少呢！因为童子与耆老，最难教化。一个稚气未除，一个倚老卖老，非但不易教化，简直不肯受教，只有至诚可以感动点化。"

孔子在单父城中一路观察，直到邑署前。宓子贱早就得到报告，到门前迎接孔子。孔子看到宓子贱，笑容可掬地说道："有你这位好地方官，我也光荣呀！"

宓子贱谦虚了几句，把孔子迎到客房。孔子发现室中陈设全无，只有书籍桌椅，好像贫士的书室。

到了午饭时间，宓子贱对孔子说："衙中不用厨子，是我夫人做的饭菜，只怕做得不好。"说着，请夫子和三个同学到客室吃饭，桌上只有家常饭菜，孔子面前放着一碗肉笼松，一盆生姜丝，这两种东西都是夫子爱吃的。

孔子赞道：“这几样菜烹煮得精美可口，而且都是我爱吃的。”

孔子平日起居都要求合礼，席不正不坐，菜肴不及时不食，放得不正的不食，变色变味的不食，买来的熟肉、热酒不食，无姜无酱不食，饮酒不及乱，进食不过多，进餐不讲话，临睡不出言。孔子今天非常愉快，宓子贱给他敬酒，他并不推辞，饮尽三壶，方才吃饭。

饭后，子正说道：“子贱身为邑宰，衙中却不使用男仆，这样的俭朴恐怕当世找不出第二人了吧？”

宓子贱答：“衙中役吏是有的，他们各有职业。衙中没有讼事，用不着他们伺候，他们就各干各的事，免得公事上产生陈规陋习。至于我私人使唤，怎么能用公家的役吏呢？我出身贫寒，家务事习惯由夫人来打理，雇用一个使女已觉太过奢侈，怎敢再用男仆呢！”

孔子听了，心中甚感欣慰，就把之前问过子蔑的话又问子贱——自到任以来，有什么得失。

宓子贱答：“自接事以来，并没有失去什么，得着的却有三：一是从前向夫子讨教的学问，现在得以实行了，这是学问上得益。二是每年所得俸禄，足够分赠贫苦的亲戚，这是骨肉上的得益。三是政简刑清，虽有公事缠身，尽有余暇吊丧问疾，这是朋友上的得益。”

孔子笑容满面地说道：“你可称得上鲁国的君子，从前我在齐国的时候，齐景公曾对我说：‘我是宋人，所以鲁国没有君子，只有攘夺权利的小人。’单父是鲁国与齐国的边界接壤处，你管理单父的政绩，早已传遍齐国，若说鲁无君子，那你是什么？你知道齐国为什么要使大夫乔装来观政，命令士兵假扮强盗来抢麦么？”

宓子贱问道：“夫子怎么知道抢麦的齐国强盗是奉命假扮的呢？”

孔子说：“事实足以让人起疑心，你们有谁听说过强盗抢了麦子就走，不去夺取田地的？有人私下给我送信，说是相国晏婴建议齐景公这么做的。”

宓子贱又问：“晏婴是夫子的朋友，他的为人究竟如何？”

孔子答道：“晏婴善与人交，且永远不会绝交。”

宓子贱暗暗佩服夫子不愧是圣人，不在背后谈论朋友的过失。

宓子贱正在默默思考，忽然听见子正问孔子道：“子贱、子蔑都是您的学生，都是邑宰，您问他俩的问题也都相同，他俩的回答完全相反，这是什么缘故呢?”

孔子道:“就差在奢、俭两个字,以致结果相反,优劣更是相去甚远!”

子正说:“子贱这样俭朴,刚才我已说过,当世找不到第二人。但是子蔑虽然不能力行俭朴,但是也还不至于奢华浪费。”

孔子说:“身为邑宰,应该向全邑百姓作出表率。现在子蔑衙中雇用厨司、跟班、佣妇、婢女等共有七八个人,专供他夫妇俩的使唤,那还不是奢侈吗?他不认为自己浪费,反怪公家俸禄太少,以致亲戚疏失。自己不能力行节俭,怎么能革除奢华的风俗。奢费是为盗为窃的原因,每天办理盗窃案,忙得不得开交,哪有功夫研究政治学识,以致学问疏失。讼案罪犯多了,日夜料理,何来功夫吊死问疾,以致朋友疏失。这三失,都是由他不知节俭而来。子贱则与他相反,所以能够有三得而无一失。”

宓子贱道:“子蔑得了您的教诲真传,向来节俭,现在日常费用不能节省,大概是眷属同居衙中所致。我的父母兄弟都在曲阜,所以较子蔑节省多了。”

孔子说:“能治国,必能齐家,子蔑治国本来能力不足,家事全凭侄媳做主,怎能管理一邑的政事呢!”

宓子贱替子蔑说话道:“子蔑时常和我有公文私函来往,他的政见都是根据您平时的教育,与我的行政如出一辙,绝无错误,政声也很好。衙中用人太多,这是小疵,不一定是他的主意,也许是他夫人爱奢华所致,夫子应该原谅这些!”

孔子道:“你的话是实情,所以我当面没有责备他,你和他既是同岁又是同学,交情很深,你要随时帮助他改正错误。”子贱恭敬地答应了。

孔子在单父衙署中住了三天,因为没有重要案牍,也没有案件,子贱陪着孔子游览名胜古迹。傍晚回来,子贱看过几件公事公文,批行后,交给书吏连夜缮正,第二天交驿卒送递,所以白天衙署中清静得看不见役吏。

孔子诧异地问道:“役吏们白天到哪里去了?单父地方不小,怎么衙署中空闲得好像庙堂呢?”

宓子贱答:“我初到任时,一天要审理数十起狱讼案子,衙署中门庭如市,出入的人不知道有多少,直到今春才觉政简刑清,衙门中少人出入了。”

孔子又问:“你用什么至诚的措施,收此绝无仅有的大好政绩呢?”

宓子贱道："绅士们见我不领情，不喜欢作无为的应酬，没有重要公事，就不到衙署中来了。移交下来的差役书吏，因为窃案讼事难得发生，没有收入，不能养家糊口，全体向我要求发给工钱。我对他们说：'向无此例，公家何来这笔经常款项支配你们呢！不过要你们空腹从公也说不去，你们可兼做商业以谋济助。'于是，给他们各人发了一些钱，各自做有利可赚的小本生意去了，每日只须留一人值班。倘有非常事情发生，须全体回来。还有一些书吏，我建议他们在邑署附近集资开设商店，遇有公事，传唤即至。那些办刑名的，贫苦者居多，我推荐他们到这些商店做伙计，每到傍晚时候，最少须有两人到署轮值。役吏都有了副业补助，既不耽误公职，又可以养家糊口，所以衙署中白天就少有人出入了。"

子骞辞职

孔子又去费邑观察子骞的政绩。子骞知道老师来了，慌忙出去迎接。

当时的鲁国，王室衰微，想要侵占王室的土地很容易，只要派心腹去做邑宰，把田赋收上来，就算他的私产了。季孙氏自以为有拥立鲁定公的大功，自己又是先君的子孙，占一些土地也不算过分，便叫家臣冉求举荐孔门中能胜邑宰的贤士。冉求推荐了子骞。季氏早就听说过子骞的大名，立刻任命他为费邑宰。子骞原来认为费邑是鲁君的土地，于是接受了这个任命。后来，子骞得知费邑早已成为季氏的私产，就决心辞职。

子骞把孔子接入客室，问孔子道："请问夫子从哪里来？到哪里去？能不能在这儿多住几天？"

孔子答："我来为了查看你们的政绩，我到过邹县，又从单父到此。宓子贱政绩优良，用至诚来感化民众，十岁的孩子也知道孝义；又拿至仁来教育民众，政简刑清，衙署清静，差役们也不扰百姓，真是难能可贵。"

子骞答道："我时常写信向他讨教。我的才能，本来就不如子贱，又初入仕途，更加望尘莫及了！今日，幸好您来了，请教导我行政的主旨是什么？"

孔子道："用德去感化民众，用法去治理民众。法是国家的法制，德就是正大光明的行为。《尚书·大禹谟》云：'九德，宽而栗，柔而立，愿而恭，乱而敬，扰而毅，直而温，简而廉，刚而塞，强而义。’这是大禹用来治天下的德。你做邑宰，我们就邑宰的德说德，那就是惠。《尚书·洪范》上说：‘施实德于民。’不过虽施以德，还要善教之。德就是心地正直，不过单行德惠，只能够服柔弱，它必须与法制并行，才能兼服刚强。德与法，是御民的要点，好比御马的衔勒。官吏，就像鞍辔；刑法，就像鞭策。君主委任官吏，好比御马执鞍辔鞭策。”

子骞问：“古时官吏行政是怎样的？”

孔子答：“古时天子以内史作左右手，以德法当作衔勒，以百官当作鞍辔，以刑罚当作鞭策，以百姓当作马匹，所以统御天下，经过数百年而不会亡。善御马的，扣正衔勒，配齐鞍辔，随带鞭策，平均马力，领悟马心，所以能口不出言而马应，鞭策不动而马驰千里；善御民的，修明德法，整饬百官，爱惜民力，安平民心，所以能够令不行而民顺从，刑罚不用而天下平治，至今还为人称道景仰！”

子骞又问：“德与法的意义经夫子解释，我已领悟了。请问现在一般人谈及三皇五帝，总是说：‘盛德无疆，威仪若存。’这是什么缘故呢？”

孔子说：“因为他们德泽深厚，法制完备，善于御民，所以后人念念不忘，朝晚颂祷，让老天都知道他们的德行，从而使三皇五帝的后裔，世世昌盛，这也是感德所致。”

子骞又问：“那么不善御民的怎样呢？”

孔子答：“不善御民的，放弃德，专用刑，就好比御马不用衔勒，专用鞭策。因此，马必伤，车必坏；民必逃，国必亡。治国没有德法，使万民茫然，不知遵守，容易犯刑；为政残暴，横施刑罚，于是万民畏刑而逃避他国。所以今人谈及暴君，就拿桀纣作比喻，这是因为桀纣不修德，不守法，百姓受尽残虐，怨愤冲天，上帝震怒，降以祸乱，以致江山易主，宗社覆亡。”

子骞接着问：“请问古帝王怎样统御天下的？”

孔子说：“古帝王御天下，用六官佐治。冢宰，即太宰，统百官，均四海，治官以成道；司徒，掌管国家的土地和民众的教化，养官以成德；宗伯，掌管庙祭祀，教官以知礼；司马，掌军旅之事，治兵以成圣；司寇，主刑狱纠察，掌刑以成义；司空，掌管工程，分工以成事。善御天下的，设三公，执六官，以德化民，以法劝民、百姓诚服，惟命是听。这和上面的御马是一个道理。”

子骞又问道："天子分设六官，各官分掌些什么呢？"

孔子答道："吏治不修，分职不明，法政不一，百事失变，这叫乱，乱则命冢宰整饬；田地荒芜，财货缺少，百姓饥寒，逃荒流散，教训不行，风俗败坏，这叫危，危则命司徒补救；父子疏远，长幼失序，夫妇离异，上下猜忌，这叫不和，不和则命宗伯修礼教；贤才不举，功劳不赏，士人怨恨，兵卒无用，这叫不平，不平则命司马校阅任能；刑罚滥施，奸邪众多，这叫不义，不义则命司寇整顿；度量不较准，水旱不预防，都城不修理，仓库无积储，这叫贫，贫则命司空开源节流。御者同是驾车马，何以有的能自行千里而有的不及百里？这是因为进退缓急不同的缘故；历朝同是设六官，为什么有的能够平治天下而有的反而扰乱天下？同样是因为进退缓急的不同。所以，古时天子例定于季冬十二月考德正法，以观一年的治乱，大抵德盛者治，德薄者乱，德盛则法与政皆修明，德不盛则法与政皆不明备；古时天子又必于孟春正月考查百官的德及功能，能知德法的称为有德，能行德法的称为有行，能成德法的称为有功，能治德法的称为有智。我这一席话，虽则是举古天子为例，所有做官的道理都包括在内了。你在任为官，但求能够力行德法，不必去问收效快慢。"

子骞缓缓答道："承夫子谆谆教诲，得益很多，不过我平生立志不做权臣门下的爪牙。当初上任时，我以为费邑是鲁国的土地，我世居鲁国，理应替鲁国尽力，直到最近才知费邑为季氏私产。"

孔子问道："你是怎么知道的？"

子骞就说："前几天季氏特派心腹家臣阳虎到此催缴赋税，我回答说尚未收全，等收全了，我会亲自上交。阳虎很怪异地答道：怎么你不知道这是季氏的私邑，赋税应当缴付季氏吗？我问此邑何时赐给季氏的，他说季氏与定公同属先君的子孙，公家的田地本属大家，兼之有拥戴大功，故可不待君赐就可取为己有。你只管把田赋缴付季氏，一切责任自有他完全负担，你背后有这座靠山，还怕位置动摇不成？我含糊回答：赋税收到不及半数，且等收齐后送缴季相国。虽然阳虎被我搪塞过去，但我已决定辞职，我不愿替私家出力。"

孔子现在才明白子骞的意思，于是劝道："你既然来了，何必辞职呢？况且定公以弟继兄位，也不合理。论季孙氏的支派，也可做鲁君，就是定公也知道季氏拥戴自己有功，所以国政大权，尽交与季氏，季氏索取王室的田赋，只好允许。所以你们当中有人愿意做季氏宰，我都不加阻止。你何必要辞职呢？况且现在私家当国，公家衰弱，不止鲁国如此，识时务者为俊杰，还是算了！"

子骞心中默想，季氏目无鲁君，阳虎拦收田赋，说可负全责，季氏不会来复查，也是目无家主；季氏还怕清议，不一定敢作乱，可阳虎小人得志，骄傲之极，只怕不久要作乱。要是阳虎果真谋反，我是季氏的私臣，脱不了嫌疑，岂不要身败名裂，甚至玉石俱焚；还是急流勇退明哲保身吧。不过夫子既然诚意相劝，我也不能违拗他，就以养亲推托吧。转念之间，子骞向孔子回答道："我不敢违背夫子的教导，只因父亲年高体弱疾病缠身，卧床不起，我弟弟几次来信叫我请假归里，请名医诊治老父，因我职务繁重，不能擅离职守。忠孝不能两全，我只有辞职让贤，回到家乡，为父亲伺奉汤药以全孝道。"

孔子素知子骞孝顺，就说："忠孝本来不能两全，你生性孝顺，当然以养亲为重，那就准备辞职吧，我不和你空谈了。"孔子休息了一夜，第二天便驾车动身，向武城而去。

子骞送过夫子，回到衙中，马上写好告归养亲的辞职书，派人送到曲阜季相国府中。

季孙氏看过信，就把南宫敬叔请来，把子骞的辞呈给他看，然后问道："有君子相助，是有益处的，有了小人，倒要去当心他们招权纳贿，作恶害主。我只相信孔门弟子，不料子骞任事未久，却忽然辞职，他父亲真的生病了吗？"

敬叔答："我前天遇着他父亲，看起来很健康，不见得有病吧！想来别有原因，只是养亲推托罢了。"

季孙氏便请敬叙去挽留子骞。

敬叔到费邑去见子骞："令尊大人很健康，为什么要辞职养亲？相国要我来竭力挽留。"

子骞说道："相国的盛情子骞心领，我在壮年，回报相国的时间有的是，但我父年高，好似风中之烛，父在，忠孝不能两全，由此决心不再做官。"

敬叔说："你既然坚决辞职，我当然不能强留你。不过话要说明，季氏以国士待你，况且他忠于定公，且有亲贤人远小人的思想，对你颇加倚重，他只不过自恃有拥戴大功，索取费邑作私产罢了。季氏错在抢夺私利，逼走昭公，对你却以君子相待，你为什么躲避呢？我和你虽不能称管鲍之交，却也算得知己老友，有什么苦衷应该以实相告啊！”

子骞说：“人非草木，相国以国士待我，我岂有不知。此次告归养亲，家父虽无疾病，而父母在不远游，为人子的应该在膝下承欢。我见相国虽然大权独揽，但缺少强毅之心，虽说亲贤远佞，却依旧被一群小人包围。那阳虎就生着鹰爪鼻，水蛇眼，趾高气扬，居心叵测，不久的将来，害季氏者一定是这个人。我辞职回家，会留心访察阳虎的举动，要是他有不利于季氏的密谋，我也会在暗中助季氏一臂之力，清除这个忘恩负义的人，回报季氏的知遇之恩。这些话，千万不可在季氏及夫子面前说起，以防隔墙有耳，被阳虎知道，酿成大祸。”

敬叔道：“我早就猜到你有苦衷，现已说明，等我回去，再请季氏另派他人到此，你就准备回乡吧！”说罢作别而去。

不久，季氏派公山弗扰来费邑接任，子骞移交清楚，返回故里。

问　乐

孔子从费邑去武城，到了临城时，觉得饥肠辘辘，于是让赶车的人驱车入市。车子在一家有名的客店门前停下，孔子同随行弟子下车入店吃饭。

孔子知道这家的酒远近驰名，便要了两壶酒，和颜回、子正、冉求等人饮酒。忽然，从旁室中走出一人，向孔子抱拳打招呼，孔子认出他是鲁国乐官师襄子，赶忙起立让座。

襄子说：“我已经吃过酒饭，不能再饮，请问夫子将到哪里去？”

孔子道：“我访过你数次，都没有遇见，今日不期而遇，真是高兴，您请坐，我还有事请教您呢！”

襄子在旁边坐下，孔子接着说：“我对操琴一事，略知一二却不深，几次寻访欲求指教，但都不能相见，现在巧遇，愿到你家求教。”

襄子答：“我虽以击磬为生，有时兼司操琴，自知不能算作高妙琴手，怎能充得琴师？况且半途相遇，虽然我家不远，但你必然有要事赶路，岂可以半途终止!”

孔子道：“我此行专为考察学生的政绩，已经到过几处，现将往武城去，可缓几天去。不过我有三个随行的学生，不敢搅扰尊府，我们应该去旅店安顿车马。这次只求指示古人的操弦派别，想来两三日就可以解决问题。”

襄子问：“何必这样急？等你从武城回来到我家，到时再学，也不迟。”

孔子说道：“你居家时少出游时多，不得已，只好紧随逼教。念着是多年老友，也不怕你拒之门外。”

襄子大笑道：“你这样逼教，不怕我不尽心指导吗?”

孔子答：“与你结交多年，知你是忠信君子，我从君子学琴，怎会受欺呢!”

襄子知道孔子讲话时候不饮食，饮食时候不讲话，就说道：“酒菜冷了，你先吃填饱了肚子，我到门前去等你。”

等孔子他们吃完饭，襄子带着他们来到自家门前停住。

孔子跟着襄子走入客室，对襄子说：“我今日是学琴弟子，应该行师生礼。”说着，命冉有准备礼物。

襄子推辞道：“你要行师生礼，那我就只好用闭门羹相对了；你要是叙老友交情，我则用八簋替你洗尘，请你自已选择。”

孔子一边叫冉有不用预备礼物了，一边说道：“既然是老朋友，也用不着洗尘。我专诚来学琴，就要请教了。操琴的指法，从前已蒙周苌弘、吴季札详明指示，知道五弦琴是神农所创，周文王加二弦为七弦琴。相传舜作五弦琴，实是舜操五弦琴，‘作’字应是‘操’字之误对不对呢?”

襄子答道：“是啊！你既然精通指法，那还有什么请教的呢?”

孔子说：“我不知道造琴的用意所在，敢请赐教。”

襄子答：“神农氏创造五弦琴，是用来禁止淫邪，匡正人心的。削桐作琴，面圆法天，地方向地，龙池八寸原八风，凤池四寸合四气，琴长三尺六寸象一周年三百六十日，广六寸象六合，前广后狭象尊卑，上圆下方象天地。五弦，像金、木、水、火、土五行，大弦为君，小弦为臣，父王加二弦，以合君臣之义。”

孔子又说：“还有琴义，请仔细说明。”

襄子口若悬河地说道：“琴第一弦配宫音，第二弦至第五弦依次轮配商、角、徵、羽四音，这是古弦琴的古法。琴除弦以外，还有徽、首、尾、唇、足、腹、背、肩、腰、越。琴唇名叫龙唇，琴足名叫龙凤足，琴背名叫仙人，琴腰名叫美女，长的叫龙池，短的叫凤沼。临岳，那是琴首绕弦的；岳山是琴尾高起纴弦的；雁足，是肩下系弦的；轸，是足下转扭调弦的；这许多名称，不可轻视，要成为操琴高手就要在这个上面下功夫。”

时间不觉已是傍晚，襄子就请孔子等人在家吃饭，饭后留宿。

次日，孔子又向襄子请教：“琴为什么要用桐木制呢?”

襄子说：“桐是阳木，能知闰年，无闰生十二叶，遇闰则生十三叶；它还能知秋，遇立秋时至，桐叶必落。你可记得造琴之桐，就生在我们鲁国，有书为证。”

孔子受到提醒，随口答道：“《尚书·禹贡》篇云：‘峄阳孤桐’，相传鲁境峄山的桐树，是制造琴瑟的良木。对不对呢?”

襄子道：“你真是胸罗万卷，怎么不是呢!”

孔子谦虚道：“我就像两脚书橱，要人抽取展开看了才会晓得。请问著名的古琴有多少?”

襄子答：“琴名最古最雅的相传是伏羲所造的。其次名丹维、祖床，是柏皇所造。电母琴，帝俊所造。菌首琴、白民琴，是晏龙所造。国阿琴，伊陟所造。七弦琴，文王所造。响风琴，周宣王所造。青翻琴，楚无亏所造。卧冰琴，崔驷所造。以上皆是宝琴。学琴能得古人手制名琴，模仿他的指法与歌调，加以练习功夫，便可成名家”

孔子又问：“如果找不到著名古琴，能不能学成名家呢?”

襄子说：“像你这样天赋聪明，肯用功学习，不一定要有古琴，只要认定一古人，常常练习他的指法歌调，也可成名家”。

孔子又说：“请允许我静坐操琴，如果有疑点，再来求教。”

襄子答应了，让孔子到后院静坐练琴。襄子与子正等人在旁室中饮酒消闲。

孔子静坐一天，到了吃晚饭的时候，襄子悄声走入后院，只见孔子低着头在想问题。

孔子抬起头，瞥见襄子在旁边，就说道：“我刚才想到一个古人，面黑有威，身长十尺，目光如电，瞻顾四方，若不是周文王，哪个有这样的威仪呢?”

襄子拱手相贺道："你不愧被称作圣人，苦思一日，竟然能想象得到创造七弦琴的文王。"说罢，又请孔子来到客室中。

吃过晚饭，襄子便以文王的节操教示孔子，孔子连操几调，襄子拍案惊奇道："初来指法生疏、和弦不准，现在指法纯熟、高低合度、疾徐中节，前后判若两人，现在老琴师也不能胜过你了。"

孔子停琴，站起来说道："这是您教导有方，所以要学才艺，要先访得名师；不遇名师，好比常在暗中摸索，一遇名师，就像得到了明灯照耀。我不虚此行，明天要告辞了。"

襄子说道："你有正经事要办，我就不留你了，明天要赶路，请早点睡吧。"

杀鸡焉用牛刀

第二天，孔子吃过早饭就告辞了。临城离武城很近，坐车到武城时，刚到正午。武城是鲁国的下邑，管辖的地方不广，风俗也不好，所以没有被季氏看中并据为己有。

孔子坐车进城，沿途观看，只见市面繁盛，街道宽广。一路听得弦歌之声，孔子微笑说道："这种小县城，竟用礼乐来教化百姓，杀鸡焉用牛刀呢!"

子游听得夫子驾到，立刻出门迎接，一行人到署中坐定。冉有心直口快，对子游说："夫子沿途听得了弦歌之声，说你杀鸡焉用牛刀。"

子游便说："我从前听得夫子说：'君子小人，都不可以不学，君子学道晓得爱人，小人学道容易使用。'武城虽然是小县，也不敢不拿礼乐来教民。这地方的风俗本来不好，我来以后，一直劝导当地农民勤耕种、修沟洫以防水旱灾荒，又在工商士庶中提倡节俭，教以礼乐。现在的风俗，比较初来时，稍觉好些了。"

孔子对冉有说："他的话说得不错啊！邑境虽有大小的不同，人口虽有多少的分别，民众须受教训是一律的。古帝王设官治民，一视同仁，大邑委宰官治理，小邑也委宰官治理，设官相同，行政当然不可分等，我刚才所说的话，那是无心说出的戏言，不足为凭。”接着，孔子又问子游：“一个人的才力或有不足，所以从政要得才人相助，你到任一年多了，求得人才了吗？”

子游答：“只有同学澹台灭明品行方正，行路不走曲径，没有公事从未来过。只有这一个是有才能的君子却难得见面，得不着他相助。希望夫子与他相见时，劝他时常来署，好得到他的帮助。”

孔子说：“他遇有公事肯定会来的。若你委任他做有益地方的公事，他肯定不会推辞，用不着我相劝。”

次日，孔子和子游谈及当世士大夫，子游问：“夫子从前极言郑国的子产施惠于民，那么子产可与管仲并称么？”

孔子答：“管仲能够使齐国富强，使桓公九合诸侯，却不用兵车。子产只知道爱民，那里比得上管仲呢。”

子游说：“爱民就是德教，足以包括一切为政之道，再好没有的了。”

孔子说：“子产就像众人的母亲，只知道爱惜儿子，不知道教训儿子。”

子游又说：“我知道郑国是个小国，夹在齐、楚两个大国之间，幸亏有子产做了十二年的相国，郑国才没受到强国的征伐，这不是子产的能力么？”

孔子答道：“子产当国，齐、楚没有征伐郑国，不过是尽他国卿的职务，能够侍奉两大国罢了。秦国僻处西陲，秦穆公用百里奚得成霸主。子产不能使郑侯成就霸业，正是因为他好行小惠。比如，他拿自己的车子在冬季时候渡百姓过河，却不知道教民。郑国虽小，一辆车子哪里渡得尽冬涉的百姓呢！”

子游问道：“那么子产应该怎么办呢？”

孔子便说：“子产身为国卿，执掌全国的政令，为百官之长，应该及时下令：十一月，各河道的小桥，一律修成；十二月，各处的大桥梁一律修成。这样的话，全国的百姓都能安然渡河了，子产不办这种紧要工程，却拿自己的车子去济渡，岂不是好行小惠，不知大体吗？”

子游反问说：“据夫子说来，子产无足称道，为什么鲁国士大夫都称他贤能呢？”

孔子又说：“一个寻常百姓还有能、有不能，也有长处令人羡慕，何况他是堂堂的国卿。他当国十二年，历聘齐、楚、晋、鲁等诸大国，与我国卿大夫订交的也不少，岂可因他好行小惠，而将他的其他的好处一概抹煞呢！只说他不信禳火一事，就足够我国士大夫称道的了。”

子游又问：“请问什么是不信禳火？”

孔子答：“在鲁昭公十七年冬季，有彗星见于辰之西，光芒东向及天汉，鲁大夫申须说：‘彗，有扫帚之象，光现于辰西，诸侯将有火灾吧！’郑大夫裨灶懂天文，即向子产说道：‘宋、卫、陈、郑同日将有火灾了。’子产道：‘彗星见于大辰，属房心之宿，何以见得四国要有火灾呢？’裨灶答称：‘宋属大辰墟，陈属太皞墟，郑属祝融墟，皆列火房。陈属瑞琐墟，其星为大木，木能生火，故知四国同日有火灾。’子产答：‘彗星现于大辰，与祝融墟之郑国何干呢？’裨灶答称：‘若用瓘斝玉瓒等祈禳，郑国可免火灾。’子产以为天灾流行，断非玉器所能祈禳，不听裨灶的话，这是他的见识高人一等。不料次年五月，火星黄昏即出现，丙子月起大风。鲁大夫梓慎说道：‘东北风大作，是称融风，融风属木，木能生火，这是火兆，七日后，必见火灾’。挨至第七日，果然宋、卫、陈、郑四国皆告火灾。裨灶说道：‘不用我言祈禳，郑国还有火灾咧！’郑国的士大夫都信裨灶的话，欲用宝器禳火，惟有子产不允许。子太叔是郑国的老臣，去见子产说：‘国家的宝器，是专门用来保护百姓的。要是再有大火，国家就会有可能灭亡，你为什么重视宝器而轻视国家呢？’子产答称：‘天道远，人道近，太远的东西我是看不见的。裨灶怎能预料天道？’”

孔子说到这里，一人进屋把手中的书信交给子游。子游看了，对孔子说：“子路知道夫子在这里，特地派人来迎接。”

孔子说道：“我本来就要到蒲邑去！”于是吩咐驾车准备出发，子游送夫子到门外，等夫子登车远行，才回衙门办事。

子路是个“三好”生

孔子在半路上巧遇子贡，子贡问：“我到单父寻找夫子，没想到在这儿相遇，不知夫子现在到哪里去？”

孔子答：“我到蒲邑去看子路，你愿意同去吗？”

子贡一边说愿意，一边跨上车，替冉有赶车。不一会儿，他们就到了蒲邑边境。

孔子说：“我们来观察政绩，应该慢点儿，要边走边看。”子贡只好赶着车缓慢行驶，孔子一路观察，忽然说道：“好啊！看来子路能够拿恭敬取信。”

隔不多时，到了城中，孔子又叹道：“好啊！看来子路能够忠信行宽。”

到了衙署庭中，孔子下车再次感叹道：“好啊！看来子路能够明察决断。”

子贡疑惑地问道：“夫子并没有见到子路行政，却三次称好，为什么呢？”

孔子说：“我已经看到子路的政绩了！一入境，我们就看到田禾茂盛、野草尽除、沟洫深广，这是子路恭敬行信，所以农民肯尽力的结果；进了城中，我们又看到百姓墙屋完固、树木兴旺，这是子路忠信行宽，民众不偷懒的结果；现在，你们看这庭中清闲、属下尽心尽职，这是子路明察决断，衙署安逸不扰的结果。”

正说着，子路从外面回来，快步走到孔子面前，鞠躬行礼道：“夫子驾到，有失远迎，罪重难辞。”接着向同来弟子一一招手，引孔子等人走入客室，分宾主坐定。

孔子见两壁间排列着不少武器，微笑说道：“子路不脱武夫气，室中陈列这么多武器，你还在这里练习战阵？”

子路答：“我才能浅薄，担任这一邑的行政工作，既要安顿工商事业，又要为农民谋丰收，预防水旱灾荒，还要想法让子弟受教育，安置无业游民的生计，忙得不可开交，哪里有习武的功夫？这种武器是用来捍卫地方的，要是有强盗攻城，我就可召集民众各执武器，走上城头耀武扬威即使不冲锋陷阵，也可把强盗吓走，这是预防地方治安的方法。”

听子路这么说，孔子又向子贡说道：“我前三次赞美他，看来还没赞美完呢。子路这种提前为地方治安设计的措施，往往被别人忽略，殊不知这至关重要。假如各种政绩办得样样都好，只缺少武备，一旦敌寇冲来，就会无力抵御，百姓遭殃，所有政绩前功尽弃。这样看来，武备是最不可缺少的！”

接着孔子又把刚才三次赞美的话说了一遍。子路谦虚地说道：“我本来是个莽夫，只会舞剑拉弓，做官的道理一点儿都不懂得。幸亏夫子谆谆教诲，不厌不倦，才使我获益非浅。到任以来，又蒙夫子随时赐教，我才有今日成绩，怎敢说都是我自己的能耐呢？”

孔子说：“以前圣贤的学识和才能，都是从师长处学来的。他们在求学时代，能够好学不倦；到了做官的时候，又能够把所学施诸实践，这叫做不负所学，与师长没有太大的关系。”

这时，颜回插言问道：“夫子观察四邑的政绩，比较起来，哪个最好？”

孔子说：“当然宓子贱第一，子路第二，子游第三，子蔑最差。”

子路说道：“原来夫子此次出游，是专为考察自己学生的政绩的。今日从哪里出发到此？”

孔子答道：“从武城到此，子游能以礼乐教民，政绩还算可观，不过他和我说子产可与管仲并称，可见他也是好行小惠的人。”

子路道：“古人云：盖棺才能论定。管仲死后，说他好的人有，说他坏的也有。依夫子之见，管仲究竟是好是坏呢？”

孔子说道：“我们不用考查他的一生行事，只就他致力齐国富强，助桓公九合诸侯而不用兵车这一点而言，管仲就可称得上是功高望重的人臣。但我认为他器量太小，以他的权位，应该力行王道，况且他几次受过周王礼遇，可他却不采用王道措施，只成霸业，岂不可惜？”

子路也说：“在学生看来，管仲不但器量小，他还有几种失德！管仲谏齐襄公不要立无知，襄公不听，这是管仲无辨才；同公子纠奔鲁，是不智；家破于齐而不忧，是不慈；走入囚车而不惭，是无耻；反事奉自己曾用箭所射的桓公，是不贞；召忽死，管仲不死，是不忠。”

孔子补充道：“管仲的过失，不是因为这几件事。他谏齐襄公，襄公不听，是襄公之昏庸；欲立子纠而不能，是不遇时机；家破于齐而不忧，是知天命；走入囚车无惭色，是豁达；事所射杀的桓公，是通变；不死子纠之难，因子纠未立太子，并无君臣之意，是审轻重；召忽虽死，愚而取仁，不足取法，管仲不死而立功名，不能说他不对。”

子路又问：“那管仲称得上知礼吗？”

孔子答：“桓公在门前设立屏风，管氏也在门前设立屏风；桓公在堂隅设外向室，管氏也有外向室。由此看来，管仲怎么称得上知礼呢？”

子路接着问；“管仲器量小，可称节俭么？”

孔子说道：“管仲一身兼三职，不能称节俭”

子路继续问：“贤君治国，最要紧的是什么？”

孔子答道：“最要紧是尊敬贤人，贱恶不肖。”

子路又说：“我听说晋中行氏尊贤、贱不肖，但仍旧灭亡了，这是为什么呢？”

孔子道：“尊贤、贱不肖，不是空言。晋中行氏虽知尊贤而不信用，虽贱不肖而不能摒弃，贤者知他不用，不免有怨心；不肖者知他贱视，不免心怀仇根。怨仇并存于内，邻敌兵于外，哪里有不灭亡的道理呢？”

子路接着问：“我听人说，男子生在世上，富贵但不能有益于社会，贫贱却不能屈节以求伸，便是虚度此生，这话对吗？”

孔子答：“这话说得太简单了！君子立身处事，必求通达，对于自身，可以屈则屈、可以伸则伸，这就是用之则行、舍之则藏的道理！为什么要屈节呢？要守待知己。为什么要求伸呢？遇着时机，不容错过。所以，受屈而不受节，求达而不犯义，这才是君子立身处世的根本所在。”

子路又问：“夫子所说，做官要把受于师长的学问施诸实行。不过学生受教的学科很多，怎样才能一一施诸百姓呢？”

孔子说：“教百姓和教弟子是不同的，做官一定要事事以身作则，让百姓效仿。我每到一邑，沿途审察百姓的生活，对你们的政绩，就一目了然了。百姓温柔敦厚的，这是《诗》教的结果；百姓流通沟渠，知远有备的，这是《书》教的结果；民心广博善良，这是《乐》教的结果；百姓好清静，尚精细，这是《易》教的结果；民知恭俭庄敬，这是《礼》教的结果；百姓属辞比事，循规蹈矩，这是《春秋》教的结果。受《诗》教的不愚而多口才，受《书》教的不贫而多筹备，受《乐》教的不奢而多俭朴，受《易》教的不粗而敬鬼神，受《礼》教的不蛮而多忠孝，受《春秋》教的不乱而知守法。天有四时，春夏秋冬，风雨霜露，也都是教；地载山川，高低燥湿，吐纳雷霆，滋生五谷，也都是教。”

子路就说：“子贱管理单父想必就如夫子所言，把《诗》、《书》、《礼》、《乐》、《易》、《春秋》，一一施诸实行了吧？”

孔子回答：“我在单父时曾经问他，用什么措施管理单父得到这种优良政绩，他回答：‘我管理单父，就像父恤其子，子恤诸孤。’我说：‘这是小节，只能使小民归附，不足尽你的责任！’他答道：‘我在单父，得所父事的三人，兄事的五人，友事的十一人。’我说道：‘得父事三人，可以教孝；得兄事五人，可以教悌；得友事十一人，可以举善，中人归附，还嫌不足!’子贱说道:‘还有比我贤良的五人,我敬之以师礼,遇事禀商,他们皆拿正道教我。’我就长叹道:‘大者止于此,从前尧舜治天下,必求贤人以自辅,贤人是神明之主,百福之神!’”

孔子本来只是来蒲邑观政,却被子路挽留住下了。他们一起今天谈论政治,明天举行宴餐,后天游玩名胜,这样一来,十几天就过去了。子路并把孔子的车马寄存在属吏家中,孔子想走也走不了。

一日,孔子在子路署中操琴。子路好勇不好学,更不学琴,直到他当了蒲邑宰,空闲无事时才偶尔鼓琴消闲。这时,子路听到孔子操琴,不觉手痒。当孔子弹完琴,走出琴室,子路便进去乱弹了一阵。

孔子精通琴艺,听了子路的琴声,忍不住向坐在旁边的冉有说道:“古圣王制音,奏中声为节,入于南而不归于北,因为南是生育之乡,北为杀伐之墟。君子发音,温柔居中,忧愁不加心,和洽于手指,这叫做治安之风。小人发音则相反,亢厉刚强,充满杀伐之气,温和不存于心,强硬出指上,这叫做倡乱之风。虞舜手操五弦琴,口歌《南风》诗:‘南风之熏兮,可以解吾民之温兮;南风之时兮,可以阜吾民之财兮。’音调柔和无比,至今王公大臣还称道不忘,殷纣好操北部之音,性嗜杀伐,至今王公大臣还举以为诫。子路不过一介匹夫罢了,虽然不能和舜、纣相比,现在却奏亡国之音,他怎能保全自己的性命呢?”

冉有说:“夫子既然替他担忧,就应该替他想办法调到其他邑去,免得出危险!”

孔子说:“这是我的预测,子路有危险但不在此时。”

不久,子路停止抚的琴向孔子走来。孔子对他说:“操琴虽然是小事,琴音也有君子和小人的分别。”

子路问:“怎样分得出呢?”

孔子答:“古时君子的音调,大抵温柔中和;小人的音调,都属北鄙杀伐。”

子路又问:“我的音调如何?”

孔子说道:“你的音调,带有北鄙杀伐之声。我正在和冉有谈论你。”

子路微笑道:“我拜您为师很多年了,虽然学不像君子,断不至于会成小人,夫子何必过虑呢?”

孔子说:“不是说为人的道理,是说音调!古人云:君子强气,不会好死；小人强气，刑戮加身。你离君子虽然不远，不过太觉强气，很危险呀！以后当注意修养，做事不要操之过急，尤其是自己外出，更要审慎而行！”

子路说道：“我将牢记您的教言，终身不忘！”

说罢，子路便请孔子和同学们到饭室中吃午餐。饭没吃完，瞥见冉求急急入室。

子路起立相问：“冉求匆忙到此，必然有要事？”

冉求答：“只为孔太师母病在垂危，伯鱼不能离开左右，特地命我骑着快马寻找夫子，让夫子兼程回去。”

孔子听到这里，咽不下饭，一面命子贡迅速准备车马，一面向冉求问道：“我母患的什么病？请过医生诊治没有？现在病得如何？”

冉求答道：“初起是湿温病，太师母节省，不愿请医服药，直到变成伤寒重症，神志不清，伯鱼请医生诊察，却已晚了。医生刚开始不肯开药方，伯鱼再三央求，才勉强开了一个，临行嘱咐伯鱼：‘速即煎服，隔了一周时候，神志稍觉清醒，才有回生的希望，要是依然昏迷不醒，就准备后事吧。’伯鱼一面命人配药煎汤，一面托敬叔来找寻夫子，敬叔因有政事在身，特地把他的快马借给我，让我找寻夫子。”

孔子非常担心，带着诸弟子急急忙忙到中庭上车，命子贡快马加鞭。冉求跨着快马在前开路，一行人忽忽回到故里。

孔子在门前下车，急忙赶到母亲房中，只见伯鱼夫妇等都坐在病榻前。孔子到床前慌忙叫了三声母亲，却不见母亲睁眼答应。孔子一阵伤心，流着眼泪没哭出声。又大声叫了两声，母亲依旧不应，只是双目紧闭，突然喉间一声响，竟然寿终了！人生七十古来稀，孔母已八十一岁，曾孙都有了，可称得福寿全归。

顿时，房中哭声一片，伯鱼哭得像泪人一般，敬叔夫妇俩走来，把伯鱼劝住，同孔子到客堂中办理丧事。

鲁国士大夫都知孔子三岁丧父，全靠这位贤母教育成为大圣人，所以都很敬重她，此时都来送殓。鲁定公本也要来祭奠，但孔子因为自己是司职吏出身，母丧不敢受国君拜祭，特叫敬叔入朝辞谢。

等到百日设奠举殡时，来送礼的约有五六千人，鲁定公、齐景公都派大夫代祭。最难得的是，孔子三千弟子一律执绋送棺。

待灵柩合葬于防地父茔后，门下弟子主张坟墓要筑得高广，孔子说道：

“古时墓而不坟，现在有封筑四方形像高堂的，有封成像坊形的，又有筑成像夏屋的，最简单筑斧形的，我们就修成斧形吧！”墓被封有四尺高。

此后，孔子守护坟墓二十五个月，颜回、子贡、子夏、原宪常侍左右。

先知先觉

一天，季氏家臣去拜访孔子，说道：“季氏将大飨国内，夫子听说了么？”

孔子答：“没有听说，就是知道了，现在母丧期间也不能前往。”

等到家臣走后，子贡便问：“我知道大飨是国君之礼，季平子怎么能僭用呢？”

孔子微叹道：“季氏惯常僭用天子之礼，家祭用八佾舞庭，外祭旅于泰山，现在竟然僭用天子飨士的典礼，可能是天夺其魄，让他更加昏昧。唉，恐怕他行将就木了！”

隔了几天，季平子旧病复发，因服过量烈性药丸，以致身亡。

子贡对颜回说：“夫子简直是个神圣。”

颜回不解，子贡就把事情的来龙去脉说给颜回听。颜回听完点头道：“这就叫先知先觉。本来人的知识分三等，第一等是生来就能知道一切的，即大圣大贤，第二等是学了才能知道这一切的，第三等经过困难以后才能知道一切的。”

冉求是季氏家臣，见鲁大夫一律穿了朝服去吊丧，便问孔子：“士大夫朝服吊季平子，合礼么？”孔子不答。

冉求又问道：“我被派去当招待吊客的陪宾，可否也穿朝服呢？”

孔子说：“初死送殓你已经过多了，天寒穿羔裘戴玄冠，天暖更换棉服，何用疑问呢？”

鲁大夫子睾向孔子问道：“始死设重是什么道理？”

孔子答道：“是尊重之意，殷朝丧制，作木主连重悬诸祖庙；周制，用木主不用重的。”

子睾又问：“为什么丧葬要先朝于庙而后举丧呢？”

孔子答道："这是顺死者的孝心，所以将葬必先朝祖庙。殷制、周制都是朝后殡葬的。"

孔母死后，季平子亲来吊奠，现在季平子死了，孔子虽不愿趋奉权臣，却也不能不去送丧。

主持季氏丧事的家臣阳虎早有二心，季平子目无鲁君，僭用天子礼制，全被阳虎看在眼里。阳虎想趁机夺取季氏政权，由他做相国。阳虎素慕孔子是名闻列国的圣人，便想拉拢他。他见一群有名望的吊客，有的坐着和孔子谈话，有的趋前与孔子行礼，只恨自己办丧忙碌，不能够去和孔子见面交谈。

阳虎瞥见孔门弟子冉求在旁相助，便向他说道："我久慕孔丘大名，也想拜他为师，托你先代我转达，等主人丧事终了，我要备厚礼到夫子门下拜师。"

冉求知道阳虎是个小人，不愿替他介绍，想直言拒绝，又难于启口，只好含糊答应。阳虎满心喜悦，以为能将孔子门下三千贤士收为己用，到时尽可为所欲为。

不料，冉求当晚就对孔子直说，请他回避，不要和阳虎见面。

当时阳虎很得意由自己主理丧事，要求用璠玙宝器入棺殉殓。卿大夫们虽然知道这样做不合礼，但因为是阳虎的主张，都不作一声。大殓时，璠玙由冉求去宫中取来。

孔子知道后，慌忙去对季桓子说："用国家宝器殉殓犹如暴尸于中原，示百姓以僭礼的过失，害得死者不安，何必呢？而且孝子不逆礼以危亲，忠臣不犯奸以陷君。璠玙是国家的宝器，世世相守，备以供典礼之用，如果入棺没土，将来遇到祭大典，没有宝器便怎样呢？"

季桓子就把璠玙送还宫中。

阳虎不敢反对孔子，就向冉求说道："我因不知古礼，办事容易出错，所以想投夫子门下求学，来日当拜见，有劳你先替我说明。"冉求还是应承着不置可否。

第二天，阳虎专程到孔门求见，看门人说孔子不在家，阳虎就先回去了。等到午后，阳虎又去求见，看门人仍然说孔子不在家。阳虎回家盘算道：我犯不着去伺候他，还是让他来我这里。打定主意，阳虎叫人买了一只猪腿送给孔子，孔子不受，命人交给来使，可来使早已离去。

按照当时的礼节，大夫有礼物送给士人，士人必须亲到大夫家拜谢。阳虎知道孔子是守礼君子，想用礼物“勾引”孔子到家。孔子也看穿了阳虎的刁计，却不能不去拜谢，只好先派人密查，选了一个阳虎外出办事的日子，孔子才前往。阳家看门人答称主人不在家，孔子留下名帖，礼数已尽，步行还家。

不料走到半路，却遇巧碰到阳虎，孔子只好止步拱手说道：“昨日大夫枉顾，有失迎候，今日蒙大夫赠送礼物，孔丘专程到府拜谢，适值公出，不料会得在这里遇见。我还要拜访孟懿子，大夫有什么事情，改日再谈吧！”说罢打算走开。

阳虎见孔子躲避他，料知孔子肯定不愿收自己为弟子，伸手拖住孔子的衣袖说道：“一个人胸中藏了道德，却不救国家的祸乱，可以称得上仁吗？”

孔子答：“不可以。”

阳虎又问：“如果一个人喜欢替国家办事，但几次都失掉时机，算得上智吗？”

孔子答：“不可以。”

阳虎便说：“岁月像流水一般逝去，不会等人啊！”

孔子说道：“是啊！我将要出仕为官了。”说罢，作别分道各归家中。

季桓子继任相国后，见国家贫弱，强邻侵夺土地，特地召集卿大夫商议救亡之策。

孟孙无忌说：“鲁国在这内忧外患交迫之时，如果没有拨乱反正的贤臣相助，难以图存。孔丘为博学圣人，要安内攘外，非用他不可。”

季桓子说：“我以前奉命出使齐国时，孔丘也在齐国。齐景公在我面前称道孔子博学多能，无所不知，是天下奇才，但晏婴却说孔丘是个食古不化的迂儒。依我看，孔丘今年约莫有五十多岁，还不曾执掌国政，可见他的政见不合时宜。”

无忌说道：“治理天下的大道不分古今，要是说孔丘政见不合时宜，那么他门下弟子宓子贱，现任单父宰，治理得四民安居乐业，邻国都派大夫到单父去观光。还有子游，现为武城宰，也把地方治得遍地弦歌，人文盛通。邹、蒲两邑的邑宰也是孔门弟子，政绩也很可观，这些又怎么解释呢？这已足见孔丘的教化见诸实行，能够造福百姓，是有益地方的。若说他年老未仕，比较太公遇文王，还少三十岁，也不算晚！”

无忌说完，几个贤大夫也相继劝季桓子任用孔子为大司空。

季桓子素知敬叔历事两朝，为人很忠直，于是问他：“大夫何故一言不发？究竟应不应该用孔子呢？”

敬叔答道：“我是孔门弟子，又是孔子侄婿，虽然知道他是天下奇才，不过既属亲戚，如果揄扬荐举，知道的说我是为国荐贤，不知道的就要说我标榜吹嘘，汲引私亲，所以我不敢说什么。现在您既然下问，我自认为声耳不如眼见，您何不召孔丘来面谈，到时，他胸中有无学问，您不就知道了吗？”

季桓子派冉求驾车前往孔家，以礼延聘孔子。

冉求向孔子说明来意，孔子开始时尚不愿应召，对冉求说：“我不愿归附权臣门下，你回去婉言告知季桓子，叫他奉命来召，我一定前去。”

冉求说：“夫子曾经说过圣贤处世，经权并用，为什么执之一见呢？鲁君为您备位已久，早就希望夫子出仕掌权，以强公室、抑私家。我来是奉卿大夫的公议，不是季桓子的私见。我这是为国求贤，您出仕公家，并不是阿附权门。况且夫子已过知命之年，也应该出仕了。”

随后，子贡、子夏、颜回、子游等人纷纷劝说孔子应召。直到冉求力保不做季氏私臣，只任公家官职，孔子才与冉求驱车前往。

到了季氏家，冉求见门前车马全无，就知道卿大夫都走了，于是把孔子引入客室，季桓子以宾礼相待。

季桓子见了孔子就问：“鲁国长久弱小，先君当国，未能振作，我自知才能声望都不如先君，忝居高位，请问夫子为国行政，哪一样是最要紧的？”

孔子答道：“德，是国家行政的总纲。为政以德，譬如夜空中的北辰，许多星辰四面旋绕归向，永久不变。政，就是正；行政，便是修正百姓的不正。所以职掌行政的长官持躬要正直，居心要正大，己身正，可以不令而使人服从；如果己身不正，即使下了命令，百姓也不会服从。德就是得，拿心得来治国教民，就是为政以德。”

季桓子又问：“夫子为什么拿北辰来作比呢？”

孔子说：“北辰，就是北极星，常在天空的北面，好比天子端居其位；众星环绕北辰，犹如四面八方的百姓拱卫天子。众星拱北辰，是出于自然，百姓拥戴天子也应出于自然，不能强制。”

季桓子听了，又说："'行德'两字仍旧不明白。"

孔子答："能够拿德来教化百姓，可以不用命令，天下的百姓自然而然服从你。所守的很简，却能御繁；所处的很静，却能制动；所管的不多，却能服众。"

孔子详细地解释着，谁知季桓子学问浅薄，听不明白。问答多时，季桓子有些厌倦，于是入内室更衣。

忽有费邑人来报，称："穿井人得到一个土缶，内有小羊一只，不知何物，特来进献。"季桓子遇到这个机会，就想亲自试探孔子是否真的是无所不知，于是叮嘱来人先不许告诉他人。

季桓子踱步走出，归座，问孔子："费邑人穿井，在土中掘出一狗，这是什么东西？"

孔子答："那不是狗，而应该是羊。"

季桓子惊异地问道："怎见得是羊呢？"

孔子答："我听说山中有木石之怪，叫夔、魍、魉；水中之怪，叫龙、罔、象；土中之怪叫羵羊。穿井人从土中所得，必是羵羊无疑。"

季桓子问道："为什么叫做羵羊？"

孔子答道："非雌非雄，徒具羊形。"

季桓子命费邑人献羊验看，果然如孔子所言，不觉对孔子肃然起敬："人称夫子是博物君子，真是名不虚传。我要请示君主，暂时任命你为中都宰。"孔子高兴地走了。

解 卦

孔子退下之后，冉求便问季桓子："既知孔子多才，为什么只任命他做邑宰呢？"

季桓子答："我先试试他会不会治民听讼，要是他能胜任，就可升任大司空，你去告诉他不要辜负我为国求贤的苦心！"

冉求高兴地驾车送孔子回家，在路上把季桓子的话告诉了孔子。

孔子说："他既然抱有为国求贤的决心，鲁国又是我的父母之邦，不管官职大小，我都会尽心尽力，竭力整顿地方，为百姓谋福。”

冉求笑逐颜开地说道：“真要如此，夫子不久就要做大司空了，门下弟子也可弹冠相庆，不知夫子哪天赴中都上任？”

孔子答：“门下现在还有那么多弟子，我怎好贸然抛弃他们去上任呢？待我先把他们安置好了再说。颜回、原宪立志不肯屈膝权门，他们家又很贫穷，不能叫他们回去，只能带着他们走；子贡、子夏久未回家，先打发他们回去。最快也要一个月后才能到任，你回去请季桓子暂缓委任。”冉求应命而去。

孔子精通《易》理，现在遇上大好机会，可以施展胸中的抱负。他想知道自己能否青云直上，掌管国家大权。孔子先去卜了一卦，看从政的结果如何。他并不是想争权夺利，只是做小官太麻烦，要实现自己的抱负，实行王道，非大权在握不可。

卜完卦后，孔子脸上显现出不快乐的神情，子张在旁边问道：“您每见卜筮者占得贲卦，都称吉兆。现在您自己得了贲卦却不高兴，这是为什么呢？”

孔子答道：“江湖术士，能有几个有真本领，真正懂得卦义呢？此卦有离邪之义，山下有火叫做贲，不是正色卦。一切质地，黑白宜正，今得贲，在我不是吉兆，要知道丹漆为什么不加文，白玉为什么不加雕，就为质有余、不受饰的缘故！”

子张满脸疑问：“学生不甚明了，敢请夫子明教！”

孔子说：“直截了当地解释此卦义，就是说我的质地不受雕饰，这怎能算吉兆呢！”

子张说：“夫子已经准备作邑宰，难道因占得此卦就要作罢吗？”

孔子答：“大丈夫做事以信义为重，我既然答应在先，纵使赴汤蹈火，也只好勇往直前，不会畏缩后退。况且贲卦之义，并非凶兆，不过是始兴后败之意。”

子张退到厢里，对子夏说：“方才夫子为自己卜卦，卜得贲卦，以为不利而不乐。一般术士解释此卦，都称兴旺之兆。你精通经史奥义，说说究竟此卦是吉是凶？”

子夏说：“山下有火为贲，贲属离上艮下，火是发旺之象，故经商种田得此卦，都是吉卦。夫子为自己的前途占得此卦，可望扶摇直上。换句话说，可以得到卿相的禄位。不过走到了山顶上，山下便失火，不免会有危险，火虽不会殃及山顶上的人，只怕自己危惧逃避，走到山下来，应验离上艮下的卦义。总而言之，夫子这次出仕，是青云直上的大好机会，必然能够干一番轰轰烈烈的大事业，但到了最高位置有危险——位高多谤，那也是宦海中常有事。况且夫子是通经达权的圣人，涵养之功甚深，岂有不能事先预防的道理？我们应该为夫子高兴啊。”

子张随即把此事向同门诸子说明，备盛宴公贺夫子荣任。伯鱼知道后告知孔子，孔子申斥子张不该多此一举，耽误弟子们的归期，公贺才就此作罢。

季桓子召请孔子论政时，是在季平子举殡的后一天，因为季平子生前与各大国的君相都有往来，所以在丧葬时，齐、晋、吴、楚、郑、卫等国一律派大臣来吊丧。季桓子派孟懿子、南宫敬叔弟兄两人招待各国使臣。孔子在季氏面前辨识羵羊时，各国使臣都在馆中，敬叔就把这事告诉了他们。

吴国使臣说：“寡君久闻贵国有一孔圣人，此次受命访孔，特请问夫子，在土中获得的巨骨是何物？”

楚国使臣也说：“敝国昭王渡江时获一鲜红可爱、形似果实的东西，在朝卿大夫都不知道是什么东西。昭王久慕贵国孔丘是当世圣人，命臣带礼前来，等待公事完了，我去拜访孔丘。”

敬叔说：“不用劳驾两位大夫，等我设法让孔子到季氏家做陪客，你们在席上向他问明，岂不更好？”

吴、楚二使齐声说道：“有劳大夫，在此先行道谢。”

敬叔匆匆去见季桓子，说明这件事情。

季桓子说道：“好啊，只怕他忙于料理私事，没空来做陪客，那怎么办？”

敬叔说：“派冉求去邀请，索性以实相告，夫子无不来之理。”季桓子即传冉求至面前，把吴、楚两国使臣的话略说一遍，命他驾车前去请孔子即来陪客。

冉求说：“且缓设席。”

季桓子惊讶地问道：“宴谢各国送葬的使臣，是丧礼上该行的，为什么要且缓设席？难道孔子不赞成这种宴会，不愿做陪客不成？”

冉求答道：“不是的，因为夫子吃饭时不讲话，讲话时不吃饭。等夫子来对答了吴楚使臣的问话，然后设席宴会，好让他说得详细一些。”说罢，驾车去迎接孔子，敬叔同季桓子到馆中迎接各国使臣宴会，以表谢意。

敬叔弟兄两人引领使臣到季氏客厅，季桓子殷勤招待，分宾主坐定。这时，冉求扶着一个长者缓步登堂，敬叔首先离座，迎接道：“夫子这里坐吧。”季桓子和各国使臣一齐起立相迎，吴、楚二使和孔子素昧平生，由敬叔介绍认识。孔子向相识的使臣一一拱手打过招呼，然后就座。

敬叔向孔子说明两位使者的疑问，孔子道：“古往今来任何一件物品都有它的名称和作用，不过耳闻不如眼见，现在实物不得见，它们的形状和来历，你们就必须说得确实而详细，我才能判断出它的名称。”

楚使起立将礼币送到孔子座右的茶几上，说：“寡君因事渡汉江，瞥见有物浮于江面，形圆若柿，色红如朝日，命水手捞起带回朝中，遍问众臣，大家瞠目无以对。寡君素慕夫子大名，命臣趁吊唁之便，送薄礼，拜夫子，请问江面所得的是何物？”

孔子答道：“这个叫萍实，是芡实、莲实一类的东西，因为难得结果，所以比莲实、芡实名贵。”

楚使问：“它是不是生长在江面上的？”

孔子说：“就是浮萍结的果，所以叫做萍实，可以剖食，味甜如蜜。”

楚使又说：“浮萍，水面上多得很，有什么名贵呢？”

孔子说：“浮萍虽多，但因萍属浮泛不定的植物，开着花在波浪中逐流，或被风浪打落，或被鱼儿吞食，虽经数百年不易结果，物以稀为贵。”

楚使又问：“既然不易结果，这一枚萍实是从哪里来的呢？”

孔子说：“适逢其巧，这一颗开花浮萍漂到江边的凹处，不受风浪的吹打，才得结成草实，经过百日，渐渐由青变黄，由黄变红。成熟以后，若鸥鹭、鸿雁瞥见了，立刻会啄食干净。有此种种原因，所以难得遇见。”楚使听孔子说得头头是道，不由得心服口服：“夫子果然博学多识，敢问夫子从何而知？”

孔子说：“我少时游楚，在江边听得有人唱歌道：‘萍实大如拳，红如日，风吹浪打无定根，味甜如蜜鸟琢食，经过千年不易得。’因此得知这是瑞果，有散而复聚，聚而复兴之兆。昭王得之，请大夫代我致言道贺！”

接着，吴王夫差的使臣也以礼币奉敬孔子，并取出一节巨骨向孔子问道：“这个是不是人骨？怎么一节就有车轴大小呢？”

原来，吴王夫差伐越大获全胜，把越王勾践囚禁在会稽，拆毁越国城墙时，在土中掘得巨骨一节，非常沉重，就用空车载回吴国。夫差询问伍子胥等一群官员，他们都说不出这是什么东西。这次使臣来吊季氏，就让其顺便请教孔子。

孔子仔细看过骨节，说是人骨。

吴使便问："古人的骨节怎么这样粗大，夫子可知道是什么时代的人骨吗？"

孔子答："夏朝的禹王召集众诸侯于会稽山，防风没有去，等禹王再召，他才到。大禹杀他正法，弃尸山下，以儆诸侯。过了数日，露骨于外，粗如车轴，当地人掘土埋于会稽山下。所以吴王毁越都，获得巨骨，必是防风的骨头。"

吴使问："会稽山谁为守神？"

孔子答："能得山川灵气降生，以纪纲天下的，便为山川的守神。守社稷的是公侯，守山川的是诸侯，他们都是上天之子，生时守禄养，死后守祭祀。"

吴使又问："防风守什么？身高有多少？"

孔子答道："防风是汪芒国君，守封嵎山的，原姓漆，在虞夏商时代号汪芒氏，在西周时代号长翟氏，现在又号火人。一个诸侯国名号有三个呢。焦侥氏身长只有三尺，再短没有了；身高六尺七尺的最普通；最长不过十尺，一丈以外的人，当世少有。"

敬叔见问答结束了，开始招待各国使节，孔子列席相陪，宾主尽欢而散。

第二天，各国使者分道各归本国，孔子博物多闻的声名从此遍传列国。

孔子发怒

孔子回家，听说老朋友原壤母死家贫，不能棺殓。孔子想支助他一些木椁，子夏不以为然。原来，原壤是个不遵礼法的滑稽家，他能言善辩，言辞流利，时常和孔子开玩笑，孔门弟子都看不起他。

子夏说："我从前听夫子说：无友不如己者，过则勿惮改。原壤有过不知改，夫子不要理睬他！"

孔子答："百姓有丧我都会相助，何况是老朋友呢！"于是就把木椁送往原壤家，还动手帮忙打理。

原壤倚靠着木椁，说自己好久已经没有放歌了，于是作歌：“貍首之斑然，执女手之卷然。”

歌辞大意是，椁材的文理像貍的头一般，你手持斧头的手像女子的手一样柔软。孔子听得这轻薄的歌声，急忙退避在一边装作听不见。

子夏又说：“夫子已屈节降身到这个地步！难道您就不能不理睬他吗？”孔子这才不去吊丧。

可原壤已经瞥见孔子隐身在那里，就蹲在要路中间等候，全无半点哀容。孔子看得怒气冲天，踱步走来，厉声对原壤说道：“你对朋友不尊重，丧母不哀，老而不死正是贼！”说着，用手杖击打他的胫骨。

原壤倏地跳起身，说道：“仲尼你是名闻当世的大圣人，一言一行都为天下人效仿，你传的是三皇五帝的道统，现在却出言辱骂故人，这就是神农、伏羲、舜的王道吗？你用手杖责打朋友，这就是禹、汤、文、武的遗教吗？”孔子不愿多作一声，踱步径直回去了。

子夏说：“你母亲死了你不但不哀伤，还作歌取乐，对友人傲慢，悖逆人伦，违反礼法，人人都可以辱骂你、责打你，我们夫子从此和你绝交。”

此后，孔子不再与原壤来往。

到了这时，孔子的大部分弟子都已归去，还有一些举荐给宓子贱、闵子骞、子蔑帮助处理公文。子张是个热心人，自愿请夫子将自己推荐给子路。

孔子说：“子路不久就要离开蒲邑了，你还去他那里做什么？”子张以为夫子因他不是从政之才不举荐他，于是向夫子请教求禄的事。

孔子便说：“多闻多见，出言谨慎，不会招惹灾祸；行事谨慎，不会后悔；学问广博，疑难就会少。官位和俸禄的道理全在里面，你何必要利欲熏心，非去求仕呢！”

子张问：“这就是求学优于出仕的意思吧？”

孔子答：“你既知求学优于出仕，何必还要求禄呢？”

子张道：“学生以为求学和做官是不同的。请问夫子，君子学古人官是怎样的？”

孔子说：“安身取义最难，它包括六件事：一，自己有美行，应该与下民共有，不可以自专；二，做官教民，不可以懒惰；三，他人有过失，有伤及公众的，不必去揭发；四，听得他人失言，不可以借以自重；五，自己有不良的习气，不可以不改；六、当行的政事，不可以留滞。君子入官力行此六事，那么就会身安誉至，民众也不会违反政令。还有，忿怒，易惹起官狱；拒谏，会阻塞远虑；傲慢，会疏失礼节；懒惰，定错过时机；奢侈，会虚耗财用；专独，则难成大事。所以君子为官，需秉公办事，运用智能，择举要政施行，联合有忠信的地方绅士和年老有声望的人，考察守孝悌的百姓，保护良民，惩罚莠民，开发利源，革除弊害，不求回报，百姓自然爱戴不忘。君子治民，绝无抗民的心思，也不会有触犯民众的言论，使用民众，不妨碍农忙，爱民不废刑罚，这样恩威并用，就会政无废弛。所见在近，故能明察无遗，所求不远，故能不劳而获。力行节俭，民知积聚，财用犹如源泉常流不竭，民众皆得安居乐业，谁肯作乱呢！”

子张又问：“现在世乱纷纷，难道当世做官的都不是君子吗？”

孔子说：“乱有大小的分别，君子入官，所治区域小，只能止小乱，欲止大乱，那是国君的责任。至于当世入官的，君子小人都有。小人入官，只图自己富贵，掠夺民脂民膏，于是万民怨恨，铤而走险，发生小乱。小乱生，附和纷争，日渐增多扩大，便成大乱。所以明君在位，对于百姓是慈爱宽和的，对于官吏是整饬严厉的。官吏廉明，百姓不变；施行仁政，百姓不变；自身正直守法，百姓则会效法；明察利弊，百姓悦服。如果省奉不俭，财用自然缺少；贪则无厌，善政自然不会有了；不纳忠告，善言不会入耳。要知道君王是百姓的楷模；临民的官长，是百姓的表率；君侧的近臣，是百姓的公仆。楷模不正，民失瞻仰；表率不端，百姓昏乱；近臣失职，良官贪污。人主怎么能不深察这三件事呢！所以女子必须自择丝麻以纺织，良工必须自求大木以建筑，贤君必须慎选左右以佐治。用人谨慎于先，必有良好治绩于后，这是公理，古今不变。在上位的譬如悬木，越高则畏怯下坠的心思越深。万民的叛道必为的是君上的失政。爱民者存，虐民者亡。入官为什么要学古？就是要学我所说的种种道理。君子南面临官，贵而不骄，富而能恭，知本且能图末，修治旧事且能建立新功，亲近且能不遗远，察一人且能顾及旁人，治一物且能安顿万物，这是以身为本的效果。君子临民，必须周知民性，畅达民情，万民自然从命。还须不导民以高远，不责民所不为，不强民所不能，行明王之道。若不顺民情而硬干，百姓畏惧不欢迎；只设想久远的事业，不问民力能否负担，百姓推诿不从命；如果责民所不为，强民所不能，民感痛苦，便生邪僻之心。”

子张接着问："不为和不能，怎样分别呢？"

孔子说："很容易的，譬如叫你去把泰山搬移到这里，你不去搬移，这是不能。让你到园中去折一枝梅花来，你不去折，这是不为。常言道：'水至清则无鱼，人至察则无徒。枉而直之，使自得之；优而柔之，使自求之；揆而度之，使自思之。'所以民有小过，君子必责他改善而赦过；民有大罪，君子必推原起因以仁教化；若民犯死罪，一定宽恕他而赦他一死。德是政治的始基，行政不以德，百姓不从教化，怎能使用他们呢？所以君子想要出言见信于民，必先直道而行，大公无私；想要政令速行，必先以身作则；想要百姓诚服，必先以道施民。如果没有忠信，内外不相应，怎能使百姓亲信呢？这是治民的要道，为官的大纲。"

子张退出后，把这些话记录了下来。

辩才子贡

很快就到孔子任职的时间了。这天，子贡来告诉孔子："冉求奉季氏之命来请夫子明天早晨到朝上相礼。邾隐公、郯子来聘，相礼本属相国专司，季桓子因丧未终，不能参加，特请夫子代行。"

孔子说："本来我的私事已告一段落，请一个月的假期今日已满，应该去谢委到任。来朝去见定公，可称一得而两便。"

子贡就问："夫子将赴中都任事，准备带几个弟子一同前往？"

孔子说："颜回、原宪、子夏三人。子贡，你愿不愿去？"

子贡说："我三年没有回家，家里有许多事等我回去料理。学生快则三个月，迟则一年，定到中都求见夫子。"

孔子回答："我如有用得着你的时候，会派人送信给你。在齐、卫两国的名望，我自知不及你。你要是在卫得官，或者复仕于齐，要预先送信给我，免得需要你相助时你却不在。"

子贡说："颜回、原宪、子夏三人，都是夫子门下的一等人才，学行都在我之上，既然有他们随侍左右，夫子哪儿还用得着我呢！"

孔子说："论他们三个的学问品行，都在你之上。不过造物不生全才，他们都有一样不及你——那就是口才。现在游说之风盛行一时，我门下具有辩才的，只有你一人。”

子贡说：“宰我、子华的口才也不弱于我。”

孔子道：“他们两个只有应酬宾客的普通口才，你却能随机应变，有借物譬喻的游说之才。这可称为一种天才，连我也不及你。”

子贡说：“我没有什么特长，当世能言善辩之士车载斗量，会说几句游说话算得了什么呢！我自知不及子夏好读书，不及颜回重德行，不及原宪能安贫，又怎敢与夫子相提并论。夫子犹如日月之光，我只是萤火之明，怎能同日而语呢！”

孔子夸奖说：“贤哉！你多能不傲，率直自谦，难道算不上君子吗？论你为官的政绩，至今信阳还建有你的生祠，民众还在那里思念你；论你的从政之才，堪与宓子贱相比。将来能传我衣钵的，除了你还有谁呢？”

子贡就问：“子路治蒲邑的成绩一直很好，夫子为什么会对子张说，子路不久要离开蒲邑？季氏很倚重子路，断无撤任之理，夫子怎见得他不久要离职呢？”

孔子答道：“这是我个人的意见。因为子路性急率直，勇于任事，毫无顾虑。季氏遇事三思而行，子路遇事却不假思索而行，我很替他担忧。加上他常操杀伐之音，不会有好结局的。他对我极其忠心，我不放心他独当一面，打算推荐他到季氏跟前，密嘱冉求随时保护，或许可以免却危险，你以为如何？”

子贡说：“夫子对门下之士，好比慈母爱子，这样做称得上是两全其美。季桓子用子路，得一忠勇之士，胜过卫士三百。子路与冉求并为季氏家臣，相得益彰，子路也可以免除意外危险。不过子路立志高远，只怕不愿充当季氏私臣。要是那样的话，夫子又将怎么办？”

孔子微笑着说：“我早有打算。季氏方面，荐人必用，不成问题。在子路面前，我只说我受季桓子知遇之恩，但季氏左右有居心险恶的家臣，我怕遭到意外，特地举荐子路去留意保护。子路向来听我的话，不会不服从我的安排。”子贡听后退下。

第二天早上，孔子整好衣冠，乘车到季氏家去，子贡为他驾车。到了季氏门前，正遇见季桓子从里面走出来，准备登车入朝。孔子下车上前打招呼，季桓子拱手说：“有劳夫子代行相礼，郕、郯两君已经在朝房，我们一起去吧。”季桓子和孔子各自登车，到朝门停车步行，以品级为次序入朝。孔子跟随季桓子到了朝上，孟懿子先和孔子打了招呼，接着对郳隐公说：“这位就是当年替您解释冠礼的孔丘。”郳隐公向孔子拱手称谢。

定公临朝，季桓子上前奏明郳、郯两君来聘，并说明让孔丘代自己行相礼之事。孔子见过定公，然后引两君相见。郳、郯两君行过聘见礼，捧呈玉帛，定公鞠躬接受，交给内监接去，孔子领定公行谢聘礼。

礼毕，孔子对郳、郯两君说：“我深感两国殿上亲劳，行聘修好，两国邦交益臻巩固，谨备飨宴于偏殿，以尽谢意。”孔丘引导先行，陪礼官随护两君登偏殿行宴飨礼，其余乐官各司其事。

说完，引来宾先行，定公在后，踱步来到偏殿。乐官奏乐，礼节十分繁琐：宾主走到门外，奏乐；定公向两宾作揖请升堂，两宾谦让升堂，再奏乐；执事陈列食器食牲，陪礼官请两君入座，三奏乐；献爵三次，献食三次，每次所奏乐器都不同，并歌唱宴飨诗。宴飨礼完毕，定公送郳隐公、郯子到阶前，作揖而退，由陪礼官孟懿子送郳、郯二君到馆中休息。

郯子被季桓子邀到家中吃便饭，季桓子素知孔子吃饭时不说话，所以分宾主入座后，季桓子不言不饮，宾客也不说话，只是吃饭。

子贡私下问孔子：“季桓子宴客不言不饮，合礼吗？”

孔子答道：“不合礼。我曾在少施氏家吃饭，少施氏以礼招待。我吃饭时，少施氏说：‘饭菜粗陋，怠慢嘉宾了。’我喝酒，少施氏又说：‘薄酒恐伤嘉宾之性。’主人尽礼招待，客人也尽礼饱食，主人招待不尽礼，客人也吃不饱。”说完转身归座。

这时，敬叔从馆中走来，向季桓子请示说：“郳、郯两君第二天要回去了，有没有礼物赠给他们？”

季桓子说：“没有预备。”

敬叔道：“郯子精通礼节，相国失礼，岂不是要被他嘲笑？”

孔子说：“从前郳隐公加官，特地托懿子来向我问礼，敬叔怎见得郯子知礼？”

敬叔答道：“刚才叔孙昭子向郯子问及少昊金天氏为什么以鸟名官时，他答称：‘是我的先祖，我知道的。从前，黄帝轩辕氏的百官师长皆以云为名，炎帝神农氏的百官师长皆以火为名，太昊包牺氏的百官师长皆以龙为名。我高祖少皓挚即位，凤鸟飞集，因此以鸟为百官师长之名。自从颛顼氏以来，久远的事没有记载，只有近代的事有记载，于是改成以民为名，这是注重民事的意思。’”

孔子听完叹道：“礼创自圣王，经周公修订而更加完备。不料传到现在，各大国的诸侯没几个懂得礼制，反倒是小国的诸侯懂得礼制。正应了古语所说的‘天子失官，学在四夷’那句话了。”

敬叔问：“夫子何出此言？”

孔子答：“郯是少昊之后，属于旁支，国也极小，但郯子尚能知礼，不至于灭亡。鲁国是周公之后，是周室近支，国境甚大，只因居高位者不及郯子知礼，边境屡被邻国削夺，我能不叹息吗？”

子贡也说：“我刚才远观夫子赞礼，郯子献聘礼捧玉太高，面孔上仰；定公受玉低，面容下俯。以礼测度，两君将有死亡之兆！”

孔子问子贡：“两君都年少，怎见得会死亡呢？”

子贡答：“礼是国家生死存亡的主体，只须于朝聘祭飨时，在左右周旋、进退俯仰等动作上细心觉察就可以预知。现在两君行礼，皆不合法度，这叫做嘉事失体。郯子高仰便是骄，定公卑俯便是废。骄必招致近乱，废必招致近疾。君是国家主体，难免死亡。”

子贡说完，大家都不相信。

不料，第二年，郯子出奔，定公隔了两年也得病而死。当时孔子曾告诫子贡：“你以后说话一定要谨慎，一言既出，驷马难追。我记得在京城参观明堂，有个铜人，嘴上加着三道封条，背上刻着很长的铭文，铭语无非教人慎言，少说话多吃饭，自有好处。”

新官上任三把火

鲁定公遣使送青鱼给孔子，以慰相礼之劳。孔子拜受并到宫中叩谢，行过谢礼，侍坐一边。

定公问孔子：“寡人见国势日渐衰弱，几次向群臣咨询救国之道，有几个大夫劝寡人向老人行隆敬之礼，这是什么意思？”

孔子答：“隆敬老人，在古礼上叫做尚齿。尚，就是尊敬；齿，就是老人。古时虞舜重德而尚齿，夏禹重爵而尚齿，商汤重富而尚齿，周文王、周武王贵亲而尚齿。虞、夏、商、周是天下的上王，没有遗忘老人。老人久被天下尊奉，等于侍奉亲长。所以朝廷有老人，犹如官爵有定制。七十岁扶杖入朝，君设席赐座，八十岁不仕不朝，君到他家里慰问，那么孝悌将通于朝廷；不与老人并肩走路，父辈随行，兄辈依次进行，白发老人在路上不用拿东西，那么孝悌将通于道路；居乡尚齿，穷苦的老人不必担心受冻挨饿，强壮的人不欺侮老弱的，那么孝悌将通于乡里；古制五十岁称老，不再种田打猎，不干劳苦之事，把猎得的飞禽给老人，那么孝悌通于田狩；军旅队伍尚齿，推尊年长的人，那么孝悌将通于军旅。圣人以孝悌之理治化天下，发自朝廷，推行道路，兼及州巷，放于田狩，普及军旅，以至民众拥戴，至死不敢违犯。”

定公不禁赞叹：“真是高妙啊！我虽然听得明白，恐怕很难做到。”

孔子说：“平民做事，尚且有志者事竟成，堂堂一国之君如果诚心想隆敬高年，何患不成！”

定公微叹道：“三家专权，我想要隆敬高年，三家不肯相助，又能怎么样？”

孔子刚想回答，又担心这里耳目众多，自己的话会传入季氏耳中，于是缄口不说。稍过了一会儿，他用别的话岔开，对定公说：“臣蒙君恩受任中都宰，现在私事已经料理稳妥，即日可以赴任理事，因此入宫谢恩。”

定公说：“本来打算委任你为大司空，可是季氏不允，只好拿邑宰委屈大贤，何谢之有！”

孔子说：“官职虽有大小的分别，所受的君恩是一样的，加上臣毫无从政经验，到中都去实地试验，也是出于自愿。是臣叫弟子冉求代向季氏要求的，不做司空也出于臣意，请不要错怪了季氏。”

孔子深感季桓子知遇之恩，见定公由季氏一人之力所拥戴，却从未吐露过一句对季氏感激的话，有些不赞成，所以特地说这样的话。孔子心想：自己也算是季桓子引荐的，在背后不能说他的坏话。季氏虽然跋扈，但错的只是季平子逐走昭公，与季桓子无关。况且若没有季平子拥立，还轮不到定公做鲁君，他的富贵因季氏而得，理当与季氏同享。自己不轻视季桓子，就为这个原因，于是孔子就致力于调和君、相之间的关系。常言道：“家和万事兴，国强君相睦。”要想让鲁国转弱为强，非求君相和睦不可。

孔子从宫中退出，特地去向季桓子辞行。

季桓子问：“我见你到宫中去了，直到这时候才出宫，你们君臣谈了些什么？”

孔子直言答道：“君主因诸大夫谏行隆敬高年，问了我一些尚齿的古制，最后说他自己无法实行，还说相国不赞成此举。”

季桓子说：“事实并非如此。隆敬高年，是我第一个主张的。我见君主在少年，不明了仁义的真谛，就主张隆敬高年，好使耆老常用古帝王的仁义去教导他，不料他厌恶和老人接近。但听你的意思也叫他敬老，他不便直说自己不愿意，反而说我不赞成，真是可笑！”

孔子说：“匡君难于教民十倍，相国只好耐着性子，拿明王的德政随时进谏。既种良因，绝无不结善果的。”

季桓子说：“这个良因是先父所种，要望结善果，只好有劳你了。定公对你十分倚重，极力主张重用你。只因大多位置都有人占住，别人毫无过失，我不便凭空换人。除非把我的位置相让，又料定你决不答应，不得已大材小用，暂时以中宰屈尊，若有位置，马上调升。”

孔子称谢。季桓子命冉求把预备的委任书交给孔子，孔子收了，揖谢退出，顺道到亲朋好友处辞行。孔子为防别人送礼，推说自己是后天动身，其实第二天就出发。他让颜回、原宪、子夏收拾好了行李，第二天一早就动身赶路。

孔子抵达任所，前任随即把印信案卷移交清楚。孔子在署中接任视事，派原宪专司钱谷、子夏专司刑名、颜回专司文牍。又面谕原有属吏、差役留署试用一个月，办事勤慎、自守廉洁的留用；借故敛钱、懒惰贪婪的革除，让带来的佣人担任收发等要职。

这一年，孔子已经五十一岁，老成练达，远非做司职吏的时候了。当天，一些地方绅士来道贺，次日孔子一一亲往道谢，向众绅士详询中都的风俗民情。

梁绅士久慕孔子之名，见孔子来道谢，手握头上散发，急忙出来迎接，表示出十二分尊重贤宰官的敬意，向孔子额手称庆：“久闻夫子是当世圣人，天下英才尽列门下，真料不到会屈高贤来敝邑，真是中都全邑百姓居心纯厚，修得贤有司来做父母官哪，从今往后，本地子民有福了！”

孔子谦虚地说：“言过其实了，孔丘哪里担当得起。况且凭我一人的心思耳目，恐怕难以周全。欲为百姓谋福，全赖本地正直绅士推诚相助，多多指教，使孔丘有所遵循。邑宰对待当地百姓，要看作自家子弟一般，所以孔丘到任，先办三件事：第一改良地方风化；第二实施预防水旱灾荒的计划；第三提倡节俭，革除奢侈恶习。”

梁绅士说：“请问这三件事有什么好处呢？”

孔子说：“地方风化不良，贻害无穷。例如幼年子弟失学，青年嗜好赌色，都足以失业倾家，这都是基于不良风化；本地游民众多，无业谋生，饥寒交迫，于是铤而走险，盗案、窃案层出不穷，这也是基于不良风化。第二件水灾旱荒，虽由天成，然而人力也可以挽回天意：只须低区修沟渠，筑堤岸，遇久雨不晴，田中积水有沟渠可以排泄，不致成水灾；高区开深河道，每十亩田中间开凿一口大井，遇日久无雨，用井水、河水灌田，农作物不致枯死。有此准备，旱涝无患，农民就可望年年丰收了。第三件奢侈恶习，最消耗民众资财，弱者沦为乞丐，强者结党为盗，贻害也是无穷。提倡节俭，使士农工商都有积蓄，手头宽裕了，谁还愿意去做盗贼？地方上没有了盗贼，民众就可以安居乐业了。”

梁绅士点头说：“您说的对，您若有事务相委托，我决不推辞，愿为地方尽力。”

孔子问：“我初来乍到，不知道中都有无土豪恶霸，请梁翁详细指示，以便拿办。”

梁绅士回答说：“这里的绅士都不愿管人家的闲事，所以没有土豪恶霸。不过商贩欺诈、士人萎靡、富室奢侈，这三项确实有。”

孔子说：“既然这样，请将姓名住址明示，以便整顿。”

梁绅士详细地说起来：“沈犹氏以贩羊为业，本是一个穷小贩，现在已成了小富。据说他贱价购进羊，用大量盐拌草料喂食，羊吃了以后十分干渴，就会喝下大量的水，大羊可以增重十斤，小羊增重五斤，然后牵到市上出售。买主见羊腹胀满，以为是肥羊，都出高价购买。这事三四年来都没有人看破，直到去年冬天，我家向他买了一头活羊，宰杀时肚子里都是水，再一秤，少了十斤。跟人谈起来，都说宰杀去毛的猪羊可以注水，活羊怎能注水？后来市上传言，说买沈犹氏的活羊，豢养五天必死，而且斤两减轻，足以证明我说的是真的。还有公慎氏，原本是书香子弟，性情懦弱，娶妻漆氏，貌美却性淫，未嫁就与人有染，嫁后仍然来往。漆氏欺负丈夫懦弱，又结新欢，谣言四起，公慎氏竟置若罔闻。这虽是公慎氏的家丑，却与地方风化有关。还有慎溃氏，是中都有名的富室，奢侈可比王侯，为子娶妇，竟僭用太子大婚仪仗，俳优戏于庭，乐工奏于堂上，简直和太子大婚无二。这三件事夫子以为该不该管？”

孔子果断地回答：“第一件会助长作伪诈欺之风，市场买卖以公平为主，当然有禁止的必要；第二件虽属自家的丑事，却攸关地方风化。不过这种清官难断的家事，不能直接干涉，只能设法劝丈夫休妻；第三件足以紊乱礼制，攸关国家法度，最为重大，应该严禁，不过要当场查明，才能惩办。”

梁绅士肃然起敬：“足见夫子办事精细，远非浮躁官吏可比。”孔子辞谢回署。

孔子亦机变

孔子回署之后，把查访所得的三件事告知子夏、颜回和原宪，商量处理的方法。

颜回说：“只有沈犹氏贩羊饮水，可以直接禁止，不过要拿出证据才能着手。至于别人不守妇道，地方官怎么干涉？只有设法劝丈夫休妻。士人岂有不知廉耻的，可能是他以为家丑没有外扬，所以装聋作哑，如果有外人揭发了他家中的丑事，他必然不会再置若罔闻。至于奢侈逾法，要等发现逾法的举动，才能执法办理。”

孔子说：“颜回的意见跟我相同，第一件直截了当地出示禁止令，第二件编作童谣讽劝，颜回去拟稿。”颜回应命退下。

孔子又对子夏说：“你熟习诗礼，旁通申韩学识，慎溃氏系本地首富，举动奢侈逾法，足以养成社会上的奢靡习气，贻害不小。我想提倡节俭，慎溃氏是很大的障碍，有没有强制他的良法？”

子夏回答：“慎溃氏既属中都首富，家长爱好奢侈，子弟必定自小就锦衣玉食，养成富比王侯的奢华习气，根深蒂固。别说外人不能劝诱他家力行节俭，就算家长有志要节俭，子弟过不惯节俭的生活，也不肯听从。奢侈习气事事舒适，要他们改成俭朴，除非倾家荡产、化为赤贫，他们逼不得已，只好自立生活。如果依旧是祖传富家翁，平日奢侈为常，不知道起家艰难，要他力行节俭，实属不易！”

孔子说：“如此说来，难道就算了吗？”

子夏说：“办法是有的，不过要用些机变。只是夫子持躬正直，以仁政教民，未必肯用机变欺人。”

孔子说：“我当然正直无私，但为了给地方谋福利，真到了无计可施的地步，杀一儆百都做得来，何况机变？我对待门下弟子正直无私，个个都一样看待。现在我在中都任宰相，手握一邑政权，一邑百姓有善有恶，劝善惩恶，是邑宰的天职。慎溃氏虽非恶人，但他过分奢侈，有碍推行俭朴之举。现在既不能实施惩罚，用些机变告诫他，我也同意。具体要怎么做？”

子夏答道：“只要吓得他不敢居住中都，搬到别的地方去，不妨碍夫子行政就行了。”

孔子赞道：“高妙极了！比办他一个空罪好。”说完，师徒大笑起来。

这时，颜回拟好了稿送来，随口问：“什么事这么好笑？”

孔子以实相告，颜回却说：“子夏的设计很高妙，只怕办不到。”

孔子问：“怎见得办不到呢？”

颜回答：“慎溃氏既属本邑首富，祖宗的故墓在此，搬不动的房屋田地在此，他上不欠赋税，下不欠私债，又没做亏心事，怎么把他吓走？”

孔子道：“世上无难事，只怕有心人。不过这次非比寻常，就拿此事试试你们的才能，各将对此事的办理意见写出来。”

于是他们各把意见写出，放在一起给孔子看。孔子含笑说：“颜回的意见跟我相同，子夏的意见也很高妙，只是缓不济急，有碍行政，就按颜回的计划实行吧。”

子夏拿起颜回的意见看，上面写的是：“梁绅与慎溃氏是亲戚，托梁绅去对慎溃氏说：‘你是本邑富豪，新任邑宰奉君相密令，命你捐助十万练兵费。’慎溃氏一定不会应允。再让梁绅劝慎溃氏迁居他邑暂避，等夫子升任，再搬回本邑，那时再叫梁绅去对他直说，要力行节俭，否则仍要捐练兵费。

子夏看后赞道：“这个办法，确实胜过我的意见。”

孔子说：“你的意见很合法，等他有婚丧喜庆，奢侈过度，将他治罪，只是缓不济急。”

于是孔子传来两个差役，把写好的童谣拿去教邻里的儿童唱熟，让他们常到公慎氏门前唱。

一天，公慎氏送客到门口，听儿童唱道："中都邑，风气劣；夫懦弱，妻失节。公慎氏，面包铁；要雪耻，快离绝。"公慎氏听了恼羞成怒，追打那些唱歌谣的儿童。

客人一把将公慎氏拖住，贴在他的耳边说："你的家丑，全邑皆知，否则何来这童谣？这歌谣必是有心人所编，点醒你要雪耻，快与不贤妻断绝关系。我和你都属知书达理之人，妻女不守妇道，犯了七出之条，应该与她断绝关系，不离就是你的羞耻，跳尽黄河也洗不清。你生性懦弱，不敢与尊嫂直接谈判，弟愿助你一臂之力。"公慎氏羞得无地自容。

这位客人正是孔子托梁绅士转请来的，客人拖着公慎氏一起回家，由客人代表他与其妻谈论离婚之事。就此妇女们都知道邑宰是要管束人家妇女的，不敢再走邪路，有相好的也都断绝了关系。慎溃氏全家搬往邻邑别墅居住。

孔子到任三个月，地方风气逐渐改良，市场交易公平不欺，贩牛马的不敢抬高价格，卖鱼肉的不敢加饰欺诈，男女分道走路。孔子见无业游民众多，又设立了宏大的工场，委任梁绅为主管，号召无业游民入场工作，聘用工头教授技能，专门制造民间日用物品。产品精益求精，销路日渐发达，齐、卫、吴、楚等国的商家都来购置，供不应求。于是孔子又添设分场，少壮的游民乞丐都入场工作，每天有应得的报酬，手艺高超的还有机会升任工头。结果，非但游民、乞丐都愿意报名入场，工人、农人在家谋生不易的，也纷纷自愿加入。孔子又设立养老院，让一些年老不能工作的贫民住进去，抽取工场盈利，以供老人的衣食。

于是，全邑民众皆能自食其力，盗贼绝迹，人们在夜里可以开着大门安睡，走路遗失了东西也没人拾捡，等着失主回来寻找。地方上的百姓穷多富少，孔子又为民众制定养生送死应守规则，分为两章。第一是养生章，长幼异食，强弱异任，男女别途，路不拾遗，器不雕饰；第二是送死章，棺厚四寸、椁厚五寸，择定丘陵为坟，不封不树。

孔子一面让人把规则贴出，一面和绅士会商，让他们各劝亲友奉行，并对一些绅士说："我见贫民过多，所以创设工场，作为民众开发生利之源。这些规则为民众节省虚耗费用，不过效力还嫌不够，我还要用一个字来教全县百姓，才能收到普遍的效果。”

梁绅士为乡绅领袖，孔子极为倚重。梁绅士听到这里，问道：“您制定这么多规则，还说效力不够，怎么又说用一个字教百姓，就能收到普遍的效果？这是一个什么字，倒要请教。”

孔子说：“一个‘修’字。年轻的百姓，一律叫他们修学，四乡添设乡校，以备贫寒子弟修学；壮年的百姓，一律叫他们修业，使人人各有专长，尽能于年富力强时成家立业；四十、五十岁的百姓，一律要他们修养，使人人知道保养身体，可望长寿；至于修身，那是自少到老，一刻都不能忘的；还要修德行，这是诸位仁翁应该奉行的；最后就是修德而受人尊敬，胜于有爵位，那是我应该知道的。你看，一个‘修’字的效果，不是很大吗？”

治国平天下

光阴似箭，不知不觉孔子在任已经一年了。这一年里，他把整个中都治理得百废齐举，万民乐业，男守忠信，女知贞节，俭朴之风普及社会，交易平等，商业繁盛，贫民皆稍有积蓄，富家格外多财，全邑民众皆知居仁守义，少壮的力行孝悌，年老的皆知慈爱。民众纷纷相诫：如果有争斗争讼的，就对不起这位爱民如子的贤官。

中都得到这样的治理，孔子的声名远播邻国。而对此最关心的当推齐景公，因为齐、鲁国界相连，名为甥舅之国，实则宿仇未解。鲁弱，齐国得益；鲁强，则对齐国不利。因此孔子自齐归鲁后，齐景公时常向晏婴和高昭子问起孔子近状。

高昭子把孔子治理中都的政绩详细地告知景公。景公便对晏婴说：“相国你以前说孔子是个顽固不化的迂儒，不懂时宜。现在他能够把中都治理得井井有条，看来你当日所说，有失偏颇。”

晏婴不服气地答道：“眼见为实，耳听为虚，至于传言，门内和门外尚且要弄错，何况由鲁国传到齐国呢！而且鲁国现在三家争强，季氏当国，仲尼是祖述尧舜，效法文武的，决不肯与权臣串通一气。屈居下位，做个邑宰，难道他肯实心任事，把中都治理到古今少有的繁盛吗？”

景公说：“相国之言，十分合理，高卿的报告未免失实。”

高昭子答道：“臣虽非亲眼目睹，却是诚实人对我说的，应该不是假的。现在请相国派一个可靠的人，臣派族人高庭，同赴中都，秘密观察，可见虚实。”

景公说：“我派田禄同往，相国派大夫黎弥。”

次日，三人报告景公说，孔子在中都确实有着非凡的政绩。

景公叹息道：“我早知道孔丘是天下奇才，真后悔当初没有听高卿的话，现在孔丘为鲁国所用，早晚我国必受其害。”

晏婴说：“主公勿忧，就算孔丘真是天下奇才，做一个邑宰，只能治理一邑，不能干涉朝政。就算鲁定公要重用他为上卿，季孙氏必定要竭力相阻，卿相争权，国内遭殃，邻国有利无害。”

高庭插话说：“臣得知孔丘就是由季氏所保，去治理中都，不久就要升任。”

晏婴问黎弥：“你们从哪里探得这种秘密的？”

黎弥答道：“我在路上遇见了孔门弟子颜回，同到客店住，他谈及这件事，我听到的。”

晏婴很不耐烦地说：“你们乔装成商人前去秘密观察，得到的消息可能不准确，你们只有向该处百姓探风问俗才能知道真相。你们向孔门弟子探问，他们自然只说孔丘的好话。”

高庭解释说：“我们初抵中都，原本是照相国的吩咐察访，和颜回无意中相遇，是他先打招呼，我们无法回避，只好还礼。我推说是去经商批货，至于孔丘的事，是颜回无意中说起，我们并未向他探问什么。”

景公说：“颜回是孔门中第一贤弟子，向来不说谎，所言较为可信，相国要加以留意。”

晏婴回答：“等他做了卿相，掌握了鲁国的军政大权再说吧。”景公虽点头答应，心里却闷闷不乐。

很快，一年又过去了。孔子在任的两年中，各国诸侯陆续派大夫到中都去调查政绩，作为法则效仿。

鲁定公知道后，对季桓子说：“孔丘在中都大治，诸侯纷纷效仿，如果孔丘被他国用厚礼聘去，我们该怎么办？相国为什么不提升他呢？”

季桓子答道：“臣早有此心，只因适当的位置都有重臣，贸然撤换不免结怨。现在惟有大司空叔孙辄性情暴躁，任职以来，应办的公事都不能如期办好，有不少人在臣面前说他尸位素餐。臣想提升孔丘为大司空，不免结怨于叔孙辄，所以迟疑未决。”

定公说：“任官惟贤，岂能怕结怨而误国家要政！我这就罢免叔孙辄，改任孔丘好了。”

季桓子说：“主公尽管罢免改任，臣连夜派冉求驾车去中都，接孔丘来都。”说完退回相府，即刻召来冉求，把心事直说一遍，叫他速去接孔子入都，升任司空。

冉求听说夫子将要升任大司空，很高兴，立刻驾车，连夜赶路，第二天中午就到了中都邑署。

冉求下车，入内拜谒孔子：“恭喜您已经升任大司空了。相国怕叔孙辄不服撤任，特命我驾车连夜赶来，迎接夫子入都接任，并商量善后事宜。邑政暂交原宪代理。”

孔子得知是君相同意自己升任，自然十分高兴，让颜回、子夏预备移交后任的事，让原宪暂代政事。原宪竟不愿意，执意要随侍同行，孔子只好让子夏留下。

孔子让冉求驾车赶路，并吩咐子夏代自己到绅士们那里辞行。师徒二人很快就抵达目的地。在门前下车后，孔子叫冉求先去报告季桓子，等他见过定公，就去谒见。冉求自去复命。

孔子入宫朝谒，定公当面嘉奖他：“我早知道你有治理天下的才能，季氏不信，以邑宰委屈高贤。我听说你在任一年，把中都治理得夜不闭户、路不拾遗，诸国都来参观效仿。如果鲁国一律实行你的治法，将会如何？”

孔子答：“我的治法可以通行天下，岂止一个鲁国！”

定公说：“现在任你为大司空，你尽可施展才华，对整个鲁国大加整理。季氏有善后的事与你磋商，你去过他那里没有？”

孔子说：“先君后臣，古有明训，我尚未去过。”

定公说：“季氏心存惧怕，你还是速去磋商善后之计，以免发生祸乱。”

祸起萧墙

孔子谢恩出宫，到季氏宅里求见，由冉求迎入客厅。

季氏匆忙接见孔子，给孔子让座，感慨地说："时光如流水，你我一别已经两年了。我早就想委任夫子司空之职，只因叔孙辄年轻气盛，生性暴躁，我怕他不服撤任，发生意外，因此拖延到现在。这次虽是定公手谕将他撤职，料他必然还要怨我不替他斡旋。叔孙辄曾经说过，要强公室、抑私家，轰轰烈烈干一番大事业，只怕他说得出做得出，我们现在该拿他怎么办？"

孔子答道："他自己也是私家，不可能会以抑私家为号召。常言道：'人必自侮，而后人侮之。'相国您的忧患恐怕不在叔孙辄，而在萧墙之内。"

季氏惊诧地问："何以见得？"

孔子答道："内祸非比外患，我不能直言。"

季氏问："为什么不能直言？"

孔子摇头说："顾忌众多，我直说了非但无益，反而招祸。只怪相国向来太过忠厚，又优柔寡断。就目前叔孙辄撤任而言，您岂不是显得优柔寡断？相国素来待我不薄，所以我敢直言无忌地冒犯，还望相国见谅！"

季氏长叹道："我自知优柔寡断，因此像对待老师一样对待夫子，并向夫子门下借重人才，无非欲求忠言匡正。冉求在我左右的日子也不短了，我视他为心腹，信任有加，既然我有内祸，他必然知觉，为何却没向我说起过一句？"

孔子说："相国不要错怪他。孔丘远居中都，已经过了两年，家里的一切尚且不知，怎么能知道相国府中有祸患呢？就是靠着冉求随时写信告诉我。我叮嘱他行事谨慎，不可多言，他才会守口如瓶。"

季氏问："夫子既然知道有祸患隐伏在我左右，为什么不让冉求直说？"

孔子答道："相国有内祸，好比身上生了疮疽，已经长成，但尚未化脓。如果相国欲求快速痊愈，贸然请医生开刀，非但多受苦痛，而且难以奏效。不如等它化脓自溃，只要挤尽腐脓毒血，外敷拔毒生肌的良药，就可望痊愈。相国的内祸也是如此，事情未露端倪时，一经说破，反而会使祸患提前爆发，不如缄口预防，等到内祸猝发时，就可一举扑灭。应付一切祸乱，要先权衡轻重，计划先后，才能收到事半功倍的效果。最怕全无防备，先露口风，必然祸发不可收拾。铜人三缄其口，古有明训，相国要深思。”

季氏觉得孔子说得句句在理，皱眉说道：“夫子为我设计得异常周密，我却糊涂之极，还是不知此祸将何时爆发，请夫子明示，以便设法提防。”

孔子答道：“外祸一经泄漏，尚能使灾祸速至，何况内祸？不是我危言耸听，实在是怕隔墙有耳。”

季氏有些害怕了：“大祸将至，我却毫无准备，这该如何是好？”

孔子说：“相国只需镇静，您越慌乱，局面就越不好收拾。好在我明天就赴司空署接任，我会为相国想办法，只怕到时祸起萧墙，远水解不了近渴，虽有冉求在左右，但他能文不能武。蒲邑宰子路，是我门下弟子，他精通武功，有勇力，我把他举荐给相国。”

季氏说：“子路好勇，我也听说过，不过他在蒲邑，政声卓著，深受百姓爱戴，怎么将他调为家臣呢？”

孔子说：“只需在公文上说明，将子路内调任用，我会附函叫他速速来都，派冉求驾车去接，明天就能到。相国办事应以速为贵，不容稍缓。”

季氏即刻传冉求到面前，让他书写公文。冉求一边写，一边问：“派谁去继任蒲宰，也要同时写明。”

季氏感激孔子，有心提拔孔子的儿子，就说：“派令郎伯鱼去吧。”

孔子婉言拒绝：“承蒙相国盛情照顾犬子，不过他福薄体弱，已卧床两月有余，非但不能奉命到任，而且已经病入膏肓，恐怕在世的时间都不会太长了！”

季氏说：“那就子蔑吧。”

于是就由子蔑接替子路，担任蒲邑宰。

孔子写好书信，交给冉求，冉求立刻驾车启行，赶赴蒲邑署，入衙去见子路。子路得报出迎，把冉求接入客厅，分宾主坐定后，开口问道：“我听中都人说夫子已经升任大司空不在中都了，有这回事吗？”

冉求道：“中都人经过夫子两年多教化，怎么会说谎？我就是奉夫子和季氏之命，来接你入都的。有公文和书信在此，你自己看吧。”说完取出公文和书信。

子路接过信，见上面写着："据大司空孔丘保举蒲邑宰子路，其在任三载，政声卓著，允文允武，可资内用。准此升任子路为大夫，速速来都，赴国卿衙门供职，并留下属员，守候新任蒲邑宰子蔑到署，以便移交。"

子路看完信，认出是冉求的笔迹，问道："分明是要我和你在一处办事，这是你的主意吧？"

冉求说："你看了夫子的书信，就会明白了。"

子路取过孔子的书信，信上写到："你我阔别两载，彼此为职位所羁，难于相见。如今我已内调入都，由邑宰升任大司空，破格提升，全靠季氏竭力举荐。季氏待我不薄，只可惜他亲贤人而不能远小人，以致祸伏萧墙。阳虎居心叵测，原司空叔孙辄刚愎自用，我最近听说二人要合伙作乱，陷季氏于危难之境，我也难免被伤。你忠勇冠绝，我与季氏商议，将你内调，特派冉求驾车去接，你务必同车来此，留令弟仲然在蒲，待子蔑去时，以便交代。来书盼望，不宜延误，仲尼手启。"

子路看过书信才明白，是要他去保护季孙氏，便对冉求说："夫子之命，子路怎敢违逆？不过天快黑了，来不及动身，天亮再登程吧。"

想了想，又对冉求说："在诸同窗中，只有你和我最相知，这也是夫子知道的。我暴躁好勇，你却谦让谨慎，我和你共事，刚柔相济，相得益彰。现在我们同为季氏家臣，兼作夫子护卫，正要同心协力，岂有不信你之理。"

冉求说："那我们就同官同食。"

少正卯谋乱

第二天早上，东方微微发白，子路和冉求就起身洗漱。吃过早饭，冉求叫仆人牵马驾车，子路也让人备马。两人走到署前，车马已经备好。冉求瞥见一匹画眉驹，全身毛色像骆驼，两道白眉毛很像画眉鸟，神骏异常，就说："我虽然不是伯乐，也相得出这匹是龙驹，你花多少钱买来的？"

子路笑道："这马能日行千里，夜行八百，是用八十两黄金换来的。我肯定比你先到，我就在夫子家中等你。"说完扳鞍上马。

子路身跨画眉驹，先赶到曲阜。孔子笑容可掬地问："你这么快就来了，冉求呢？”子路答道：“我骑快马先来，他还在路上。”

孔子问：“季氏的委札和我的书信，你都看过了吧？你有什么意见？”

子路答道：“看过了。我在蒲地做公家的邑宰，自问没有过失，季氏忽然让我卸职，虽说是内调，实则是做他的家臣。我本来不愿意，只因夫子升任大司空，敌人环伺，需要我在左右保护，所以应命赶来。”

孔子道：“难道你不知道现在鲁国的官吏，没有一个不是受三桓支配、受季氏委任的？三家赐邑的邑宰，都是三家的家臣，此外的文武百官，又有哪个是鲁君委任的？非但鲁定公没有权力，以前的宣、成、襄、昭四世也都没有，权归季氏。”

子路问：“为什么叫做三桓？”

孔子说：“季氏的始祖公子友，又名季友，是鲁桓公的季子，孟孙氏、叔孙氏也都是桓公的子孙，因此称作三桓。”

子路又问：“季氏专政，是不是从季友开始的？”

孔子答：“季友有大功于鲁。当年庆父连弑两君，弄得鲁国几乎不可收拾，所以说：‘不去庆公，鲁难未已！’幸好季友设计杀死庆父，拥立僖公，僖公封季友为上卿，并赐以汶阳田地及费邑。季友死后，其子季文子继续增大家业。直到鲁文公死后，东门遂杀适子，立庶倭为君，就是鲁宣公。这种不逆主张虽说出自东门，可季文子不但附和，还把应立的太子驱逐出鲁国，就此季家夺取国政，历宣、成、襄、昭四世，昭君被季平子逼得逃出齐国，现在的定公也是季氏拥戴的，国政全归季氏。这件事的历史渊源如此之久，鲁国还有什么君臣？”

说到这里，冉求也来了。他见过孔子，对子路说：“你的坐骑真是快，我竟然追不上。”

子路问孔子：“那我们现在怎么办？”

孔子说：“你先不要去见季氏，他虽然位居上卿，独揽大权，却优柔寡断，姑息养奸，以致祸伏萧墙。现在，季氏左右尽是阳虎的羽翼，在他面前最好绝口不谈这件事，等议妥了再说。明天敬叔等人都要到此，到时候我们一起磋商。”冉求就没有去回报季氏。

第二天，孔子整理衣冠，赴大司空衙门接任，文武百官陆续前去道贺，这也是官场惯例。来宾一一恭敬退下，孔子将敬叔、懿子弟兄俩留住。吃过了午饭，他们在内衙中商议大事，孔子为防止泄漏风声，派原宪在室外照料。

孔子首先说："我既然接任司空，就当与季氏同舟共济，以图长治久安。现在，季氏将有危难，据他自称，叔孙辄行将谋乱。我初回曲阜，还不知道真相如何，敬叔你和各方都常往来，深熟各方的近况，怎么能消除祸乱呢？"

敬叔说："三家专政，列国皆知。只因三家各用家臣为政，家臣又借三家主子的权威，三家目无君主，家臣目无主子，这也是循环报复的天理。我们兄弟虽也是孟氏子孙，因为遵守义方教训，一向不专政。我家的宗邑名成，邑宰公敛阳；叔孙州仇的宗邑名郈，邑宰公若貌；季氏的宗邑名费，邑宰公山不狃。这三个邑宰中，惟有公山不狃最为强横。阳货为季氏家臣之首，专横更甚，奸谋百出，力大如虎，所以又名虎。他生前被季平子信任，作威作福，全不把季桓子放在眼里，季氏反而被他挟制，竟弄得束手无策。还有一个名叫少正卯的，博闻强识，巧辩能言，季氏对他以礼相待。其实少正卯是个喜欢拍马屁的人，季氏称颂他佐君匡国，阳虎等人又用强公室、抑私家的话来游说，教唆他挟鲁君以令三家，季氏还当他是好人！叔孙辄素来与少正卯走得近，近来被少正卯唆使，暗中与公山不狃、阳虎等计议，打算先杀季氏，然后再除掉孟氏、叔氏，以公山不狃代季桓子之位，叔孙辄代州仇之位，阳虎代我们无忌之位。"

孔子问："谋反非同儿戏，传言不足取信，你说的这些都有根据吗？"

敬叔答道："是成邑宰公敛阳亲口告诉我们兄弟的，并说是少正卯代阳虎去与他密谋。幸好他不肯背叛主子，否则乱事早就发生了。"

孔子说："这真是曲阜百姓积德。不过阳虎等人既怀反意，决不肯就此罢休。公敛阳既有忠心，正好利用他消弭祸乱，叫他假装与少正卯、阳虎等人密谋，再暗中密报给你。"

敬叔说："公敛阳忠于我家，有密令给他，他必定照办，不过具体应该怎样设计呢？"

孔子答道："一面训练勇士，诈称要在南门外筑室，立栅聚材，选壮夫三百人，推说兴工，实为防乱；一面密令公敛阳编练劲旅，倘若有人来告急，火速带队赴援，不可延缓误事。"

敬叔应命，随即送信给公敛阳照办。

商议完，冉求向孔子说要和子路去见季桓子。

孔子再次嘱咐子路："季桓子并无权臣专横的习气，只不过能亲贤人，不能远小人，这是他自己的短处，他很器重你，你要忠心事奉。但是季氏左右尽是阳虎的心腹，切不可和他谈及阳虎的密谋。我们的密议，也不能向他说明。如果他背着人问及，你只说夫子早已替相国安排，尽可高枕无忧。你生性急躁，现在一定要力戒，一切要与冉求商量，谨记勿忘。"

子路一一应命，然后和冉求告辞出来，各自乘马驾车，到季氏门前。

冉求引子路入客室，季桓子已得到报告，到客室中与子路相见。冉求见客室中站着仆役，不知道是不是阳虎的心腹，就不敢说什么，只是谈子路的坐骑来敷衍。

冉求说："子路得到一匹真正的龙驹宝马，我一眼望去就知道是当世无双的千里马。"

季桓子即命人到厩中将画眉驹牵到庭中，仔细观看，赞道："果然是好马，你用多少钱买来的，能转售给我吗?"

子路很喜欢此马，不愿卖，又不能直言拒绝，只好委婉答道："我就在府中办事，相国要代步，何妨骑马?"

季桓子说："我打算用他驾车。"

子路说："此马日行千里，夜行八百，只能行远，不能负重。相国必须另造一辆轻车，才能用此马驾御，所谓轻车宝马，说的就是这个意思。"

季桓子传来负责行车安全的陪乘林楚，把他介绍给子路。子路早知道林楚是季桓子的心腹，与阳虎向来势不两立，便有心和他结交；又知道他精于御马，和他谈了几句，两人就带马到射圃中去骑。

林楚跨坐画眉驹，在箭道中跑了一会儿。季桓子也在旁边观看，连声赞叹好马。等到林楚下马，季桓子向林楚问道："我很喜欢这马，子路一时不肯割爱，你看这匹马值多少钱?"

林楚答道："千里马是没有定价的宝物，就是您肯出千两黄金，恐怕也无处可买。"

季桓子说："我要以黄金千两，跟子路换这匹马，你去定制一辆轻快的马车，以便我随时驾御。"

林楚应命退下去办理。季桓子回到里边，让冉求取黄金千两给子路，子路只好答应。

不料次日黄昏，季氏马厩失火，烧死了六匹马，惟有画眉驹安然无恙。

起火时，孔子正在季氏府中吃晚饭，仆人来向季桓子报告厩房失火。

孔子问：“烧死人了吗?”

仆人回答说：“没有伤人，只伤了六匹马。”

季桓子顿足说：“可惜画眉驹烧死了！快传林楚来，他身为骖乘，况且画眉驹是命他保管的，问他是怎么回事?!”

话声未绝，恰巧林楚走来，笑容可掬地对子路说：“我早已料到厩房要失火，所以傍晚时把画眉驹悄悄带回家，幸好没遭殃。”

季桓子听得清楚，说：“我还以为它也被烧死了，幸亏你办事细心，早已另藏他所，以后你更要格外当心，不要受小人算计。”说完长叹一声。

恶贼阳虎

季氏马厩失火，孔子早就猜到是阳虎党羽所为，只因阳虎耳目众多，没有向季桓子说明，随即告辞，子路戎装驾车相送。

孔子叮嘱子路说：“祸乱就要发生了，你要格外谨慎，绝不可鲁莽从事。还要密嘱冉求、林楚，注意阳虎党羽的行动，倘若有消息，速来报我。事关大局，不可懈怠!”子路点头答应，将孔子送回家中。

叔孙辄因为失宠于叔孙州仇，极力和阳虎、少正卯等人结交。大司空掌管全国土地，叔孙辄任职多年，只知道敛钱，毫无建树，位置早已动摇。阳虎受了他的重贿，竭力在季桓子面前说情，才维持了那么久。这次撤任，他又托阳虎去说情，无奈季桓子已经知道阳虎有谋乱的野心，不肯听他的话。阳虎不自量力，还是挟制季桓子收回成命。

季桓子声色俱厉地说：“国家设官授职，是君上的特权。你叫我怎么收回君命?”阳虎冷笑退出，去拜访叔孙辄。两人进入客室，分宾主坐定。

叔孙辄问：“仰仗您的帮助，我可有挽回的余地?”

阳虎怒形于色地说：“可恨！非但你的位置无法挽回，只怕我的位置也要动摇。近来季桓子信任孔门弟子，常常对我避而不见。事已至此，箭在弦上，不得不发，与其事后追悔，不如先发制人。你以为怎么样?”

叔孙辄沉思了一会儿，答道：“先发制人是个好办法，不过这件事事关重大，一旦发生了，就不易收拾。最要紧的是兵力，你可编练充足？”

阳虎说：“早就准备好了。季氏家中的兵卒，是我弟弟阳越训练统领的，都是我的心腹，他们不会帮季氏的。公敛阳也在成邑训练精兵，并与我有约定，起事的时候，他率军来助战。有这两处兵力，难道还弄不倒三家？”

叔孙辄答道：“孟氏、叔氏也都有家兵，宫中还有壮勇，我们肯定寡不敌众。万一齐国、晋国再出兵来问罪，我们怎样对付呢？您还是召集心腹商量为妙！”

阳虎依言，当晚就召集少正卯、阳越、公敛阳、公若貌、苦越等秘密商议。

少正卯先问：“费为季氏宗邑，兵多粮足，邑宰公山不狃也有二心，为什么不召他来共图大事？”

阳虎答道：“我和他商议过。他要季桓子的上卿之位，才肯相助，太过分了。再说，季桓子现在已派心腹去监视他。我怕泄漏风声，妨碍我们的大事，所以暂时不与他谋划，等将来再说。”

少正卯又问叔孙辄：“孔丘夺取你的官职，是你的仇人，应该先将他刺死，使他门下弟子四处逃散，免生后患！”

叔孙辄答道：“孔丘原为中都宰，怎能夺取我的官职？都是季桓子将我撤职，州仇平日常在他面前说我的坏话，他既然不仁，我也不义，我定要杀了季桓子、州仇。”

阳虎插话道：“是啊！孔丘是列国皆知的大圣人，弟子遍天下，而且齐景公非常敬重他，我们若能成事，也当用他为相，使邻国不敢来问罪。”

少正卯微笑道：“孔丘是祖述尧舜的贤人，你们这种举动，他哪会看得上，要用他为相，难哪！”

阳虎说：“我们何必去刺死他，落个害贤之名？到时，天下贤士谁还肯来归顺我们呢？总之，我们要先杀季桓子，然后是州仇、无忌，此外一概不杀。我们以‘强公室、抑私家’作口号，若定公服从我们，我们就拥戴他为君；不服从我们，我们就另立新君。要让外人觉得我们是因为看不过三家窃国专权，才声讨并夺取三家的权力。对于定公，我们非但不加伤害，反而要力加保护。”

少正卯说：“起事越快越好。万一走漏风声，等三家合力来讨伐就太晚了！”

阳虎说：“后天是十二日，为禘祭之期。我们就定于十三日，在蒲圃宴请季桓子，伏兵圃中，劫杀之。到时，他的位置就归我弟弟阳越。”接着，阳虎又对公敛阳说：“你率领壮勇，于正午赶到南门孟氏新室，劫杀无忌，不得延缓误事。”又对叔孙辄说：“三家必须同时除掉，才没有后患。到时，你率心腹赶往叔孙氏那里，劫杀州仇，不得有误。”说完，各自散去。

公敛阳密遣心腹送信给无忌，叮嘱他禘祭后一天不要出门。如果有乱党来攻，闭栅坚守，到了正午必会有人率兵来援。无忌接到消息，当天就来拜访孔子。

孔子说：“阳虎定于十三日在蒲圃宴请季桓子。季桓子怕遭祸乱，让冉求来问我该去不该去。我早料到阳虎必在那天作乱。季桓子不去，他必定延期。所以我叫季桓子应允赴宴，并授密计给子路、林楚等人保护季桓子，逃到你南门新室中暂避。公敛阳既已约期来援，你只须坚守待援。我会派子路去接应。”

无忌道：“阳虎听信少正卯的教唆，以‘强公室、抑私家’为作乱的号召，难保不入宫中劫走定公，同来讨伐三家。那么他攻击我，可以说是声讨罪臣。我如果迎敌，难免投鼠忌器，怎么办呢？”

孔子答道：“既然有少正卯在中间使计，让阳虎挟君上以讨权臣，而且定公素来与季桓子不甚和睦。阳虎如果入宫要挟，定公必然乐意。”

无忌说：“凭良心说，季氏虽然夺占公室田赋，然而定公能以弟继兄位，实在是出于季平子的拥戴，季氏强索若干田赋，也不算过分。现在我们既往不咎，只说十三日的祸变。季桓子既欲避到南门新室，无忌显然会变成众矢之的，有公敛阳来援，或许能逢凶化吉。不过定公那边，无忌是不能阻拦的，夫子素得定公倚重，剩下的事只能仰仗夫子了。”

孔子说：“我当然不会推诿。不过我也只能顺从君意，因势利导，不能谏阻。那您就先回去预备固守，弓箭越多越好，要是能有居高临下之势，就更好了，到时一百个弓箭手，能射退他一千敌兵。”无忌应命离去。

距禘祭仅有一天的时间了，定公在朝上问孔子：“明天禘祭，缺少赞礼，我知道你门下多贤才，你就推荐一个弟子充司赞吧。”

孔子答道：“子夏知诗熟礼，能胜此任。”

定公说："被卫人称为圣人的就是他吗？"

孔子答道："正是。"定公刻不容缓地退朝，派内侍随孔子同归，召见子夏。

子夏很诧异，便问孔子："鲁君何故忽来召我？"

孔子说："是我荐举你去相赞禘祭礼的。如果定公命你天天入值，你当遵命。后天倘若阳虎入宫劫持定公，你随着定公同行，见他们与孟氏激战，你就随机应变，暗中帮助孟氏取胜，不得有误。"

子夏点头答应，随后入宫见定公。定公以各种祭礼相问，子夏都对答如流，不但句句说明来历，并且还找出各种祭礼的错误。

定公夸道："真是名不虚传，难怪卫国人称你是圣人，就是你的夫子，也说自己读书不如你渊博。自今日起，你就待在宫中，以备寡人随时讨教一些问题。"子夏应命，谢恩退出。

到了禘祭这天，阳虎命阳越保护季桓子陪祭，他自己却带着党羽，以提前到蒲圃中收拾为借口，吩咐心腹扮作乱民，埋伏在门口，等待季桓子下车，就将他乱刀砍死。

第二天，阳虎派弟弟阳越迎接季桓子赴宴，并叫苦越率季氏家兵护卫。季桓子早知不好，本想谢绝不去，但孔子对他说早有妙计安排，将会送他到孟氏新室中避祸，所以季桓子命林楚用画眉驹驾车，并让子路、苦越率领家兵侍从跟随。吩咐妥当后，季桓子踱步走出，跨上轻车坐定，林楚御马前行，阳越骑马，率队前后护卫。季桓子见阳越手挺长戈，满脸杀气，随从的士兵也尽执雪亮的钢刀，不像迎接上宾赴宴，倒像押解重犯赴刑场的样子，吓得他面容失色，颤声说："林楚救我，我们速往南门孟孙氏新室避乱去吧！"

林楚早已经接到子路的密嘱，奉孔子之命，把季桓子送往南门孟氏新室。所以林楚一听到季桓子呼救，就调转马头向南，鞭子向马身上轻挥一下，那匹画眉驹甩开四蹄，逐电追风似的把车驶向南门。

阳越以为林楚不认得蒲圃东北门，在马背上高声说："走错了，该向北行！"话声未绝，季桓子的车马早已走远。阳越料到情况有变，马上加鞭追赶，可惜已是徒劳。他只好带着兵队，一面追出南门，一面派人飞报阳虎速来接应。

林楚驾车直抵孟氏新室，季桓子下车，无忌把他接入室中，说："孔司空早已送信给我，说今日为阳虎作乱之期，相国受惊了没有？”

季桓子恨声说道：“乱贼阳虎，深受我家重恩，却谋害我的性命。阳越带着乱党已经追来，你们赶快准备击杀此贼。”无忌传令三百壮勇，闭栅防守，如见乱党来攻，不必出战，只须居高临下，乱箭射去。

没过多久，阳越一马当先，冲到栅门外叫道：“开栅门，有君命跟你们大夫商议。”

门内壮勇置之不理，阳越见乱谋已露，骑虎难下，只能进攻。壮勇们见乱贼蜂拥来攻，一声呐喊，弓箭如雨点般向贼兵飞去，阳越骑马在前，身中二十多箭，最后一箭穿喉，坠马而死。

阳虎接到报告，得知道阳越已被乱箭射死，在马上长叹道：“出兵未捷，已折一臂，势成骑虎，有进无退，惟有拼死一战。”接着对部下说，“孟氏已有准备，我们不能贸然冲杀，你们各去准备硫磺、烟硝、火球、火箭，在南门守候，我入宫请君主同往，声讨三家！”

说罢，阳虎带着一队卫士，调转马头向朝中奔去。直到宫门口下马，带着卫士闯入宫中，边走边喊：“季氏、孟氏同谋造反，已将我弟弟杀死，特来请君主同去征讨乱贼。”

内侍飞步入宫报告，定公闻言，惊得目瞪口呆，幸好有子夏在旁。定公便问子夏：“阳虎竟敢谋反，想来季氏已逃往孟氏家中。我若随阳虎出战，势必得罪季、孟二氏，可不出宫又该怎样拒绝呢？”

子夏答：“大事当头，您当权度轻重。阳虎是个家臣，自知敌不过季、孟二氏，所以欲挟君上以自保，论理您应当拒绝。不过事已至此，您一旦拒绝，阳虎必定冲进宫来，掳掠宝器，到时弄得玉石俱焚就不好了。您先随他同往孟家，我保驾随行，季、孟二氏跟前，自有夫子出面，您不必顾虑。”

定公想，要保全宫中不遭劫掠，惟有随贼出宫，便对子夏说：“你的话不错，但是阳虎的野心更甚于二氏，只怕随他去后，我回不了宫，那可怎么办？”

子夏答道：“阳越已死，阳虎如断一臂，他们的灭亡就在今日，您不用担心。”定公只好带着子夏出宫。

阳虎见了定公，要求派出宫中卫士同去助战，定公只好传令卫士护驾，由子夏驾车，阳虎带队开路。

一行人走到半路，遇到叔孙州仇带着一队家卒来保护定公，阳虎上前拦住，逼他同往助战。州仇含糊答应，护驾同向南门走去。

阳虎一马当先，赶到南门，见部下都带着引火之物，传令说："三百人分攻孟氏新室的东、西、北三面，每面一百人，各把火球、火箭射入栅内，使里面起火燃烧；二百人随我攻打南面，只用呐喊，不用冲近，引他们放箭，等到敌人箭尽，我们再奋勇进攻。"贼众应命，分四面向孟氏新室扑来。

这时，无忌、季桓子都在高处防守，见乱党蜂拥似的扑来，无忌传令放箭。不料贼众都在相隔一箭之远的地方站定，只是虚张声势，擂鼓呐喊，并不前冲，结果没有一个中箭的。

林楚看清楚后，忙说："先不要放箭，等众贼近些再射。"阳虎见敌人不放箭了，下令部下猛攻。一队贼兵飞步冲来，守栅勇士再想放箭退敌，无奈贼众已经逼近栅门猛攻，箭失去了效用。

无忌传令开栅门出战，三百名壮勇犹如猛虎出洞，各执兵器，冲出厮杀。双方正在肉搏大战，无忌接报三面栅门起火，说是贼党放的，忙命林楚和仆役们灌水救火。壮勇见宅内起火，不免心乱，渐觉敌不过贼众，步步后退。

季桓子向无忌顿足说道："后面大火未息，前面壮勇将败，接下来怎么办？"

无忌指着天空说："日光正中，公敛阳马上就会来援助我们。"话声未绝，就见贼众大乱，一队兵马冲杀过来，旗帜上斗大一个"成"字，无忌大喜："敛阳来了！我们总算有惊无险。"

公敛阳是鲁国有名的上将，力大无穷，车战、马战、步战全都擅长，更善用长矛。他一马当先，从贼众背后杀入。阳虎起事之前，曾和公敛阳约好共图富贵，并许他以无忌的权位，这时以为他是来助战的。

可是出乎阳虎意料，公敛阳却把阳家兵将杀死。阳虎立刻拍马上前打招呼说："这些都是我的部下，将军为何乱杀？难道看错了不成？"

公敛阳虎目圆睁："敛阳乃是食君禄、忠君事的大丈夫，岂肯助你这忘恩负义、叛主谋反的小人？我早知道你要危害我主，特地来援。你有胆量，就和我战上三百回合，胜了我，我立刻解甲归田；胜不了我，你就速速下马受缚，让国人公叛你的罪恶。"

阳虎听完，气得七窍生烟，抖动手中武器，厉声喝道："我与你主无仇无冤，他为什么用乱箭把我弟弟射死，我为弟弟报仇，有什么忘恩负义之处？”说着挺戈刺来。

公敛阳和阳虎两人顿时厮杀起来，戈来矛挡，矛去戈迎，一个是久经沙场的上将，一个是力大如虎的壮士，正是棋逢敌手，打了七八十个照面，依旧不分上下。

忽然一声呐喊，又来了一队人马，原来是子路受了孔子的密嘱，同苦越带领一队季氏家兵赶来。子路在前，见子夏为定公驾车，于是停在后边观战，看到宫中的甲兵正和公敛阳的部下混战，并见阳虎十分骁勇，公敛阳一时难以取胜，想起孔子密授的妙计，于是依计而行。

子路先跟子夏打招呼，在马背上高声喊道：“阳虎快要败了，君主身份何等尊贵，岂能身临战地！此时不走，更待何时！”子夏连忙带转马头，喊道：“卫士们护驾回宫。”卫士们一律后退，护着君驾，向西回宫。

阳虎见苦越作壁上观，自知无人援助，不免心慌，心想：好汉不吃眼前亏，三十六计，还是走为上计，假以时日，厚集兵力再来报仇，也为时不晚！转念之间，他虚晃一戈，调转马头，落荒而逃。

公敛阳并不追赶，只向乱党喝道：“你们都是本国的壮丁，何苦助贼谋反，自取杀身之祸？快把兵器丢掉，赦你们一死。”

数百名乱党一律解甲弃刀，四散而逃，有一部分伏地乞降，公敛阳将这些人收为己用，收队入栅，见过无忌和季桓子。

这时火已扑灭，子路、苦越同来见季桓子。

无忌收队点查，见三百壮勇只剩下一百九十人，长叹道：“恶贼阳虎无端造反，害死了这么多人，让他逃走，真是天理难容，敛阳你为什么不要了他性命？”

公敛阳答道：“阳虎毕竟不是一介勇夫，他战法精明，我们战了八九十个回合，他才逃走。古有明训：穷寇莫追。所以我放了他一条生路。”

季氏恨声说：“不杀此贼，孟氏、季氏永无宁日，现在就怕他入城劫持君主，那可怎么办？”

敛阳说：“他是漏网之鱼，决不敢入城劫驾。”

季桓子说：“就算他不敢劫驾，放他逃走，总是我们的心腹大患。大夫须派人打听他逃避的所在，速来报告，以便斩草除根，免得再生后患！”

敛阳说：“此贼居心险恶，他身受相国两代厚恩，尚且要反叛，现在又结下这不共戴天之仇，只怕他会逃往与鲁国有怨恨的大国，那可就真是后患了。”

季桓子听了公敛阳的话，说：“我也怕这恶贼逃往齐、晋等国，还是大夫从速去追杀他吧，我有一匹千里马，借你追赶如何?”

公敛阳答道：“他落荒而逃，东西南北，我并不知道他往哪里逃去，根本无法追赶。”

子路也插话说：“恶贼此时决不会出国，肯定是逃往相国宗邑，掠夺财物珠玉，以作日后晋见他国之礼。”

无忌说：“是啊！我们还是入朝去，召孔大司空共商后事吧。”接着吩咐林楚备车。

公敛阳说：“那我先回去了，以防阳虎先我入城劫掠。”说罢告辞先行。

无忌同季桓子登车入城，在朝堂等候，子路则带队去迎接孔子入朝。

孔子进了朝堂之后，先安慰季桓子：“相国受惊了。”

季桓子摇头：“我自觉愧对无忌，用了恶贼阳虎。他竟忘恩作乱，害得无忌死亡壮士一百二十多人，新宅又被贼人烧坏一部分，这都是我治国不严，才造成大乱。孟氏的损失，应该由我赔偿。”

无忌赶紧说：“我们的损失不是问题，最要紧的是恶贼未除，不知大司空有无斩草除根击杀恶贼的办法?”

孔子答道：“阳虎不曾被乱箭射死，此贼恶贯满盈，实为后患。首先，相国应速派心腹带甲兵赶往费邑，名为助守，实为监视公山不狃，不许他容留叛贼；还有郈邑公若貌处，当由州仇派人前去通告，叫他不可以收留阳虎；再派人四处探听阳虎逃往何方，谁先得到消息，到相国府报信，赏银二百两，此事要速行。”于是三家各派人分往各处探听。

季桓子对子路说：“费邑只好你去监视，要带多少人同去，你自己决定吧。”

子路便问孔子：“夫子以为我可以去吗?”

孔子说：“你去也好。现在阳虎如丧家之犬，看见门户就要进，看见生人就会乱咬。你多带士兵护卫，如果与阳虎狭路相逢，务必当心。”子路去挑选了两百名精通战术的季氏家兵，以苦越为副，依孔子吩咐，当天动身赶往费邑。

阳虎在曲阜南门战败逃奔，时时回头观望，看有没有追兵。奔逃了一段，不见有人追来，才扣紧丝缰，缓缓前行，自言自语道：“逃到哪里去呢？不管是奔齐还是奔晋，我都是孑然一身，没有重礼，谁肯收容我这叛主的乱贼？还是先在三家宗邑中选择一处暂避吧。郕邑、郈邑的邑宰，都与我不和，若去投奔，分明是自投罗网。只有费邑宰公山不狃是我荐举的，我们素有交情，并且他也怀有野心，现在除了那里别无去处。到了费邑，就诱劝公山不狃同奔齐国，把费邑献给齐君。费邑是鲁国最大最富饶的地方，有这份厚礼奉献，齐君必会优待我们。”

阳虎打定主意，一路策马前行，不走大路，以避人耳目，由小路穿过蒙阴山，进入费邑地界。

傍晚时，阳虎赶到费城，径入衙署，请见公山不狃。公山不狃刚接到阳虎谋叛的消息，一见面就故意问道：“大夫为什么全身戎装，这么晚了还到这里来？”

阳虎叹道：“完了，完了！我已经弄得弟亡家破，无处安身，所以来投奔大夫，请大夫助我一臂之力。”接着就把谋叛战败的经过详细说明，最后说：“我现在成了丧家犬，全仗大夫不忘你我从前的交情，替我想个处理后事的良策。”

公山不狃答道：“此事重大，我不敢乱说，但我与你交情素厚，也就直说了。”

阳虎说：“大夫也有夺季氏上卿之位的意思，趁现在曲阜人心未定，你何不率领费邑守兵，连夜进攻曲阜？我愿充先锋，以死相拼，此乃千载难逢的好机会，岂能轻易错过？”

公山不狃说：“前事不忘，后事之师。你因为鲁莽从事，以致半天就弄得无家可归，难道你叫我去重蹈你的覆辙不成？我愚鲁，不敢从命。”

阳虎听出他有不肯背叛季氏之意，怕他半夜里将自己捆缚，解送给季氏，以得厚赏，顿时不寒而栗，想了一会儿，没精打采地说：“可见你老成持重，但是我已成釜底游鱼，早晚要供人烹食，与其被仇人擒献领赏，还不如请大夫将我送给季氏，大夫必可获赏，我死而无怨，但求保留家产，使妻儿得免饥寒！”

公山不狃说：“你何出此言？老实说，我早有夺季氏大权之心，不过冒昧从事，必蹈你的覆辙。我必须养精蓄锐相时而动才能成就大事。至于把你送给季氏请赏，这种猪狗不如的行为，我不会做的。你就安心暂居署中吧，日后我们再共商后事。”阳虎听了这些话，才敢留下。

不料，第二天子路带兵来监视，公山不狃竟接子路进客厅中落座。

子路开口就说："阳虎谋叛败逃，大夫必已得报，他如果来投奔，大夫应献给相国。请大夫派人探明阳虎藏身之处，然后告知子路，以便率队追擒，杜绝后患。"

公山不狃心想：现在绑了阳虎献上，天下人定要说我不义，还是将他放走，以全朋友间的交情。于是答道："我已经知道阳虎兵败逃亡，不过他尚未到此。他如果来投奔，如鱼入网，我一定会将他捆绑。明天我就派人四处打听，一有消息，立即禀报。"接着设席款待子路。

公山不狃推说更衣，走入内室对阳虎说："相国怕我收留你，特派子路带着卫兵来监察。你不能在这里住了，趁夜逃奔别处吧。"

阳虎皱着眉头说："费邑人大半认得我，只怕半路被人捉住，再说城门有守卒，出城不易，这该怎么办?"

公山不狃答道："我派人送你出城。"接着命仆人陈德护送阳虎，并向陈德使了个眼色。

陈德带着阳虎从便门走出。阳虎垂头丧气，跟着陈德步行出东门，忽然停下说："黑夜里不辨东西南北，叫我往哪里走？还是找家客店休息一宿，等天亮再走吧。"

陈德便带阳虎到附近客店中投宿。

阳虎一天没吃东西，这时顿觉饥肠辘辘，叫店主拿酒菜，和陈德同吃，并问陈德："由此向东，有繁华城邑吗?"

陈德答道："东边便是讙阳关，那是商贾交易的地方，比这里还要热闹。"

阳虎听是讙阳关，知道那也是季氏的私产，就打算到那里去饱掠财物，对陈德说："我竟然糊涂得连方向都认不清了，讙阳关可是我常去催缴关税的地方。"

陈德问："莫非您明天想到讙阳去吗?"

阳虎答："我想东行，讙阳是必经之路，你回去不要告诉你家主人。"陈德答应了，告别回城。

陈德是公山不狃的心腹，回去后就把阳虎要去讙阳关的事告诉公山不狃。公山不狃听说后，心想那地方离此不远，到时候自己肯定难脱干系，还是报告孔子，让他去捉拿阳虎吧。

当晚，子路和苦越都在署中住下。

阳虎心乱如麻，一夜都没有睡好，等到天色微亮，就起身洗漱，付了伙食和住宿费，雇了牲口，一路取道，径赴讙阳关。

关员师亮原来就与阳虎很熟，师亮还不知道阳虎叛谋败逃，所以很恭敬地接他入关。

阳虎猜到师亮的心思，对他说："我奉相国命令，到此催缴秋冬两季的赋税，随到随缴，以应军需急用，不得延缓。"

师亮答道："时值七月，本季的赋税刚刚起征，一时无法全缴，请大夫代禀相国，宽限三个月，定会缴足两季赋税。"

阳虎假意冷笑："相国说你是无能之辈，毫无理财之才，让我权代你的职务。"接着喝令役卒，把师亮拿下，拘禁入狱。阳虎传召保管档案的关吏，把征收田赋关税的重要底册一律送来供自己审阅。

阳虎使诈把关员师亮拘禁起来后，传召书吏役卒，按册点名，并且下令：办公勤慎的人升职加酬；玩忽公事的人，轻则开除，重则严办。

关吏成重与阳虎素来相识，阳虎升他为管书吏，命他把重要的赋税底册一律捡出送阅，又对役卒们说："现在盗寇众多，到处冒充官员，逢关抢劫，遇邑掠夺，这里防御盗寇的弓箭戈矛共有多少？"

役卒回答说："弓箭没有，只有十几件军器，又锈又旧，不能用了。"

阳虎说："师亮真是糊涂之极，防寇军器都不准备好。要是遇到盗寇来犯关怎么对付？"

役卒说："讙阳只有莱门一带最繁盛，商铺林立，所以莱门设有千斤闸板，遇有盗寇，放下闸板，盗寇就不能攻入了。"

阳虎即令守卒每十人为一队，到莱门一带巡逻，半天更换一次，见有冒充军卒的盗寇就火速报告，并先放下闸板挡住。役卒应命退去。

阳虎就这样鸠占鹊巢，在关署中检点征来的赋税，见只有两千多两，又自知在此不能久留，便命成重召集各行商主人，诈称相国急着筹饷练兵，向他们预借两季税钱。

无奈之下，各行商贾合力筹措了一千两税钱交给阳虎。

阳虎正在收钱，忽然守关役卒来报告："有一群盗寇，从费邑方面来到莱门，幸亏我们放下千斤闸门挡住。奇怪的是寇盗并不抢劫，也不攻关，所以特来请令定夺。"

阳虎猜到来者是子路，于是令役卒牵出师亮驾车用的一匹黑马，飞身上马，带着几个役卒，亲至关门防守。

来的确实是子路。一大早，子路在费邑衙署中休息，得报说阳虎在公山不狃的帮助下已逃到关署中，于是即刻赶来。

子路和苦越带队赶至讙阳东门，对关上守卒说："请关员出来相见。"守卒误听阳虎之言，以为子路是盗寇，置之不理。

子路传令部下分守两处关门，只捉阳虎，莫惊百姓，见阳虎在关上防守，便传令部下高喊，"献出阳虎，与关员无关"。可连喊了数十声，关上的人依旧置之不理，只是用纸包着石灰向下乱掷。子路命卫兵暂避民房，等待援兵到齐，合力攻关。谁知两处援兵相距甚远，一时不能到来。

阳虎是何等机警之人，早已料到子路必是等待援兵，合力进攻，但又自知双拳难敌四手，他又准备好了投奔他国的厚礼，决定逃走。他密令两个役卒身藏硫磺、烟硝，用绳子缒到关外，让他们偷偷潜到莱门外放火。

一时间，四处民房起火，火光冲天，人声鼎沸。子路率领兵卒，和百姓合力灌水救火。阳虎趁此机会，赶回署中把劫得的田赋底册和钱财打成一包，扮作商人模样，又命成重把自己引至东关，并对成重推说自己要赶往费邑讨救。成重信以为真，命关吏开门放走阳虎。

子路和部下将火扑灭后，遇到公敛阳、公若貌各带兵马赶到，于是和两人合力攻关。成重知道公敛阳是成邑的大夫，决不会帮助窃匪，又回想阳虎来去匆匆，必然是闯了大祸。想到这里，急奔到监狱中请出关员师亮，把阳虎溜走的经过和成邑大夫在关下声明要拿乱贼阳虎的话，略说了一遍。

师亮急奔至莱门，吩咐吊起闸板，迎接子路、公敛阳等人入关。子路一边走，一边问："乱贼阳虎可在关中?"

师亮答道："恶贼已由东门扮作商人溜走了。"

子路顿足说："你们为什么将他放走?"

师亮解释道："他诈称奉相国之命，说我无能，把我拘禁入狱。刚由书吏将我从狱中放出，我也是刚知道虎贼劫取了税钱和田赋底册脱逃了。"

子路听了，气得目瞪口呆，止步不前。

公敛阳说："我们先到关中商量追拿方案吧，常言道：身长六尺，天下难藏。总能捉得住的。"

子路一边长叹，一边移步至关署，被师亮让入客厅中，分宾主坐定。

子路问师亮："虎贼是叛主造反的乱贼，你怎么会被他拘禁，还让他劫取税银和田赋底册而逃？本来他已成了瓮中之鳖，容易捉拿，现在好比瓮中之鳖逃跑了，可以游入江海，哪里还捉得着！"

师亮把自己被禁、阳虎用计劫取税钱的经过细说了一遍。

公敛阳说："恶贼带着税银和田赋底册脱逃，必定逃往齐国去了。阳虎将讙阳关献给齐君，有这份重礼，齐景公必然回报他以官职，而且齐国肯定不久就会出兵伐鲁，夺取讙阳田地，后果不堪设想。"

子路说："事情越弄越糟，现在好比纵虎归山，到哪里去追捕他！只有回朝去请大司空想办法，使齐君不收留这忘恩负义的乱贼。"

公敛阳说："是啊！我们也要连夜赶回去，以防虎贼乘虚扰乱我们的守地。"

公若貌说："我也早猜到如此，所以火把都带来了。"

子路因为回曲阜路程遥远，就在讙阳进膳留宿，师亮竭诚招待。第二天吃了早饭，师亮恭送子路到关外才回关理事。

子路和苦越带队回到曲阜，向季氏复命，孔子、无忌都在季宅中等候消息。

孔子见子路没精打采地走上堂，就问道："子路，那虎贼追到没有？"

子路答道："两次追到却都被他逃脱了，现在逃往齐国了。惟有请夫子想办法，使齐君不收这个乱贼。"接着把阳虎行诈劫夺讙阳关税钱、赋册，放火脱逃的经过一一诉说。

季桓子听罢，气愤地说："该死的乱贼，还敢劫取讙阳田赋底册逃亡，他肯定是去投奔齐国，献讙阳田赋作为进身厚礼，可恶之极！"接着对孔子说，"夫子与齐相晏婴素有交谊，请速告知晏相国，请他绑缚阳虎，我将以黄金百镒、白璧十双相谢。"

孔子说："晏婴若贪厚礼，必收阳虎，因为讙阳田赋足值黄金数万！还不如托鲍国、高昭子，高、鲍都是齐国重臣，又都是正直无私的贤大夫，颇得齐君信任。托他们二人，虽不能把阳虎押来，他们也决不会收留他。"

季桓子问："让他们缚虎送归，为什么办不到？"

孔子答："这是春秋时代的公例，各国都有罪臣互相托庇，合则收容，不合则赶走，没有执缚送还该国的先例。高、鲍是贤大夫，岂肯冒此不讳呢！"

季桓子说："那就请夫子派人告诉他们，以速为贵，晚了就怕齐君已经收容阳虎，那就无法挽救了。"

孔子点点头，立即写了两封书信给鲍国与高昭子。信中大意说："阳虎是忘恩负义、叛主败逃的贼子，窃劫谨阳田赋和底册，将投奔贵国以求托庇，请在贵国君相面前力阻收此贼子，保全两国的邦交友谊。"写完递给季桓子看过，加封粘固。

孔子说："要派一个有口才的人送去，顺便游说高、鲍出力阻拦。"冉求插话说："公西赤口才出众，尤其擅长应酬，并且与虎贼素昧平生，派他去定能胜任。"

社交奇才公西赤

孔门弟子公西赤，字子华，擅长交际，所以冉求推荐他出使齐国送信。

孔子表示同意，命人把公西赤叫到面前。公西赤接过信，孔子对他说："子华，这次差你到齐国去向鲍国、高昭子投书，恳请他们力劝齐君，拒绝阳虎投奔。现在阳虎劫夺了谨阳田赋和底册逃亡，他必定把这些作为厚礼，奉献给齐君。齐君贪得无厌，见了厚礼，肯定舍不得拒绝阳虎，所以让你出使齐国。你要负起两大责任：一是要兼程赶路，在阳虎之前先到临淄；二是要游说高、鲍，竭力阻挡齐君收留阳虎。"公西赤应命。

季桓子又说："借一匹千里马给你骑着赶路，不用半天，就能赶到临淄。虎贼步行，想来不会先到齐都。"接着吩咐左右带出画眉驹。

公西赤把书信藏在身上，告辞退出，跨上画眉驹，一路由大道向临淄奔去。

冉求对季桓子说："子华有老母在堂，我为他代请禄米。"

季桓子问孔子："子华并无官职，禄米应该给多少？"

孔子道："一釜就够了。"

冉求说："最小的官吏每月的禄米，也不止一釜，未免太少了吧？"

孔子说："给他一庾就够了。"冉求即往仓库中，派人送五秉禄米到公西赤家。

孔子回去的时候，冉求奉季桓子之命，驾车送回。孔子向他问及给公西赤母亲禄米的事，微笑着说：“子华并非寒士，我看他来时服饰华贵，好似翩翩公子。君子只肯救济穷困者，不愿增加富足者的财产，何苦要给他这些禄米？”

冉求答道：“子华家境一般，季氏富堪敌国。此番没收阳虎的家产，又多了几十万，还说虎贼的私产原来也是他的。事后，只有林楚领到赏银千两。我没有出力，当然没份。子路的功劳，比林楚有过之而无不及，但因为他放走了阳虎，也没有奖赏。子华并未受他禄养，现在叫他赶往齐国送信，朝廷还不差饿兵呢，等我代请了，季氏都不肯慷慨拨给，却问夫子给多少。如此鄙吝成性，赏罚不明，难怪阳虎要叛乱。让季氏耗去八十斛粟，好比在大海中取了一勺水，无损毫末。子华为他驰驱远道，拿他八十斛粟，也属分所应得，如果我替夫子送信，即使远行数千里，也不会替母亲求粟。”

孔子说：“鄙吝是各人生来就有的性格，不过‘不贪’两个字，却是我跟你们应该遵守的。你可知道，阳虎本为季氏家臣之长，权势和季氏差不多，只因他贪得无厌，以至于现在弄得身败名裂。你的际遇和他如出一辙，应该把他当作前车之鉴，谨防重蹈他的覆辙！”冉求点头答应，送孔子回家。

公西赤奉命到了齐国，先到高昭子家送信。昭子接公西赤入客室，分宾主坐定，公西赤说明情况，取出信递上。昭子接了信拆开，见上面写道：“鲁自三家专政，卿大夫目无诸侯，家臣亦目无卿大夫，悖逆相继，其来远矣。而今季氏家臣阳虎，竟敢叛主倡乱，战败后，又盗劫谨阳田赋逃亡，料必来投贵国，献谨阳田以求托庇。那样的话，恐怕齐、鲁两国又将失好，且鲁国的内乱，将移转于贵国。您是贵国重臣，当力阻君相勿贪盗赃，容留乱贼。鲍大夫处亦有同辞书信嘱托，愿您与之合力共阻，收效较易。孔丘顿首。”

昭子看罢书信，说：“还有一封给鲍大夫的信，也请交给我，待我附言派人送去，嘱托他忠言进谏会较为有利。”公西赤依言取出书信，昭子立即写信加封，命人送往鲍国家中。

昭子对公西赤说：“我和你们夫子是老朋友，举国皆知。假如君相误听谗言收容阳虎，我去谏阻，诸大夫肯定会说我依附孔丘，所以我才托鲍大夫进谏。一则他深得我君信任，二则他与你们夫子的交情少有人知。”说完留公西赤住下。公西赤遵命住下，等得到了确实消息再回去复命。

阳虎也在这天赶到临淄。他和齐大夫黎弥素来相识，所以径直到黎家，求见黎弥，先把自己战败的情形略说了一遍，然后拿出谨阳田赋和底册，托黎弥进献齐景公，请景公收留并借兵伐鲁，另给黎弥千金。黎弥收了赋册、钱财，答应了阳虎的请求，当晚款留阳虎。

第二天，黎弥带阳虎入朝，留阳虎在朝房中候召，自己向景公奏道：“今有鲁国亡臣阳虎，挟谨阳赋税、底册来投齐，愿主公召见阳虎并准许出兵伐鲁，收谨阳关为齐有。”

景公问群臣：“阳虎叛主来奔，借兵伐鲁，收留他则伤两国邦交，不收留他则坐失唾手可得的谨阳田赋。寡人一时不好决断。”

鲍国早已看过孔子的书信，首先发言说：“鲁国刚任命孔丘为大司空，季氏也非常倚重孔丘，我们万不可轻敌，不如趁机拘禁阳虎，将谨阳赋税归还鲁国以固两国邦交，到时孔丘必定感激主公。”

景公素来敬重孔子，听了鲍国的忠谏，立即传谕：“有鲁国逃臣阳虎现在朝房，立即拿下，发往西鄙牢狱囚禁。”于是，四个值殿卫士手执绳索来到朝房，出其不意地把阳虎的手脚捆住，押往西鄙牢狱囚禁。

景公将谨阳田赋底册交给鲍国，写好文书送还鲁国。

高昭子退朝后，把阳虎被囚的经过告知公西赤。公西赤辞别，回鲁国复命。

阳虎被囚在西鄙牢狱中，想到费了这么多周折才劫得的田册、税银，现在都付诸流水不说，自己又落得如此下场，痛恨黎弥不在齐君面前竭力帮忙。于是就写了封书信，花了点儿钱托狱卒把信送到黎弥处，求黎弥继续在齐君面前为自己求情。

黎弥回信，只有“醉守夜遁”四字。阳虎深明其意，当晚花钱托守卒购买好酒好菜对饮。两个守卒都是嗜酒之人，阳虎自己不喝，只是向他俩一杯又一杯地敬，喝得两个守卒酩酊大醉，残肴都没收拾就蹒跚着走进卧室安睡。阳虎等了一会儿，侧耳听狱卒鼾声迭作，知道他们已睡熟，悄悄走出狱门，像只惊弓之鸟一样择路而逃。

阳虎走了一路，见迎面来了一辆辎车，于是叫住车夫，要车夫连夜送他到宋国边境。

第二天早上，西鄙狱卒见阳虎脱逃，急忙告知狱官，狱官入朝奏明景公。景公因为阳虎不是要犯，也就没有追拿，只把两名守卒革职了事。

阳虎逃到宋国边境，打发了辎车，另换驴车，直抵宋都去见大司马桓魋。他们本有些交情，一见面，阳虎就把自己败亡的经过详细言明。

桓魋听了安慰道：“齐景公怕伤害到齐鲁邦交，不容你藏身，这也说得过去，但他不该夺你进献的讙阳田赋，不该把你囚禁起来。身为国君，办事不能随心所欲，所以齐君虽有良相，却不能继齐桓公以成霸业！”随后留阳虎在家。

桓魋入宫进见宋景公说：“臣的故友阳虎，从鲁国来投奔。臣素知他才干出众，力大如虎，像他这样文武兼全的人才，当世不可多得。臣现在已经收他为家臣，让他征收田赋，如果他做得好，希望主公加以录用。”宋景公准奏。

桓魋回到家，告诉阳虎已得宋君许可，让他到匡地去，负责征收田赋，如果政绩优良，则继续升任。阳虎万分感激，道谢而别。

阳虎生性急躁，加上急欲立功，便用狠辣手段对待匡人，限期催缴田赋，逾限加倍征收，欠缴施以严刑。因此阳虎在匡地不到半年，匡人就个个对他恨之入骨，准备合谋刺杀阳虎。阳虎得到消息，半夜里更换服装出逃，投奔到晋国。

这时的晋国，由韩、赵、魏三家执政。其中，赵鞅是赵盾的子孙，权势最大，阳虎就藏在赵鞅家中为臣。

我做官，我快乐

孔子自从平定了阳虎之乱，就致力于他的大司空之职。司空的主要责任是掌管全国土地，一个国家要图富强，首先要管理好全国的土地。

孔子带着子游、公西赤、原宪、子夏等弟子，驾车遍游鲁国全境，到处考察土壤的肥瘦，了解栽种土产的种类，并向各地居民详察当地的风俗习惯。一行人考察完毕，回到曲阜。

孔子把全鲁国的土地，按土性分为五等，依次是山林、川泽、丘陵、坟衍、原隰。鲁境本就多山，所以山林之地最多，不过山地不能栽种农作物，只能种植木材、桑树及梨、枣、栗等各种果树；川泽之地，即黄河、黄海流域，那里的居民，近海的取海水煮盐，近黄河的开辟鱼池、池塘来养鱼和种植藕芡；丘陵之地，是稍高于平地的土地，可以栽种黍稷高粱等各种植物；坟衍之地，专指坟墓上余地，只可栽种松、竹、桑、榆，以及各种果树；原隰之地，就是平原上低湿，未曾垦植的荒地，这样的土地只能召民开垦；然后栽种相宜的农作物。这样一来，整个鲁国竟无一寸荒地，工作繁忙，全国也没了游民。百姓收入增多，国家的赋税自然也会增多。不过增多的赋税全都进了三家的私囊，鲁君依然无钱可用。

一天，孔子被季桓子请到家里商议国政，正巧遇到定公派内侍来向季氏借钱财用。季桓子让冉求如数借给。

孔子见了说：“君取于臣，无所谓借，公宫中一切开支，相国理应提前送去，千万不要使宫中有库但一空如洗，这是相国分内的事。”季桓子点点头，让冉求将本年公宫的用度一起送往宫中。

季桓子对孔子说：“昭公出逃齐国，早已死于乾侯，昭公夫人吴孟子最近也死了。他们被合葬在墓道之南，因为是出逃之君，所以不让其墓靠近祖墓，以示贬意。不料国中有声望的老人，都说这样不对，说什么‘子彰父恶’之类的话，我不太明白，请夫子解释。”

孔子说：“昭公出逃，的确是被令先君所逼走的，昭公死后，相国又不许他合葬于祖墓，你这样做分明是想让令先君逐君的罪恶永远留存不灭，难道还不是‘子彰父恶’吗？”

季桓子问：“墓土已封，不好随意改葬，还有没有别的方式掩盖先君的罪恶？”

孔子说：“这不难！只需要把墓道向南放宽改筑，把昭公墓合并进祖墓，也归入墓道中。这样就会将先君的过错掩盖起来。”

季桓子听完，谢过孔子，派冉求去督工改筑。

季桓子深感孔子的情谊，入宫对定公说：“升孔子为大司寇吧。”

司寇掌管全国刑戮，权力很大，孔子接奉朝旨，即日交卸旧任，赴新任视事。

门下弟子齐去道贺，孔子特地设盛宴招待。

子路是个心直口快的人，见夫子面露喜色，忍不住问：“我听说君子祸至不惧，福至不喜，现在夫子却这样高兴，这是为什么？”

孔子答道："是啊，你说得固然不错。但古人还有一句话：君子乐以贵下人。就是说一个人一旦得到高贵的权位，就可以礼贤下士、劝善惩恶。我掌刑戮之权，就可以向鲁人劝善惩恶，这岂不是一件乐事！"子路不再多言，与同门弟子入席，尽欢而散。

齐景公因为阳虎脱逃，犹恐孔子错怪他收留叛贼，特地派使者送信给鲁定公，说明阳虎从西鄙狱中脱逃奔宋之事，并约定公于鲁齐交界的夹谷山前见面，以通两国之好。

齐使奉命至鲁，先来请见相国。季桓子问明使臣来意，就同齐使一起入朝谒见定公，呈上齐侯书信。定公阅过，对齐使说："齐侯的盛意，寡人知道了，明日有复信交贵使带回复命。"接着命敬叔招待齐使到馆舍中暂住。

退朝之后，定公即召季桓子、仲孙无忌、叔孙辄三家重臣，入宫商议。

定公首先说："齐侯来书约我赴夹谷山前，作乘车之会，修两国之好。依你们之见，寡人去还是不去？"

无忌说："齐相晏婴善行诈术，齐国安排此会未必是出于好意，您不要轻易前往，还是拒绝为妙。"

季桓子却说："齐国几次用兵于鲁，现在既然来信约会修好，我们岂能拒绝？"

叔孙辄说："相国的话不错！不过齐侯一直在训练兵车，常想称霸中原，以继齐桓公的霸业。这次恐怕会临时使诈，逼我主公认他为盟主。这事一旦传出去，鲁为大国，既已列盟，那些小国就更不在齐国话下了。"

定公说："我担心的也在于此，但若拒绝，又显得不近人情。还是答应赴约吧，但谁能担起这保驾的重任呢？"

叔孙辄说："诸侯会盟，由相国赞礼，这是春秋定例，保驾当然责在相国，非他人所能代替。"

季桓子说："我担心这事非我能胜任，还是另选贤能，免误大事。"

无忌提议："大司寇孔丘足智多谋，并且为齐国君相敬服，他肯定能负起保驾全责。不过要孔丘去就名不正言不顺，那又该如何是好？"

季桓子答道："这事好办，臣暂时辞去相国之职，先由大司寇兼任，然后就能名正言顺地叫孔丘去保驾了。"

议定后，定公召孔子入宫，跟他说明事情经过，然后命孔子暂时兼任相国，以便届期同赴夹谷相礼会盟。

孔子答道：“君命不敢辞，臣当勉力奉行。”

于是，由孔子拟写回信，然后派内侍送交齐使。

宫中会议散后，定公留孔子和三氏宴饮畅谈。

定公在席上向孔子问道：“齐侯来信上，为什么写着‘乘车之会’四字？”

孔子说：“这是效法齐桓公，不用‘兵车会盟’四字的意思，也就是莅会只能带乘坐的车马，而不能够带兵车。”

仲孙无忌问：“这样说来，这次会盟，主公就只由夫子保驾前往，不用兵车护从了？”

孔子说：“此一时，彼一时，管仲辅助齐桓公九次与诸侯会盟，从不带兵车。不过现在齐相晏婴善行诈术，非管仲可比，其来信不可尽信。况且有文事必有武备，文武不可相离。从前宋襄公与楚会盟于盂，约定不用兵车，不料临时楚国伏兵毁盟，杀得宋襄公一败涂地。前车可鉴，孔丘既奉君命，自会带兵前往，以防不测。现在离会盟之期尚有数月，大家还是不要多谈，以防泄密。”

定公说：“是啊！我以全权相委，愿卿早作准备。”

护驾有功

孔子请设左右司马，训练兵车，以备届时保驾赴会。席散后，定公委任大夫申句须为右司马，乐颀为左司马，命二人加紧训练兵车，候命出发。

离盟会之期只有一天了，孔子保护定公，驾车登程，前往夹谷赴会。命申句须、乐颀各带兵车五百乘远远随行，又命勇将兹无带精兵三百乘护驾。

行抵夹谷，孔子随侍定公，径直走入预备的幕舍中休息，兹无相伴左右。兹无率领的兵车离会所五里驻扎，左右司马的千乘兵车，离十里驻扎，中间还密派哨探，一旦发生意外，一千三百乘马车立即就可以赶到会所援救。

齐景公是发起人，所以先到夹谷，带着相国晏婴、大夫黎弥设立坛位，土阶只筑了三层，规模很小。齐侯于幕后下寨，孔子一得到消息，就命左右司马率兵至幕后。

齐大夫黎弥颇得齐侯宠幸。那晚，景公正在幕中休息，黎弥忽然进入寝幕中叩见。

齐景公正准备睡下，忽见黎弥前来奏道："齐、鲁虽有甥舅故谊，但宿仇未解。孔丘是名闻天下的圣贤，在鲁当权，我们为了防他设计害齐才有这次盟会。我知道孔丘能文不能武，知礼不知勇，不曾学过兵法。主公何不于明日会盟后，奏四方之乐供娱乐，我命莱人手下率少壮三百人，假办乐工，鼓噪登坛，捉住鲁侯与孔丘，臣在坛下统率兵车，杀退鲁军。那时鲁侯、孔丘的性命，就握在我手中，可凭主公任意处置，还怕鲁国不屈服？这种好机会，岂能轻易错过？"

景公说："你的计谋很好，不过事关重大，我们还是和相国商议之后再做定夺吧。"

黎弥又说："相国与孔丘素有交情，与他商议，他必然阻挡。到时好计谋付诸流水，岂不可惜！"

景公犹豫了一会儿，说："愿卿小心行事，这可是威信攸关的事，不能等同儿戏！"黎弥遵命退出，密嘱莱兵假扮乐工，又去军中传令，明日听令逐退鲁军。

等到天亮，太阳升起，执掌官请两君登坛会盟，齐侯由晏婴为相，引至坛下右边恭立，鲁侯由孔子为相，引至坛下左边恭立。孔子与晏婴相互作揖，各随国君，由土阶走上会坛。两相引两君相对行礼，由晏婴叙齐、鲁始封之祖周公旦、太公望的遗泽：两君自当永修旧好，化干戈为玉帛，永息争端。之后，举行献酬玉帛之礼，最后两相各引其主归座休息。

景公说："寡人有四方乐工，能奏各方夷乐，愿与君侯共观取乐。"接着命宣莱人上坛奏乐。

景公一声令下，坛下鼓声大噪，三百名莱人执旍旄、羽袚、矛戟、剑盾，蜂拥上坛，大声呐喊。

定公吓得面如纸灰，孔子却面不改色，走到齐侯面前，高声说："今日两君会好，应行中原之礼，为何用夷狄之乐？请叫他们退下。"

晏婴站在景公旁边，还不知道是黎弥的密计，向景公奏道："仲尼所请，乃是正礼，两君修好会盟，当然不容莱夷登坛奏乐。"景公羞愧满面，急忙挥手令莱人退下坛去。

黎弥正伏在坛下，等莱人一动手，他就杀上来，现在却见莱人退下，他恼羞成怒，一计不成，又出一计，向齐国乐工密嘱："两君现在在席上召你们奏乐，你们上去之后就奏《敝笱》之诗，我这里有重赏。"齐乐工应命。

黎弥走上坛，向景公奏道："为两君奏国乐吧。"

景公说："国乐非夷乐，速召乐工奏来。"

黎弥奉命召乐工上坛奏乐。随后，倡优侏儒二十多人，装男扮女一拥登坛，跳的跳，舞的舞，嘴里唱着《敝笱》之诗，演出淫靡丑态。

孔子看得怒发冲冠，一手按着佩剑，注视景公，厉声说："匹夫戏诸侯，该当死罪，请齐司马执法行刑。"

景公置若罔闻，倡优嬉笑如故，孔子再次厉声喝道："两国既然修好如兄弟，鲁国的司马在坛坫之间，可代齐司马执法。"接着向坛下高声叫道："鲁司马申句须、乐颀速速上坛。"

二将闻命，执剑在手，飞步上坛，拿住两名倡优领班，挥剑将他们斩首。这吓得剩下的人纷纷向坛下逃去，齐景公也吓得不作一声。

孔子对晏婴说："会盟礼成，两君可以下坛归国了。"说罢，扶定公下坛。黎弥本想率兵截击，见孔子威仪可怕，又见申、乐、兹三勇将护从鲁侯，还有大队兵车驻扎在幕后，也就不敢出头。

景公归幕后，立刻召黎弥至前，愤怒地斥责："做臣子的应该匡君以正。孔丘不愧称为圣人，他辅佐鲁侯，言行举止皆合春秋礼法。偏有你这种不识时务的人，在坛坫之间行诈，叫莱夷登坛，使寡人蒙'重夷轻夏'的罪名！你还叮嘱乐工唱什么《敝笱》之诗，全不想此诗是我先君的污点所在！画虎不成反类犬，寡人本欲与鲁修好，如今却反而成仇，都是你弄巧成拙，你知罪吗?"黎弥只得伏地请罪，无言可答。

景公厉声斥退黎弥，召晏婴至前。

景公长叹道："寡人本要与鲁修好，万不料会弄到这个地步，不知相国有没有挽回残局的方法?"

晏婴回奏："臣听说，小人自知冒犯了他人，当用谦辞谢过，君子自知冒犯了他人，当取夺得不义之财，归还谢过。现在，鲁国有三处汶阳田在我国，第一处是鲍叔战胜了鲁庄公夺取的；第二处是鲁昭公奔齐后供应昭公的；第三处龟阴，是先君桓公仗晋力索来的。桓公在时，鲁大夫曹沫仗剑劫盟，当时桓公许以第一处田还鲁，因鲁弱齐强，该处所收田赋仍归齐有，因此两国仇结不解。主公要是真有意与鲁修好，乘这会盟之日，就把三处田地归还鲁国，鲁国君臣必然乐意与主公巩固邦交之谊。”

景公含笑答应，命晏婴拟写归田文书，并由晏婴亲自送到鲁侯幕中。

孔子以上宾礼接待晏婴，接阅文书，与晏婴约定接收的日期与地点，晏婴辞归，两君起驾各自回朝。

孔子护驾回宫，向定公奏道：“现在主公准备派人收回三处汶阳田。依臣看，这种田地，如果原本是公家的，当然要派大夫接收；要是原属三家赐产，就不好归公所有了。”

定公说：“汶阳一带的田地，是先君僖公念季友有大功于鲁，赐给季友的，现在季桓子并无过失，当然不可以夺为公有，由他派家臣接收就是了。此次盟会，赖卿事前准备周密，临时又秉礼力争，使我化险为夷，齐侯竟被卿吓得归田修好，实在出乎我的意料。还来的三处汶阳田，与季桓子无关，我作主，赐给你作禄田，你不要推辞。”

孔子忙奏道：“人臣相君盟会，不为强权所屈服，这是相礼者应尽的职务，没有什么功劳可言，更说不到赐田。我想劝季氏把田地退还主公的，以抵宫中用度，他应该会听。”

定公说：“那田原本是季氏赐田，就还给季氏吧，只要他不再任意筑城、圈地就好。”

孔子说：“按照古制，卿大夫家中不应该藏兵甲，赐邑也不能有三丈高的城墙。现在三家均不遵守古制，任意筑城，臣请命把墙拆除掉。”

定公说：“这件事还是来日再说吧，要他们现在就拆，恐怕三家不依。”

孔子道：“好吧！我会等待时机，让三家自愿拆墙。”说完退出宫来，去访季氏。

季桓子满面春风，殷勤地接待孔子，两人分宾主坐定。季桓子拱手称谢：“三处汶阳田，都是先君僖公赐给先祖的，被齐侵占已有几年了，现在全靠夫子，齐侯才肯全数归还。饮水思源，我准备把它们作为禄田送给夫子，望夫子不要推辞。”

孔子微笑道：“你们君臣之言，如出一口，定公也这么对我说，不过我已经推辞了。因为人臣需要有戡乱定国、除奸立君的大功才能受赐禄田及封邑。至于相君盟会，这是相礼者应尽的职责，无功可言，更说不到赐田。该田本属令先祖的食邑，现在物归原主，理所当然，就请相国派冉求赴寇阴接收吧。”

季桓子对孔子心存感激，等孔子去后，命冉求赴寇阴接收田地，即日又在寇阴赶筑一座名谢城的城池，记下孔子力争收回田地的功劳。

隳三城

一天，孔子朝罢退出，被季桓子邀到家里小酌。

季桓子在席上说：“依仗夫子之力，贼臣阳虎已被驱逐出国。现在费邑宰公山不狃野心又起，若不及早铲除，公山不狃定会暗通阳虎，借晋兵来伐鲁。”

孔子听季桓子说及费地邑宰之事，就想趁此机会，把三家的私有城墙一并拆除。于是回答季桓子说：“按照古制，卿大夫不能藏兵甲，不能筑高过百雉的城墙。现在三家全没有遵守古制，眼下最好的方法就是把三家私邑的城墙一律拆除。邑宰都失去固守的根据地，公山不狃自然不敢作乱了。”

季桓子极力表示同意，立即将孟、叔二氏邀到家中，商量拆除城墙之事，孟叔无忌、叔孙州仇也都表示赞同。

之后，州仇召集同族兄弟，对他们说：“私家邑宰坐据高厚的城垣，拥有精锐的甲兵，易生背叛的野心。现在三家公议，都把城墙拆除，撤去武备，以图长治久安。”

叔孙辄说：“对于我来讲，这是无所谓的事。只怕费、郈、郕三邑宰不肯。再说，那三城皆有兵卒，一旦他们合力抗命，那怎么办?”

州仇答：“邑宰抗命，自有三家协力讨伐。现在只讨论夫子的主张，你们有无异议?”族人都表示同意。

州仇又说：“我也不敢单独决定，等与季、孟二氏商量后再说吧。”族人告辞各归。

叔孙辄素来与州仇不合，又因被季桓子撤去了官职，积怨已深。现在听说季桓子、州仇主张拆城墙，心想报仇的机会来了，就连夜拜访少正卯。

少正卯在鲁国是一个有名望的人，季桓子向来对他颇为敬重。但孔子升任大司寇后，季氏信用孔门弟子。每次少正卯前去拜访季氏，季氏都会以公出的理由拒绝，因此少正卯很是记恨孔子。

叔孙辄把三家都同意拆城墙的主张告诉少正卯，少正卯说："这种除草斩虫的恶计，必是孔丘所献。你不是早就想报仇吗？现在，正好挑拨费、郈、郕三邑宰，让他们叛变。我会你助一臂之力。费邑实力最厚，我会亲自去游说。你千万不可泄漏机密。"叔孙辄应命告辞。

少正卯到费邑请见邑宰。公山不狃接待了他。

少正卯说："因有机密大事报告，请大夫摒退左右。"公山不狃挥手命侍从退下。

少正卯见已无外人，近前说："季氏听信了孔丘之言，欲将费城拆除，撤除大夫的武备，并且与孟叔合谋，郈郕二邑的城垣，也须同时拆毁。大夫若不及早想出对策，恐怕不久就无立足之地了。"

公山不狃答道："自阳虎叛亡以来，季桓子待我十分冷淡。想来你所说的必非假话。那依你的高见，我该怎么办呢？"

少正卯说："先发制人，你同公敛阳、公若貌各据一邑叛变，合三邑兵力以抗三家，胜算可操。"

公山不狃沉吟了一会儿，说道："只能铤而走险了！但是，郈、郕两处尚没有人去通知。要是我去的话，恐怕此邑会被季氏派人夺去，这种机密事，又不能随便派人去，怎么办才好？"

少正卯道："我愿意效力，一定把事情办成。"公山不狃拱手道谢。

第二天，少正卯吃过早饭，先到郕邑探访公敛阳。不料，公敛阳应孟孙无忌之召，已经赶往曲阜去了。少正卯只好赴郈邑请见公若貌。公若貌和他素无交情，只因他是个有名之人，就命仆役请入客厅相见。

公若貌问："大驾光临，不知有什么公事见教？"

少正卯答："我受费邑大夫重托，特来面商机密，请摒退左右。"

公若貌答："你若有赐教，尽管直说。在官不言私，不用摒退左右。"

少正卯听出话不投机，知道说也徒然，但转念又想出一条恶计，就冷笑道："古人说交浅不可以言深，还是算了！"接着站起身来说："告辞了。"转身退出。公若貌送他到屋外，作揖退回。

少正卯走出邑署，心想：此邑的侯犯勇猛善射，素为郈人畏服。而且他早就有夺取邑宰位置的念头，与自己又有交情，不如叫他杀死公若貌，然后再据邑叛变。少正卯一边走，一边想好应该怎么说，直登侯氏之门。

侯犯殷勤将少正卯迎入，含笑问道："难得贵人临贱地，想来您必有见教吧？"

少正卯说："我早就知道你想做邑宰，现在有大好机会，只需你举手之劳，不知道你愿不愿意？"

侯犯答："既被你说破心事，我岂有不愿意之理？还请明白赐教。"

少正卯向他附耳说道："你今夜就把邑宰公若貌杀了，然后督兵占据城垣。费邑宰公山不狃会与你合力谋叛，叔氏如有兵来讨伐，你就派人到费邑去讨救。叔氏要是派人来拆城，你就把他们全杀了。趁此机会把三家消灭了，你就可以接任叔氏了。"

侯犯听了，高兴得手舞足蹈，一口应许照办。少正卯不敢久留，推说要回都城探听消息，叮嘱了几句，就回曲阜去了。

侯犯本是管理马匹之人，当下就召集了四个勇猛的掌管养马放牧的心腹圉人，密谋道："你们半夜里在邑衙中放火，乘乱将公若貌刺死。之后，你们都推我为邑宰，事成之后必有厚赏。"圉人应命，退归邑衙。

到了半夜，两个圉人在内衙堆积马草，放火烧屋；另外两个手挟利刀，潜伏内室门外。公若貌在梦中被家人唤醒，才知内衙起火，吓得手足无措，拿了几件重要东西，向门外奔出。那两圉人出其不意将他刺死，然后来到侯家报信。侯犯听说公若貌已被刺死，就以马正职司及现银千两分赏他们，并叫他们假装在家听到火警，赶去同众人合力灌水，将火扑灭。

早上，署中仆役发现邑宰已被人刺死，倒在血泊中，全署大乱。

其中一个圉人说："邑宰已死，谁来做主搜捕凶手？现在最要紧的就是推举一个人代理邑宰，然后闭城，挨户搜拿凶手。"于是这些参加密谋的圉人就按之前的预谋推选侯犯为邑宰，众无异议，另派四名圉人去迎侯犯到署办理善后。

侯犯整整衣冠，由圉人迎入署中代理邑宰。他先将印信、文卷接收，召集全体书吏、役卒，吩咐他们照旧供职。然后又传令四城门紧闭，不奉命令，不准开放，每门派兵二十名看守。侯犯一面命四名圉人带同役卒假意挨户搜拿凶手，一面吩咐公若貌家属买棺收殓公若貌，次日扶柩安葬。

有人把消息报给邑主州仇，州仇迅速到孟氏家告诉无忌。无忌说道："这次的叛变，都是少正卯与叔孙辄从中挑拨，我早就知道他俩来往密切，就私下派人去少正卯家当仆人，察听秘密，随时报告。刚才听说少正卯刚从费、郈、郕三邑回来，可见公若貌被刺，一定是他指使的。另外，还有一条坏消息。"

州仇问道："什么坏消息？"

无忌答："公山不狃也听从了卯、辄两人的教唆，准备与侯犯据邑叛主。幸亏敛阳被召到此，未曾参与谋叛。"

州仇顿足道："三城城墙未拆，两邑已经叛变，现在怎么办？"

无忌说："此事当和孔司寇商定，越快越好。"

两人立即同步出门，好在路程不远。到了孔宅，无忌把所有事情都告知孔子。

孔子说："不狃那边先不用管。侯犯戕官据城罪恶甚大，二位何不合力讨伐？若能平定郈邑，费邑势弱，必不敢抗命了。"

无忌说："我们合兵讨伐郈邑不难。不过那样的话，曲阜兵备必显单薄。倘有意外，全仗夫子维持了，季氏是不可靠的啊！"

孔子答："曲阜自有我负责保护，二位不必顾虑。"

两人告别后各自回家，传令家中士兵，召集兵车各二百乘驻扎南门，等天亮出发。

第二天天一亮，无忌戎装驾车出城。这时，州仇已先到，也戎装、执戟。一行人驾车前行，当日就赶到郈邑，围城攻打。侯犯自恃有勇善射，戴盔披甲，左悬弓、右插箭，驾车带精兵一百人出战。他自知身家性命全在这一战，就号令部下出城拼一死战，有进无退，胜则保全身家，败则大家一死，所以部下人人奋勇前冲。侯犯手执铁矛，驱车杀入敌阵，近的用矛刺，远的用箭射，杀得州仇的二百乘兵车毁损无数，又被夺去数十乘。州仇丧胆而逃，侯犯驾车追赶，幸亏无忌带兵来接应，侯犯才退回郈邑城中。

侯犯一面令厨役赶办庆功酒宴，一面命族人侯家、侯洪邀集参战兵士及城中游手好闲的壮丁，同赴邑署吃庆功酒。他又拿出一些财物，分赏出战兵士。大家欢呼畅饮，人人都说愿助侯将军决一死战。

侯犯对众人说："今日出师，虽然大获全胜，但敌人的大队援兵已到，约有四五百乘兵车。我们能够临阵的步兵，却只有一百多名。即使诸位自愿仗义助战，置生死于不顾，也不过三百人，还是寡不敌众啊！今天早晨我派使者到费邑讨救，费邑若派兵来援，那么内外夹攻，必能把敌兵杀得落花流水，丧胆而逃。一旦郈城保住，我们就可高枕而卧了！”话声未绝，派往费邑讨救的雷全回来复命。

侯犯见面就问：“费大夫有无援兵派来？”

雷全说：“费大夫急于杀到曲阜去，说趁都城武备空虚，把三家捣巢灭穴。这里的敌兵一旦得知都城危急，势必回去。费大夫希望你赶杀敌兵，直入都城。这是千载难逢的好机会，决不可以错失。”

侯犯本来就是个有勇无谋的武夫，听了这一席话，迟疑不决。他素知委吏驷赤足智多谋，就派人相请到署，商议保城大计。

侯犯问：“究竟是杀到曲阜，还是守在这里向齐侯求援呢？请你代我决定。”

驷赤是州仇的心腹，本来就是被派来监视公若貌的。他听了侯犯的话，心想：若叫他率郈众追杀州仇，州仇敌不过他，只怕有性命之忧；我既受叔氏重托在此，倘若能够逐去侯犯，他肯定会委任我为邑宰。我还是将计就计把侯犯撵走吧。

打定注意后，驷赤出言答道：“公山不狃不肯派兵来援，是他先爽约。您何必冒天下之大不韪，率郈众杀上都城？况且都城中尚有季氏家兵，宫中兵卫森严，武备何尝空虚？两害相形取其轻，我觉得只有派使到齐国去，献城请兵来救，才是万全之策。”

侯犯依言，请驷赤写好降书，仍派雷全为使，连夜缒城而下，赶往齐国求援去了。

侯犯从此倚重驷赤，事事与他商定而行。驷赤叫他暂时不要出战，收集武器，等待齐兵来援。侯犯就此不再出战。

驷赤把侯犯降齐求救的密谋，写好密函缚在箭杆上，走到城墙上，背着人射入州仇营中。州仇阅毕大惊，立即与无忌商议对付的方法。

无忌说：“齐侯畏惧孔大司寇，刚与鲁国归田修好，岂肯再收纳叛臣的献地？我们也派使赴齐乞援，看齐侯如何选择。”州仇依言，立刻修书派专使至齐都。

齐景公刚把鲁使送到馆舍，不多时，侯犯的来使也入朝献降书请兵收城。景公一时难以应付，向晏婴问道：“鲁叔孙氏希望我助他讨郈邑叛贼侯犯，侯犯又来献城请降乞援。相国以为应该答应谁？”晏婴答道：“您刚归还汶阳田，以诚相待与鲁修好，盟言在耳，岂可收受叛贼的献地？当助叔孙氏为是。”

景公微笑道；“我与鲁修好，郈为叔孙氏私邑，与鲁侯无关。况且叔孙氏强夺公室田地，目无君上，侯犯才敢盗取来献，收受好像也无妨。”

听景公这么说，晏婴便无话可说。

景公于是对雷全说：“我知道了，告诉你家主人，等齐兵去救援就是了。”雷全谢恩退出，回郈复命。景公又把同样的话，写在信上，送给叔孙氏的来使。来使得信，回去复命。

景公随即命大司马穰苴率兵车五百乘，出发到齐鲁交界离郈城十几里扎营，坐观成败，要是侯犯能将叔孙氏杀得弃甲而逃，便移兵收取郈邑，迎侯犯归齐；如果叔孙氏胜了侯犯，便说来助讨贼臣。穰苴领命，率兵车前去驻屯。

驷赤与州仇密约，等在郈邑做内应。他原认为齐侯刚与鲁国修好，不会收纳侯犯献地。不料齐侯已经答应收侯犯的献地，并派大司马穰苴率兵车来援侯犯。

驷赤急得手足无措，暗想：“穰苴为谋勇兼全的有名上将，用兵如神。他如果真的率兵前去救援，同侯犯内外夹攻，孟叔二氏必然一败涂地。若要保全二氏，只有用釜底抽薪之计，把侯犯赶出郈城，使穰苴师出无名。”于是密派心腹在城内散布流言，说侯犯已将郈邑降送齐国，齐侯将派大将来收城，并把全邑百姓移往齐国边境垦种荒地，另换齐民移住郈城。城中居民听得此言，人人自危，就推举地方绅士和有名望的老人来见驷赤，探问侯犯是不是真的献邑降齐？

驷赤答道：“的确如此，齐侯已经许降，即日派兵来收城移民。众位非但要受离乡背井之苦，而且齐兵入城，势必挨户搜劫。”绅士和老人听后，向驷赤求救。

驷赤答应道：“侯犯只顾自己的富贵，不顾城中数千居民世代居此，庐墓在此。我愿为全城居民谋求安全。众位须派人出城。一旦探听到齐国有大队援兵派来，急速前来报我，不得延误。”绅士与老人拜谢退去，派人混出城去打听。不巧遇上穰苴率兵车前来，就急急回城报信。瞬时，全城居民，妇女啼哭，少壮咬牙切齿，怨恨侯犯。

驷赤趁此时机，密派心腹绕城传语道："齐侯已派大司马来收城了。全城百姓不出三日，就要被押往齐国边境去开垦荒地了。"城中民众听说后，更觉得恐慌。守城兵卒也附和民众，一起来到侯犯占据的衙署前。见大堂上满堆着兵甲武器，大家一拥而入，抢着将兵甲穿在身上，手中各抢武器，把衙署围住。他们知侯犯力大如虎，一时不敢冒然杀入内衙。

这时，侯犯正在饮酒，因为得报齐国援兵早晚要到城下，十分欢畅，喝得半醉。忽见家属报称："全城居民入署抢夺武器，围住衙署，声称要与主人拼命。"侯犯听了，叫家人速请驷赤来商议。

蒙在鼓里的逃犯

侯犯听到全城百姓夺取兵器包围衙署的消息，急命仆人请驷赤到衙署商议此事。驷赤得知此事，也不推辞，立即随来人去衙署，其实他心中早已打定主意。

驷赤见到侯犯，跺脚说："糟了，全城百姓都不愿意归附齐国，守城的士兵也附和城中百姓来围攻衙署，不愿继续守城，众怒难平，只怕齐兵未到，您就被百姓杀了，这该如何是好？"

侯犯长叹一声，说："真是功败垂成！目前也只求免除这场灾祸，可是城中百姓来势汹汹，恐怕难以驱散啊！"

驷赤答："我定会舍命护送您及所有家眷出城。现在，您立刻收拾东西，跟家眷出城，晚了恐怕事有不测。"侯犯此时已急得六神无主，驷赤吩咐侯家人收拾金银财宝，用十辆车将人和衣物钱财一起运走。侯犯执矛随车保护家眷财物，驷赤在前面替他开路。

出了衙署，驷赤向围住衙门的百姓说："请大家让开一条路，放侯家人出城，若侯家人全都走了，齐兵便入城无名，你们也就不用背井离乡去齐国了。"百姓齐声答应，让了一条路放侯家人过去。

驷赤领着侯家人，一路直奔东门。打开城门，城外并无敌兵。原来，驷赤预先告知州仇，让他撤离东门，放侯犯出逃，以免侯犯在城里像困兽一样作垂死挣扎。侯犯见城外并无敌兵，便向驷赤拱手道别，保着家眷投奔齐国去了。

驷赤来见州仇，报告侯犯已被他用计逐走。州仇赏识他的足智多谋，立即委任他为郈城邑宰。第二天，驷赤召集工匠，把城墙降低三尺，以符合初制。

州仇得知穰苴在边界屯兵，便命驷赤准备猪、羊、牛、酒等送往齐营。穰苴已得知侯犯弃城逃走的事，又见驷赤带着酒肉来犒劳自己的军队，便对驷赤以礼相待，声称："我奉君命前来帮助叔孙大夫讨伐逆贼。现在，逆贼侯犯弃城逃跑，乱事已平，我军未曾出力相助，你们却赏赐这么多礼物，实在受之有愧。"驷赤奉承他几句后，与齐军告别，回城复命，之后州仇同孟孙无忌班师返回。

当初，侯犯据城造反，公山不狃同时也据费邑叛变，野心比侯犯还大。公山不狃想挟持鲁君，灭掉鲁国大夫孟孙、叔孙、季孙三家，由他代替季桓子的位置。他素知孔子是名满天下的圣人，心想：若能得到孔子的辅助，大事即可成功。如果那三家逃往邻国，借邻国之力兴师问罪，自己有孔子作靠山，肯定能以礼退敌。于是，公山不狃用重礼附以聘书，派人送到曲阜孔宅。

孔子接见来人，来人说奉费城邑宰之命，恭请大司寇前去商议国事。说完，呈上礼物及书信。孔子拆阅来函，上写道，"费城邑宰公山不狃顿首致书于孔大司寇：鲁国自三桓（即上述的三家）专政，形成君弱臣强的局面，人心积愤，非一日之久！我虽是季氏之臣，心中却倾慕您的名气，我愿把费邑献给您，听您差遣，辅佐您锄强扶弱，振兴鲁国，使鲁国恢复周公时的强盛。您若同意，请速移驾于此，共谋其事。"

孔子看完信后，把礼物退还来人，说："我很愿意同你们大夫见面，不过，我是朝中大臣，若要远行必须奏明君主，获准许后我才能去。你拿着礼物先回去，转告你们大夫，说我若得到鲁君许可远行的诏令，即去费城；若鲁君不许，便作罢。"

来人问："大司寇说的可是实话？"

孔子说："我有生以来不曾说过一句假话。"来人又将礼物送给孔子，孔子执意不收，来人只好带着礼物告辞。

公山不狃见礼物原封不动被带回，就知道孔子聘不来。这时恰巧派出的探子来报，说："孟、叔二氏攻打郈邑，被侯犯杀得大败。"

公山不狃听到这个消息异常兴奋，说：“侯犯获胜，足以牵制住孟、叔二氏的人马，都城空虚，我正好杀入曲阜。到时，鲁国就尽在我手了。”他立即召集精兵三百，命他们扮作商人，把武器藏在货箱中，分道混入都城，到叔孙辄家中会合，并约叔孙辄作内应，到东门接他入城起事，同时又命胞弟公山不扰召费邑壮丁，随后接应。将各路人马分派好后，他内穿戎装，外罩大氅，带着四十名勇士，由费邑先行出发。公山不扰率众壮丁紧随其后。

公山不狃驱车前进，午后抵达都城东门。叔孙辄早已在此等候，见公山不狃等人到来，忙上前迎接，与他们一起驱车入城。此时，东门已有苦越等人奉孔子之命在那里盘查，看到这队商人形迹可疑，即上前拦住搜查。

叔孙辄大怒道：“这是我家采办商品的仆人，谁敢搜查。”说罢，带着众人强行进城，径直向家中走去。苦越看到车上与叔孙辄并排坐的人很像公山不狃，便知情况有变，派人分头飞报孔子、季桓子及鲁君。孔子接到来报，立刻赶到季氏新建的宅第，命子路召集家中护卫，保护此宅，并嘱咐季桓子不要轻举妄动。

正在此时，鲁定公派内侍召孔子，孔子应召入宫。定公见面就问：“公山不狃让叔孙辄作内应，率乱党乔装打扮成商人混入都城准备造反，此事如何处理?”

孔子说：“守卫宫廷的士兵，恐怕寡不敌众，命他们把守宫门，以防乱党入宫，惊扰宫眷；臣请主公速速前往季氏新宅暂避此难。那里军备充足，足以平乱。”

定公依言而行，传令宫中卫兵严守宫门，倘遇乱党杀来，就说：君已去季氏新宅，让他们到季宅见君。说罢，由孔子保护着赶往季氏新宅。孔子领定公登上新筑的高台，一面命子路率家中的护卫到台前护驾，一面命司马申句须、乐颀各率精锐士卒埋伏在台后，专等乱党来犯。

公山不狃随叔孙辄到家，公山不狃对叔孙辄说：“举事总要师出有名。我们就以‘强公室，抑私家’为名。但要行动，必须先劫持鲁君，方可假传君命，公开季桓子的罪行。”于是派叔孙辄到东门，接应大队步兵入城，包围季氏住宅，叔孙辄领命而去。

公山不狃亲率三百精兵，各持武器，一路呐喊，直扑定公宫中。他向驻守宫门的卫兵说明自己并无恶意，要求国君出来相见，以请旨除奸。

卫兵说："国君的车驾已同孔大司寇到季氏新宅去了。孔司寇留言：如果你们要请旨，去季氏新宅，不能在此惊扰宫眷。

公山不狃急率乱党鼓噪而去，来攻季氏新宅。子路率兵备战，可是季氏家中的护卫从没经历过战事，只能看家防贼，碰上拼死作战的乱党，哪里抵挡得住。结果，季氏的家兵被乱党杀得落花流水，伤的伤、逃的逃。子路本来就不愿意为权门作走狗，就更别提以死相拼了。因此，他只在后面督战，并不上前与敌人厮杀。

危急时刻，正遇上申句须、乐颀二将各率本部精兵来护驾，从乱党背后杀来。公山不狃指挥部下迎战。两军混战，乱党受伤颇多。公山不狃正想率军败退，忽然看见叔孙辄、公山不扰率领费邑壮丁赶来助战。两军又恶战多时，杀得尸横遍地，血流成河。

孔子扶定公走到台前，命原宪高声传话："奉君命，令双方停战。"

乱党死伤无数，正想停战。申、乐二将听到定公命令停战，不敢不从，率队退到台后。

孔子对乱党说："君主在此，你们都是费邑的百姓，为什么不安心生活，却助乱党造反？此战败了，丢掉性命的是你们；胜了，享受富贵的却是公山不狃。君主不忍心看你们都做刀下之鬼，命你们放下兵器，跪在台下，即可赦免你们。"

乱党听到君命后，都很乐意顺从。他们脱下盔甲，扔掉兵器。一时间，兵器堆积如山。费邑壮丁一齐跪在台下，向定公磕头认错。公山不狃见此情形，吓得面如土色，环视四周，发现只有叔孙辄、公山不扰两人没有解甲弃械，心想：大势已去，三十六计，走为上策，还是赶紧跑吧！于是，三人趁势驾车而逃，直奔费邑，回家收拾了金银珠宝，带着家眷，逃到吴国去了。

都城乱事宣告平定，定公回宫。季桓子想派子路去追杀公山不狃，孔子说："战败之兵就不要去追了，放他一条活路吧！"季桓子采纳孔子的建议，封苦越为费邑邑宰，拆去城墙三尺，恢复初制。

孟孙无忌见郈、费二邑都已拆去城墙三尺，自己的郕邑当然也要照办。他知道公敛阳向来服从自己的命令，便派家臣前往郕邑传令公敛阳，命其依照费、郈二邑将郕邑城城墙拆去三尺，恢复旧制。公敛阳犹豫不决，含糊答应，来使告辞，回去复命。

公敛阳素知少正卯足智多谋，立马写好书信，差心腹之人持信赶往曲阜，向少正卯询问计谋。少正卯看信后，不假思索地写了回信，交给来人。

诛杀少正卯

公敛阳拆阅回信，上面写道：

费、郈二邑的邑宰，因违抗命令，才会隳城而去。你对孟氏忠心耿耿，未曾参与叛乱，如果你也隳城，那和叛臣有什么区别？况且郕邑位于边界，是鲁国北门的钥匙，一旦齐国进犯鲁国北方边境，你又拿什么来抵御呢？你据此意回话，即使不隳城，他也不会治你抗命之罪。

公敛阳见少正卯的回信正合己意，就召集城中壮丁，对他们说："城墙是全城百姓的保障，现在孟氏传令隳城三尺，本官不忍见齐人来犯时无城守御，因此主张保存城墙。但我担心一旦抗命，孟氏必会派兵前来强行拆毁城墙，你们必须帮助士卒协力防守，保全城墙就是保全你们自己。你们愿意出力吗？"

数百个壮士齐声答道："愿意!"

公敛阳命人取出军装、武器，发给那些壮丁，又把守城兵士编成四队，分守四门。接着，他派人送书信给孟氏，说明此事。

孟孙无忌拆阅来信，只见上面写道：

臣不敢不遵从您的命令。只因为郕邑为我鲁国北门的要塞，臣担心一旦齐人突然来犯，没有城墙坚守，全城就会生灵涂炭。不只是臣个人不忍拆除城墙，全城百姓也都为自身考虑，一律主张保全城墙。臣顺从民意，愿捐此身与此城共存亡，也不敢违背民意拆动一砖一瓦。公敛阳拜上。

孟孙无忌看完来信，吩咐信使先回城复命，等候回音。他持信来见孔子，说："公敛阳向来惟命是从，现在却忽然抗命，不肯拆毁城墙，不知是什么原因。他有书信在此。"说着递过信函。

孔子接信阅读后，说："公敛阳起初不敢违抗命令，后来问计于少正卯，少正卯乘机挑拨，教他这样回复的。"

孟孙无忌问："这是夫子的主观臆断还是确有其事？"

孔子说："我是从州仇那里得知此事的。州仇有心腹在少正卯家充当仆役，亲眼看到公敛阳派人前去向少正卯询问。少正卯给公敛阳的回信里教他这样回复你的。你去问州仇，便知这人的种种劣迹。这次费、郈变乱，也是此人挑拨出来的。"

无忌轻叹一声，问道："卯虽官居少正，却毫无政绩，专干挑拨离间这等恶事。他想要干什么啊？"

孔子道："他以'强公室、抑私家'为幌子，挑拨三城邑宰叛主作乱；他在暗中主使，想把三家同我一起打败，赶出鲁国，借此机会夺得相位。大权独揽，幸好州仇见叔孙辄跟他往来密切，暗中派心腹投奔他家充当仆役，才探知他的野心。他不但唆使侯犯、公山不狃叛变，现在又把一个忠实的家臣也说动了。唉！不杀此人，三家永无宁日啊！"

孟孙无忌沉吟了片刻，说："他是有地位的人，劣迹尚未显现出来，杀了他只怕会贻人口实，只能从长计议。"

孟孙无忌说完，又与孔子进行了一番深谈，直到他心中的疑团都解开了才告辞回家。

季桓子是依靠孔子的才干才收回三处汶阳田的，这些田地每年为他增加数十万财物。季桓子当初平定阳虎的叛乱，也是靠了孔子的计谋。他好几次拿封地和征收的赋税答谢孔子，孔子都坚持不接受。

季桓子无以为报，也知道自己的才干远不及孔子，便入宫奏明定公，请求把卿相的位置让给孔子。定公下诏封孔子为上卿。孔子入宫觐见定公，请他收回成命。

定公说："这是季氏诚心诚意让位于你，用来答谢你帮他收田平乱之功，你何必谦让呢？况且正值以强凌弱之时，季氏治理政事，尚被阳虎谋叛于前，公山不狃造反于后，我怎敢再将国政大权交付于他呢？现在他自愿相让，正合寡人心意，你就不要再推辞了。"

孔子回答："季桓子三代有大功于鲁，乃是国家重臣；臣是一介寒儒，承蒙季桓子荐举，才得以有今天的成就。现在，臣若代替了他的官职，于礼不容，请暂且命臣兼摄相事，季桓子的上卿官衔，需保留勿撤。"

定公准奏，立刻降旨，特命天司寇孔丘兼摄相事，同国卿季桓子一起管理政事。孔子谢恩出宫，前去拜访季桓子。季桓子已接到诏令，尽心地接待孔子，特设盛宴相贺，两人尽欢而散。此后遇到政事，季桓子都听从孔子的裁决，从无异议。偏偏少正卯每次听到孔子的建议，总要吹毛求疵，不是说害多利少，就是说古法难行。定公有时也因他的煽动蛊惑而不赞许孔子的建议。

一天，有个叫公徒恩的人，向司寇衙门控告其子忤逆。孔子审讯其子公徒雄。公徒雄招供称：自己十八岁，没有兄弟，只有一个已出嫁的姐姐。他昨天饮酒过多，带醉回家。父亲因他喝醉而当面训斥他，他便出言顶撞。父亲因此很生气，取杖责罚他。他酒醉无知，竟将父亲推倒在地，使父亲的额头触到石尖上，血流满面。他因害怕而躲了起来。谁知，父亲竟听信大姐的教唆告他忤逆，竟想置他于死地。他请求赦免他的罪过。

孔子不加判决，命人将公徒雄拘禁于牢狱之中。此事拖延了一个月，公徒恩经亲友劝解，也不忍心自己的独子常囚在狱，就来到司寇衙门，向孔子详述了案发的情形，请求撤销控告，释放其子。孔子批准了他的请求，从狱中提出公徒雄，教训了他一番，让公徒恩将他带回去。

少正卯听说了此事，对季桓子说："孔司寇从前对人说：'治国以忠，治家以孝，虞舜以孝治天下，才成就了后世的法度。'上个月有位老人因为被儿子打得头破血流，赴司寇衙门控告其子忤逆。按法此子当处以重刑。杀一个不孝之人，以教育百姓对父母尽孝道。孔司寇竟然赦罪开释了此人。他如此破坏法度，怎能以孝治天下呢？"

季桓子又拿少正卯的话问孔子，孔子长叹道："不教他尽孝心，却判以重刑，这分明是乱杀无辜。司马出兵，三军大败，不能把败兵一律斩首。司寇审案，若被告之人情有可原，便不应该执法加刑。这是因为罪不在民，而在于居上位的人没有对他们先行训教。《尚书》云：'义刑义杀，勿庸以即汝心，惟曰未有慎事。'这是说将刑杀都当成义，不能逞你的心。又云：'刑事未有发现，必先谨慎。'就是说：先施以教，而后施以刑。所以古代圣王治国，先讲道德使百姓信服；再举荐贤能以鼓励百姓，惩治奸恶之徒，以此告诫百姓要做好人；最后才制定刑法以使百姓产生敬畏之心。这样经过三年，百姓都受到教化而安分守己了。若有不从教化的奸民，那么对其处以刑罚，即可收到惩一儆百的效果。如果不遵从古法，刑罚严厉苛刻，致使愚民迷惑不解而陷入法网，那么刑罚愈重，盗贼愈多！我不忍公徒恩的儿子公徒雄没有受教就被处斩，因此将他囚禁于狱中。公徒恩的怒火消除后，定会哀怜其独子，到时自会来销案求释。我让他父子团聚，往后就会父慈子孝。少正卯为了推翻我的政治主张，不惜颠倒黑白，混淆是非。他既然与我势不两立，我为了鲁国社稷安危着想，也必杀之以免后患。”

季桓子也知道少正卯两次挑拨家臣叛乱，不是好人，因此没有劝阻孔子。孔子入宫，向定公奏道：“鲁国长期衰弱，不能兴旺，是由于忠奸不分，刑赏不明。我听说老农种田，培育保护禾苗，必先除去杂草；圣王治国，选拔贤才，必先除掉奸邪之人。希望您不要事事姑息，应当请出太庙中的斧钺，陈列宫门前两边的望楼之下。承蒙您的恩德我担任司寇之职，专管刑罚，请您赐我便于行事之权，以成就肃清奸邪之功。”

定公准奏，即命有司随驾赴太庙，请出周公东征时所用的斧钺，陈列于殿前两观之下。

第二天早上，定公临朝听政。季桓子和孔子率文武大臣觐见定公后，孟孙无忌奏道：“臣蒙先君赐郕邑为封地，现因城墙过高，有违定制。对此，有人主张拆除城墙，有人主张保留以巩固边隅。此事究竟应如何办理，臣请旨定夺。”

定公命孔司寇裁决。孔子奏道：“此事应先征求众文武大臣的意见，再由我参考众议来裁决，方能服众。”定公即命文武大臣商议此事。

少正卯首先发言说：“郕邑有六便，自无保留之理。”

孔子问：“什么叫六便？”

少正卯答：“一便是国无二尊，曲阜为君上所居，城墙应以高为贵，但臣下的封地，大小没有超过国君之城的；二便是归之于都城形势，都城的地形非他城所能比拟；三便是抑制权贵；四便是使跋扈的家臣无所依恃；五便是可平三家之心；六便是使邻国听到鲁国革新合理，便会心生敬重。”

孟孙无忌说道：“拆三城城墙，是我们三家共同商议的，为什么说可平三家之心？”

孔子说：“少正卯擅长挑拨，是酿成祸乱的罪魁祸首，郕邑已为孤立之势，况且公敛阳深明大义，决不会因此而飞扬跋扈，之所以征询众人的意见，是因为郕邑界临北面边界，留城可稳定边境。拆低城墙将不能抵抗齐人，少正卯却未提及一语。所称六便，尽是离间君臣的坏话，在大庭广众之下，还敢如此。国人都说：阳虎、侯犯、叔孙辄、公山不狃等都是听信了少正卯的教唆才敢叛主造反的。少正卯实为国人公敌，按法当诛。”

有几个大夫上奏：“少正卯是鲁国有名望之人，他虽出言不当，却罪不至死，还是重新商议惩戒的方式吧！”

孔子又奏：“少正卯言辞虚假，行为邪僻，依仗自己虚名在外，才敢妖言惑众！季氏、叔氏等家臣叛乱，都是他在暗中主使，实为罪魁祸首，不诛他不能治国。臣的职责是掌管刑狱、纠察等事，请君主严正刑罚，对众人以示告诫。”

奏罢，孔子不等定公下诏，即命士卫拿下少正卯，推至两观下斩首。不一会儿，士卫提着一颗血淋淋的脑袋上殿。定公传旨命人将少正卯的尸首收走，令家属领回。众文武大臣见此情景，人人变色，三家心中也不寒而栗。

孔子为国除奸，把少正卯斩首后，本打算暴尸三日。季桓子认为少正卯是有名望的人，虽然专事挑拨离间，但人已伏诛，就不要再追究他的过错了。所以奏请定公不要暴尸，用棺木将他的尸体收殓，命家属领回去安葬了。

季桓子拒婚

孔门弟子听说少正卯已被孔子正法，都表示遗憾。

子贡急忙赶到司寇衙门，对孔子说：“少正卯为鲁国有名望有地位之人，鲁君及诸大夫都认为他罪不至死。夫子竟违抗众议，诛少正卯于两观之下，如此独断专行，诛杀大臣，三家及诸大夫都觉寒心。夫子难道不担心会因此失去人心吗？”

孔子说：“你先坐下，我把诛杀少正卯的原因说给你听。天下大恶有五种：盗贼不算在内。一恶，是心存不轨而阴险狡诈；二恶，是行为邪僻却执意不改；三恶，是言辞虚假而好于辩论；四恶，是牢记丑恶而精深广博；五恶，是沿袭错误而结交党羽。人若有五恶之一，就不免为君子所诛。少正卯五恶俱全，他闲居在家却结党营私，巧伪之言足以蛊惑人心，倔强足以独立为乱。他是祸国奸雄，岂可不诛？殷汤诛尹谐，文王诛潘正，周公诛管叔、蔡叔，太公诛华士，管仲诛付乙，子产诛邓析，此七人处于不同时代却都遭到诛杀，现在少正卯与他们七人不是同一个时代的人，却跟他们一样可恨。对此败坏朝纲之人，岂能宽恕。”

子贡说：“一些士大夫私下议论，都说少正卯是有名望之人，并无作乱杀人等罪恶，一旦遭诛，司寇未免失职。”

孔子说：“他是季、叔二氏家臣叛乱的罪魁祸首，定公与三家早已查明，我才敢将他斩首。至于少数士大夫的私议，只好置之不理了。如果少正卯的家属控告我擅杀无辜，我可以让州仇密派在少正卯家的仆役出来作证，然后宣布少正卯三次教唆费、郈、郕三邑宰及阳虎等造反作乱的罪状。”

子贡无言而退。孔子自从诛杀少正卯以后，三家及诸大夫都虚心地听他的安排，孔子得以大展拳脚，发挥才干。他治理国政，建立法度，整饬吏治，又以礼义廉耻教化百姓。

三个月以后，曲阜风俗大变，市场交易，不饰虚价；男女行路，左右分道；路有遗物，耻非己有，无人拾取；四方商客，赴鲁交易。不只曲阜如此，鲁国全国都这样。

一天，孔子因有国家政事找季桓子商议，前去拜访季桓子。季桓子因心中烦闷，不见。孔子等处理完公务后，又前去请见，命宰予驾车直奔季桓子家中。宰予在车上问道：“从前我听夫子说：‘王公不聘则不动。’现在夫子身为司寇且兼任宰相之职，经历时日未久，却往往屈从于季氏，这是为什么？”

孔子说：“鲁国以多欺少、以势行暴的风气已不是一日了，有司不对此进行治理，势必会引起暴乱。鲁君命我代理宰相之职，就是因为这件大事呀！”

宰予说：“士大夫都说，圣人在位治国，何不先自远刑罚。如果圣人这样做了，从此以后，国内自无相争之人。”

孔子轻叹道：“离山十里，蟪蛄之声犹在耳中，所以政事必须谨慎施行，不可掩人听闻。”说着驱车至季氏家中，下车入室请见。

这时季桓子出迎，孔子问：“相国究竟为何事烦闷？”

季桓子说："是一件家事。现在也只好向夫子你请教了。卫君派大夫前来求婚，拒婚不恭，允婚又违制，因此烦闷。敢问夫子，若按古时礼制，要怎么处理这件事？"

孔子说："鲁、卫是同姓的兄弟国，本为一宗，有合族之义。两国虽传了百年，却还是不能结成姻亲，这是周公制定的婚姻礼节。"

季桓子问："鲁、卫的始祖虽是兄弟，但现在两国的血缘关系已经很远，若两国结亲，可以算不违礼吗？"

孔子说："不算。上追祖先，因为祖先辈分高，所以后人尊敬他们；下及子孙，因为子孙是亲人，所以才疼爱他们；旁及弟兄，因为敬重长上，所以才敬爱他们。这是同姓亲厚和睦的古制，是不能违反的。"

季桓子于是拒绝了卫国的求婚。

这年十二月举行年终祭祀，大司寇也在陪祭之列。祭礼完毕之后，孔子带着子游去宫外游玩，忽然出声长叹，子游问道："夫子为什么长叹？"孔子说："从前三皇五帝的大道和禹、汤、文、武的英明，我虽然没能亲眼看到，却有记载可考。大道兴盛时，以天下为公，选贤举能，讲信义，行亲睦，使人不独亲其亲、子其子，并且壮年有所用，老年有所终，鳏寡孤独各有所养，货物都在市场上流通，人人都出力谋生。所以没有劫掠之事发生，没有盗贼出没，百姓能够不关门闭户。这就叫大同盛世。现在大道既衰，以天下为家，各亲其亲，各子其子；货则居为奇货，力则藏身不用，王公贵族靠祖先的遗泽以为福，依恃城池以为固。要知道禹、汤、文、武都是遵循礼法道义才被选出来的。礼教所兴，与天地并存。如果处于上位却不遵从礼教，早晚是会连累别人的。"

子游问："照夫子这么说，礼是人生最重要的了？"

孔子说："礼，是先王接受王道，治人情，敬鬼神，以至于丧祭、乡射、冠婚、朝聘的准则。所以圣人以礼示天下，国家才能够得到礼仪的正道。"

子游又问："现在居上位的人，都不遵循礼教，是什么原因呢？"

孔子长叹道："唉！我观周道，败坏于幽王和厉王。鲁为周公之后，尚有圣人之风，所以我在鲁安家，并在此做官。

"鲁国的郊祭和禘祭都不合乎礼教。杞为禹的后代，故郊祭禹，宋为契的后代，故郊祭契。

"天子规定的礼制，子孙应当遵守。周公辅政立有大功，因此能与天子同享此礼。诸侯祭祀社稷宗庙，上下都应奉行古制。祭祀致祷的祝嘏不敢改变常例，这叫作大嘉。现在把祝嘏的说辞，只限于宗祝私巫，这不是礼，是幽国。不是王者，而擅用祭器，这也于礼不合，是冒充君主。冠冕兵器，藏于私家，也不合礼，是胁持国君。大夫设家臣，祭器不向宫廷告借，声乐齐全，也不合礼，是乱国。古制仕于国称臣，仕于家称仆。国君穿着丧服入朝，与家臣杂居并列，也不合礼，那是君与臣共国。

“天子有田地安顿子孙，诸侯有封国安顿子孙，大夫有采邑安顿子孙，这叫制度。天子前往诸侯国，必定会舍弃宗庙，若不以名位尊卑而入，这叫天子坏法乱纪。诸侯不是问疾吊丧而入诸臣私宅，这叫君臣戏谑。

“总之，礼是君主的权柄，用来辨是非，明道理，奉鬼神，定制度，别仁义，立政教，安上下。政是君主所藏于身，必是源于祭天所降之命，命教于社以收地利；降于宗庙叫仁义，降于山川叫兴造制作；降于五祀叫制度。圣人以此安身立命，会常立于无过之地。”

子游问：“圣人怎样任用人才?”

孔子答道：“圣人任用人才，是诈用智，怒用勇，贪用仁。国人担心君主为社稷而死，这叫义；大夫为宗庙而死，这叫变。凡是圣人，都能以天下为一家，以中原为一人，不存贪念，方能知人情、从人义、明人利、达人患。”

子游又问：“敢问夫子，这情、义、利、患是什么意思?”

孔子说：“喜、怒、哀、惧、爱、恶、欲，便是人情，又叫七情，发于天性，不用学就会；父慈、子孝、兄良、弟悌、夫义、妇听、长惠、幼顺、君仁、臣忠，便是人义；讲信修睦便是人利，争夺相杀便是人患。

“圣人之所以能治人情、修人义、和人利、去人患，除了礼教之外，再无他法。因为饮食、男女，是人的大欲；死亡、贫苦，是人的大恶。欲与恶藏于心中，不易猜测。想探查无声无色的心理，除了礼之外，其他方法都办不到。

“人类禀赋天地之德，阴阳相交，聚集鬼神秀备五行。天秉阳，垂日星；地秉阴，载山川。播五行，分四时，和四气，然后月球生。月为阴道，所以不常盈满，每一个月有十五天为盈，十五天为缺。五行四气十二月，用事为本；五声六律十二管，用事为宫，五味六和十二食，用事为质；五色六章十二衣，用事为宜。

“人皆食味别声，披色而生，唯圣人以身作则，创设制度。这样一来，国家有礼仪，官府有制度，事有职、礼有序，还担心礼教不能普及上下，所以在郊外祭祀祖先，以定天位；在国内祭祀土神，以列地利；在祖庙举行大祭，以示亲仁；以礼品祭山川，以敬鬼神；祭奉五祀，以重人事。

“古制祭祀之官在庙，三公在朝，三老在学。王者前巫后史，卜、筮、瞽、侑，分列左右。王者心中公正无私，守中正之道。因此礼行于郊，百神受职；礼行于社，百货来集；礼行祖庄，以教慈孝；礼行五祀，以正法度。

“圣人知道礼的用处最大，遇到破国丧家，必先去其礼。礼之于人，好比酒之有蘖，君子以厚，小人以薄。人情，好似圣王的田地，施行礼教来耕耘，陈述大义以播种，讲学以耘草，行仁以灌溉，可望丰收安享。

“治国不以礼，犹如没有农具而耕种；为礼而不遵循其义，犹如耕而不种；讲学与仁慈不符，犹如收而不食。人吃饭才能够茁壮成长，四体安康；家庭和睦有礼，则父子情深，兄弟和睦，夫妇和美；国家兴盛守礼，则大臣守法，小臣廉洁，官职有守，君臣相正。欲得这种好效果，必先以礼。”

说完，他与子游步行而归。

大槐树下理政事

虽说孔子官居大司寇，执掌全国刑罚，但每次审理诉讼案件，却不以己意判断，而是采纳众人的意见。按照槐下审理案件的古制，孔子命人在大司寇堂前栽种三株槐树。审案的时候，孔子设几案于堂，招集耆老、士庶人，原告、被告两方的亲戚朋友，分立于三株槐树下。孔子命原告和被告详述打官司的始末，然后向站在槐树下的众人询问双方哪一方更有理，众人各凭己意回答。孔子考虑众人的答话后，说明某某见解公正，深合法理，立刻作出判决。事无大小，一次审问就能判决，不但从无冤案，众人也因此心悦诚服，人人称他为“孔青天”。

孔门弟子漆雕凭是臧氏家臣，素有贤名。一天，漆雕凭来见孔子，孔子问他："你侍奉臧文仲、臧武仲和孺子容多年，这三位大夫，哪一位更贤能呢？"

漆雕凭答道："臧氏家中藏有守龟，名叫蔡，三位大夫皆视为卜筮宝器。臧文仲大约三年卜一次，臧武仲三年间卜两次，孺子容三年间卜三次。我在臧家的所见只有这些。夫子若问三位大夫贤良与否，我没看见，不敢乱说。"

漆雕凭离开后，孔子向随侍弟子说："漆雕凭可称得上君子啊！说人的好处隐而显，说人的过失微而著。他的才智不可及，精明不自夸，谁能够像他这样呢？"

一天，公家的马厩被火烧毁。孔子退朝后，带着子贡、冉求急忙赶到出事地点。遇到来救火的乡人，孔子很恭敬地向他们拜谢，对士人行一拜，对大夫行两拜。孔子最后向众人问道："有没有人受伤？"众人回答说没有，只烧伤几匹马。

子贡问："夫子为什么要向他们道谢？"

孔子说："跑来救火的人在这场火灾中彼此慰问。我身为国家官吏，礼当拜谢。身为有司，岂能不知礼数！"

子贡又问："臧文仲职掌鲁政多年，立言垂法，至今犹存，算得上知礼吗？"

孔子说："臧文仲岂能算知礼？夏父弗忌行逆祀而不加禁止，臧氏燔柴于灶以奉祀，皆不合礼法。灶乃老妇所祭，而非有司所祭。礼，好比人体，体不全，不能算完人。礼设不当，怎能算知礼？"

子贡见孔子自从代理宰相的职务以来，总想效仿周公来管理国家事务，还常常向门下弟子赞扬西伯文王的道德无与伦比，便问孔子："西伯的道德怎见得无与伦比？"

孔子答："商朝虞、芮两国的君主，为了争夺田地而打官司，多年都不能解决。虞君向芮君说道：'西伯文王道德高尚，我们何不去请他裁决？'芮君答应了。他们一起去西岐，走入西伯地界，只见农夫让畔而耕，百姓让路而行；走入邑中，只见男女分道而行，老人不提东西；走到朝上，只见士让大夫，大夫让卿，万民安居乐业，衙无讼案，狱无系囚。虞、芮两君感到惭愧，相对长叹道：'唉！我们真是小人，不能到西伯的朝上自暴丑态，还是回去吧。'于是，他们原路返回，把所争的田立为公田。由此看来，文王的善政，能够说不教而使人听从，不下命令而使人悦服。有谁能与他相比呢?”

子贡听完孔子这番话，恭敬地退下去了。

孔子代理宰相之职的那段时间，鲁国日渐富强。这个消息传到齐国，正值晏婴病亡，齐景公哀泣数日，心中正愁没有贤臣继承相位，忽然听说孔子辅助鲁国，鲁国日渐强盛，心想：鲁国重用孔子，日后必称霸。鲁国称霸，必会争地。齐、鲁本有夙仇且是近邻，鲁国争地，必先危及齐，如果真是这样，那该怎么办?

齐景公急忙召大夫黎弥入宫，告诉他心中忧闷之事。黎弥问道：“主公既然担心鲁国任用孔子后会强盛，为何不设法阻止?”

景公说：“鲁定公已将国政交给孔子，而且非常倚重他，又怎能阻止?”

黎弥奏道：“臣听说贪恋美色是人的天性，国君在升平之日，必生骄逸。臣请求把装扮华丽的美女组成乐队，送给鲁君。鲁君如果接受，必会迷恋女色，怠于政事，疏远孔子。孔子是圣人，见国君好色疏贤，必然离开鲁国到别的地方去。那时，主公就可以高枕无忧了!”

齐景公听后，非常高兴，立即命黎弥办理此事。黎弥亲自从国内各个青楼中挑选二十岁以内的美貌妓女，把她们赎出来带回家中，命老乐工教以舞曲及管弦丝竹等。齐景公将这些女乐分为四队，让她们穿上漂亮的舞衣，并配备好马一百六十匹，派黎弥为使，用车送往鲁国。

黎弥将车马暂停于曲阜南高城外，先去相府拜见季桓子，说明奉本国国君之命，馈送女乐四队、文马四十驷，以固两国邦交，请大驾亲往点收，并请求将此事奏明鲁侯。之后，呈上礼单。季桓子正值壮年，素来喜欢女色，听说齐国送来女乐四队，想必是绝色美女，心里非常高兴，立即同黎弥来到南高城外。

黎弥张设锦棚两处，东棚安置女乐，西棚列文马。季桓子先看女乐，只见她们个个美如天仙，身披锦帛。这些女乐在季桓子面前弹奏丝竹，表演康乐舞，极尽妍态，真是前所未见。再看文马，也都是雄骏良驹。季桓子查看完，笑逐颜开地对黎弥说：“既承齐侯如此厚意，又劳大夫亲临，怎敢不拜领。”说完，与黎弥一起乘车前去进见鲁定公。

他们在宫门外下车，黎弥把国书交给季桓子，请他带入宫中，自己则在宫门外等候召见。季桓子入宫朝见定公，奏明齐使馈送女乐、文马之事，并呈上齐国国书。

定公接过来拆阅。看罢，说道："既承齐侯美意，理当收受。女乐在哪里，我可以去看看吗？"

季桓子奏道："现正在南高城外。若车驾前往，必会惊动百官，不如微服前往，臣当护驾同行。"定公应允了他的提议，立即召见黎弥，问了齐侯起居，并要亲自前去验看女乐。

黎弥先行，定公更换衣帽，与季桓子一同去南高城外。黎弥请他们到东棚。只见四队女乐，由队长领舞。这些女子歌喉妙曼，舞态轻盈，霓裳光华夺目，看得定公魂消魄荡，心乱神迷，如游天上。

歌停舞歇后，女乐一一向定公叩拜。定公一面命季桓子接收女乐，一面向黎弥慰问几句，命内侍领他去馆舍中等候回文，又命季桓子收受文马。

定公回宫后，一夜没有合眼，好像歌声还在耳中，女乐尽在帐下一样。但想孔子必定不会赞成自己收受女乐，决定先瞒着孔子。

第二天，定公密召季桓子入宫，叮嘱他将此事瞒着孔子，并命他起草回文。文中所写无非是致谢厚赠、巩固邦交等话语，并取黄金百两赠送给齐使。黎弥接到回文及赠金，入宫谢恩辞行，返回齐国。定公分赏三十名女乐给季桓子，文马命养马之人管理。自此定公和季桓子君臣两人朝欢暮乐，日日迷恋女色，不问朝政。

定公十多天没有上朝，孔子早从南宫敬叔那里得到密报，于是入宫面谏定公："君主不该迷恋女乐，而怠惰玩忽朝廷政事。若长此下去，国家就永无复兴之望了，力请撤除女乐。"

定公不愿明说此事，只说自己没有接受，女乐全都在季相府中。孔子又以南宫敬叔之言为证，定公仍旧讳莫如深，孔子只好退出。

不料，定公因此事迁怒于南宫敬叔，立即将他削职逐出都城。

南宫敬叔急忙向孔子求救。孔子问："你因多言招来灾祸。君主是借什么罪名将你消职驱逐的？"

南宫敬叔说："君上说我外恃标榜，虚有贤名，内实奸诈，贪赃致富，说我的家产比以前增多十倍有余。但这些都是我善于囤积的结果，是由田产和经营的店铺中多年所获的厚利，并无一丝一毫赃款。削职倒无关紧要，但名誉被污，实属难当，请夫子设法挽救。"

孔子听了南宫敬叔一席话，说："此时君上正在盛怒之下，我的忠谏尚且不纳，又怎能替你辩解呢？暂且等等再做打算！”

南宫敬叔说：“内侍廉侍颇得君宠，我想拿黄金百两送给他，请他在君主面前替我剖析辩白。夫子以为如何？”

孔子劝道：“君上因见你财物丰厚，才借贪污罪削你的职，岂可再用黄金买通内侍，请他替你进言。定公明知内侍得了你的贿赂才肯替你说情，就更证实了你结党营私致富的罪名。不如隐居匿迹，等待时机为好。”南宫敬叔恭敬地答应下来，然后告辞回家。

离开鲁国

定公在孔子忠谏时，虽然不承认接受女乐之事，但还是担心会露出破绽，不得不强打精神，照常临朝听政。不过，他夜里同女乐厮混迟睡，第二天不免晚起，不能按时临朝听政，让文武大臣在朝房等候多时。

季桓子本是好色之徒，自从接受了女乐后，一直朝欢暮乐，不问政事，久不入朝。

子路是季氏家臣，实在看不下去了，就去拜见孔子，说：“如今君、相都迷恋女色，不理政事，鲁国还有什么希望？夫子应该挂冠出走！”

孔子说：“鲁国是我的父母之邦，君、相虽然耽于声色，但这是年轻人的天性，只希望君主幡然醒悟，我们鲁国就有复兴的机会，现在还不是离开鲁国的时候。暂且等到大典之时，看君、相是否照例举行，那时再行定夺。自古以来，君子不会随便入朝就职，必得谨慎考虑一番才接受征召；卸职时有史臣秉笔直书，所以我也不敢轻率离开。”说完，随手取出一册《晋史》，指给子路看“赵盾弑其君灵公”一节。

孔子接着又说：“大家都知道晋灵公是被赵穿刺杀的。赵盾是晋国元老，灵公命勇士杀他未成，赵盾出逃。赵盾未曾出国，灵公已被赵穿杀死，文武大臣立即迎赵盾还朝择立新君。赵盾仍为卿相，百官谁敢不迎合他。偏有史官董狐，在《晋史》上，大书特书‘赵盾弑君’四个字。赵盾入史馆看见后，命董狐把‘盾’字改作‘穿’字，并向董狐说：‘先君为赵穿所弑，全国皆知，这种大事，岂可在史册上误写为我的名字，赶快改正。’董狐说：

‘你身为正卿，逃亡不出境，还朝不讨贼。弑君主谋，不是你是谁？我的头可断，《晋史》却不能改。’赵盾长叹一声，说：‘大臣的任免，有史官秉笔直书，怎可不审慎呢！’”

子路问道：“赵盾为臣如何？”

孔子答：“晋灵公年少残暴，不采纳元老忠谏，反而要置之于死地，才被赵穿所弑，实在是咎由自取。董狐可称得上是个好史官，不畏权臣，据实记史。赵盾没有惩罚董狐，也是良大夫，甘受春秋修史法则的责备，只因进退不谨慎，徒贻后悔。如果当时逃亡出境，就可免此恶名。”

子路说：“定公一向极为倚重夫子，偶然溺于声色，那是少年常有之事，不能与晋灵公同日而语。”

孔子也说：“是啊，所以我不愿弃官他去。”

从此，全国政事皆由孔子裁决。一天，驻守保邑的官吏送来一份文书。孔子拆阅，文书中说，齐寇进犯鲁国边境，难民纷纷逃至保邑城中避乱。公叔务人正好住在保邑，亲眼看见难民狼狈入城，汗流气喘，用拐杖支着脖子，靠在城墙上哭泣。公叔务人挥泪说道：“战事为害百姓，赋税使百姓陷于困境，君子不能够为谋靖乱，士人不能够以死卫国，哪里说得过去呢！我既出此言，岂能不拼死杀贼，以救百姓。”说着，奔回家中，更换铠甲，执矛而出。邻家童子汪锜素为公叔务人所宠爱，当时自愿跟他同去杀贼。寇众约有三百多人，保邑却是小城，住户不满二百家，没有一人敢作后援。

公叔务人本不是名将，只因前代君主出逃失国，才忧愤不平，愿拼一死以卫国。最后，公叔务人与汪锜被齐寇杀死。齐寇饱掠而去。保邑居民收取两人尸骸，公议一律厚葬。一些老人因汪锜尚未成年，不同意他受公众哀悼。保邑城的宰辅因为此事，呈报大司寇裁决。

孔子批复说：“汪锜虽然幼小，却能执戈以卫社稷，死节等于成人，自当受民众哀悼，与公叔务人一起表彰。”

保邑城宰辅接到回文，依礼举行哀悼公葬。

光阴似箭，不觉已到冬至，这天例行祭天大典，有司礼官于前一天在南郊天坛打扫布置。这一天天还没亮，陪祭大臣及司理各有司早已齐集南郊官厅，可直到天明才见定公驾到。而位居卿相的季桓子却贪恋温柔乡，托病不来。孔子引定公入坛，行祭天礼，就位上香、献爵、奠帛、读祝、燔柴、三献爵、九叩首。祭礼完成，按照惯例，君臣应还朝理政，哪知定公径自还宫，连祭祀时敬神的胙肉也无心分赏给陪祭各官。

午后，孔子命主胙官入宫奏请定公分祭肉。定公命内侍传谕，说分祭肉一向归季氏管，可前往季相府去请命。主胙官又去季府请命。寒冬日短，天已昏黑，季桓子只说知道了，却没有宰分。

当晚已来不及宰分了，主胙官回去，守到次日下午，仍不见季氏来分祭肉。原来季桓子沉迷于女色，把这事给忘了。主胙官害怕获罪，不敢再去催促。

孔子等到第二天，不见分赏祭肉，向子路长叹道："祭天分肉，是一年一次最重大的典礼。现在，鲁国君相沉溺声色，连分肉也不放在心上，怎能勉力图强呢！我的政治措施不能在父母之邦推行，这就是我的命吧！"说完，弹琴作歌道：

> 君相陷溺色兮，吾道难行。祀天分胙忘怀兮，吾可出走。优哉游哉，聊以卒岁！

唱完后，他把家事交给伯鱼料理，自己收拾行李带着弟子弃官离国。冉求、子路本为季氏家臣，得知孔子弃官出走，加上本来视家臣如敝屣，也立即弃职驾轻车追赶孔子去了。

过了两天，大司寇衙署中，不见孔子来处理公务，属员们以为他生病了，便带着紧要公事，登门请示。伯鱼出来接见属员，说家父因年老体衰，离国寻访名医求治，因仓促登程，来不及入宫辞行，所有印信叮嘱代为呈交。说完，把印信交给属员，让他们带走，并请他们入宫代为奏明。

属员问："大司寇何时走的，到哪里去了，骑上快马还追得回来吗？"

伯鱼说："已经走了两天了，到哪儿去没有说。"

属员懊丧告辞，先到相府将此事告诉季桓子。季桓子接过印信，命他们回衙办事，又命冉求驾车送他入宫。家人回报说子路、冉求都随孔子出走了。季桓子长叹一声，命别人驾车。季桓子入宫朝见定公，奏明孔子已经弃官离国。

定公惊诧地问道："何不派飞骑追他回来？"

季桓子奏道："他出行已经两天了，也不知道去向，无法追寻，由他去吧！"

定公长叹道："孔丘在位，整饬吏治，夺回失田，的确是个贤臣。现在离开了，未免可惜！"

季桓子奏道："臣会派人到各国探听，若得知孔丘在哪一国立足，立即派使者征召他回国。他的家眷都在这里，他迟早要回来的。"

此后，鲁国国势衰弱。季桓子和定公都因迷恋女色，精神耗伤过度，三年多之后，相继去世。

孔子弃官离开鲁国后，随行弟子数十人。那天中午下车住店时，孔子同弟子们商议说："我匆匆弃官出走，此时我们好比一群失林鸟，当往何处安身？你们替我选择一个去处，否则大地茫茫，该到哪里去呢？"

子路说："当今只有卫君灵公，最为爱贤礼士，朝中贤臣颇多；并且我岳父家也在卫都，妻舅颜浊邹景仰慕夫子多年了。到他家居住，一定会受到优待。"

孔子说："你的主张正合我意，那我们就去卫国吧！"

颜回有些疑问："卫君不能任用蘧伯玉，称不上爱贤；且卫夫人南子恶名在外，足见教化不良。常言道：'良禽择木而栖，贤臣择主而事。'夫子何不另择枝而栖？"

孔子答道："卫国少贤臣，像史鱼等人都得到卫君的信任委用；蘧伯玉没有做官，想来是没有得到重臣引荐，这不是卫君的过错。至于南子有恶行，她是生长于宋而嫁到卫，错在南子父母之邦。至于教化良不良，入国问俗，即可知道。我会留心访察。"

决定赴卫后，大家上车，取道向卫国前进。

说品行

走到卫国边境，遇见一个妇人头带象牙梳，在路上行走。孔子立刻停车对众弟子说："卫国的教化好不好，应从妇女口中得知。你们谁能去向路旁的妇女询问此事？"

颜回答道："我愿意！"说完，下车走到妇人面前，拱手行礼道："我有徘徊之山，百草生其上，有枝而无叶，万兽集其中，有饮而无食，故向夫人乞借罗网而捕之。”

妇人听完，立即取栉给颜回。颜回接栉问道：“夫人不问缘由，即取宝栉借给我，为什么呢？”

妇人答道：“听了你的话，知道你想借栉一用。”

颜回又问：“夫人怎见得我要用宝栉呢？”

妇人答：“徘徊之山，那是你的头；百草生其上，有枝而无叶，那是你的发；百兽集其中，那是发中生虱；借罗网捕之，那是借栉捕虱。所以我取栉给你。”

颜回肃然起敬，解发临风，然后梳理头发，束发加冠后取出巾帕把栉擦拭干净，拱手奉还，长揖而退。他上车后把问答经过详细地告知孔子。

孔子长叹道：“这妇人的智慧，我都比不上。可见卫国教化普及闺门，否则妇人何来这种智慧！”

他们驱车前进，直至卫都。子路先入城报知妻舅。颜浊邹久慕孔子大名，得知他前来，立即整理好衣冠，与子路出城迎接。他将孔子带到家中，特设盛宴给孔子洗尘，连同众弟子一并留住，诚意招待。

卫国卿相弥牟又称卫将军文子，孔子与他未曾见过，只有子贡与他相识。第二天，子贡奉夫子之命去谒见文子。文子素来敬重子贡是孔门贤弟子，亲自相迎，将他请入客室，分宾主坐下。文子问道：“难得大驾光临敝都，不知有何公干，舍馆定在哪里？”

子贡答道：“并无公事，随夫子同来游历，现住在颜浊邹家中。”

文子问：“尊师孔子，官居鲁司寇，兼摄相事，怎么会有时间来这里呢？”

子贡就把事情的原委告诉了文子。文子说：“我们国君求贤若渴，并且久慕孔子大名，待我入朝先禀奏君上，君上必会亲自来迎接。”

时当正午，文子殷勤地宴请子贡。他们还谈了谈鲁君及三家的近况。君子在背后不谈人过，所以子贡并没有说鲁国君臣的坏话。

文子问子贡：“我听别人说孔子施教，先授以诗书，次导以孝悌，再说以仁义，观以礼乐，然后成以文德。入室登堂的弟子，共有七十二人，请问谁是最有才能的弟子？”

子贡说：“我实在不知道。”

文子问：“你每天与他们共处，怎么会不知道呢？”

子贡答道：“贤人举止行动不虚伪狡诈，所以无从看出。君子有言云：

‘智莫难于知人。’况且夫子的门人共有三千，有的我连一面都没见过，怎能知道他们是否贤能呢？”

文子说：“那就你所知的，请谈谈他们的品行。”

子贡道：“能够不厌不倦，诵诗崇礼，行不二过，安贫乐道，是颜回的品行，孔子称赞他说：‘媚兹一人，应侯慎德。’纯孝性成，德行无亏，若逢贤君知遇，显亲扬名，是王者之相。

“不忧贫、不迁怒、不深怨、不记旧恶是冉雍的品行。孔子称赞他的才能说：‘有士的贤君，有众可使，有刑可用，加怒以服人。’并赞诗云：‘靡不有初，鲜克有终。’只有冉雍能够有始有终。

“好勇过人、奋不顾身、不畏强御、不欺寡独、出言循性、擅长政事、兼能治军是子路的品行。孔子和以文，赞以诗，大意是说：精通小法、大法，能使小国强大，受天子宠命，不忧不惧，奏事忠直，强哉武士，文不胜质。

“敬老恤幼、迎宾胜任、好学博艺、办事勤勉谨慎是冉求的品行。孔子曾说他：‘敬老近礼，恤幼近惠，好学多智，勤则有功，真是个宣德教的国老。’

“持躬严肃诚敬，严谨而有法度，立志通达好礼，傧相两君，笃雅有节是公西赤的品行。孔子称赞他说：‘要学习宾客的礼仪，可以以公西赤为榜样。要做到满而不盈，实而如虚，过犹不及，可不是一件容易的事。’

“博无不学、状貌谦和、德性敦厚、出言取信于人、轻视权贵、不慕富贵、立志安静、能享上寿是曾子的品行。孔子称赞他说：‘孝是德之本，佛是德之序，信是德之厚，忠是德之正。只有曾子具备此四德。’

“大功不夸、高官不慕、不屑趋炎附势、不欺鳏寡孤独是子张的品行。孔子称赞他：‘不夸易为，不欺孤苦无处投诉的百姓，那是仁。’并赞以诗云：‘和乐平易的君子，是民之父母。’又赞扬他能贯通《大学》的深义。

“迎送宾客、恭敬不怠慢、交上接下用两种截然不同的方式，是子夏的品行。孔子赞以诗云：‘式夷式已，无小人殆。’”

文子插嘴问道：“这两句诗怎样解释？”

子贡答道：“‘式’，作‘用’解；‘夷’，作‘平’解；‘殆’，作‘危’解。就是说以公平作自己的楷模，便无小人结怨算计的危险。所以孔子说：‘子夏常能持平以待人接物，虽近小人，绝无危险。’”

子贡解释完，又继续说："贵显不喜、贫贱不怒、为民谋利、自奉廉洁、事上以诚、助下尽力是澹台灭明的品行。孔子赞扬他道：'独贵独富，君子耻之，灭明立志如此。'

"事前思虑周到、及事不乱、举止合理是子游的品行。孔子称赞他：'欲能则从师学习，欲知则详细询问，欲善则行为谨慎检点，欲给则预先谋划，只有子游能做到。'

"独居思仁，公谈说义；读诗，则一日三复白圭之玷，是宫缘的品行。孔子相信他是杰出的人材，于是将侄女嫁给了他。宫缘出入门户，未尝越履；日常往来，足不践影。

"春分蛰虫皆出，不杀生物；春夏草木滋长，不折植物；亲丧守制，不曾见他笑，这是高柴的品行。孔子赞美他：'高柴对于亲丧，能尽礼；启蛰不杀，顺人道；方长不折，具仁心。'这几个同门，都是我亲眼所见。至于贤不贤，我不敢乱说。"

文子听完，不禁感慨道："我曾听人说，国有道，则贤人出来辅佐君主，常人愿意为国效力，百姓归附。现在听你这么一说，人真是丰富多彩呀！诸子皆可作诸侯国国相，可是当世没有明君，都觉得怀才不遇吧？而今你们同来敝都，我国得到你们的辅佐治理，复兴有望啊！"

他们边谈边饮，尽欢而散。子贡回去见孔子，先述说文子乐于引荐，再讲述文子询问门下授业弟子谁有才能，接着把他自己回答文子的话详述了一遍。

孔子笑道："你只知人之次。"

子贡说："我怎敢自诩知人，我只不过是说了我亲眼所见之事而已。"

孔子说道："耳所未闻，目所未见的人，就不知道他们的品行吗？"

子贡道："我愿闻其详。"

孔子说：

不克不忌，不念旧怨，是伯夷、叔齐的高行。

思天而行敬，服义而行信，孝于父母，恭于兄弟，是赵文子的高行。

事君不敢爱死，也不敢忘身，保全忠孝，不遗亲友；得时则进为君用，不得时则退而隐居，是随武子的高行。

为人渊博多闻，才略足以名世；国有道，其言足以平治，国无道，缄口足以保身，是铜鞮、伯华的高行。

外宽内正、严于责己、宽以待人、行仁恐后、以善自终是蘧伯玉的高行。

孝恭慈仁、修德行义、远货去怨、轻财不贪是柳下惠的高行。

君虽不明臣度量，为臣不可不忠，所以君择臣而任，臣也择君而事；君有道顺从君命，无道则不受命而退隐，是晏婴的高行。

蹈忠以行信，终日慎言以免过；国无道处贱不闷，安贫无忧，是老莱子的高行。

立志以待天命，居下不攀援求进，虽游四方，常念父母；不尽乐而言归，因无能而求学，是介子山的高行。

子贡问："敢问夫子所知的，只有这些人吗？"

孔子说："我也只略举了几个我听过的、见过的人。以前，晋平公问祁奚道：'羊舌大夫是晋国的良大夫，他的品行如何？'祁奚答称不知。平公说：'我听说你从小在羊舌家长大，为何推说不知？'祁奚对道：'羊舌大夫少年时很恭顺，有了过失，立刻改正，不使其过夜；担任大夫之职，尽善道而谦让；做了舆尉，正直而守信。他为人温良有礼，博学多才。'平公问道：'那刚才问你，你为什么说不知道？'祁奚道：'羊舌大夫每次易位，便改变志向操行，所以不敢贸然回答。'"

子贡听完讲解，将夫子之言一一记下。

入卫不成

卫将军文子，自从听了子贡的一番评述后，更加敬重孔子，立即入宫奏明卫灵公。灵公素来爱贤礼士，闻知孔子到此，想亲自将孔子迎入朝中，委以国政。

文子奏道："待臣先去请见孔子，传达君命，迎他入朝相见。如果他不应召，必要主公亲自前去迎接，便是傲慢。一旦委以国政，恐怕会专权误国，不可不审慎。"灵公同意了。文子退下。

第二天，文子穿戴好衣帽，命赶车人备车，准备前往颜宅拜见孔子，正好遇到孔子命子贡为向导，先来拜访。文子降阶相迎，请入室中。众人行完礼，分宾主落座。

文子说：“昨天子贡来此，告诉我夫子大驾光临敝都，我真是欣喜若狂，立即入宫奏明君主。奉君命代为迎接夫子，正要驾车造访，不想夫子大驾已至，不及恭迎，还望夫子不要见怪！”

孔子笑道：“我有何德何能，敢劳将军远迎。我居阙里，每遇贵国士人问道，谈及贵国政治，总是称赞将军文武兼备，是卫国的中流砥柱，卫侯也是当世首屈一指的贤君，所以专诚到此观览贵国的盛德光辉。我入境问禁，入国问俗，入朝问政，才相信人言非虚，怎能不令我折服。”文子谦虚了几句，又谈了诸国时政，特设盛宴为孔子接风洗尘。

酒过三巡，文子想起一件家事，问孔子说：“先君安葬多年，尚无祭祀之地，如今我打算找一块园林空地为先君立庙，不知与庙制是否相符？”

孔子说：“公庙设于私家，这是古礼所没有的，而当世的惯例，我不知道。”

文子问：“立庙的尊卑上下，古制是怎样的？”

孔子说道：“天下有王，分地建国，设庙奉祀祖宗，乃分亲疏、贵贱、多少之数。所以天子立七庙，即三昭、三穆与太祖。近庙为高祖，按月拈香祭拜；远庙为祧，高祖之父母及祖父母称为二祧，按四时祭拜。

“诸侯立五庙：二昭、二穆与太祖，祖考庙四时祭拜。大夫立三庙：一昭、一穆与太祖，四时祭拜。士立一庙，称考庙。王考（即已故的祖父）无庙，合于考庙，四时祭于寝。庶人无庙，时祭于寝。

“这从虞舜起至周代就一成不变。凡是虞、夏、商、周四代帝王的郊祭，都是配天大典。禘，五年大祭所及，唯太祖庙不毁；古制，祖有功，宗有德，立庙不毁。周代有功之祖，是周文王的庙；有德之宗，是周武王的庙。配食明堂，至今庙貌常新。”

文子又问道：“祭典云：‘虞氏祖颛顼而宗尧，夏后氏亦祖颛顼而宗禹，殷人祖契而宗汤，周人祖文王而宗武王。’这四祖四宗，有的处在异代，有的是有功德的祖先，当然立庙不毁。至于有虞宗尧，夏祖颛项，都是属于异代而有功德的，也可以保存其庙吗？”

孔子说：“是啊！殷周的血系祖宗，有庙可以不毁；异代的祖宗，有大功德于国家，虽是在异代，也可以不毁。《诗经》云：‘蔽芾甘棠，勿剪勿伐，邵伯所憩。’意思是周人追念邵伯的德政，不忍砍伐他所憩之树；何况异代祖宗功德昭示，怎可不遵奉其庙呢？”

文子拱手说：“夫子不愧为天下名师，授业弟子达三千人。我听了您的教导，顿时长了不少见识；也想拜在您的门下，请您不要拒绝。”

孔子笑着推辞道：“我怎敢收将军为弟子，只是朋友之间互相学习，本属古今惯例。将军如有下问，我定会知无不言。”

文子恭敬地从命，此后常以“夫子”称呼孔子。宴席散后，他们约定第二天朝见灵公，孔子道谢。

孔子回到颜宅，忽然听到屋外传来阵阵哀伤的哭声，就问颜回：“你可知邻家的哭声是怎么回事？”

颜回答：“这种哭声，不只是哀恸死者，还带着生离的悲伤。我听说桓山有鸟生四子，羽翼丰满后，将分飞四海，母鸟悲鸣以送，哀声与此哭声相同，是伤感四子生离不返。我便以此类推。”

孔子让子路去邻家探问，事情果然正如颜回所料。邻居家的男人死了，家里很穷，妻子打算卖爱女葬夫，将与女儿永别，伤心至极而痛哭。

子路回来将此事告诉孔子，孔子对颜回说：“你可称得上博学多才，精于辨别声音，这不易啊！”

颜回说：“夫子明天去见卫君，不知有没有大有作为的希望，何不先卜一卦，以验否、泰？”

孔子点点头，从行李中取出卜《易》的用具，虔诚自卜，得一贲卦，脸上顿时现出失意之态。一群弟子们侍立观看，子张问道：“我听说卜者得到贲卦，都断为吉兆。夫子得到这个卦，也应是吉卦，为什么闷闷不乐呢？”

孔子解释道：“一般的卜易术士，哪里懂得什么《易》理，只是乱说，不足为凭。按《周》易，离下艮上为贲，系辞山下有火，并不是正色卦，若做不正当的事卜得它，可从吉论。我的来历正大光明，黑白宜正，今得贲，对我来说不是吉兆。我听说丹漆不文，白玉不雕，就因为质有余，不受雕饰的缘故。”

颜回也说道：“贲卦非正色，君子占出处得之，非但不吉利，并且凶象显露，夫子应该多加注意。”

孔子一整晚都闷闷不乐。

第二天一大早，孔子去拜访文子，文子带孔子入朝朝见灵公。灵公以上宾礼相待，问孔子：“郑国子产为当世贤大夫，曾经向我说：‘有国家的，当计划于庙堂之上，天下自然太平。'请问夫子有何见解？"

孔子答："的确是这样，能爱人的人，别人也爱他；讨厌别人的人，别人也讨厌他。知道自己的好恶，也应知道他人的好恶。这就叫做不出户庭能知天下，是推己及人的见解。"

灵公并没有理解，却也不愿追问，便说："现在天下处于纷乱之时，各以兵力争雄，敢问编列军旅、训练战阵，如何入手？"

孔子说："我只知殂豆祭祀之事，至于行军列阵，没有学习过，不敢乱说。"

灵公正想练兵争雄，听到孔子答称未习军事，大为失望，退入后宫。

退朝后，孔子别过文子，回到住处，心里烦闷，一言不发。颜回、子贡早已看出夫子的心事，都默默地坐在一旁。一心想做官的子张，以为夫子入朝，卫君必任以高位，向孔子说道："卫君素有爱贤之名，决不会屈就夫子。"

孔子不答，子张又说了一遍。孔子向来不向弟子发火，当下向子张含笑说道："你去收拾行李吧！"接着对弟子们说："快去收拾驾车，午饭后我要走了，不许泄漏此事，免得文子来挽留，纠缠不休。"

吃过午饭后，孔子向颜浊邹道谢，谢谢他的盛情招待，并拿出礼物赠送给他。颜浊邹推辞不收，说："卫将军嘱咐我好好招待夫子，现在夫子不辞而行，将军责问我时，我该如何回答呢？"

子路向孔子说道："大丈夫来得明，去得清，夫子现在打算到哪儿去，应该直说，免得我的亲戚受责备。"

孔子说："我打算去宋国，由齐国边界取道而行。"颜浊邹这才拱手送行。

孔子带着众弟子离开卫都，取道向齐国边境前进。从卫国到宋国虽不算远，却也有两三天的路程。途中，孔子口渴，下车找水喝，可是山野间荒无人烟。众人找了一会儿，忽然听到水声潺潺，顺着水声往前走，看见山涧中积有流泉，清澈见底。弟子们正要捧起来喝，不料，孔子在旁喝阻道："这种流泉喝不得。"

子路问："山涧流泉，不含毒质，为什么喝不得？"

孔子指着山上的刻字说："刻名'盗泉'，必是盗贼的遗迹，我们不应该喝。"话说间，看见一个砍柴人从山上走来，孔子向他询问："敢问樵哥，这处流泉为什么叫做盗泉？"

樵夫答道："当年，盗跖洗劫卫国边境，杀人无数，卫将军率兵捉拿他，盗跖逃匿此山中，口渴得要死，找到此泉以解渴，在石上刻'盗泉'二字，永留纪念。"

孔子向子路说："你听见了吗？这是盗跖喝过的流泉。我讨厌这个人，宁愿渴死，也不愿喝此泉之水。"说完，和大家上车赶路。

都是相貌惹的祸

孔子和弟子走了一天的路。第二天，他们经过一片田野时，忽然听到一阵歌声。孔子惊讶地举目四顾，急忙叫弟子停车。

孔子见路旁的田地里有一位老人，须发皆白，大约有一百岁。老人一手携杖，一手在田中拾取冬季遗落下的稻穗，口中还唱着歌。看他快乐的样子，孔子叫停车，对子贡说："老翁这般年纪，依然自得其乐，你去和他谈一谈。"

子贡从命下车，向老翁迎面走去，来到老人身边，轻叹道："您如此高龄，却不颐养天年，在这里唱歌拾穗，难道有什么懊悔之事吗？"

老人不答。子贡连问不止，老人被逼无奈，说："我之林类有什么懊悔的？"

子贡说："您少年不勤于学问品行，壮年不求进取，年老之后没有妻儿为您解除劳累忧苦之情。死期将至，有什么乐趣在路上唱歌呢？"

老人笑答："我唱歌拾穗作乐，你却认为我忧愁，难道你是不懂人生自有乐趣的呆子？我少年不勤于学习，壮年不进取，所以能活到现在。老了没有妻儿为我解忧，死期将至，超然物外，无所牵挂，故而能快乐唱歌。"

子贡说："人人都希望活着，厌恶死亡，您为什么以死为乐呢？"

老人说："死与生一往一返，死于此，怎知不生于彼；人人预测他将死，但他却偏不死，又怎知我今日死，要胜于昔日生呢？"

子贡不解其意，拜别老人而回。他上车把老人的话转告孔子。孔子说："我早就知道值得和他一谈，果不出我所料；不过他的语义很深，尚未说尽。"

子贡问道："此老不像隐士，自称林类，究竟是什么人？"

孔子说："那可是个善于养生，不慕虚荣，隐于田间的高人，谁说不是隐士？"说完，命弟子驱车前进。

这天傍晚，他们来到匡地，在当地一家客栈中投宿。可客栈主人一见孔子就惊慌地去密报匡简子。简子连夜召集壮丁二百多人，各执器具，把客栈围得水泄不通。

第二天，孔子起身梳洗，忽然看见子路怒容满面，手挺长戈，跑进来说："匡人不知轻重，聚众围住客栈，拦住去路，想加害夫子。我虽不能抵挡万人，但对付这些无知的人，还是很容易的。我愿意跟他们决一死战。"

子路说完转身就走，孔子喝阻道："且慢，世上只有仇杀才会出现这种情形。我与匡人素昧平生，前日无仇，往日无冤，他们决不会加害我，其中必有误会。我来弹琴，你唱歌相和。"

接着，孔子命颜回出去询问匡人为什么围困他们，自己取琴而弹，子路唱歌以和。孔子弹的是《文王操》。三曲弹完，匡人已散去十之六七。子路说："此时不走，更待何时？"

孔子说道："颜回还没回来，难道我们弃他而逃不成？"

子路说："等我去找他回来。"话音未落，一队戎装兵士排队闯入。子路急忙取出长戈迎敌，忽见一个文士从队列中走出来，向孔子作揖行礼道："前几天夫子大驾光临敝都，正碰上我因事赴郑。我昨天回都，前去拜见卫将军文子，谈及夫子只停留了两天就不辞而别，前往宋国去了。文子命我率队飞马追赶，无论如何，都必须跟夫子一起回去，还望夫子不要拒绝。"

来人原来是蘧伯玉，平素与孔子相识。

孔子还礼让坐，问道："我听说史鱼在朝廷上推荐过你，灵公不任用；现在经何人推荐，任什么官职呢？"

蘧伯玉答："虽经文子引荐，灵公仍不任用。文子见我家境贫寒，分出一部分俸禄来给我养家。他可称为当世不可多得的贤卿相。他打算自己离职以便为您争取位置，希望您不要辜负他的盛情！"

孔子说："有劳你跋涉而来，我自当回去。"正说着，颜回进来，见过蘧伯玉。孔子问颜回："许久不见你回来，我还以为你死在匡人之手了。"

颜回答："我怎敢死，我去拜见匡简子，详细告诉他夫子的姓氏及籍贯居，才知道众人把夫子误认成阳虎了。阳虎当初逃到宋国，任职于匡地，匡人深受阳虎苛政之苦，个个对他恨之入骨。客栈主人见夫子的容貌和说话口音都和阳虎有几分相似，便误以为是阳虎。现在匡简子已将匡人喝散了。”

孔子这才明白，当即同众弟子登车，随蘧伯玉回卫国，住在蘧宅。灵公以客卿之礼相待，孔子每天与贤士大夫交游，很是投缘。

过了半年，卫国贤大夫史鱼病入膏肓，自知病不能愈，对儿子说：“我在卫国为官，不能举荐蘧伯玉，除掉弥子瑕，是我为臣不能正君。我生不能正君，死就不当成礼。我死之后，移置尸体于窗下，暂时不要大殓。”说完就与世长辞了。他的儿子遵其遗嘱，移尸窗下。百官全都去哀悼他，灵公也前去吊唁。灵公见他家没有举行大殓，很诧异地询问孝子为什么不殓？孝子即以遗言奏明。

灵公失色道：“这是寡人不纳忠谏的过失。”说完，一面命人将史鱼的尸首入殓，停于客位；一面进用蘧伯玉为大夫，并把弥子瑕降职。

孔子说：“古来忠臣谏君，至死方休，唯有史鱼死后尚能尸谏。史鱼可称得上是直臣啊!”

当初，南宫敬叔被鲁定公削职，探知孔子在卫国，带着厚礼来朝见卫君，请求卫君帮他恢复职位。灵公答应了这件事，打算将南宫敬叔送来的厚礼，转送给鲁君，讨个人情，让鲁君批准南宫敬叔回鲁国都城。

文子退朝后去问孔子：把礼献给鲁君，以此送南宫敬叔回国，是否可行?

孔子说：“南宫敬叔因富贵而败，现在又用重礼谋求回国，只怕是后患无穷啊，不如尽散其财以求贫，回国后即可免除后患。”文子称善，便没有送礼给鲁君。南宫敬叔从此追随孔子，在卫国安居。

子贡救鲁

齐国的田常，自从晏婴死后，一直想发动叛乱夺取君位，但又忌惮高、鲍二重臣，便不敢贸然作乱。他听说孔子离开了鲁国，便向齐景公奏请伐鲁。因为他认为兵权在手，将来容易夺取君位。景公准奏，命他训练三军，以备伐鲁。这个消息被在齐国的孔门弟子获悉，密报孔子。

孔子召集诸弟子商议："鲁国是我们的父母之邦，现在田常打算攻打鲁国，我的房舍祖墓将受到战争的灾害，不可不救。我想屈节于田常，以救鲁国，你们谁能够前去游说田常？"

子路请求前去，孔子没有准许；子张请往，孔子也没有答应；子石也请往，孔子还是没有答应。三人退下后对子贡说："夫子打算屈节于田常，我们三人请求前去游说田常，夫子都没有答应。这是你用辩之时，何不去请行？"

子贡入见孔子，请命出使齐国，孔子答应了。子贡立即驾车去齐都，请求拜见田常。田常请他进去，刚坐下来就抢先说："你此次前来，是要阻止我伐鲁吗？"

子贡答道："我随孔子已经离开鲁国多年，鲁国的事与我无关，我是专为将军筹划此事而来。据我愚见，你率军攻打鲁国，想取得成功实在太难，但征讨吴国而建功立业却比较容易。"

田常问："怎见得征讨吴国比较容易？"

子贡说："我听说忧在内的宜攻强，忧在外的宜攻弱。将军三次请封不成，是大臣不听令；鲍、晏战胜以骄主，破国以尊臣，将军无功可言。君恩日疏，却欲与大臣相争，将军不觉得危险吗？"

田常道："你说得不错，不过我先派去的兵车已经快到鲁境了，不能改道，这该怎么办？"

子贡答："这也不难，将军可下令缓进，我去向吴国求救，请吴军攻齐以救鲁，将军可移兵与吴军交战。"田常答应了。

子贡于是南行至吴，入朝向吴王奏道："王者不灭国，霸者无强敌。现在齐国打算攻打鲁国，战胜后便可与吴国争霸，臣私下为大王担忧啊！大王应赶快主持正义，援救鲁国，以安抚泗上诸侯，诛暴齐以服晋，此为大王称雄天下的功业，岂容错过。大王名为救鲁，实困强齐，智者决无疑意。"

吴王说："你说的虽然符合当前形势，不过现在越王养士教民，久有报复吴国的决心。须待我先消灭越国，再移兵伐齐以救鲁。"

子贡奏说："越国偏僻狭小，比不上鲁国，吴国比齐国强大。大王现在想舍齐而伐越，那时齐兵早已伐鲁成功。大王应以救弱存亡的仁义，号召诸侯。若弃强齐而伐弱越，不义不勇，何以显名当世？臣听说勇者不畏难，仁者不欺弱，智者不失时，义者不绝世。如今大王应该留着越国示天下以仁，伐齐救鲁示天下以义，威震晋国。天下诸侯正愁无盟主作保障，若得知大王锄强救弱的威名，必然相继前来朝见。那时，完成霸业，易如反掌。如果大王担心越国会乘虚复仇，臣请求前去拜访越君，令他出兵随大王伐齐，大王可令他当先锋以立功。此乃害越利吴的绝妙上策，请大王明察。”

吴王听完，笑逐颜开地说：“确实是绝妙的上策。但是吴、越两国深仇未解，我得知勾践从会稽回去后，整日卧薪尝胆，誓欲报吴以雪耻，正在养士练兵，希望一战胜吴。他未必肯听你的游说，出兵随我伐齐，到时你怎么办呢？”

子贡答道：“臣得知越君打算用十年时间休养生息以报仇雪耻。现在时间还不够，国势不强，他怎敢不服从大王的命令。倘若他不纳臣言，就请大王先出兵伐越，不怕他不屈服。”

吴王称善，子贡辞别吴王，赶往越国。

子贡在姑苏雇船，从水道赴越，却不能直达越都。走到半路，他舍舟登陆，雇车来到越都，在城外馆舍稍作休息。馆人入朝报告越王称有吴使到此。越王驾车出城，入馆迎候，请子贡上车，并亲自为他驾车。直抵朝门下车，越王请子贡入朝，以上宾之礼接待。

宾主落座，越王问子贡：“大夫辱临蛮夷小国，不知有何见教？”

子贡答道：“我从吴国到此，曾游说吴王出兵伐齐救鲁，以仁义昭示天下，吴王采纳了我的建议，只是担心大王乘虚袭吴，所以要先讨伐越国。我说：‘攻破越国固然可以拿到索偿的凭证，不过尚无仗义救人的决心，只会令人生疑，计太拙；具有仗义救人的意思，使他人预知，计太险；事未发动，先闻于众，计太危。这三项，皆足为举事的祸患！’”

勾践拱手说道：“我因不度德，不量力，与吴国作对，才会受困于会稽。为此，我痛入骨髓，日夜焦唇干舌，苦思与吴王接踵而死，这是我的志愿。如今请大夫告知以利害，使我知道该怎么做才好。”

子贡说：“吴王为人凶残暴戾，无仁厚之德，使臣下难以忍受，国家疲弊，百姓怨上，大臣内变。伍子胥倚老忠谏，吴王却很讨厌他；太宰嚭因嫉贤而进谗，却得宠当朝，这是上天借给越国报复吴国的机会。大王若能发兵激起吴王的伐齐之志，进献重宝取悦他的心，对他言辞谦恭并听命于他，尊敬地侍奉他促使他出兵伐齐，这是圣人所说的屈节以求达的良策。如果伐齐不胜，是越之福，若伐齐获胜，那他就会骄傲起来，必然移兵攻晋。我会北行，请见晋君，让他出全国精兵迎敌。吴军此前已与齐师交战，一定损伤了很多精兵，又被晋国用重兵抵御，一定势弱。大王可趁此机会攻打他们以复仇。”

勾践作揖拜谢道：“我一定谨遵您的教诲，依言行事，决不背信。”子贡临走时殷切嘱咐越君行事以速为贵，担心晚了吴王会按兵不动，养精蓄锐，专与越国为难等等。勾践恭敬地答应着，并亲自送子贡出城。

子贡回到姑苏，朝见吴王复命道：“仰仗大王威望，臣前去拜访勾践，先扬大王德威，再以利害关系说服他，游说他出兵随大王伐齐。勾践已应允此事，近日便率兵来朝听命。”

吴王听了，非常高兴，慰劳了子贡几句，立即回宫，设宴为子贡洗尘。

过了五天，越王派大夫文种带精兵三千前来从征。屯兵于城外，文种先来谒见太宰嚭，说明来意，太宰嚭立即同他入朝。

文种向吴王九叩首奏道：“我主得知大王将率仁义之兵，伐齐救鲁，便尽出越国境内精锐三千人，先派臣统率来朝以听令。我主如今在守国，静候王命，以定行止。”

吴王问子贡：“越王有随寡人出征之意，卿以为如何？”

子贡答：“越国尽出精兵以听令，国内空虚，再让其君弃守从征，与义不合，应令他留守社稷为是。”

吴王接受越卒，谢绝勾践从征。吴王命驾，赴校场阅兵。他带着伍子胥、子贡、太宰嚭同登将坛，先阅本国军队，由左右司马执旗领队。吴国军队自从孙武训练以来，行伍整齐，军令严明，共有左、右、中三军。春秋时的军制，以一万两千五百人为一军。吴为大国，有三万七千五百名兵士，马、步、车三队俱全，当下闻鼓则进，操练得非常认真。

操演完毕，吴王命左司马王孙骆、右司马鱄毅为左右两军元帅，伍子胥为中军元帅，即日出兵，伐齐救鲁。

伍子胥奏道：“伐齐师出无名，要救鲁国不如派使者到齐国，为太子波求婚，再劝齐侯不要伐鲁。齐侯年老，国无良相，决不敢违逆王意，可不费一箭解除鲁难，比出兵强多了。”

吴王向左右司马询问："伐齐、与齐国联姻，哪一桩为上策？"

王孙骆答道："与齐国联姻为上策，臣请求前去齐国为太子求婚，并劝阻齐国伐鲁。如果齐侯拒婚不接受劝告，我们再集合吴越之众伐齐，就不难一战胜齐了。"

子贡只希望达到齐国不要攻打鲁国的目的，而吴国不一定非要攻打齐国，所以对于用什么计策一言不发。吴王立即派王孙骆到齐国为太子求婚，并劝齐国收回伐鲁之兵。

齐景公已经年迈，宫中只有一个爱女少姜，虽不忍远嫁，只因国中没有良将贤相，不敢得罪吴国，只好应允这桩婚事。又命田常收回伐鲁之兵，王孙骆回国复命。

子贡获悉鲁难已解，立即向吴王辞行，吴王说："你说越君出兵助我出征，现在鲁难已解，吴不伐齐，令越兵徒劳往返，未免说不过去吧！"

子贡道："吴、晋有仇，何不派越兵伐晋，如果获胜，便可取威定霸。"说完，不管吴王答应与否，急急告辞出朝，驾车返回卫国。

子贡把游说吴、越两军，和劝阻齐不伐鲁的经过，详细地报告给孔子。孔子说道："伐齐救鲁，是我最初的愿望；让吴伐晋，那是你多言失信。吴若伐晋不胜，岂不要恨你。你的游说口才，可称当世无双，只可惜你喜欢多说，言多必败，古有明训，以后慎言为宜。"

子贡恭敬地应答下来。没过多久，果然吴王亲率中军伐晋，几乎全军覆没，幸亏伍子胥率兵赶去援救，吴王才得以退兵回国。

再说，卫灵公的夫人南子，是宋君的爱女，美艳而放荡。她未嫁时便与大夫宋朝私通。嫁给灵公后，次年即生一子，取名蒯聩，稍长即立为世子。南子非常喜欢美男子，见宠臣弥子瑕姣好如处女，又与他私通。弥子瑕时常入宫与南子幽会，灵公还被蒙在鼓里，仍对弥子瑕宠幸有加。

一天，弥子瑕在南子宫中摘下一枚熟桃，边吃边走，正碰到灵公迎面走来。

弥子瑕没有托词掩饰，把吃过的半枚桃子，塞入灵公口中，说："此桃鲜甜如蜜，臣不忍独吞，特来与主公分尝美味。"

灵公对左右说："弥子瑕对我真是忠心耿耿，吃到一个甜桃，就入宫与我分享，真是时刻不忘君啊！"左右无不偷笑。弥子瑕出入宫中，更加无所顾忌。

不久，蒯聩亲眼看见弥子瑕从母亲寝宫中走出来，便将此事密报灵公，灵公才把弥子瑕降职，并疏远了他。从此，南子觉得寂寞，一天，听说孔圣人在卫国，即向灵公问道："什么叫做圣人？"

灵公说道："无书不读，无所不知，样样胜人一等，便是圣人。"

南子心想，圣人既然样样胜人，容貌必然姣好，渴望一见，便向灵公说："孔子为天下闻名的大圣人，我欲一观容貌，以扩眼界。敢请大王在宫中召见他，让妾得以在帘内观看。"灵公含笑答应，立即派内侍往蘧宅宣召孔子入宫。

孔子以为有紧要国事商议，立即随内侍入宫朝见灵公。南子在帘内仔细打量孔子，只见孔子面色苍黑，颏下三绺长须和鬓发都白得像银丝一样，年纪大约六十多岁。瞧见这样一个老头子，她大失所望，退入后宫。孔子侍立君前，不见灵公询问什么，忍不住说道："主公召臣，不知有什么政事要问？"

灵公仓促召见他，本没打算说话，现被孔子追问，又不便直说南子要见你，转念之间，说道："并无政事，只因天气使人困倦，我打算与夫人出城游览名胜，召你为陪乘同行。遇有不明白的古迹，可以向卿询问，以增长见识。"接着，便传令驾车，请夫人同车出游。

南子退入寝宫理妆更衣，然后走出宫来。灵公早已坐在车上等候，南子上车，靠右坐定，宫卫在前导引，孔子的车随后作陪乘。

出了南城，游览名胜。恰巧蘧伯玉、文子、子贡等也在郊外踏青，看见车驾经过，孔子陪乘相随，三人都惊视叹息。蘧伯玉随口作一歌，教授路旁儿童学唱，一传十，十传百，一时间，郊外的儿童都喜欢唱此新歌调。等到游完回城，孔子在车上听沿途儿童唱道：

> 日暖风和兮，君与夫人出游。客卿充陪乘兮，过市众目昭彰。童子无知兮，不知是敬是亵！又不知同车者是色耶，从车者是色耶？

孔子听后微叹道："可惜的是君之好德不如好色！"

不多时，车驾已抵宫门，孔子辞驾回到寓所，对弟子说："我闷闷不乐地居于此处，已将近一年，却毫无建树，虚度光阴，我打算去宋国。宋国是我的先祖国度，较鲁国更为亲密。我意已决，你们去收拾行李吧！"

不料这一席话，蘧伯玉在隔壁听见，急忙过来挽留。孔子见主人真诚挽留，盛情难却，只好暂且住下。过了三天，孔子接到子蔑派人来报丧，说伯鱼因病身亡，催促孔子回家主持丧事。孔子借此入朝辞行，并向卿大夫们告别。

文子奉君命挽留孔子，孔子说："我只有此一子，他死了我不去主持丧事，于心何忍？请准我告假一年，再来授教。"

文子笑道："假期太长！必须留下几个贤人再走。"孔子只好将子路、子羔留给卫君，自己领其他弟子告辞而去。

丧家之犬

孔子乘车走出卫都，本打算回家为伯鱼主持丧事，继而又想：一旦回到鲁国，鲁君及季氏必然要逼我回去任职，近来鲁政废弛，国势越发衰弱，虽有直臣当国，也难以挽回。与其回家被困，不如慢慢赶路。况且子死不必老父含殓，有子蔑在家，尽可将此事办妥，何苦回去触景生情增加丧子之痛呢！

想到这里，孔子命弟子停车，对冉求说："我决定不回鲁国了，派你回去，帮子蔑办理丧事。事情办完后，你到宋国来找我。如果没有找到我，就问子罕。宋国只有子罕最贤能，平生从不骗人，我相信他决不会欺骗你。"

冉求从命，自驾一车，取道径归阙里孔宅。他见过子蔑，说明来意，帮着办理棺殓（以棺木收殓死者）伯鱼，并择日出殡发丧，遍发讣闻。

到了发丧之日，鲁国卿大夫全都前去吊唁。这时冉求才知道季桓子已患色痨而亡，鲁国由季桓子之子季康子当权。季康子也来吊丧，由冉求招待。

季康子问冉求，孔子现居何国，为什么儿子死了都不回来主丧。

冉求答称："现在在宋国，因为怕回来主丧，触景伤怀，所以命我回来帮着办理丧事。"

季康子说："自我执政，朝中苦无贤士相助，你与我原属旧君臣，应该帮忙，我不许你离开鲁国。"

冉求只好遵命，哪知季康子吊唁完毕，就入宫奏请鲁君委任冉求为右司马，鲁君应允。冉求接到委任令，心想：我本属弃职家臣，一跃成为朝廷大臣，而且司马执掌军事，可以施展才干，何乐而不为。他立即去季氏家，谢过季康子，一同入朝。从此冉求长期在鲁国做官。

孔子在卫都打发冉求回鲁国后，命子贡驾车，出东门，取道向宋国而去。孔子看见有名的相家姑布子卿乘车迎面而来，就向子贡道："你赶快引车避道。迎面来的人，必要看我的容貌，速速避让会省掉很多麻烦！"

话音未落，对面的车马直冲过来，几乎与孔子的车相撞。姑布子卿勒住丝缰，孔子下车正打算快步离去，避他不见。不料，姑布子卿也立即下车，拦住孔子，从头到脚把孔子仔仔细细打量了一遍，又退后几步，遥看了一会儿。孔子索性直愣愣地站着，等姑布子卿问话。姑布子卿问子贡："走下车来的是什么人？"

子贡答道："是我的老师孔丘。"

子卿说："可是鲁国的孔丘？真是久仰大名啊！"

子贡问他："你近相我老师的容貌，远观我老师的身段。他究竟怎样？"

子卿说："你的老师长着唐尧的头，虞舜的目，夏禹的项，皋陶的口。从前面看他，洋溢着王者之相，从后面观他，高肩弱脊，却不像四圣的背形。"子贡听了，懊丧叹气。

子卿又说："我的话还没说完。汗面而不丑，葭喙而不削，远观，形乱若丧家之犬；近看，神全有无穷后福，再细看，晚年绝无富贵可言。令师之相真是太奇怪了，我生平相遍天下人，未有如此形神迥异，判若天渊的。你何必懊丧呢？"说完，上车离去。

子贡将事情的经过详细地告诉给孔子，孔子说："他的话无关紧要，难堪的是他说我似丧家之犬！"

子贡问："丧家犬为什么难堪呢？"

孔子说道："你难道没见过丧家犬吗？敛无椁，祭无器，无人看望。换句话说，就是上无明王，下无贤士，王道衰微，政教失落，以强凌弱，以众暴寡，百姓离心，身当其冲，好似丧家之犬。我怎么敢当！"

说完，大家上车赶路，一路平安直抵宋都东郊。孔子命颜回去见司城子罕。子罕久慕孔子大名，又与颜回是旧交，听颜回说夫子在东郊，请颜回在家稍等，他入宫奏明宋君。宋君听到来报，立刻派大司马桓魋出城迎接孔子等人。

宋国官制以大司马官位最高，桓魋年纪只有三十多岁，面貌姣好，因姿色见宠于君，得以执掌国政。他立即奉命行事，迎接孔子入朝谒见宋君。宋君见孔子老成持重，颇加礼遇。朝拜后，宋君命子罕陪孔子去馆舍中休息。

桓魋恃宠专权，唯恐孔子得君信任，夺了他的官位，早存谗害之心。当日，宋君召集各大臣人宫商议应让孔子担任哪种官职。桓魋奏道："孔子野心勃勃，不是来做官，而是来夺君位的。"

宋君问："怎见得他有此野心？"

桓魋答道："他在鲁国官居大司寇且代理宰相之职，可以说是位极人臣。最后却弃官而逃，就是因为他叛逆的阴谋泄漏，害怕定公将他正法，才出逃的。否则他官至相国，岂肯离国出逃？"

这一席谗言，宋君竟误信为真，命桓魋留心观察孔子。桓魋为此暗自高兴，孔子却全然不知。

第二天，孔子遵礼入朝，宋君对他已心存轻视，有意问他说："我欲使社稷永存，欲使百姓相信我能明辨是非，欲使百官竭力效忠，欲使日月顺应天时，欲使圣贤自来，请问怎样可以随我所愿？"

孔子答道："千乘之君，屈尊降贵向我咨询的有不少，却从没有人像主公您问得如此详尽。主公所希望的，件件可以如愿以偿。我听说与邻国亲近友善，则社稷永存；不杀无辜，勿放罪人，则百姓遇事能够明辨不疑；亲君子，远小人，则百官效忠；尊天敬鬼，则日月顺天应时；崇道贵德，则圣贤自来。"

宋君说："你说得很在理，我不才，哪里能够做到这些呢！"

孔子说："这也并非难事，只须着力奉行即可。"

宋君见孔子说得极有道理，即以客卿的待遇相待，叮嘱他每日上朝，以备咨询。孔子因此暂得安居。

避桓魋

这时，晋国正想凭借兵威称霸，见宋国弱小，打算讨伐宋国。晋君密派大夫韩不信乔装打扮，去宋国探查虚实。正遇上守宋阳门的介夫去世，守城官子罕临吊，抚棺大哭；又探得孔子在宋。韩不信归报晋君说："驻守阳门的介夫死了，子罕临吊恸哭，壮丁无不心悦诚服，且有孔子在宋，怎可伐宋？"

晋君准奏。此事传到宋国，孔子说道："《诗经》云：'凡民有丧，匍匐救之。'可为子罕赋云，韩不信也可称为善于观察的贤大夫。正史官周任有言：'民心悦服之人，弗不轻敌。'子罕的哭泣竭尽哀思，能使晋兵不敢伐宋！贤人的举止如此重要，怎能不谨慎行事呢？"

一天，孔子同众弟子步行到东郊游玩，看见一处尚未完工的石椁，一群工匠都因患病歇工。孔子问他们："这座石椁是谁家的？"

生病的工匠答道："是桓大司马的石椁。他年纪尚轻，不见得会死，却逼着工匠们冒严寒酷暑地工作，还不许停工。做了三年多，还没完成。"

孔子问："石椁的工作怎会如此复杂困难？"

工匠说："桓大司马死后要用许多活人殉葬，他准备骗人从此行走，人踏着机关，墓门立刻下陷，掉下去的人就再也上不来了。这样惨无人道的工作，谁愿意去做呢？"

孔子长叹道："始作俑者，永无后代啊！石椁要建成这样，不如让他溺死水中，葬于鱼腹，免得他祸害无辜的人！"

子贡问："《礼》上记载，丧事不预谋，这算什么呢？"

孔子说："既死议谥，谥定卜葬，即葬立庙，这些都属于臣子之事，不是预谋的。何况自为丧事，可称千古未闻！"

有人将孔子的这一席话告知桓魋。桓魋从此更加把孔子当作眼中钉，下决心非拔去不可，于是密嘱馆人暗察孔子的行动，每天报告两次。幸好馆人在此之前已接到司城子罕的吩咐，要照顾孔子。馆人知道子罕为贤臣，桓魋为佞臣，所以愿意听子罕的命令，保护孔子。

一天，桓魋在朝堂上遇到孔子，故意问："先生在鲁国，官居大司寇，地位不能说不高；又代理宰相之职，鲁君对你信任有加，委以重任。为何在位不能使鲁国富强，扪心自问你能比得上管仲、晏子的功业吗？弃官离鲁，不隐居山林，却东奔西走，向诸侯乞怜，你能比得上伯夷、叔齐的清高吗？你既担有圣人的盛名，请你将此事说明白。"

孔子说："燕雀安知鸿鹄之志，夏虫岂可谈论霜冰。我在鲁国担任司寇之职，专管刑罚。司寇秉礼，使君臣有位，长幼有序，朝廷列爵赏功，制刑罚罪，上下遵守，无敢相违；乡人尊老敬幼，升降揖让，都中规矩；百姓知耻达礼，路遗不拾，请谒不听，执法审案，无私无枉，抑强归田；国中大治，邻国都来参观。这是我在鲁国代任宰相时的做法，想来大司马也有所耳闻！

"至于我弃官离鲁，实因君、相溺于声色，累月不临朝听政，郊祭不分胙，不得已才用此弃官强谏的下策，希望君、相觉醒，远色亲贤，以完成我的志向。我原是宋国后裔，如今返回祖国，当然不能与夷、齐并论。至于管仲能使齐国富强，晏子能够助君守国，都不过是他们在世时才得以实现。现在，齐国的霸业何在？我在位时间短，若能久居相位，不只霸业可成，还可复兴周公的盛治！"

桓魋当着宋君的面，故意责问孔子，本想借机羞辱孔子，不料孔子却侃侃而谈，申辩自己在鲁国的政绩，及弃官离鲁的苦衷。这些都是实话，宋君和几个贤大夫听了也都深信不疑，唯有桓魋冷笑，还想强辞驳问。子罕插话劝道："二位既是同朝为官，应该同心协力，为宋国谋求国利民福，才是正理。何必在这里唇枪舌剑，伤了和气呢？"桓魋对此嗤之以鼻。

下朝后，子罕亲自送孔子回馆舍。孔子微叹道："我离开父母之邦，来到祖国，本想为国尽力，使之强盛，以免被强国并吞消灭。哪知朝中有佞臣，使我无立足之地。因此，我打算离开宋国，在此跟大夫告辞！"

子罕劝道："且请少留，列国和敝国都差不多，只怕夫子劳碌奔波，终究找不到一处乐土。既来之，则安之，希望佞臣失宠去位，夫子即可执掌大权！"

孔子见他诚意相留，只好答应。子罕告辞离去，走出馆门，正遇到馆人迎面走来，愁容满面。子罕四顾无人，便问馆人："你有什么忧愁的事？"

馆人悄悄地说："桓大司马决定杀孔子，叫我监视孔子的一言一行，密报于他，不准我漏泄此事。”

子罕说：“他要有密谋，你一定要先来告诉我。”馆人领命，子罕步行回家。

孔子自从和桓魋争论以后，几天没有上朝，整天闷居馆舍中，无事可做，只好集合众弟子于后园大树下，讲道解闷。

馆人每天把孔子的情况照实禀报给桓魋，却被桓魋逼着入宫向宋君诬陷孔子，说孔子每天都集结弟子在馆园大树下密谋造反，计划先杀司马，再逐君主，自己承袭君位。

宋君见馆人诚实忠厚，就信以为真。立即命桓魋让家卒扮作盗匪，潜入馆舍，把孔子及其弟子一起杀了，事后就推说是盗匪杀的。桓魋领命，带着馆人出宫，约定第二天行事。

馆人偷偷去子罕家，将此事据实以报。子罕听了，心想：放走孔子不难，只是担心桓魋因此归罪于馆人，把他杀了。只有将馆人调去守卫宋阳门，才能保全他的性命。做好打算后，子罕写了一封密信，交给馆人，让他带给孔子，并嘱咐他待命，到时会调他守城门以避害。

馆人叩谢而回，将密信面呈孔子。孔子与众弟子一同看过信后，子贡取火毁掉此信。为了掩人耳目，孔子照常到大树下讲道，直到傍晚，才入室就餐。而馆人也在中午之前奉司城命令，调充宋阳门卫士。

孔子于黄昏时分与众弟子一起扮作商人，命公良孺、颜刻驾车，装载行李，先行出城等候，孔子同颜回、原宪步行出城，还有一群弟子远远随行。

他们到达宋阳门时，正遇到馆人当值守门，孔子同众弟子得以安然出城。没过一会儿，馆人从后面赶上来，对孔子说：“明天桓魋见夫子已经逃走，势必向我问罪。那时我就性命难保了，希望能与您同行。”孔子叫他随车同行。

借着月色，众人赶了数十里路，才投店住宿。孔子因为自己尚无安顿之所，打算将馆人推荐给子路。当晚，他写好信，交给馆人，让馆人带信去卫国，求见右司马子路。馆人把信藏好，第二天径直去卫国求见子路。

孔子黎明起床，命颜刻等人驾车及早登程，向陈国取道而行。

桓魋欲害孔子，于昨夜就秘密嘱咐家卒队长向正：“我奉君命暗杀孔丘，以避害贤之名。他每天拂晓起床，与弟子们在馆舍后园的大树下煮茗清谈。你带领二十名家卒，乔装成盗匪破墙而入，把孔子及他的弟子与馆人一并杀了，再回来领赏。不得有误。"

向正领命退出，选了二十名精兵，稍作休息。等到鸡叫三遍时，就各执利器，由便门出去。向正领队，走至馆舍后园墙前，用镔铁錾钢矛刺倒一角园墙，率众人从缺口处冲入。

时值晓雾迷漫，向正朝大树下张望，看到好像有人聚集在那里，就喝令众人砍倒大树，见人即杀，多一颗脑袋，多领一些赏赐。家卒一拥而上，把一株生长一百多年的大树，用乱刀砍断。树倒了却不见有人，向正以为天色尚早，孔子还没起床，急忙带领部下奔入屋中。进屋后，只见人影全无，行李也没有一件，他立刻转身退出，寻找车马，也没有了。向正顿足道："看样子他们已经逃走了！这必是馆人放走的，我们砍了他的脑袋去交差。"

说完，一起冲入馆人的住处，发现也是人影皆无。他们把整个馆舍搜查了一遍，空无一人，只好空手回去交差。

孔子赶早登程，为防桓魋发兵追杀，所以在路上也不敢耽搁，命弟子策马疾行。赶了五十多里路，时已过午，大家又饥又渴，子贡站在车厢上向后瞭望，不见有追兵赶来，便对孔子说："人和牲口都饥渴了，还是稍微歇息一下再赶路吧！"

孔子说好。可是经过的都是乡村，只好将就着在乡村客店前停下，大家下车后，进店里坐下，吩咐店家将可口的饭菜端上来。此店的饭菜倒也别具风味，大家都能吃饱。

吃完饭，付过钱，孔子正准备上车，子贡说："且慢，拉车的几头牲口还没有喂料呢！"

说着，他叫店家去置备饲料来喂马。孔子同颜回、子贡在村中散步，赏玩野外景致。经过一处桑园，见有一个中年妇女在园内采桑，衣饰整洁，不像农家女，孔子对颜回说："采风问俗，是作客行路的惯例。你何不去和采桑女谈一谈，看看此地的风俗怎么样？"

颜回走到采桑女跟前，毕恭毕敬地说道："南枝窈窕北枝长，园中采桑冒骄阳，能否吐丝难预卜，何苦辛苦为蚕忙？"

采桑女听他是鲁国口音，又是一身士人打扮，便问："你是鲁国人吗？到这儿做什么？"

颜回答道："我随夫子孔丘去见陈君，路过贵地泄庄，在此歇息，因等马喂料，散步至此。"

采桑女说："孔子号称大圣人，游陈见嫉众朝臣，九曲明珠穿不得，回来问我泄庄人。"

颜回把采桑女的话告诉孔子，孔子说道："这妇人必是士大夫的家眷隐匿田间，靠蚕桑以自给。"

颜回问："夫子怎见得她出自官家？"

孔子说："听她的言辞，就可知她的出身了。"

这时马已喂饱，孔子同众弟子登车继续赶路，在路上没有再耽搁，直到陈都。陈大夫贞子官居司城，又称司城贞子，与孔子本是旧相识，所以孔子命子贡奉师命先去拜见贞子，说明孔子不得志于鲁、卫而到此参观。贞子一向敬重孔子，听说他亲自拜访，急忙同子贡在半路相候。见到孔子后，与孔子拱手招呼，并将其接到家中，竭诚招待，下榻相留。

贞子入宫朝见陈惠公，把孔子介绍给惠公。惠公平时就钦慕孔子是当世圣人，不敢怠慢，令贞子驾车，亲自来拜访孔子。

走到半路，听行人说，鲁司铎家发生火灾，整个家都被烧毁，连宗庙也化为灰烬。惠公抵达贞子家，孔子得到来报，说陈侯驾到，急忙同众弟子到门外拜迎。惠公以上宾之礼相还，由贞子引入正厅，分君臣坐下。彼此说了几句闻名仰慕的话后，惠公问道："我来的时候，听路人说，鲁司铎家毁于火灾，延及宗庙。不知是哪一代的宗庙？"

孔子答曰："想来必是桓公、僖公之庙。"

惠公问："你怎么知道？"

孔子说："礼制，祖有功宗有德，不毁其庙。说到桓僖之亲，至今已尽，又无功德可存其庙。鲁人即使不毁它，天灾也会殃及它。"

惠公半信半疑，与孔子随便畅谈了一会儿，托贞子用上宾礼款待孔子，随后回宫。

第二天，孔子入朝谢礼，惠公问治国之道，孔子详细对答，惠公连连赞赏。正在这时，忽然，有一只鸟落在庭院中的树上，片刻之间坠地而死，一支箭穿过了它的身体，大约一尺八寸，内侍捡起箭递给惠公。

惠公问孔子："此箭不像是当世所做，不知出自哪里？"

孔子答："此箭来历久远，是周初肃慎氏的贡物。考武王曾派使者去九夷百蛮，命他们各以本地产物进贡。肃慎氏进贡石制的箭头，长一尺八寸。武王想将此事昭显于后世，就在箭头上刻六个字：‘肃慎氏贡楛矢。’分赏大姬配胡公而封于陈，古代圣明的君主把珠玉分给同姓之人，表示亲近；把贡物分给异姓之人，要求服从。请君上派人到旧府查看，可证实臣所说。”

惠公立刻派人入库检查，果然找到同样的楛矢。

陈惠公见孔子能知贯穿飞鸟之箭为远方贡物，对他颇加礼遇。过了数日，正好有鲁国使者到来，惠公问使者鲁司铎遭火灾，殃及了哪一代宗庙。鲁使答称是桓僖二庙。

惠公向子贡说：“我今日才知圣人的确难能可贵。”

子贡说：“只知道圣人可贵，仍属无益；能委以重任，使他能够实践自身所学，教化民众，才叫可贵。”

惠公点头，此后凡遇大事及任免官吏，必向孔子咨询。那些佞臣害怕自己地位不保，于是常常在惠公面前恶言中伤孔子。

安居陈国

一天，佞臣伯专向惠公奏道：“先君灵公遗留的一颗九曲明珠，贯线断落，如今无人能将它穿好，便久藏于宝库。臣听说孔子是万能圣人，主公何不让他穿珠，供大家赏玩。”

惠公准奏，宣召孔子入宫，命司库取出九曲明珠，交给孔子说：“此珠无人能穿好，有劳你用最细韧的丝线贯穿，以便我赏玩。”

孔子随口答应，接到手中。细观那一颗珠子，在蚌胎中原孕九粒，饱满得像要裂开，却又未曾分颗，被人取出，以人工雕琢成一颗九曲巨珠，古时经巧匠钻有弯曲眼，穿上线。只因年代久远，穿丝断落，至今无人能穿。孔子仔细看了看，也想不出办法，顿时又想起路上采桑娘说过“九曲明珠穿不得，回来问我泄庄人。”孔子想，采桑娘既出此言，必知穿法。

转念之间，孔子对惠公说：“穿丝未备，容臣将此珠带走，三天后送还主公。”惠公应允。

孔子拿着珠子回到寓所，向子贡说明奉命穿九曲明珠之事，说：“我实在无能为力，你快去问来时在泄庄遇见的那个采桑娘穿珠之法。”

子贡奉命赶往泄庄，打听到采桑娘的家，前去求见。他见采桑娘的家中只有一个老妇人，就向那老妇人询问采桑娘是否在家。老妇人说无人在家。说完，拿出瓜来说：“天气炎热，你路途辛苦了，请吃瓜，聊以解暑。”

子贡剖瓜而食，顿然悟道：“赠我以瓜，‘子在其内’。请出来一见，因有要事求教，望勿避面。”

采桑娘含笑出来相见。子贡正容行礼，问道：“我夫子奉陈侯命，穿九曲明珠，不知怎样穿，特命我来求教。”

采桑娘答道：“以蜜汁润珠眼，以细韧蚕丝粘蚁尾，把它们一同放在匣中，密盖静置，过上一夜蚂蚁必能引丝穿珠。”

子贡以礼相谢，并问她姓名。采桑娘说：“我是泄冶的孙女，希望你不要泄漏出去。”

子贡谢别而回，将采桑女的话转告孔子。孔子如法炮制，静置一夜，果然穿好。孔子叹道：“唉！我的智慧竟不如采桑女，真是徒有虚名！你可曾问明她的出身?”

子贡说：“问过了，她自称是泄冶的孙女。”

孔子长叹一声道：“原来是忠臣后裔，怪不得有如此过人的才智。”

子贡问：“我知道泄冶曾是陈灵公的司库，所以他的家人知道库中藏有明珠。泄冶因见灵公与夏姬私通，又同国卿公然淫乱于朝，即以忠言直谏，最后被杀。他的死节与比干劝谏纣王被杀的节义相同，可算得上仁吗?”

孔子说：“两人身份地位不同，岂可同日而语！比干与纣王亲为叔侄，官居少师，想保护国家，使之长存，才拼死犯颜直谏，希望自己死后纣王能悔过向善，这是大臣杀身成仁的忠节，所以万古流芳。至于泄冶与灵公，不是骨肉亲戚，官位仅居大夫，眼见君、相公然淫乱，国事已没有挽救的希望，他还不思急流勇退，作明哲保身的打算，却想以卑官直谏，挽回国君的昏淫，虽死无益，只能说是固执，不能称为仁。《诗经》云：‘民之多僻，无自立辟。’这个说的就是泄冶的行事呀。但是陈灵公时的卿大夫，若人人都能像泄冶一样，灵公岂敢公然淫乱?所以我称泄冶为忠臣。”

说完，孔子捧珠入宫进呈。惠公嘉奖了他几句，孔子就返回寓所去了。

陈国的佞臣，依然常在惠公面前进谗言诋毁孔子，无奈孔子位居客卿，只和司城贞子等贤臣来往，因而惠公对他颇加礼遇，所以能够在陈安居三年。

卫国的卿大夫几次派使者来邀请孔子，孔子因为在陈没有发展的希望，便同众弟子谢过惠公及诸大夫，驾车回卫，仍住在蘧伯玉家中。蘧伯玉力荐于朝，灵公因没有合适的位置给孔子，仍以客卿之礼相待。

一天，子路来见孔子，说："昔年夫子信中嘱咐我关照的那个馆人，看守了三年馆舍，人极为忠实，可惜他今天死了！"

孔子听了，长叹道："若没有馆人拼死相救，我早已死在桓魋手下了！如今他先我而死，我得去吊唁。"

接着叫人购置吊礼，同众弟子去吊唁馆人。孔子亲自为馆人上香献酒，抚棺三号，然后大哭。

子贡劝道："夫子年高，过度伤心，只怕伤身体。"

孔子止哀拭泪，命子贡解驾车之马赠给死者家属，嘱咐他们将马变卖了，用卖马的钱办丧事，并说："本当赠送厚礼，帮他们办丧事，只因作客囊空，不得已解马相赠，聊表我心。"

子贡说道："我随侍夫子多年，见夫子遇到亲友丧亡，不曾有所赠礼；如今解马赠给馆人，不嫌不合礼仪吗？"

孔子说："为人送终不当酌礼，只问哀思与情谊。我受到馆人的恩惠，比亲友还多，因而抚棺落泪，哀伤不已。我解马相赠，尚嫌微薄。你们也受过他送信脱险的情谊，虽无赠礼，也应拜谢。"

子贡同诸同门依次向馆人灵前跪拜行礼，行完礼后，随夫子回到寓所。当时，晋国的赵氏家臣佛肸，原为中牟宰，忽然据邑谋反，素闻孔子大名，专诚派人带厚礼、书信到卫国，求见孔子。

孔子看完信件，心想："我到陈、卫皆不得志，不妨暂且到中牟去。佛肸若是当世俊杰，也可共图尊周攘夷等事业。"便命来人先回去，回复佛肸说，三日之内去中牟，如果三天之内没到，就不必等了。来人应命告退，正碰上子路来问安。子路盘问来人，知道是中牟宰所派，也知道孔子要到中牟去，辅佐佛肸谋反。对此，他非常诧异，急忙入室，问孔子："我听夫子说，亲近之人做坏事，君子不入其党。现在佛肸据中牟造反，夫子打算前去帮他，这算什么呢？"

孔子说："是啊，我说过这几句话，不过我也说过，君子坚如金石，磨不薄、染不黑。所以无论到什么地方，都可以保持他的本色。我不是匏瓜，可以常挂在一处不吃东西！”

子路说：“夫子离开宋国来到陈国，三次返回卫国，大道终不能行，确实用心良苦，好像饥饿之人慌不择食。但是我知道佛肸跟阳虎是一类人，我还听说阳虎也在晋国，就是他教唆佛肸谋反的。这等小人，夫子怎能和他共图大事呢？”

孔子问：“你说的是真的吗？”

子路答道：“我怎敢欺骗夫子。如果夫子不相信，请先派人到中牟去查明此事，然后再亲自前往，以免后悔。”

孔子派公良孺前去调查。公良孺回来报称：“佛肸残暴不仁，中牟百姓都不依附顺从他。我还听说赵鞅编练三军，即将伐卫，吓得佛肸不敢谋反了。”

孔子付之一叹，就把赵鞅打算来伐卫这件事告诉了蘧伯玉。孔子准备去见赵鞅，劝其不要攻打卫国。蘧伯玉为防孔子一去不回，便说：“请等我派人致函给故友史黜，托他游说赵鞅不要伐卫；如果没有成功，再劳驾夫子。”

孔子同意了。蘧伯玉立即修书，命心腹之人去晋国谒见大夫史黜，呈上书信。史黜拆阅后，对送信人说：“你回复相国，就说有我在晋国，决不让晋军渡河。”送信人拜谢他后，回国复命。

赵简子，名鞅，是晋国四卿之一。晋国本设有六卿，同掌朝政，自从范氏、中行氏灭亡后，只剩下智、赵、韩、魏四卿，瓜分晋地，各据为封邑。

赵鞅有子数人，相貌都不俊美，身材都不魁梧。一天，著名相面家姑布子卿到晋国游览，赵鞅将他请到家中，让他先给长子、次子相面，姑布子卿说：“他们都不能继承大业。”赵鞅闻言，垂头微叹。子卿正打算告辞，看见一个幼童在庭院中骑竹马，相貌酷似赵简子，便问道：“这位可是令郎吗？”

赵鞅答：“他是我的小儿子赵无恤，贱婢所生，更不值一提了。”

子卿说：“人生贵贱盛衰，不限于出身的高低，全凭骨格面相而定。这位公子相貌不同于诸公子，让我看一看。”

说完，把赵无恤的面貌骨格细看了一番，向赵鞅说道：“他将来的功业名望，能够胜过祖辈。”

赵鞅听了此言，立刻厚赠姑布子卿，并亲自送他到檐下。这时史黜受了蘧伯玉之托正好来见赵鞅，开口便问赵鞅训练三军是不是即将伐卫。

赵鞅纳贤

赵鞅答道："是啊，我想发挥晋国的威力，就不得不先讨伐卫国。"

史黜说："管仲辅佐齐桓公时，多次会盟诸侯，却不以武力使他们屈服，因此各国无不心悦诚服。扬威称霸，当行仁义，禹汤得天下就是先例。况且卫与晋为近邻，它可以作晋的屏藩，理应与之交好，以作外援。若兴兵结怨，分明是自绝外援，愚意以为不可。"

赵鞅沉吟了一下，说："卫灵公放任南子秽乱宫廷，他不能治家，岂能治国？只怕晋不伐卫，却被别国捷足先登了。若是这样，该如何是好？"

史黜请求去卫国探察虚实，赵鞅应允了此事，限一个月为期。史黜领命回家，更换商人服饰，径直前去卫国。过了半年，才回来复命。赵鞅见面问他："大夫为什么逾期五个月才回来？"

史黜说："卫君毁誉参半，我不得不详细访察。我见卫国卿大夫持躬行政，过了半年，方才明白卫国有贤臣蘧伯玉为相，史鳍为大夫，孔丘为客卿，且有孔门贤士子贡、子路等仕卫，颇得卫君倚重，这就是《易经》上说的：'涣其群元吉。'——有许多贤臣辅佐是吉兆，不可以欺侮。怎能兴兵讨伐呢？"

赵鞅听了，按兵不动，只管训练士卒，巩固势力，欲夺君位为己有。他独自思量："以臣弑君，那是篡逆，必为公论所不容。以前赵穿弑灵公，只因我先祖赵盾出逃未曾离开国界，而被史官董狐据实书写为赵盾弑君。我现在的官位，与先祖相同，想做弑君夺国的大事，必须先杀掉国内有名的贤人，再除掉国外负天下重望的名人，那时，我就可以肆无忌惮地做我想做的事。世人都怕祸及己身，不敢直接揭开我叛逆的阴谋，这样可免我在史册遗臭。欲图富贵，只好昧着良心去干，顾不得什么天理和阴德了！"

于是，赵鞅留心观察国内贤士，当推鸣犊、窦犨、舜华为最；负天下重望的，只有卫国的客卿孔丘。“我若把这些人杀了，那么，晋国可图，天下人也都会禁若寒蝉。”他打定主意，即日征用舜华、鸣犊、窦犨，委以要政。过了几个月，他以耽误要政为罪名，将这几个人一并处死。

赵鞅派人去卫国，用厚礼征聘孔子来晋国相助。孔子本来就想到晋国去，恰巧赵鞅派人征聘，正合己意，便收礼应允了此事。孔子立即同子贡等人驾车登程。孔子担心蘧伯玉挽留不放，没有亲自前去跟他辞行，只留下一封信，托子路代辞。

子路得知孔子已经动身去晋国，急忙骑马去追。他追上孔子后，说：“我听说赵鞅贪得无厌，居心不良，夫子岂能与他共事？和我回去吧，我愿和蘧相国离职以保夫子担任右相，如何？”

孔子拒绝：“我去心已决，你不必多说，回去在君、相前代我婉言辞谢吧。”说着，驱车而行。子路只好回城，代师辞行。

孔子等人一路乘车前行，抵达河上时，腹中饥饿，便同子贡等下车进客店中歇息，马匹有人带去喂料。孔子正和子贡等围坐吃饭，忽然来了一个不速之客，径直走到孔子面前，行礼问道：“夫子怎么在这里歇息，莫非要到晋国去吗？”

孔子见是门下弟子申绩，就招呼他一同入座吃饭，说：“是啊。赵鞅特派专使来召我，我不得不去晋国一趟。子路曾说赵鞅贪暴不仁，你是晋国人，现在刚从晋国来，见闻必广，赵鞅的为人究竟怎样？”

申绩答道：“窦犨、鸣犊、舜华三人，都是晋国洁身自好的君子，赵鞅因他们是贤士，各任以要政。没到一年，三人都被他杀害。近来赵鞅练兵结党，若有人在背后议论他的不是，过不了多久，就会大难临头。所以晋人听到有议论他的话，都掩耳避开。我听说的只有这些了。”

孔子听了这一席话，兴致索然，一语不发。吃完饭，付过账，申绩告辞。孔子踱步出了客店，直走到河边，望着河水叹道：“美哉水，洋洋乎，我之不渡此河，殆命也夫！”

子贡问：“夫子为何作此歌？”

孔子说：“窦犨、鸣犊、舜华，都是晋国的贤大夫。赵鞅未得志时，靠这三个人辅助，才能够成名。现在得志了，竟然以怨报德，杀死他们。我听说‘刳胎杀夭，则麒麟不至其郊；竭泽而渔，则蛟龙不潜其渊；覆巢破卵，则凤凰不翔其邑’。这就叫做物伤其类。鸟兽见了不义，尚且知道回避，何况是人呢！”说完，命子贡不要渡河，调头而行。

到达邹邑，天色已晚，孔子等人投客舍安歇。当天晚上，孔子作槃操(琴曲名)，弹琴而歌，以寄哀思。

第二天登车欲行，子贡问道：“夫子现在打算去哪儿？”

孔子说：“卫国的卿大夫待我不薄，本打算返回卫国，但我不辞而行，只过了三天，又不招而回，自己觉得很没有面子，不如先去郑国走一趟。子产掌权数年，能够以一小国，夹在晋、楚两个大国之间，不但没有灭亡，而且还不曾遇到战祸。我要去看看他的政绩。”

子贡应命，驱车前行。到中午时，人马都觉得饥饿，但附近并无客店可歇息，只好在树林中稍稍休息一下，解开马，让它去吃草，大家取出干粮充饥。不料，马跑到田里，吃了人家的庄稼。农人看见，很生气地赶了过来，将马牵走。子贡在树林中望见了，急忙跑过来，向农人行礼说道：“对不起，我们的牲口误食了您的庄稼。幸好吃得不多，请把牲口还给我吧！否则叫我们怎么赶路呢？”

农人对他置之不理，只管带马而去。孔子对子贡说：“你用谦恭的言辞向愚民求情，就好比以太牢的祭礼方式享野兽，以九韶的乐曲引飞鸟，怎能有效？这是你之过错，不能归罪于农人。”说着，又命养马的人去索要。

养马的人过去对农人说：“我在东海耕作，打算去西海。我的马驾车至此，都快饿死了，放它吃一点儿路边的庄稼以求生，也是常有的事。你快还我的马，否则车上的六七人，就跟你去你家吃饭。你若吝啬，不尽地主之情，使那么多人饿死在你家，还怕你不偿命吗？”

农人听了，吓得目瞪口呆，忙将马交还。养马人将它带回来。孔子含笑上车，一路平安直抵郑国。离郑都城只有五十多里时，孔子叫子贡驾车先入郑都，查访风俗禁令。

孔子同一群弟子在后步行，直到太阳将落，才到达东郊门外，等候子贡。子贡却在南、西两门寻找，逢人便问可曾遇见鲁国的孔丘，一人答道：“东门有一个士人，身长大约九尺六寸，长着一双圣贤一样的眼睛，阔额高颧，头似唐尧，颈似皋繇，肩似子产，自腰以下，不及禹者三寸，好像丧家之犬。”

子贡听了，急忙向东门赶来，遇见孔子，即以路人之语相告。孔子含笑道：“像尧皋、子产，我未敢自信。不过，以前姑布子卿曾说过我像丧家之犬，现在又有人这样说，究竟像不像呢？”

晚上，孔子带着弟子暂时住在沙丘家，主人殷勤招待，非常周到。

孔子笑着对子贡说：“这里的主人和你是同行，也是个辩士。”

子贡问：“夫子怎么知道他是个辩士？”

孔子说：“你看他双目流动，鼻孔空大，唇皮浅薄，走路时，高抬脚，深踏地，衣服宽大，健谈不倦，怎么不是你的同行呢？”子贡拍手大笑。

访子产

第二天一早，孔子带着子贡前去拜访子产。子产正在梳洗，守门人进来禀报说鲁国孔丘请见。子产慌忙站起身，来不及挽头发，便一只手握着头发，举步出迎。他将孔子等接入客室中行礼坐下后，一边传人替他挽头发，一边对孔子说：“我久慕夫子大名，门下贤士三千，堪称古今第一师表。我早就想拜为夫子门下，以成就雄才大略，只恨政务缠身，不能摆脱，有愿难偿。如今夫子大驾光临，令我高兴至极。希望夫子不吝赐教，我愿成为您门下的一名弟子。”

孔子说：“相国这样推崇，让我羞愧得无地自容。我现在是失林之鸟，连年寄居异地，寝食难安。以前，我听众人说，贵国有个贤能的宰相，周旋于晋、楚两个大国之间，能使郑国没有战事，君臣和睦，万民安乐。我特地前来拜访，以扩展见闻。今承蒙您称赞，怎不令我汗颜呢？”

子产说：“大家推心置腹地谈谈吧。我代任宰相之职，将近十年了，虽然能够不使强国来攻，不过事晋事楚，都徒劳无功，而且国小兵微，全无发展的可能。本不敢妄动干戈，遇到晋、楚有命征伐他国，也不敢不遵命出兵，因此很恼恨！请问夫子有没有处理此事的好办法？”

孔子听了子产的一席话，从容地说：“国家的存亡兴衰，不限于疆域的大小。成汤居亳，地仅七十里；文王居丰，武王居镐，地仅百里。他们起初的处境，也和贵国相似。自己虽无侵伐他国的野心，一旦上国有命，令伐他国，也不敢不出兵。后来却能够统一天下，诸侯无不心服，前来朝觐。相国何必恼恨呢？”

子产问："敝国虽不敢希望有汤、武那样的大业，但是夫子既然说我们处境相似，敢问汤、武用什么方法侍奉上国，最终统一天下的？"

孔子答道："总而言之，不外乎修德以待天时，举贤以佐国政。成汤得到伊尹，知道他是才德超群的人，委之以国政，完成驱逐夏桀并建国的大功。文王访贤于渭水，起用太公望为相；武王继承父业，完成兴周灭纣的伟绩。桀失天下，只因为残杀忠良。桀杀关逢龙，纣杀比干，天下贤士，裹足不前，国遂灭亡。我历观古史，凡能倚重贤相的君主，国必兴盛；贤奸不分的君主，国必混乱；宠奸害贤的君主，国必灭亡。至于以小国侍奉大国，除了恭顺之外，别无他法。相国在位多年，能使两个大国不对郑用兵，已经尽力了，还有何求呢？"

子贡插话道："齐国自晏婴死后，国无贤相，齐景公以垂暮之年，尚能勉力维持，是不是靠晏婴的遗谋呢？"

子产说："我认为齐景公晚年无贤相佐治，不致被强国灭亡，这不是晏婴的遗谋，而是管仲以仁取信，多次会盟诸侯的余威没有泯灭吧？"

孔子接言："是啊，齐国有三贤并称，就是鲍叔、管仲、晏婴三人。一般人都称管仲有大功于齐，推居三人之首，我却认为以天生的次序，当推鲍叔居首。鲍叔担任宰相的时间虽短，因知管仲的才能在己之上，力劝桓公不要记射钩之仇，且自己愿以相位相让。这种公而无私的大度，的确古今少有。"

子产问："夫子为鲁国大司寇，兼任宰相之职，鲁侯倚重正盛，为何弃官而到卫国去呢？"

孔子说："只因君上血气方刚，溺于声色，荒于朝政。我多次直谏不听，讽谏也不听，不得已弃官以行降谏，希望鲁君觉悟召还。不料走了两天，出了国境，仍不见追骑赶来，我只好到卫国去访友。"

子产又问："忠谏共有几种区别？"

孔子答道："忠臣谏君，共有五种：一是详陈事理，正言进谏，叫做谲谏；二是不用饰辞，愚戆尸谏，叫做戆谏；三是降低身份，弃官以谏，叫做降谏；四是秉着忠心，直言犯谏，叫做直谏；五是借事作譬，婉言避害以谏，叫做讽谏。"

子产说道："听了您的话，我茅塞顿开，不过五谏的用法，还请明示。"

孔子说："这个要根据君主的度量来行事：仁德的行谲谏，长厚的行直谏，荒淫的行降谏，顽固的行戆谏，英明的行讽谏。"

孔子又给子产举了个例子：

楚昭王准备去荆台游猎，司马子祺忠言直谏。昭王为此非常生气，将他叱退，只管传令备车出游。令尹子西稽首称贺道："荆台为名胜之区，当此暮春天气，花草争妍，鸟兽丛集，正是大好的游猎时期，岂容错过！"

昭王大喜，用手拍拍子西的肩膀说："我与你同游共乐怎么样？"

子西称谢王恩，乘马护驾出游。

大概走了六七里，子西忽然勒马命车驾暂停，接着向昭王奏道："臣欲言有道，不知大王肯不肯听？"

昭王说："你说。"

子西奏道："臣听说为人臣而忠事君上的，爵禄不足以赏；谄谀君上的，刑罚不足以诛。司马子祺谏阻出游，实为忠臣；像臣这样劝君王出游，实是谀臣。愿王赏忠诛谀，整饬纲纪，使佞臣不敢再以游乐来蛊惑君王。"

昭王说："司马子祺确实是忠臣，不过只能谏阻我。我的后世子孙若去游乐该怎么办呢？"

子西又奏道："禁止后世子孙去游乐，极为容易。大王千秋万岁后，遗命在荆台上修建陵墓，那么后世子孙，必不忍游猎于父母墓前取乐。"

昭王纳谏，于是不去荆台游猎，传命回宫。子西可称是善用谲谏的大臣。

子产听了这一席话，非常佩服孔子，用猪肉、羊肉宴请孔子，并邀一群贤大夫作陪客，直到傍晚才尽欢而散。

孔子回到寓所，子贡问他："子产与夫子一见如故，跟晏婴的善与人交相似。推究两人所持的政见，夫子和他俩结交的原因是否相同？"

孔子说："子产治理郑国，施德于民，是百姓的惠主，而且是个博物家；晏婴治理齐国，显君于世，是个有胆略的忠臣。为人处事，恪守恭敬，两人不相上下。故而我都以兄长之礼相敬。"

子贡又问道：“士族和庶族出仕做官，是不是以安贫乐道为高尚，以屈节求伸为卑下？”

孔子答：“以前，子路也曾问过这样的话，你难道忘了吗？士人立身处世，随本性而定。不慕虚荣的，视富贵如浮云，处贫贱而常乐；以天下兴亡为己任的，对于自己，可屈则屈，可伸则伸。识时务者为俊杰。大丈夫立身处世，当凭性情际遇而定，不可以过于拘泥。”两人谈论了一番，各自休息去了。

第二天，子产来回礼，并请孔子去馆舍居住，以上宾之礼相待。从此，孔子每天与几个弟子出游名胜。无官一身轻，孔子倒也觉得心情舒畅，所以子产两次请他同朝为官，他坚决辞谢了。

子贡问孔子：“夫子久抱匡辅君主、施惠于民之心，子产又是贤相，为什么不愿意在郑国做官呢？”

孔子说：“郑国弱小，屈服于晋、楚权威之下多年。子产执政多年，尚难力图自强，我有什么才能可使郑国富强！不如以闲散之身，在此暂住，反倒觉得安适。”子贡不再说话。

晋平公将在平丘会盟诸侯，子产奉君命随行，快则两天，迟则三天。子产向孔子辞行。

孔子答道：“相国请行，我在此等你回来。”子产辞别孔子入朝，随侍郑伯驾车至平丘。

平丘会盟由晋平公担任盟主，赵鞅为相。赵鞅生性贪婪卑鄙，他命阳虎登坛，查收各盟国所献的贡赋。各国不相上下，唯有郑国最少。

赵鞅接到阳虎的报告，责问郑伯为什么郑国的贡赋比其他各国少。

子产代为回答：“天子确定献贡次序，列尊卑以五等爵位为次序：公爵封地最大，贡赋也最重，侯爵次之，伯、子、男为最轻。这是周朝的定制。位卑而贡重的，只有域外诸侯。寡君郑伯，始封男爵，后因有功，改封为伯。现在想使郑跟公、侯的贡赋一样多，不但承受不起，也有违定制，所以不敢从命。”

赵鞅执意要他增加，子产不同意。两人从正午争论到傍晚，赵鞅拗不过子产，只好罢了。

子产保护郑伯回国，子贡听说子产在平丘争贡得理，便将此事告知孔子。孔子说：“子产此行，能知立国的基础。《诗》云：‘乐只君子，邦家之基。’可以转赠子产。能够在坛坫（会盟的坛台）间，分辩贡事的轻重，不失为守制达礼的良相。赵鞅虽贪，也拿他没办法。这就叫以礼服人。”

一天，郑大夫鬷明来拜访孔子，见面就长叹道：“我想替相国子产止息谤言，请求废除学校。不料，相国不认可，这岂不是笑话！”

孔子问道：“怎么回事，你详细说来。”

鬷明说：“本国各地都有乡校（古代地方学校），用以教育子弟。哪知地方人士都聚在学校里，妄议朝中行政的得失。因此我请求废除乡校，以制止毫无根据的话。不料子产说：‘何必要废除乡校呢？地方人士朝夕入校游览休息，议论执政的人好不好，这是有益于国家的事情。他们认为好的，我就尽力奉行；他们认为不好的，我就改正，怎可废除学校呢？我只听说过奖善以去怨，未曾闻立威以防怨。防怨犹如防水，大决所犯，伤人必多，不易挽救，还是小决可以疏导它。我愿意听乡校议政，也就是这个道理。’子产所言如此，夫子以为合适吗？”

孔子说：“此乃仁人之言。有人说子产好行小惠而不仁，我不相信。”

鬷明气得一言不发，拱手而去。

从此，孔子就在郑国逍遥度日。

困于蒲邑

卫相蘧伯玉在孔子不辞而行之后，向子路追问孔子的去向。子路说到晋国去了。蘧伯玉马上修书，差人去晋国寻找孔子。信使在晋国查访了一个月，却毫无收获，只好回来复命。蘧伯玉再命孔门弟子子羔去找。蘧伯玉为什急于将孔子找回呢？

原来，自从弥子瑕被降职后，便不得再随便出入南子宫中。南子不见弥子瑕入宫，就逼着灵公召宋朝来卫国，以兄妹名义，让他留居宫中。

南子和宋朝两人丑闻远播，灵公只是装聋作哑，蒯聩却恨之入骨，密嘱家臣戏阳速伺机刺杀南子，以雪奇耻。不料，南子早有心腹密藏在世子宫中。心腹探得蒯聩的密谋，急报南子。南子听后，火冒三丈，向灵公哭诉：“世子派戏阳速伺机杀我，这种忘恩负义的忤逆儿，若不杀掉，国法何在？”

灵公说：“夫人且请回宫，待我临殿审问逆儿，倘若属实才能正法。”

南子回宫去了。灵公摆驾上殿，宣召世子问话。幸亏有个忠正的内侍，先送信给蒯聩。蒯聩马上同戏阳速逃往宋国。宋君不敢收容他们，他们又转奔晋国。灵公得知蒯聩已经逃跑，就改立蒯聩之子辄为世子。

有几个蒯聩的师傅或姻亲的大臣，担心殃及己身，相约弃官而逃，投奔蒯聩而去。蘧伯玉见朝中几个老臣都走了，知道独木难支大厦，想起孔子是个好帮手，便向子路追问孔子的踪迹，这才知道孔子此时在郑国，于是写好信，交给子路，让他去郑国迎回孔子。

这时，孔子正想返回卫国，见到子路奉蘧相之命来迎，马上叫颜回收拾行李，命子贡驾车，并让子路先回去复命，自己亲自去子产等几个贤大夫那里辞行，回来同诸弟子登程，一路驱车前往卫国。

孔子直抵卫国的蒲邑，正碰上公叔氏因为卫灵公欲杀蒯聩，据蒲叛卫。公叔氏素慕孔子力平鲁乱的大名，见孔子来蒲投宿，担心他再到卫国去辅理朝政，对自己不利，便叫人到客舍中询问孔子要去哪里。孔子据实相告。

来人回禀公叔氏，公叔氏叹息道：“孔子返卫，必助蘧伯玉，那么我举事难成，不如发兵阻止他。”于是命三百军士，围住客舍。

第二天，孔子被困，不能登程。孔子的弟子公良孺素有胆气，以私车五辆随行保护孔子。

公良孺戎装执剑，向孔子长叹道：“我跟随夫子，在匡地遇难，在宋国逢险，如今又被困在这里。经历了这么多坎坷，难道是命中注定的吗？与其见夫子被困遇难，不如让我和他们决一死战。”

孔子说：“先礼后兵，你与随行众人一起出战，先问明他们为什么阻住我们的去路。他们若说不出理由，再跟他们决一胜负。”

公良孺立即挺剑率众，大踏步出了馆门，向围馆的蒲人怒目直视，厉声问道：“我们夫子是鲁国的孔丘，他与你们蒲人素不相识，并无仇怨，如今从郑国返回卫国路过此地，借宿一夜，食宿费照付，没有丝毫不妥，为什么你们要挡住他的去路？”

蒲人听后，请公叔氏亲自前来解释此事。公叔氏对公良孺说：“我是卫国的公叔氏，因灵公宠惧南子，逼走世子，灭绝天伦，所以我打算集合蒲人兴师问罪，以保国家。久慕孔子是当世圣人，若到卫国，必为灵公出谋划策，抵御敌方。我自知不是他的对手，不得已出此下策。孔子如果答应不去卫国，我立即解围放行。”

孔子站在门内听到了，派子贡出来回答：“夫子改道去晋国，是去回访赵鞅的。”

公叔氏说：“只怕他是口不应心。如果他肯和我签立盟约，我马上开东门放行。”

孔子立刻请公叔氏入馆，签立盟约。公叔氏于是深信不疑，解散围众，亲自送孔子等人乘车出东门。子贡驾车，走到正午，刚好到达去卫、赵、晋的交叉路口，子贡请示去处。孔子命他往卫国去。

子贡含笑问：“答应公叔氏的盟约不算数吗？”

孔子说：“挡我去路是不仁；逼我立盟，逞他谋反是不义。不仁不义的盟约，怎能算数？”

子贡于是驱车前行，直抵卫郊。灵公已得子路的回禀，这时率同相国蘧伯玉、子路、子皋等人出城迎接孔子。孔子慌忙下车以臣礼见过灵公，再与蘧伯玉相见。蘧伯玉与他同车入城。君臣同到蘧相府中休息。孔子把过蒲被阻的经过，大概说了一遍。灵公问他：“公叔氏既然据蒲造反，我想先发制人，出兵伐蒲如何？”

孔子答道：“我刚到，不敢乱讲，应该取决众意。”

灵公又说：“诸大夫认为蒲地是国之屏障，故派重臣驻守于此，以挡晋、楚来攻之路，征讨它似乎不妥。”

孔子说：“公叔氏谋反，早存败则献蒲投晋之心。蒲人知道晋国赵氏苛刻，不愿归附，都不肯出死力相助。愿意为公叔氏效力的，不过十几个人，一旦交战，必败无疑。公叔氏败后定会投晋，这就后患无穷了！不如让一能言之人，在蒲游说公叔氏，打消他的叛意，以巩固边防，这才是上策。”

蘧伯玉插话道：“我也想如此对付，不过朝中缺少能言之士，只有借子贡走一趟。”

孔子以目示意子贡，子贡正容说道：“相国有命，我愿效劳。”

灵公听他这样一说，非常高兴，在相府中宴请孔子及其众弟子。宴会散了之后，灵公回宫，蘧伯玉款留孔子等人暂住府中。

第二天，子贡驾车到蒲去谒见公叔氏。公叔氏接他进入客室，分宾主落座，惊讶地问道：“你为何去而复返？”

子贡说：“我此来一则代夫子说明负盟之罪，二则为您解惑指迷，三则为蒲民的平安出谋划策。”

公叔氏说：“我很愚昧，请你明白地告诉我。”

子贡说：“夫子本打算去晋国，后来得知赵鞅曾经杀害窦犨、舜华等贤士，顿生悲感，不得已负盟去了卫国。见到灵公才知已命将军文子整理兵车，即将伐蒲。夫子不忍见您受身败名裂之祸，希望灵公先礼后兵，特让我来为您解惑指迷。您谋反所依靠的，一是蒲民，二是投晋求援。殊不知蒲人全都不愿归降晋，肯替您出力战斗的，只有您几十个心腹之人，怎能抵挡将军文子率领的精兵？至于战败奔晋乞怜于赵鞅，尤为不可。因为赵鞅嫉贤贪财，且有阳虎助纣为虐。您若举蒲求援，蒲人全都不同意，不接纳晋吏，您不免获罪。晋国非但不接受您，只怕到时还会拘囚您送回卫国。那时您就后悔莫及了。您为什么愿意抛弃宗室重臣的富贵，去做牢狱待罪的逃犯呢？我言已尽，请您自己决定。”

公叔氏沉吟了一会儿，说：“我现在已是箭在弦上，接下来该怎么办呢？”

子贡答道：“这有何难！各执干戈，在疆场上战斗，尚可化为玉帛，重修旧好，何况您未启兵衅。您写一道谢罪简表，让我带回去，您仍照常办事就行了。”

公叔氏依言，立即准备谢罪表，交给子贡。子贡收下，告辞回卫，回到蘧相府，正好碰到蘧伯玉同孔子在室中闲谈，子贡呈上谢罪表，并把和公叔氏的谈话讲述了一遍。

子路遇虎

蘧伯玉听完子贡的禀报，看过公叔氏的谢罪表，请子贡在一旁坐下，夸奖他几句，随后站起身告辞，入宫朝见灵公。他呈上公叔氏的谢罪表，奏明子贡的游说辞。

灵公说：“朝中缺少这样一个好口才的贤士，任他为上士怎么样？”

蘧伯玉奏道：“六艺皆可学会，唯有口才属于天赋才能，最为可贵。所以孔门弟子三千，擅长口才的只有子贡、宰吾两个；列国不少贤士，擅长口才的只有吴国季札、齐国晏婴。子贡曾经为邑宰多年，政绩斐然，主公如果信任并想任用他，就应任命他为大夫，专门担任回访他国或迎宾之职，量才使用，才能收到指臂相助的效果。”

灵公说道：“好，任命子贡为大夫。”

蘧伯玉又奏：“国事繁重，朝中失去三个大臣，臣一人难以处理诸多政事，请主公下令委任孔丘为右卿，与臣一起处理政事。还有士师一职，自原任随蒯聩出逃后，一直空缺。孔门弟子子皋，臣已几次差他为国事奔走，委他为士师，以酬其劳。”

灵公说：“卿既然为国荐贤，公忠体国，一一准奏。”于是命人立刻下旨，任命孔丘为右卿，和蘧伯玉一起处理政事；委任子皋为士师；委任子贡为大夫。蘧伯玉领命，立即在宫中备好三道札子，出宫回府，来见孔子，把三道札子递给他。

孔子逐一翻看，把两道札子分给子贡、子皋：“你们自己斟酌着办吧，能胜任就接收，不能胜任就交还。”

子皋推辞说自己不能胜任，子贡也把札子交还。蘧伯玉不收，对子贡说：“你的口才举世无双，故而不愿大材小用。不过你们夫子既然被我拖下水，你怎么好不在夫子身边相助呢？”

子贡说：“我当然与夫子同进退，不敢独断独行。”

孔子向蘧伯玉谦辞一番，蘧伯玉不依，说：“你真是枉为知己！因为朝中走了几位大臣，请你屈尊帮忙，若再谦辞，就强制你任左卿，我任右卿。”孔子推辞不了，只好接过委札，子贡、子皋也把札子收好。

第二天，孔子带着两个弟子，随蘧伯玉入朝拜见灵公。

灵公慰勉他们几句，最后说：“自从逆子出逃，带走几个大臣，国事缺人料理，你们各自到任办事要紧。”说完退朝，百官各回衙门。

孔子和蘧伯玉在同一衙门办事。子贡做过多年邑宰，因而经验丰富，自去办事。唯有子皋是初入仕途，不免胆怯，向孔子请教：“士师为专管刑法的狱官，我自知没有经验，还请夫子明示，做士师该怎么做才能尽职？”

孔子说：“士师为掌刑之官，全国民命所托，非同儿戏。有五诫，你当谨记奉行：一诫，枉法；二诫，徇私；三诫，纳贿；四诫，不慎刑；五诫，不耿直。

“冤狱都是由枉法造成的，士师不枉法，遇有冤狱，应细心明察，尽力昭雪。徇私的话，求情的人纷纷前来，到时怎能应付？因此不可徇私，而要执法如山。王孙贵族犯法，与庶民同罪，求情的人自然不会前来。纳贿，就是贪财，是为官大忌；不纳贿，就是清廉自爱，秉公治狱。百姓自然爱戴这样的官。慎刑，就是谨慎用刑，不可屈打招供；不慎刑，就是滥用刑罚，使无罪百姓备受刑罚之苦，于心何忍。耿直，就是忠耿直率，铁面无私，即使你是公侯将相，犯了法，也要奏请君命治罪；不耿直的话，权贵犯了罪，就不敢直奏，而使得他们逍遥法外。

“这五诫是做士师的金科玉律。我举一个近例来说明：晋国邢候与雍子争田，两人告到司理官叔鱼那里。本来罪在雍子。雍子有个女儿非常漂亮，他把女儿送给官叔鱼为妾，以求反罪。官叔鱼于是屈判邢候有罪，田归雍子。邢候对此很生气，在公堂上杀死官叔鱼和雍子。正卿韩起问叔向：‘此案罪在何人？’叔向答道：‘三人同罪，不分轻重。雍子自知有罪，以女儿贿赂官叔鱼；官叔鱼贪色枉法；邢候擅自杀人，其罪相同。《夏书》云：昏墨贼杀，咎陶之刑也。雍子自知理亏，以赂求直就是昏，官叔鱼暗中收赂就是墨，邢候无所顾忌杀人就是贼，依法当杀。’韩起依言，斩邢候于殿外，把雍子、官叔鱼暴尸于市。叔向可称为执法无私的直臣。

“治国制刑，不能蔽亲，所以三数弟罪，不能从轻发落。你做士师，也应以官叔鱼为诫，以叔向为师，可保你不玩忽职守。”

子皋拜辞，径直去士师衙门处理事务。

蘧伯玉问孔子：“叔向可称得上义吗？”

孔子答：“平丘会盟，叔向不罪贿赂，以宽卫国，晋不为贪；归鲁季孙或称其诈，以宽鲁国，晋不为虐；邢候之案数他专杀，以正刑法，晋不为偏。三言而除三害，官叔鱼遭人杀害，仇人赖其言而伏制，何谓不义。”蘧伯玉听了，非常佩服叔向。

一天，孔子查看田赋册子，见河北某地两年未交田赋，这关系到国税，于是立即派人去调查此事。此地官吏一再声称：“因田地都在山麓，近年来山中多有野兽出没。这些野兽晚上出来掠取牛羊，有时还伤人，因此农民迁徙一空，田地无人耕种，赋税便没了着落。”

孔子不信，亲自去调查，命子路随行保护。两人到了那里，只见山下一带田地，野草丛生，都未栽种，却不见有野兽痕迹。二人下车登山。他们一路查看，只见山谷幽深，树木高起。走到半山，孔子觉得口渴，命子路拿杯子去取泉水解渴。

子路越过高峰，鼻中闻到一股腥气，正在惊异时，只听“霍”的一声，一只白额猛虎从草丛中跳出来，张牙舞爪，迎面扑来。子路急忙拔出佩剑与老虎相搏，一个转身，窜到老虎后面，挺剑直刺。无奈老虎皮太坚韧，不能深入。猛虎被剑刺伤，怒声狂吼，变得更加凶猛。子路虽然从小练武，无奈实力不足，与老虎力斗一番，已经流汗气喘。他自知无力制服老虎，便一手紧握虎尾，一手急挥利剑，砍断一截虎尾，向山下奔逃。老虎怒吼如雷，四处找人，幸亏子路从树林中逃出，兜抄到半山。

孔子见他满头大汗、气喘吁吁地狂跑回来，正想询问，子路先发问：“上士、中士、下士，是怎样杀虎的？”

孔子答道：“上士杀虎砍虎头，中士杀虎割虎耳，下士杀虎捉虎尾。莫不是你遇到猛虎了？”

子路从袖中取出虎尾，扔在地上，拾起地上的石盘说：“夫子已知此山有猛兽伤人，偏派我越岭取水，难道是怀疑我想谋害夫子，所以先借猛虎来杀我吗？”说着想用石盘杀孔子，问：“请问上士、中士、下士，是怎样杀人的？”

孔子说：“你与老虎力搏，力怯逃回，惊吓得神志不清。在石头上坐下，听我道来！上士杀人用笔端，中士杀人用语言，下士杀人用石盘。你仔细想想，我对待门下三千弟子，绝不恶语相加，何况你是我最爱的弟子。这是数十年都没有改变的，岂有害你之理？你现在神志清醒了吗？下山去吧！免得同死虎口。”

这时，子路神志已经清醒，说：“我与虎斗昏了，说了几句梦话，现在清醒了，才知道是误会，还请夫子原谅。我们赶快下山去吧。”说完，用手搀扶孔子，赶快登车返回。

过了几天，子路带着军队、猎户，到山中放猎，驱除猛兽，召猎户耕种山下田地。

孔子与蘧伯玉一起治理国政，事事由孔子主裁，蘧伯玉无不唯命是从。

一天，孔子向蘧伯玉含笑道：“治国应该宽严并用，才可收到水火相济之功。您治理卫国政尚宽和，百姓确实受惠。不过宫廷秽乱，丑闻远播，对此我就要援引春秋责备贤者之例，怪你为何不早加整饬？”

蘧伯玉答道：“这是家事，君上过分惧内，所以我不敢过问。世子欲雪此耻，几乎被杀，是我送信给他，让他逃走的。你说该怎么着手整饬？”

孔子说：“世子治本不治标，是自取其咎。我有治标之法：肃清出入宫廷的佞臣，使朝纲自振。”

蘧伯玉说道：“欲速则不达，还是谨慎从事为好，只怕画虎不成反类犬！”

孔子道：“当然是把那些人逐一除去。我知道司库詹和与司礼孙都皆因美色而被南子所宠，这两人和一群佞臣广结声援，不知是不是真的？”

蘧伯玉答道：“谅非虚言，不过詹、孙二人，君上非常宠信，恐怕不易除掉吧！”

孔子说道：“应当从长计议。”

绝 粮

到了腊祭（古时年终祭祀）之期，孔子为陪祭官，查点宝器，发现缺了四件。他先问蘧伯玉：“上届腊祭，宝器是否齐全？”

蘧伯玉说：“并无缺少。”

孔子便责问司库詹和：“宝器传自古代，乃是无价之宝，所以特设司库，以供看守。今既遗失，这是你的疏忽之罪。”

孔子借着遗失宝器之事，奏请灵公把詹和降为边邑佐治吏，灵公准奏。

孔子退朝，蘧伯玉说：“速命詹和去边邑任事，晚了我担心事情有变。”

孔子回到衙门，传见詹和，詹和没有来。原来詹和已入宫向南子求援。南子求灵公取消命令，另调他职。灵公立即下手谕给右卿，取消前命。

孔子气得目瞪口呆，蘧伯玉说：“怎么样？我们只能专管治国，宫廷之事，就不要去过问了！”孔子唯唯应命。

经过这件事，詹和决定除掉孔子。他召集孙都及一群同党，秘密商议。

孙都含笑说道：“别说一个孔丘，就是连蘧相一起逐走，都不费吹灰之力。”

詹和说：“蘧相是个忠厚良臣，不能累及他。”

孙都说出了自己的计策，大家都称妙计。于是各自去散播谣言，说孔丘已和蒯聩私下勾结，约定日期借晋兵杀来，孔丘开城门接应。不到一天，谣言就被传遍全城。

詹和入宫奏禀听闻之事，灵公不信，急召蘧伯玉入宫，命他监视孔丘有无谋乱行动，并说：“据詹和奏称：‘城中的人都在说孔丘私约蒯聩回国’，你应查明此事。”蘧伯玉领命退出，将此事直言相告孔子。

孔子叹道：“众口铄金，只好与你长别了。”蘧伯玉不敢相留，孔子便同子路、子贡、季羔、颜回等易服同逃。

孔子等人逃到城门，追兵从后面赶来，子皋见一刖足守门人，面貌似曾相识，急忙下车，向他求藏身之所。守门人说：“东边有个缺口，你们尽可逃避。”

子皋说道：“我们夫子是君子，不愿从缺口逃走。”

守门人说：“那边有个洞，也可以出去。”

子皋说：“君子虽遇急难，也不会从洞口逃跑。”

守门人又说：“这边有间屋子可以容身。”子皋立即同孔子等入室暂避，并托守门人将他们的车马藏好。追兵径直出了城门，四面寻找不见，只好回去复命。

孔子等人打算走时，子皋问守门人：“你的面貌，好像刖危。”

守门人答道：“正是。士师仍未忘刑余之人，眼力真好。”

子皋说：“以前，我不能破坏国家刑法，亲自砍断你的脚。今天，我同夫子逃难到此，这正是你报怨的时候，你怎么反而保护我们师徒呢？”

守门人答：“以前，我因酒后伤人致死，按律应当抵命，幸而士师网开一面，几次提讯，存心减刑。案决罪定，在施行刖足时，我见士师双眉紧促，心存恻隐，好像不忍见我被截去双脚，变成废人。这是您天性仁厚使然。您对我的恩德，我永记不忘。今天，正是我报恩之时。追兵已回，你们可以走了。”

孔子听了，肃然起敬，取出一些财物相报。守门人坚决不收，跟他们说明藏车的地方，开门送他们出屋，让他们登车而逃。

孔子在车上叹道：“狱官用刑，有法可依，古今无二。不过思仁恕的则树德，行严暴的则树怨。子皋树德于前，今日获报，我跟其他人也得以沾光。做执法官真不容易啊！子皋初任士师，竟有这样的公德，可与柳下惠相媲美了！”说着，驱车赶路。

子贡问道："夫子打算到哪儿去？"

孔子沉吟一下，说："楚昭王前两个月派人来聘，我应去拜见。"

子贡说："到楚国路途遥远，我担心灵公再派轻骑来追。大路不能走，只好从小路去，行程虽远，却可保平安。"子贡执辔绕小道前行。

他们来到陈、蔡两国交界的一个大镇上时，已是倦鸟归林的时候，于是投客店歇息。店主漆雕龙曾是陈国大夫，认得孔子师徒等人，亲自出来招待，问孔子："大驾从何处来，打算去哪里呢？"

孔子据实以答："从卫国来，打算去楚国。"

漆雕龙听了，心想："孔丘如被楚国任用，陈、蔡两国必先受害，本镇将被楚国军队夷为平地！我岂能坐视不理。"想到此，他迈步出门，去拜访曾是蔡国大夫的伯顺，见面就说："孔丘接受征召去楚国，路经本镇，投宿在小店。他是圣贤，运筹讥刺，皆中诸侯要害，且有七十二贤士相助。若被楚国任用，楚昭王早有称王天下的野心，打算吞并中原各小国。到时，陈、蔡两国首当其冲。怎么办呢？"

伯顺答道："只有挡住他的去路，不让他去楚国，再断绝他们的粮食。你看怎样？"漆雕龙点点头。

漆雕龙回到店中，客人都已安歇，他密嘱仆役把店中余粮一律搬回家，并嘱咐他们第二天一律回家暂住几天。仆役依言办理。

伯顺当晚召集全镇壮丁及保家兵卒，约有三百多人把客店层层包围，把其他客人叫起来放走，只留下孔子及其弟子。

孔子起床，众弟子也相继起来，不见有人送洗脸水进来，叫人也无人答应。子贡出去查看，见屋中人影全无，门外却有许多壮丁围困。他急忙出来询问围困客店的原因，壮士们根本不理会，子贡只好入内将屋外的情形告诉孔子。

孔子说："时间尚早，暂且等到中午，再去拜访镇上士绅，问他们为何阻挡我的去路。店主在哪里，叫他送午饭来。"

中午没有人送饭过来，子贡出去询问，壮丁依然不理。子贡说要出去找店主要些吃的，壮丁不答应他的要求。子贡回来向孔子报告此事。孔子说："大家不要着急，耐着性子等等，总会脱离危险的。"

哪知道一等就是六天，随从弟子个个饿得面色憔悴，唯有孔子有时讲诵经史，有时弹琴唱歌，还显得稍有精神。

子路病倒在床，听得不耐烦，问："夫子在穷困中唱歌，也算合体吗？"

孔子唱完，舍琴说："君子好乐为无骄，小人好乐为无惧。你难道是不了解我而跟从我吗？《诗》云：'匪兕匪虎，率彼旷野。'（不是犀牛不是老虎，却沿着旷野走。）这真是为我所作，道出了我的心声。"

子路发怒道："君子无所困，莫非夫子不仁？世人未能信，莫非夫子不智？从前我听夫子说：'为善的，天必报之以福；为不善的，天必报之以祸。'夫子积德行义，做了很久了吧，为何却常处于穷困之中，跟随您的人都快饿死了？"

孔子耐心地说："你以为仁者必见信于世，那么伯夷、叔齐不至于饿死在首阳山上；你以为智者必用行于世，那么比干不致剖心于纣；你以为忠者必获天报，那么关龙逄不会见刑于桀；你以为谏者必邀君听，那么伍奢不致见杀于楚。要知道遇不遇是时机，贤不贤是才具，君子博学深谋而不逢时的有很多，并非只有我一人！况且芝兰生于深林，不因无人赏玩而不芳；君子修德立道，不因穷困而败坏节操。谋事在人，生死由命，所以晋国公子重耳困于曹、卫而生霸心。居下位而不忧的思不远，处境常逸的志不广，安知其终始呢？"

子路出去，把子贡叫进来，将孔子的一席话告诉他。子贡说："夫子之道至大，故天下不能容夫子，夫子何不稍自贬抑？"

孔子说："良农能够耕耘，未必就会得到收获；良工能巧，未必能顺；君子能修道，未必能被容纳。如果不修道而求容纳，那你的志向不大啊！"

子贡听完后又将颜回叫进屋子，把孔子告诉子路和自己的话向他详述了一遍。

颜回说："夫子之道至大，天下莫能相容。夫子抱着悲天悯人的决心，竭力推行自己的主张，当权者不能采纳，这是有国者的丑，对夫子有什么损害呢？虽然道路坎坷，无处容身，于此却更见君子艰苦卓绝，穷而益彰。"

孔子欣然长叹："是啊！颜回，我与你志同道合，不过你的命比我更苦，所以过匡被围，居宋遇险，过蒲被阻，直到今天粮绝，连遭困危，你无役不从。现在跟随我的共有十人，断粮六天，如何挨得下去呢？"接着向子贡说："你速取出行李中的钱，设法突围出去，买粮买菜，以救饥荒，叫子路、季羔执剑与你同行。"三人应命。

子贡从行囊中取出钱，在怀里藏好，子路、季羔带剑紧随其后，从后门出去。子贡举目四望，见只有二十多个壮丁守在门外，便跟他们商量："请你们让开一条路，让我们去买粮。我们回来后，以五十两黄金酬谢你们。否则，我们与其饿死，还不如跟你们决一死战。"

这些人都是安分农民，听到"死战"二字，都觉得不寒而栗，窃窃私议了一会儿，推举出一个年纪最大的，对子贡说："我们奉蔡大夫伯顺之命围住客店，不许放人出入。如果放你们去买粮，被人发现了，我们岂不是要承担罪责？通融的办法，就是由我们代办此事。快把钱给我，说清楚买多少米，买什么菜。这样，你们得以充饥，我们也不致因你们而受惩罚。"

子贡说："只怕你们拿了钱，不买粮食，而是将钱私分了。那时，我们岂不是依旧挨饿，这该如何是好？"

一个壮丁说："我们很诚实，向来不说假话，你们不必多虑。"子贡看他的面貌举止，的确像个老实人，就从怀里取出钱给他。那壮士一溜烟入市而去。过了一会儿，他肩扛白米五斗，手提一篮鱼、肉、蔬菜等，瞻前顾后地走到门口。

子贡、子路把东西接了过去，季羔以五两银子谢他。壮丁嫌少，说："你们刚才说以五十两黄金为酬劳，怎么只有这点儿呢？"

季羔说："我们的行李中确实没有黄金。你们放了我们，等我们赶到楚国，讨了救兵借回钱来，才有黄金答谢你们。现在没去，哪有黄金呢？"

壮丁无言可答。子贡背米入内，交给颜回、子路，一起下厨做饭。好在店中用剩的柴火，以及油、盐、酱、醋等俱全，子路负责淘米洗菜，颜回负责烹煮食物。子路洗完米、菜后，自去歇息。颜回向来善于烹饪，他把鱼、肉、蔬菜逐一烹煮好后，又切了一盆生姜丝，因为孔子终年不离姜，每餐必备。一切整备停当，饭锅已热，颜回揭盖盛取，不料锅没洗干净，有脏东西落在饭中。颜回取起一团，除去脏物，送入口中。

子贡刚好在井边汲水，看见了，误以为颜回偷吃，便进去问孔子："仁人廉士，穷困时也有改节的吗？"

孔子说："改节的怎能称得上是仁廉呢？"

子贡说："颜回素称仁廉，就不该瞒着夫子，先行取饭充饥！"

孔子说："我相信颜回是仁廉的。你这样说，我不信，或许别有他故吧！你不要声张，我去问他。"

于是，孔子把颜回叫进来："昨晚，我梦见先人，他将保佑我脱险。你把饭菜做好了，让我先祭祀，之后大家再吃。"

颜回说："饭已熟，我见有脏物在饭中，丢弃了觉得实在可惜，留下来又觉得不干净，我就吃了，不可以用作祭祀之物，等晚饭时再祭吧！"

孔子说："可以，你速去盛饭，让大家充饥。"

颜回出去后，孔子对子贡说："我深信颜回不做欺人之事，已有数十年了。偷吃是婢仆的贱行，你以此测度安贫乐道的君子，太轻视我的弟子了！"

子贡说："我知道是场误会，还请夫子包涵，不要向颜回提起此事，免得伤了我们的感情。"

孔子应允了他，子贡便去帮颜回端饭菜，并请大家出来吃饭。饿的时间长了，众人都不敢多吃。吃完饭，残肴由子骞、子夏等收拾。子路吃饱饭，精神也振作起来了，执戚而舞。舞完后，他问孔子："明天他们再不解围，我们十人拼死杀开一条血路，冲出去何如？"

孔子说："我今天早上卜了一卦，明日必有救星，我们明晚决不会在此过夜的。你暂且等着。"

当日，大家因有饭吃，心情舒畅，都聚在一室中弹琴鼓瑟，唱歌以取乐。

到了第二天午后，果然有救星从天而降，原来是楚昭王派一队兵马来迎接孔子等人。

辅佐楚王

原来，蘧伯玉担心孔子被追兵追上，秘密派人远远随行孔子等人，夜里与他们同住一店。孔子被困后，那人急忙回去将此事禀报给蘧伯玉，蘧伯玉叫他乘马赶到楚国，假托奉孔子之命来讨救兵。昭王闻听孔子讨救兵，立刻派了一队轻车来迎接。壮丁见有楚兵杀来，都吓得不战而逃。

子贡听到门外有呐喊声，得知是楚王派兵来迎接他们，马上上前行礼相见，然后转身入内，告诉孔子。大家都喜出望外，子贡便去驾车。这时，漆雕龙、伯顺也已知道楚兵来迎，连忙来谢罪送行。孔子避而不见。伯顺看见桌上有一大盘剩余的红烧鱼块，觉得很奇怪，见宰我在旁边，因与宰我见过一面，于是向他作揖谢罪："我误信人言，挡住令师及诸位的去路，而且失于供应，罪该万死！但不知这鱼块，是谁送来的？"

宰我差一点儿就要照实回答，但转念一想，如果说出实情，势必会连累代买饭菜的壮丁。他既仗义救我们，我岂能以怨报德，临行反累他受罪呢？便撒了个谎说："那是上天可怜我们绝粮六日，饥饿难当。前夜突然来了一个异人，头戴铁盔，身披鱼鳞甲，手舞双戟，向我们夫子张口大吡。子路在院中挺剑出战，却不能取胜。夫子仔细察看了很久，见他只能咄叱，不会说话，知其不是人类，于是对子路说：'何不打他胁下？'子路依言挺剑刺其胁。异人倒地，化为大鲇鱼，我们便宰杀烹食，聊以充饥。"

伯顺信以为真。孔子只管与诸弟子上车，招呼楚使带队先行，孔子随后。子贡驾车，对孔子说："前几次遭逢厄运，没有哪一次像这次这么危险的，我当永记不忘！"

孔子说："何出此言？要知国君不困不成王，烈士不困行不显，忠臣不困功不高。此次跟我绝粮七天的弟子，虽然人数不多，人才却是四科全备：德行，有颜回、闵子骞、冉耕、冉求；言语，有宰我、子贡；政事，有冉求、子路；文学，有子游、子夏。就算我一个人命苦，哪有授业诸子同命皆苦之理？想必是天心激励，我们当好自为之。"子贡唯唯答应。

孔子和弟子们顺利地到了楚国。楚昭王率同令尹子西等一班大臣，出都城十里相迎。孔子望见昭王的车驾，急忙下车同诸弟子上前拜见。昭王以上宾之礼将他们接入城中。到宾馆前下车，昭王亲自引他们入馆，用太牢之礼为孔子洗尘，令尹子西代楚王斟酒。

当时，诸侯宴请上宾有一定的礼节，乐工奏乐歌唱《颂》诗，宾主在席上并不交谈；宴席结束后，宾主才进行谈话。各说了几句仰慕的话后，昭王问道："夫子和陈、蔡的人有何仇怨，受此绝粮之困？"

孔子答道："据围困的壮丁说，我若为大王所用，势必称霸天下，吞并诸侯。陈、蔡就有灭亡之忧，于是妄想饿死我及众弟子，那样，陈、蔡大夫即可高枕无忧了。这种井蛙之见，不值一笑。但不知何人来求援，蒙大王派兵来相救，使我得脱此困？"

昭王说："来人好像是卫国口音，奏称奉夫子之命，突出重围来讨救兵，未报姓名。"

孔子问诸弟子："你们可知讨救兵的是何人?"

颜回答道："我想，必是卫相蘧公，担心夫子被追兵所获，暗中派人护送。见夫子在陈被困，急忙回去禀报。蘧公不便相救，于是又派人到此求救。"

孔子问："怎见得是他呢?"

颜回说："一则来人是卫国口音；二则计算时日，符合自陈返卫，由卫至楚的往返日期；三则夫子此行，只有蘧公知道。据此可知来人必是蘧公所派，不是蘧公还能有谁呢?"

昭王指着诸弟子，向孔子问他们的姓名。孔子一一回答，大略介绍了他们每个人的所长。

楚昭王与孔子又谈论了一会儿，将他及众弟子安排在馆舍中，便回宫了。

为君之道

孔子来到楚国第二天，入朝谢恩，楚昭王以宾礼相待。等到散朝，昭王召孔子入宫，问他治国之道。

孔子答道："大王欲成汤、武之业，必须修德行仁，减刑罚，轻徭役，薄赋税，罢土木，劝农桑，防水旱，兴学校，恤孤独，待天时，二十年中必可称王天下。大王欲成齐桓之功，必须整饬吏治，充实军备，振兴工商，改良种植法，以立富国利民之基础，并具亲贤远佞的决心，三五年即可称霸中原。"

昭王说："霸业易成易散，例如齐桓、晋文都不过及身而止，唯三皇五帝的王道，才是万世之业。三皇年代久远，无可查考；对于五帝，我只闻其名，不知其实，请夫子明白赐教。"

孔子正容笑道："臣昔年曾听老聃说：'天有五行，木、火、金、水、土；一年三百六十日，五行各主七十二日，按照四时，化育万物。'五帝，原属五行之神，配以五方五色：东方青帝名云拘，南方赤帝名丹容，西方白帝名浩庭，北方黑帝名玄子，中央黄帝名文梁。这五神，辅佐上天化生万物。上古帝王，易代改号，取法五行。五行换王，始终相生，所以古代明君死后配以五行，后世称为五帝。就是太皞配木，炎帝配火，黄帝配土，少皞配金，颛顼配水。”

昭王问：“让太皞氏创始配木，是何道理呢？”

孔子答道：“五行用事，先起于木。东方甲乙属木，应于春，万物皆从此出，所以古代明君效仿它，先以木德王天下。那么根据相生的五行，依次承转，如木生火，火生土之属，都是相配而定的。”

昭王又问：“我曾听说勾芒为木正，祝融为火正，蓐收为金正，玄冥为水正，后土为土正。这是五行之主，何以又有五帝呢？”

孔子答道：“五正，是五行的官名。因为五行有佐成上帝化育之功，所以另配五帝。至于太皞氏的属配，那是帝从其号。少皞氏有四子，一名重，二名该，三名修，四名熙，分管金、木、水三职，重为勾芒，该为蓐收，修和熙为玄冥。颛顼氏有子，名黎，为祝融；龚工氏有子，名勾龙，为后土。此六人各以其所能担任官职，生为上公，死为贵神，别为五祀，不得称帝。上古之人，智力未开，不明白五行的作用，依靠这六个人，发明木、水、金、火、土的种种功用。当时方便了百姓，后世也能无穷利用，所以封为五正，配以五祀，永受祭享，至今未衰。”

昭王说：“据夫子说，帝王改号，于五行之德各有所统，那么所有相变的，凭什么作主呢？”

孔子道：“相变的所主，各从他所王之德为次序，例如木次火，木家推崇赤，以木德为主。夏后氏以金德王，故而推崇黑，遇丧用昏时，战事乘骊，祭牲用玄。殷人以水德王，故而推崇白，遇丧用日中，战事乘翰，祭牲用白。周人以木德王，故而推崇赤，遇丧用日出，战事乘骠，祭牲用骍。这就是改号相变的不同点。”

昭王问道：“唐、虞二帝，所尚的是哪种颜色？”

孔子说：“尧以火德王，推崇黄；舜以土德王，推崇青。”

昭王接着问：“唐尧、虞舜、夏禹、殷汤、周武都是圣王，为什么不能配五帝？是他们的德行不及上古，还是其中另有限制？”

孔子又说：“古之治理国土，播种百谷的人很多，只有勾龙得配食于社祭，弃为稷神。易代奉祀，不敢增益，表明勾龙与弃的功业，是无与伦比的。从太皞到颛顼，应五行之德为王的，不是只有五人，配五帝之神的，却只有五人。这是因为五行之德只有五，也是无可增益的。”

昭王听了这一席解释五帝的议论，笑着说：“讲解详细明了，不愧为世人的榜样；门下济济多才，都是夫子教训有功。我常坐在黑暗的经史堆中，今得夫子，如得一盏明灯，使我得以一目了然。以后每日请夫子入宫讲授经史政治如何？”

孔子答道：“我岂敢不从命，不过自知学问有限，只怕担不起教授的责任！”

之后，孔子每天入宫讲授。

一天，孔子闲来无事，同子路到楚国史馆阅读《梼杌》，看到楚灵王一节处记载：

灵王骄奢成性，是短处；选贤举能，是长处。有一天，右尹子革在灵王旁边陪坐，左史倚相走过王前，灵王向子革说道：“这个是良史官，卿对他应另眼相看，他能读《三坟》、《五典》、《八索》、《九丘》，是个博学之士。”

子革对道：“臣知道古代称作良史的，记录君王的过失，宣扬君王的善政。此人专以华而不实之辞赞誉君上，不肯据实书写，算不得良史。臣又曾听人说，周穆王打算随心所欲地远游，使天下皆有他的车辙马迹。祭公谋父作《祈昭》之诗以讽谏，穆王纳谏罢游，才得以寿终于文宫。”

灵王问：“你能读他的诗吗？”

子革答称能。其诗云：“祈昭之愔愔乎，式昭德音。思我王度，式如玉，式如金。刑民之力而无有醉饱之心。”

灵公问：“诗意作何解？”

子革答称：“全诗共六句。祈为求；昭作招；愔愔，是安和的意思。前两句是说，祈求安和，终能彰显好名声；中三句是说，想到我王的法度，犹如金玉一样完美齐备；最后是长句，是说虽则损伤民力，却并无贪图醉饱的心思。”

灵王听完，向子革作了三揖退入宫中，食不饱，睡不安。如此过了数日后，故态复萌，不能抑制，最终导致乾溪之难。

孔子读完这一节，仰头叹道：“能够克制私心，以礼自持，这叫做‘克己复礼为仁’。我相信这不是虚言！楚灵王若能听子革的话，力戒骄奢，不筑章华台于乾溪，不去劳民伤财，供一己之乐，国人决不会哗变作乱，何至于死在乾溪呢！子革认为倚相不是良史，就取他为讽；更引《祈昭》诗劝谏，可称委婉陈辞，尽了人臣的职守。楚史详实记其事，那是贬灵王而褒子革，的确是良史官的记载。”

孔子说完，又接着读：

楚伐吴，陈弃疾统领左军，工尹商阳统领右军，楚王自己统领中军，在汉水与吴师相遇，一战胜吴。吴军败逃，楚军奋勇追赶，弃疾向商阳说：“敌军旗帜散乱，已无斗志，你为何不挽弓射敌，以尽王事。”

商阳一边答应，一边弓开满月，箭若流星，一箭正中一敌将脑袋，敌将立即身死。弃疾素知商阳有百发百中的绝技，自愧不如，所以接连催促了三次。商阳连发三箭，射死三个敌将，每射一人，必用手自掩双目，不忍见人无故送命。第三次发箭后，商阳向驾车的人说道：“我率大军，效命于疆场，先锋获胜，我追赶敌军，连毙三人，可以回去复命了。”驾车的人转辕回营。此役商阳居首功。

孔子读完这节记事，说道：“原来临阵杀敌，也有礼法。”

子路不耐烦地说：“我瞧不起这个工尹商阳。为将之道，奉命出师，渡河焚舟，孟明因之雪耻；背水立寨，孙武因之获胜。临阵就应与敌拼命决战，杀尽敌人，才称得上是大功，这是将军应尽的义务。如果杀敌要讲礼数，行仁义，那么必步宋襄公后尘！商阳虽有百步穿杨的箭技，终究没有建大功，成大将，是被这一点慈心耽误了。”

孔子说：“我赞赏他有不忍杀人之心，是体念上天有好生之德。你的话，深合大将口吻，然而穷寇莫追，困兽犹斗，也是兵书所载，取胜不在于多杀。你说临阵没有礼数仁义可言，且引宋襄公为证。要知宋襄公先前好杀，屈斩臣子以祭祀睢水中的妖神，致失众心；后来与楚成王交战，欲行假仁假义，以致大败。这都不能遵循。要看成汤引仁义之师，东征，则西夷怨恨汤王不先来征伐；南征，则北狄怨恨汤王不先来征伐。临阵也只不过擒杀祸首，解散胁从，没听说有屠杀全军的。谁说行军不讲仁义呢？你以后身列行伍，切勿贪功好杀；身陷敌阵，一旦遇伏落阱，必有性命之忧。谨记我言，终身勿忘。”

子路唯唯答应。孔子把《梼杌》看完了，才跟子路回馆休息。

离开楚国

一个月后，昭王忽然患上寒疾，不能临朝听政，三天都没能痊愈，因讨厌苦味，不愿服药，请巫人入宫禳卜。巫人称河神作祟。王妃请求去祭拜河神，昭王不许。诸大夫入宫探病，请祭河神于北郊。

楚昭王听到诸大夫请求去拜祭河神，说道："'三代命祀（遵天子之命所进行的祭祀）'。天子祭祀天地，诸侯在本国境内遥望祭祀，叫做'祭不越望'。江、汉、沮、漳，一向由天子主祭；楚为遥望祭祀之国，祸福无关。孤虽然缺乏德行，却从未得罪于河，祭它做什么。"

于是没有去祭拜河神。子贡听说后，把此事告诉给孔子，孔子说道："楚昭王不越祀，不媚神，可说是能知大道，所以楚此前为吴所灭，昭王能够复国中兴，大概就在于此吧！《夏书》云：'维彼陶唐，率彼天常，在此冀方，今失其行，乱其纪纲，乃灭而亡。'这是说唐尧能够遵循天之常道，以行北方，及至桀王丧失常道，乱纲纪，国家因而灭亡。昭王力行常道，国亡出奔，后来才能够回国复兴。由此看来，常道是国家兴亡的关键。"

子贡问道："夫子既然赞美昭王，可认为他是贤君吗？"

孔子说："人君行常道，不过知礼守法罢了。况且昭王复国，乃是申包胥在秦廷痛哭，七天不吃不喝，秦哀公念他忠义，况且自己与昭王又是甥舅，于是派遣大将子蒲、子虎出兵相救。那时，吴国有孙武、伍子胥为将，与秦师相持不下，幸尔吴国内乱，吴王急欲回兵平乱，申包胥趁机与伍子胥立盟，昭王才得以复国。失国虽由楚平王屈杀伍奢而起，但是昭王不能够战胜吴军，却弃郢奔逃，这也是难以卸罪的。至于复国，全是申包胥之功，并不是昭王的能力，怎能算得上是贤君呢？"

子贡问："从古至今，称得上贤君的，大概有多少？"

孔子说："古代明君，贤能的不胜枚举，尧、舜、禹、汤、文、武是最出名的贤君；春秋时代，唯秦穆公能长久信任蹇叔、百里奚、孟明、白乙丙诸贤，得以成为西戎霸主，可以称得上是贤君。"

子贡问道："齐桓公也能长久相信并任用鲍叔和管仲，多次会盟诸侯，不用交战而成就霸业，且名列五霸之首，也可称为贤君吗？"

孔子说："齐桓公'英明'二字都担当不起，怎能称贤？"

子贡问："夫子有何根据这样说话？愿闻其详。"

孔子说："管仲病重时，桓公到他病榻前探视。管仲诚恳地留下遗命，说竖刁、易牙、开方三人，是奸佞小人，足以乱国，臣死后，主公切不可相信委命于他们。哪知管仲死后，没过几年，竖刁、易牙、开方同掌国政，且与诸公子结为声援。桓公有病，被这三个奸人筑墙阻塞于寝宫而饿死。如此结局，怎能称为贤君呢？"

子贡问："现在各国诸侯，有没有称得上是贤君的呢？"

孔子长叹道："唉！当世若有贤君，我何必这样栖栖皇皇，常做幕巢的燕子呢！差强人意的，只有卫灵公，颇有贤君风度，所以我往返三次，不能忘怀。"

子贡讶然："灵公宠惧南子，秽乱宫闱，逐杀世子，行为如此悖谬，夫子反称为贤君，我实在不能明白。"

孔子说："我只是以他立朝治国而言，至于宫中秽乱，那属私家琐事，另当别论。若说能够齐家治国平天下的，唯古圣王能做到，不责诸今世贤君。"

子贡问："我想听听灵公如何治国。"

孔子说道："灵公敬贤礼才，可与秦穆公并称。公子渠牟的才能足以治理千乘兵车，信义足以守卫千乘大国，灵公爱而委以重任。有个贤士名叫林国，见到贤才必会荐举，荐举的人才不被任用，他就用自己的俸禄来养他们，使国内没有居无定所的贫困之士，灵公尊而敬之。庆足也是卫之贤士，国有大事，他必会出来治理，国中无事，便退而访贤，灵公心悦而加以礼遇。大夫史鳅因道离卫，灵公出都城宿于城郊三日，不听乐声，等待史鳅回国，而后还宫。史鳅临终留下遗命，让儿子把自己的尸首放到窗下，讽谏灵公进贤远佞，灵公敬而退弥子瑕，进蘧伯玉为相。有这几种长处，所以我称他有贤君风度。"

子贡问道："当世人臣，哪个最贤能？"

孔子说道："现在我还不知道，从前齐有鲍叔，郑有子皮，可称为贤臣。"

子贡问："齐管仲，郑子产，功业远在鲍叔、子皮之上，怎么不能称为贤臣呢?”

孔子说:“你只知其一,不知其二。譬如建筑宫室,选用工师寻找大木,作梁栋之用,雇用匠人,架屋筑墙。那么,工师与匠人的责任,哪个重大呢?”

子贡答道:“当然是工师责任重大。”

孔子说:“鲍叔推荐管仲,子皮荐举子产,好比工师求得大木进献给屋主人;管仲、子产好比造屋巧匠,只是工作胜人一筹罢了。”

子贡道:“夫子称鲍叔、子皮荐贤之贤,的确是至理名言,不是表相之谈。”

孔子说:“你已经明白了,试把鲍叔与管仲、子皮与子产两相比较,只有鲍叔显达管仲,子皮显达子产,没听说管仲、子产举荐胜过自己的贤士于朝。只顾自己的利禄,不肯公而忘私,岂能称贤?”

子夏插话问道:“楚国令尹子文三次任令尹而无喜色,三次被罢免令也无愠色;在移交政务时愿意把旧令尹之政,详细告诉新令尹。可称为贤臣吗?”

孔子回答:“这是忠实之臣,算不得贤臣。”

子夏又问道:“现在的令尹子西贤不贤?”

孔子不答,子夏又问,孔子答道:“我与他相识未久,又没有朝夕共处,哪里知道他贤不贤呢?你们等着看吧!”子夏唯唯而退。

楚昭王卧病数日,不祭祀不吃药,居然痊愈,照旧临朝听政,听孔子讲学。

过了两个月,昭王敬重孔子博学多才,无所不知,还知道他门下有七十二贤士常侍左右,开支很大,打算把里社之地封给孔子,使他安心居住在楚国。昭王立刻召子西入宫,命他取里社之地封给孔子,马上整备封册,送到孔子馆舍。

子西听昭王这样说,心想:大王敬重孔丘,胜过我十倍。孔丘做过鲁国司寇,政绩传播四方,以后我如果犯错,大王势必以孔丘为令尹,还是先发制人,阻止大王给他封地。他既然缺少禄养,门下弟子众多,自然不会长时间住在这里。于是进谏道:“臣考虑到孔丘为当世圣人,德行足与文、武并称。臣听闻文王在丰,武王在镐,地仅百里,能够修德行仁,终成兴周灭纣的功业。现在,孔丘德比文、武,门下有三千弟子,文武兼备,如果封给他土地,那么他代楚为君,就近在眼前了!”

本来昭王疑心极重，听了子西的谗言，信以为真，说：“你的话颇有见地，否则他有这样经天纬地的大才，何至于到处不见用。想是因他藏有野心，使人不敢请教。”

子西应道：“是啊！这种野心家，大王宜疏不宜近，冷落了他，他就不得不自己走了。至于讲解经史，左史倚相能胜此任。”昭王嘉许，取消了封地的念头。

此后，昭王开始疏远孔子，不召他入宫，却召倚相入宫讲授。孔子看情况不对，密嘱子贡暗中调查。子贡查了之后才知道，子西嫉贤进谗言，阻止昭王封地，并把此事据实告诉孔子。孔子笑道：“我早说过昭王不是贤君，子西贤不贤叫你们等着看。我早知道他不是为国进贤的贤相啊！”于是吩咐弟子收拾行李，驾车登程，不辞而行。有人把这件事报告给子西，子西对此置之不理。

子贡“戏”妇

孔子出了郢城，子贡问：“夫子打算去哪里？”

孔子长叹道：“哪里是我们的乐土呢？”

子贡说：“吴、越两国境内，山明水秀，名胜古迹极多，可去一游。”

子游接口说：“我家居于海隅，有湖有山，足供游览，夫子到吴国去吧！”孔子称善，让子贡驱车前行。

楚、吴两国距离遥远，孔子一路上要经过许多小国。

一天，他们走到阿谷这个地方，人马饥饿乏力，孔子同众弟子各取干粮充饥。看见一女子浣纱于溪旁，孔子说：“入境问禁，入国问俗。这些出自妇人之口，更为确实。溪边的浣纱女，可向她探问风俗。”说着，拿出杯子交给子贡：“你以善言乞水，试试她出言雅俗。”

子贡拿着杯子来到溪边，把杯子放在地上，向浣纱女正色说：“我是北部之人，将南游吴国，逢此盛暑，驱车走在太阳地下，口干心烦，希望讨杯茶喝，以解烦渴。”

浣纱女答道：“阿谷之隧，隐曲之汜，有水一清一浊。清流通海，欲饮则饮，何必要问女子？”说着，取了地上的杯子，逆流洗涤后，反手将杯子放在地上，说：“于礼男女授受不亲，杯子我已代你洗了，你自己去清流取水吧！”

子贡把此女的话转告孔子。孔子取出一些钱，交给子贡：“你再去善言乞茶。”

子贡又走到浣纱女面前说：“听你的话，如沐清风，吹面凉爽，祛我烦躁；奉币相酬，乞茶一饮。”

浣纱女说：“我是乡野女子，不识钱财贵贱，不敢收纳。”

子贡又把女子的话告诉孔子，孔子取出葛布交给子贡，命他再去。子贡又走到浣纱女跟前，见洗纱女正在收拾东西打算回去。

子贡急忙说道：“我夫子口渴头昏，心烦欲呕，需要热汤解渴。这里有葛布五两，不敢亲自递给你，放在水旁，聊作热汤代价。”

浣纱女答道：“路上行人，素不相识，忽然把葛布弃于河堤，小女年少，不敢拾取。你再饶舌不走，会有野蛮成性的狂夫来揍你。”

说着抬头向东望去，子贡也向东望去，见有个大汉，从那边走过来。

子贡立即把葛布拾起，回来禀告孔子。

孔子说：“此妇人知礼而达乎人情，必然受过多年教育，才有这种谈吐。我由此知道妇女心思细于男子，若专心读书，可收事半功倍效果。可惜门下弟子尽属男子，若此女从我求学，必能高出七十二子之上。”

众弟子听了这番话，都不以为然。

子路说道：“夫子想向浣纱女求一杯热汤解渴，往返三次，都没有得到。女子器量如此狭小，为什么要赞美女性，贬抑男性呢?您门下弟子，虽然没有匡时济世之才，显名当世，不过对夫子，人人忠心随侍，夫子进亦进，夫子退亦退，心目中只知有夫子，不知有富贵功名。我们甘愿抛妻别子，随夫子周游，一而再、再而三受困绝粮，绝无一人畏难退缩。难道我们这些人都不及那女子吗?”

孔子微笑道：“子路你不要误会，众弟子固然与我同甘共苦，敬我如父母，然而我爱弟子，也胜过亲生子女，岂肯贬抑呢?至于我赞美女性，是指造物生人，天赋女子以精细特性。作个比较，女子若从我求学，成就可出七十二子之上，绝非褒贬之辞，竟会惹动你的火性，让你发出一派牢骚话，这从哪里说起?”

子路谢罪道："我怎么敢发牢骚，只是浣纱女吝啬到杯水不给，夫子还要称赞她，所以不服。"

孔子说道："浣纱女不妄取行人财货，那是不贪；不愿以杯水给人，那是知礼，确守男女不亲授之义。论人格，她远出寻常男子之上。料想她必然受过教育，才有这样知礼的对话。"

子路问道："夫子怎见得女子有这样的特性呢?"

孔子答道："有近史为证：齐桓公同管仲伐孤竹，管仲率军先到山猛，有一牧牛野人，破笠赤脚，投营门求见相国。守卫的士兵拒绝引荐，野人说道：'我有一言，浩浩乎白水，有劳转禀相国。'说完，回去牧牛，士兵禀告管仲，管仲茫然不解，向爱妾婧娘问道：'你明白吗?'婧娘答道：'妾在闺中，读过古人白水诗云：浩浩白水，侄隆之鱼。君来召我，我将安居。野人以浩浩白水寄语，是想求相公保他出仕吧?

"管仲立即召野人入见，问他姓名，野人称自己是'卫人宁戚'。管仲知道他是贤士，作书荐于桓公封此人大夫。由此可见管仲学问不及婧娘，此即女子有精细特性的证明。"

子路说道："出兵征伐，兵士不准奸淫妇女，那是军纪。岂有主帅出征，军中带爱妾作伴，我不敢相信。"

孔子笑道："行军确实不能奸淫妇女，只有齐桓公出征，管仲必带婧娘随营侍寝。管仲宠爱婧娘，时刻不离左右。这次出征，奏明桓公请求带婧娘同行，将她当成智囊，遇有疑难，可以靠婧娘一言解决。这个本不可以以常理而论呀!"

这时，车子已在路上行进，子路和孔子并坐在车上说话解闷。正在这时，看见一个人，似癫非癫，横穿车前而过，口中作歌道："凤兮凤兮，何德之衰！往者不可谏，来者犹可追。已而已而，今之从政殆而!"孔子听见歌声，张目看去，见是楚人接舆，急忙令子贡停车。

孔子立即下车，想把自己的去向告诉接舆，不料接舆一溜烟跑得不见踪影。孔子一边登车，一边说："既然现身说法，唱歌讥讽我，却又不愿和我见面一谈。佯狂避世之士，真使人无法捉摸。"

子贡问："夫子认得他是谁?"

孔子说："他叫接舆，怀才不遇，因此忽歌忽哭，装做疯癫以避世。我目前处境，可称得上与他相同，故而希望下车与他一谈。不料他避而不见，太不近人情了。”

子贡问道：“他的歌怎么解释？”

孔子说：“凤遇到政治清明之世便会现形，遇到社会政局纷乱便会隐形。他唱‘凤兮凤兮，’是嗟叹我像凤一样。次句‘何德之衰，’是讥笑我现形无道之世，道德何其衰微。第三、四句，是说以往的事情过去就不说了，未来的事情还来得及追赶，是讽刺我应当归隐。‘已而已而，’是说可以结束了。末句是说现在做官正危险。这样的歌词，岂不是劝我归隐吗？”

子贡又问：“夫子下车，想和他谈些什么呢？”

孔子说：“我和他曾见过一面，现在想把我的去向告诉他，并向他探问东南诸国大势。”

子贡只顾着跟孔子说话，没认清路途，走错了方向，只管驱车向前。走了不久，只见白茫茫一条大河横在眼前，既无桥梁，又无船只，怎能渡河？孔子凭车四望，只见有两个人在地里耕作，于是孔子叫子路去那里问渡口在哪。

哪知这两个人是隐士，一个叫长沮，一个叫桀溺。

子路下车走到他们面前，很恭敬地问道：“请问二位，过此河的桥梁在哪里？”

长沮不答，反问道：“车上执辔在手的是人谁？”

子路对道：“是孔丘。”

长沮又问：“可是鲁国孔丘？”

子路答：“是的。”

长沮说：“鲁国孔丘周游列国，车辙马迹遍天下，他见多识广，自然知道桥梁在何处，何必来问我们！”

子路只好向桀溺作揖相问：“请求长者指示过河桥梁。”

桀溺反问：“你是谁？”

子路答：“我是子路。”

桀溺又问：“可是鲁国孔丘门下弟子？”

子路应道：“正是。”

桀溺说：“世乱荒荒，已遍天下，谁人能够扭转乾坤呢？你与其跟从避人之士，还不如跟随避世之士呢。”说完，只管持锄耕田，也不告诉子路桥梁所在。

子路很懊丧地回去把此事告知孔子，孔子轻叹道：“鸟兽不可以同群，你不与避人之士为徒，与谁为徒呢？若天下太平，何用我来整治！正是因为世乱无道，我才决心要以道改变呀！”说着，让子路执辔，沿河前行。

大约走了两里路程，见有一座石桥横在河面，才得以由桥渡河。子路说：“这里好像是楚、蔡两国交界，夫子愿不愿意到蔡国去呢？”

孔子沉吟一下说：“蔡国太没出息，君弱臣庸，忽而附楚，忽而附吴，忽而附晋。刚封国时本为同姓诸侯，现在没落得连附庸小国都不如。况且蔡国士大夫，都与我没有一点交情，去了有什么希望呢？还是去吴国。吴王夫差为父报仇，囚越王勾践于会稽，威震东南，并且吴地多名胜，我很早就想去游览了，去吴国吧！”

子路说道：“从楚国边境去吴国的路有很多条，不知哪一条路最近，我去找个老实人问清楚，免得走错。”说完跳下车子，由子贡执辔。

孔子因前面受到长沮等人奚落，因此嘱咐子路择人问路，别再和隐士交谈。

子路叮嘱子贡：“你只管沿此大道，向东慢慢走，我去找个老实人问路。”说完，向北步行而去。

与叶公论政

子贡一边执辔慢行，一边问孔子：“夫子刚才说夫差为父报仇，我观览吴史，吴王阖闾病死宫中，由太子夫差继承君位。阖闾并不是被勾践所杀，何仇之有？”

孔子说：“史臣记事，谁肯据实书写？实则吴、越交兵于携李，勾践让死囚担任先锋，命大将诸稽郢、灵姑浮统领大军紧随其后。吴军大败，阖闾右脚被灵姑浮大刀砍伤，败回姑苏，仅走出七里路，因伤重死在军中。夫差继位后，派内侍十人分立于他经常出入之地，见他经过，立即高声呼道：‘大王难道忘了越王杀你先祖吗？’夫差挥泪说道：‘孤一刻也不敢忘。’同时命伍子胥、太宰嚭练水兵于太湖，立箭靶于灵岩山，训练将士学习射箭。等到守丧期满，夫差建造战舰，举兵为父报仇。命伍子胥为大将，从太湖水路攻打越国，勾践亲自率领三万人迎敌于椒山之下。吴军锐不可当，箭若飞蝗；越军将士翻船溺死的，不计其数。勾践败至会稽山，夫差挥兵将其围困。越王初次求和，夫差没有答应。勾践命大夫文种以美女、黄金私赂太宰嚭，进言于夫差，说勾践愿为臣奴，入吴宫服役。夫差于是答应了勾践的求和要求，带着勾践夫妇班师回朝。从此吴国威振东南，成为霸主。可惜的是夫差听信佞臣太宰嚭的话，放回勾践夫妇。这好比纵虎归山，必留后患！”

子贡问道：“伍子胥为当世名将，忠事两朝，对夫差有拥戴之功，托孤之重，为何不谏阻夫差呢？”

孔子说：“直率的忠谏，不敌奸佞谗言。伍子胥何尝没有竭尽全力忠谏，却触怒夫差，因此夫差不接受他的劝谏，对于伯嚭的进谏倒是十奏九依。据我看来，夫差践民太重，为阖闾造坟，杀死数百人殉葬，视人命轻于蚁命，不像是保社稷的国主，所以上天让伯嚭为太宰。伍子胥虽然忠诚，却与夫差结怨，加上勾践怀有十年报仇的决心。吴国灭亡，为期不远了！”

子贡说：“夫子既然知道吴国将亡，何必要去吴呢？”

孔子说：“政治清明的国家，朝纲整饬，用不着我。越是政治纷乱的国家，若能悔悟前非，把国政交给我来处理，像吴国国势未衰，容易施行我的思想主张，所以想去走一趟。顺道游览姑苏名胜，一举两得，何乐而不为呢！”

这时，车在路上走了大概五、六里地，仍不见子路赶来，孔子问道：“前面这座城好像是叶县，到底是不是呢？”

子贡答道：“是的。子路还没赶来，再走得远了，只怕他找不到我们。我们不如停留在叶县，把车辆停在客店门口，子路来找，一眼就能看见。”

孔子道：“好啊，叶县尹叶公与我是老朋友。”

子贡唯唯答应，赶车直进东门，见有一所很大的客店，孔子同众弟子全都下车。客店中有人出来招待，孔子对他说：“牲口带去喂料，车停在门前。因为失散一个同伴，等他来找。他来后，看见我们的车，一定不会错过。”店伙计一边答应，一边牵马蹓了几个来回，带入后槽喂料。

孔子等人走到客店门口，正遇上叶公出来。

叶公看到孔子，笑容可掬地拱手相迎：“难得大驾光顾敝县，不知从哪里来，到哪里去？”

孔子直言以对：“自楚而来，因仰慕吴国天然名胜，准备前去游览一番。我的弟子子路，因问路失散，故而我们在贵县暂住，等他来找。”

叶公说：“多年不见，请到小斋一叙，让我聊尽地主之谊。”

孔子说：“我担心子路来时找不到我，又走散了，日后再去叨扰吧。”

叶公不答应，立即亲书“孔子在此城内叶公宅中，子路注意”的牌示，交给守门人悬挂在城墙上，然后邀请孔子及诸弟子到家中，设盛宴款待。

两人纵谈天下大势。孔子说：“我听说你治理贵县，事事公开，水旱有备，薄赋税，慎罚刑，百姓人人敬公若神明，可敬可贺啊！”

叶公说：“言过其实了。我不过是遇事公开，听论无私，以正道对待百姓，故而全县民众也都直率无私。有一个叫直躬的少年，老父盗窃他人肥羊，羊主人查究，其父抵赖。谁知少年亲眼看见老父偷羊并把羊拉到市上去卖，立即出面作证，说明羊为老父所偷。少年不愧称作直躬啊！”

孔子道：“我说的直者，不是这样的。持躬顺乎天理，合乎人情。父亲为儿子隐瞒恶事，儿子为父亲隐瞒恶事，虽则不求直，直却已在其中！古训：‘子不言父过。’做儿子的证明父亲盗羊，违反天理人情，虽然正直，却不足取。”

叶公说：“我自知才识不足，不敢入朝从政。请问为政之道，是怎样的？”

孔子答：“为政应正心修身，施德于民，这样会使近人悦服，远人来附。好比北斗星高挂天空，众星四面环绕，自然而然归向不移。居上位能够以德为政，那么不动而民化，不说而民信，无为而国治。所守虽简却能够御繁，所处虽静却能够制动，所务虽寡却能够服众。尧、舜、禹、汤、文、武得天下，哪个不是这样呢？”

叶公说：“我只是一县之主，德行浅薄，才能鲜少，绝无得天下野心。只因吴、楚成仇结怨，国社已经覆亡，幸尔天不亡楚，申包胥借到秦师，挽回天意，昭王才能复国。不过我国府库、宝玉、兵甲等，尽被吴军掳掠而去，元气至今未复。我因此常抱隐忧：一旦吴兵再来，危巢遇风，此县也要隶属他国。所以不顾冒昧，向夫子求教。只为谋求生存着想，绝无他意。”

孔子说：“果然名不虚传，难怪当世称公为贤者。可惜不被昭王赏识，这是昭王的过失，不是你的过错。至于楚、吴结怨，你担心楚被吴灭，我可担保决无此事，还可预言吴必先亡。”

叶公诧异地问：“吴王夫差破楚灭越，威震东南，兵强将勇，国库充盈，怎么会先亡呢？”

孔子说道：“你只看外表，却不知道内涵。夫差表面确实如你说的那样，不过他却犯了好色、亲佞、忘义、远贤四害，已经种下亡国祸根！

“伯嚭嫉贤贪财，夫差倚之为心腹。勾践被放回去后，进献美女西施，宠冠吴王六宫，这不是好色亲佞吗？夫差继位，全仗伍子胥力争。如今夫差厌恶他直言敢谏，视之如眼中钉，这不是忘义远贤吗？桀、纣失天下，除了犯好色、亲佞、忘义、嫉贤四害外，还有一害是杀害忠良。夫差已经犯了四害，欲保社稷，很不容易啊！

“唉，忠贤、奸佞，是兴亡命脉。伍子胥只身逃到吴国，才得以报父兄之仇。他掘墓鞭尸，未免过分，然而允许昭王复国，以此报楚也不薄了。恩仇俱报，不失为大丈夫。他所建功业，不失为忠勇冠时的名将。我近来听人说，伍子胥几次忠谏，直揭夫差过失，可见他已抱决死之心。

“我和伍子胥素不相识，他的生死本与我无关。我为扶直公道，所以要到吴国去，觐见夫差，借机游说，劝他重视伍子胥，不可让伍子胥做关龙逄、比干之类的人。这不是为伍子胥一人打算，而是为天下英雄伤感。只怕伍子胥被杀，当世豪杰都会产生兔死狐悲之心，不愿为国效命做功臣，这样将使奸佞专权于列国。文武兼备的贤士，都避匿深山，与鹿豕为友，连带我与门下诸子，也没有净土可以立足啊！”

叶公听完，不禁叹道：“足见夫子以仁爱为怀，惜才如命，因而天下英才，都愿拜投门下！我听人说子路为官多年，颇得灵公器重。何以此次又随夫子同行赴吴，以致失散？莫不是被奸佞进谗言去位的？”

孔子听到叶公这句话，说：“不是，我门下弟子都是随我进退。我因谣言而离位，不只子路弃官随行，这两个也是挂冠同逃。”说完，指指子皋、子贡两人。

叶公急忙向二人拱手致敬道：“二位不愧为孔门贤士，视功名若敝屣，奉师长若严君，当世能有几人呢！我只恨为俗事缠身，不能执鞭随侍夫子，周游列国，以广见闻，徒唤奈何！”他们边谈边喝，直到黄昏，尽欢而散。孔子领众弟子回客店安歇。

隐与仕

子路下车问路，信步向前走，看见三个人在田中锄草。他怕又遇上长沮之类的人，因而不敢上前请教，一口气赶到镇上，向店铺中老实人作揖问路。无奈自楚至吴，相隔数百里，人们没有走过，又怎能认得路呢？子贡连问六、七人，有的答称只认得数十里，再远就不认得了；有的说不认得。问到夕阳西下，依旧没有问清。

子路无奈，急忙从原路返回。不料走了一程，却没有看见孔子车马，只见天空倦鸟，三三两两飞入林中投宿。炊烟四起，暮色苍茫，向前遥望，空旷无际，不知道哪里有客店，他心中不免有些焦急。正在这时，一个老人用手杖挑着竹篮，迎面走来，子路急忙向他作揖问道："老丈，可曾遇见我夫子？"

老人说："四体不勤、五谷不分，我怎知谁是你的夫子？"说着，只管拄杖于地，摘取篱笆边的蔬菜，放入竹篮中。

子路看出他是个隐士，心想：今晚若找不到夫子，无处存身，只好向他借宿。却不敢冒昧请求，只好正容站立一边，表示敬意。

老者摘完菜，对子路说："天黑了，你找不到夫子，往前去十数里，才有店宿。晚上怎能行路，还是到我草舍中暂住一宿吧。"

子路拱手谢道："老丈可怜我迷失道路，慨许借宿，我感德不忘。"说完跟随老者回家。

走到房中，只见室中陈设雅致，不像农家。老者一面让座，一面问子贡姓名，并叫出两个儿子，与子路行礼相见，然后向儿子吩咐道："远客到此，应当杀鸡备饭，聊尽地主之谊。"

两个儿子从命，进去准备。子路谦谢道："迷路之人，惊扰老丈，只求留宿，怎敢有劳令郎杀生备饭呢。"

老者说："你既到茅舍，无论生熟总是客，岂有使客人挨饿，主人饱食之理。至于无故杀生，虽为修行之人所不许，然而不生不灭，载诸佛经，鸡、鸭等专为人佐食而畜养，如果相戒不吃，又何苦呢！

"我平生不造孽，不修行，不求人，事事自食其力。衣服，是家人种植的棉花纺织裁制而成；粮食，是我的两个儿子春耕、夏耘、秋收而得；蔬菜，是我栽种在田间地头；鸡、鸭、猪、羊，自畜于后院；鱼、虾自养于鱼池。零星杂用的东西，若要样样自备，觉得太麻烦，不得不到市镇上去购置。遇到疾病，我略知医理，不求医生。事事不求人，可以免却一切无谓的应酬和烦恼，颇觉安适自在。”说完，老人张口大笑，一副怡然自得的样子。

子路恭敬地说：“老丈好比世外神仙，视富贵若浮云，课耕种作生计，自寻闲中乐趣，即使是国君也望尘莫及啊！我对此非常欣羡。但愿他年只身到此，购地一方，筑茅屋三间，与老丈结邻而居，消闲岁月。这是我的志愿，但不知何日能得偿所愿。”

这时，菜肴已经由两个儿子端到桌上，老者请子路上坐，老者居次位，两个儿子在末座相陪，执壶敬酒。

老者说：“我向来喜欢杯中之物，量却很小，每晚只喝一壶。这是家酿，虽不敢自称美酒，却也贮藏多年。”说着，举杯相敬。

子路喝了几口，果然醇厚，不同于卖的酒。老者又请他遍尝田家风味。所煮鸡块、鱼羹，鲜美绝伦，子路举筷而食，赞不绝口。

吃完饭后，剩饭由老者的两个儿子收拾，子路与老者喝茶清谈，专论四时田家生趣，不谈天下大事。子路问他曾经出仕于哪一国，为什么避隐，老者答称不可说。

子路又问：“老丈自称无怀氏，这是取上古无怀、葛天两氏为假名，既蒙优待，还请示以真姓名，以兹纪念。”

老者说：“我生在这里，长在这里，绝不与外人往来，自己也不知道有无真姓氏。”

子路笑道：“老丈说不与外人往来，难道子女婚嫁，效法太古乱婚制，以同一血统通婚吗？”

老者答道：“断无此理。要知道这一带村落中，都是自食其力、不问世事的同道中人。他家有女，许配我家男子。只要年纪相等，本人表示愿意，就可结为夫妇，择吉日成婚，一切繁文缛节都没有。”

子路只好连称欣慕之至。老者带子路去厢房，房中床帐被褥已经铺好。子路一边道谢，一边解去衣帽，脱鞋安睡。老者同二子入内就寝。

第二天，子路起床，老者的两个儿子把洗脸水和早饭送入房中。子路洗漱完，吃了点早饭，走到客房中，向老者施礼道谢，并向老者的两个儿子拱手告别。父子三人送他到门外，指明路径，转身回家。

子路急忙赶到叶城东门，看见城墙上挂着“孔子在此城内”的牌示，喜出望外，一路打听到县尹衙门，向守门人自报姓名，求见孔子。守门人请他入内，孔子正和叶公并坐谈天。子路见过孔子，再向叶公行礼相见。

孔子问子路：“你昨晚在哪里投宿？路问明白没有？”

子路答道：“路未问明。昨晚遇到一个托名无怀氏的老人，留我借宿，杀鸡备饭，如待嘉宾，实在出乎我意料。”

孔子说：“无怀氏是避世高士，他既然诚心款待你，分明是心中有我。你快回去见他，代我致敬仰之辞，并告以君臣之义，以及我周游列国的苦衷。”

子路领命退出，一路赶到昨夜留宿之处。他走进门，不见老者及其儿子在屋中，却只有一个老妇人在窗前做女红。

子路上前正容说道：“老丈及两位郎君可在里边？我是昨晚借宿的人，承情优待，今奉夫子之命特来拜谢，并代以表达我夫子敬仰之意，有劳您把他们请出来一见。”

老妇说：“东村无名氏前来邀请，父子三人结伴游山去了，什么时候回来说不准，快则一两天，迟则十天半月。”

子路说：“老丈回来后，请您代我说‘子路奉夫子孔丘之命，回来请求致以敬意，不遇而去。’”说完，拱手退出。

老者早料到子路遇见孔子，必然会再回来。他想：孔子是抱着济世决心的热心人，自己是避世不问纷乱的世外人。道不同不相为谋，我若等在家中被他找见，定有一番不耐烦的话刺入耳中，纠缠不休。还是避而不见为好，所以带着两个儿子，躲到东村老友家中去了。

子路扑了空，没精打采地回到叶县，将事情据实报告。叶公插言道：“那老人有心回避，昨晚那样殷勤款待，今日却这样不近人情，真是神龙现首不现尾。避世之士真是令人无法捉摸!”

孔子说：“这个老人昨晚叫出两个儿子与子路相见，分明知道长幼礼节不可以废掉，殊不知古语云：‘率土之民，莫非王臣。’君臣之义，怎好废掉？像他这样以隐居为高尚，只顾洁身自爱，不顾紊乱大伦，实在不应该。”

叶公问道：“什么叫做大伦？”

孔子说：“人类大伦有五，故又称五伦，就是父子有亲，君臣有义，夫妇有别，长幼有序，朋友有信。出仕，是为国效力，尽君臣之义。虽知所抱主张不能施行，也不能洁身退隐，自鸣得意。为什么呢？因为君臣之义，是五伦之一。若以退隐为高尚，不求仕进，就是背义乱伦。故而深明大义的贤臣，如关龙逄、比干，至死都不愿乱伦退隐。”

路遇子产

孔子在叶县耽搁两天，向叶公问明路径，然后告辞，命子贡驾车登程。一路从大道向东南而行，路上晓行夜宿，饥餐渴饮。

一天，正在行路，从侧斜方向来了一辆显贵之人所乘的大车。孔子正在向来车中观望，想看看车中是谁，驾车人已向子贡招呼道：“我们相国有请你们夫子，同到前面大东南客店中歇息。”

子贡答应着，同时也看清那车是郑国子产的，立即告诉孔子。两车同行到客店门前停住，大家下车，孔子上前与子产拱手相见。众弟子也一一向子产行礼，一起走入店中，选雅座坐下。孔子与子产同席而坐，对饮长谈。

子产先问孔子从哪儿来，孔子直言说了。

孔子问子产打算去哪里。子产长叹道：“敝国介于两个大国之间，真觉得左右为难！我君因陈侯几次无礼相欺，命我率师伐陈，侥幸获胜。

“哪知陈侯向晋国求援，晋国应允他们出兵相救，幸而我早已得信，收兵回国。但仍担心晋国来问罪，就亲自去晋国进献所获的俘虏和战利品。赵鞅追问我，陈有何罪而被郑伐。我答称：‘陈倚仗楚众，侵凌敝国。去年我将此事敬告贵国，贵国并未出师，陈才敢联合楚众，侵犯敝邑东门，伐木塞井，大逞淫威。敝国臣民不甘无端受戮，上下一心，与陈殊死作战。天佑寡君，三战三捷，特来献捷’。

“赵鞅又问道：‘你们为何欺凌小国？’我答道：‘先王之命，有罪则伐，以伸正义。昔日，天子地方千里，称一圻。公侯地方百里，称一同，伯、子、男的地仅有七十里、五十里，这是周代定制。现在大国之地，多达数千里，若非欺凌小国，何以至此？’赵鞅不再责问，查看献捷表，见有兵器财物，才以小国使臣之礼相待。我考虑到晋君太弱，四卿当政，权柄由多人把持，即将内乱，无力庇护我国，还是联楚以抗晋好。楚昭王正在励精图治，将成霸主，胜晋万倍啊！”

孔子说：“晋为盟主，郑独断专行，征伐陈国；晋卿问罪，相国能以言使之折服，这是古志所云：‘言以足志，文以足言。’我自愧不如！至于联晋、联楚，目前而论，当然联楚为宜。”

吃完饭，大家走出客店，孔子问子产：“这里离姑苏，还有多少路程？”

子产答道：“还有二百多里。快马一天就能赶到，普通马要两天才能到达。”说完，向孔子拱手道声再会，上车取道而去。

孔子对子贡说：“你到过吴国，与伯嚭见过一面，现在你驾轻车先去见他，为我通报。我跟其他人随后赶到。”子贡应命，一人驾车先行，孔子等驾车缓进。

子贡一路平安到达姑苏。上次田常伐鲁，子贡为解除这个危机，曾来游说过吴王，所以城内道路他都认识，直奔太宰衙门前。子贡下车向守门人投递名帖，请求谒见。守门人持帖入内禀报。伯嚭看了子贡的名帖，因久慕大名，亲自出来迎接。子贡上前施礼道：“我何德何能，敢劳太宰亲迎。”

伯嚭笑道：“圣门贤士光顾，岂敢不出迎。”说完，请子贡进客房。两人分宾主坐下，侍者奉上茶来。

伯嚭问子贡：“大驾专诚到此，是公事呢，还是顺道来游？”

子贡答道：“专诚到此，是向太宰游说来了。贵国位于东南富饶之地，田赋收入冠于天下，因此各大国都存觊觎之心，打算吞并吴国，以增益府库。还有与吴结有世仇的越王，卧薪尝胆，有灭吴雪耻之心。楚昭王不忘弃郢奔逃的大辱，也想乘机攻吴。由此说来，贵国好似一座大厦，远望层楼叠阁，歌舞升平，非常富丽堂皇。殊不知太湖之水已浸损了根基，大海之风摇动墙壁，大厦有将倾的迹象。太宰乃是一根大木，支撑这座大厦。即使是三尺孩童，也知道一木不能支大厦。我既有所知，不忍缄默，特地自楚赶来，冒昧陈辞，愿太宰细察我说的话是否句句属实。”

伯嚭道：“你的话句句翔实，既说一木不能支大厦，那如何才能够支撑呢？”

子贡说：“古人云：‘独立难成，众擎易举。’为贵国大局着想，只有选拔贤才，与太宰共掌国政。伍子胥是当世不可多得的名将，年纪虽老，韬略仍熟，委他以治理军队、整治武备的大权，以固国防，这是万全之计。不知太宰以为如何？”

伯嚭道："话虽不错，不过，一时之间到哪里去找贤才呢？"

子贡说："我的夫子孔丘，当初在中都任职，将那里治理得路不拾遗，升任司寇后，齐国归还侵占之地。列国早已公认他为贤人，他素有匡时济世的宏愿。我怂恿他来帮太宰管理国家事务，征得他同意后，我先来求见。请太宰入朝先禀明君上，待我夫子来时，使夫子能够受到尊敬，辅佐太宰管理国家事务。这样诸大夫才不敢轻视我夫子。"

伯嚭说："你们夫子声名如雷贯耳，我愿意先去禀报。不过我王常居灵岩山馆娃宫，往返需要时间。我先派一队家丁，随你前去迎接你的夫子，以表示我个人的敬意。"子贡唯唯应命。伯嚭传来五十名家丁，随子贡去迎孔子。

伯嚭是个嫉贤妒能的佞臣，怎么会答应迎接孔子呢？一是多亏子贡口才好，使之危言动听；二是吴王迷恋女色，不问朝政，委他一手包办，他难以应付越、楚两国仇视，想要孔子做帮手。

伯嚭送走子贡，立即乘车去灵岩山，步行入宫，觐见夫差，奏明东鲁圣人孔丘即将前来朝见，大王应加以郊迎，表示礼敬贤士的诚意。

吴王说："孔丘久负天下重望，号称圣人，孤却未曾见过。前年，相士姑布子卿来吴，我问他当世有无近似五帝的奇相人，他说：'只有鲁国孔丘，头似唐尧，额似皋陶，目似虞舜。'我问：'孔丘兼具尧、舜异相，久后将得天下吧？'子卿答称：'孔丘自腰以下，不及禹者三寸。近看容貌，好似二圣，远察神气，若丧家之犬。非但不能得天下，而且晚年多灾多难，不如壮年。'现在，孔丘既将前来朝觐，我派你与伍子胥为郊迎专使，并率诸大夫一律穿朝服去迎。"

吴王说完，立即写诏令送给伍子胥，派他为迎贤专使，率车千乘，从破楚门排列至十里，并率领众将顶盔贯甲，同太宰到十里外迎接孔子。

太宰问道："大王何不亲自迎接呢？"

吴王笑答："孤将带二妃扮作平民，看看孔丘像不像丧家之犬！"

伯嚭退出，驾车回城，去见伍子胥，商定立刻派工匠到破楚门外十里之处，临时搭建一所木屋，备作专使休息之所。回到衙府，伯嚭传谕诸大夫次日修整衣冠齐集破楚门。伍子胥传令三军将士，次日戎装带兵车千乘到破楚门外候令。一班将士奉命，以为要出兵伐楚，人心惶惶，后来知道是迎接孔圣人，才安静下来。

第二天，红日东升，一千乘兵车，跟着一班顶盔贯甲的将士，到破楚门外齐集。伍子胥制作一面大旗，立在军前，上面写着："齐集兵车，郊迎大贤"八个字。

这时正是百姓买菜的时间，人流不息，"齐集兵车，郊迎大贤"的消息一时间传遍姑苏城。城内外的百姓，都到破楚门外，观看郊迎孔贤。兵车夹道排列，百姓只能在兵车后面观看，只有文武百官，跟着伯嚭、伍子胥，步行到木屋中等候。

过了正午，孔子等一行人，才驾车而来。这时，两旁百姓已挤得水泄不通。夫差带着西施、郑旦二妃，也夹杂在人群中，虽然有护卫保护，但吴王乔装易服，百姓看不出他是国王，只管向他身边的空隙处挤来。这时，一个屠夫手执锋利的屠刀挤到西施身旁挨肩并立。夫差勃然大怒，伸手将他拦到一边，不料手指误碰刀口，鲜血迸流。夫差十分恼怒，喝令卫士把屠夫拿下，准备斩首示众，一时秩序大乱。伍子胥飞步奔来，令卫士驱散百姓，问明原因，说道："刀下留人。"接着向吴王奏道："不知者不罪，此人不认得大王，误伤大王手指，饶他一死吧。"

美人设计逐孔子

孔子从楚到吴，子贡带领太宰伯嚭的卫士，赶到百里之外迎接。孔子命子贡在前面引路，直到姑苏城郊外，见兵车夹道林立，文武百官在道上欢迎。孔子立即同子贡下车，步行上前，与伯嚭、伍子胥相见，又向众文武大臣拱手称谢。伯嚭代吴王致言，孔子谦辞答谢。

郊迎结束后，孔子与伍子胥同车去馆舍休息，众弟子都跟他进来，百官及兵车散归，百姓各自回家。

第二天早上，梳洗整理好后，孔子起了早，先去谒见太宰伯嚭，拜谢他的盛情接待。孔子请他将自己引见给吴王，伯嚭欣然应允，立即请孔子同车入朝。

吴王本来住在馆娃宫，很久没有临朝听政了，今天专为孔子准时临朝。太宰伯嚭上殿奏明孔丘请求朝见，吴王召请。孔子执笏上殿，以臣礼拜见吴王。

吴王以上宾之礼相还，离座作揖，含笑说："久慕大名，渴想一见，只恨一直没有机缘。现在你惠然肯来，我真是喜出望外，不知你从远道赶来，拿什么来教诲吴国呢？”

孔子答道：“大王拥有三吴富地，扼守大江险要，国基早已安如磐石，何用我多言。近闻楚人传言，说大王忘却历代仇敌，收纳仇敌进献的女子藏于别宫，怠于朝政。我闻言不信，认为大王是英明之主，称雄东南，霸业方成，岂能识不破仇人进献的美人计，甘受蛊惑呢！故而不怕路途遥远，从楚国到此。蒙大王不嫌弃我鄙陋粗野，特派文武大臣郊迎十里，我受此殊礼，怎敢不诚实奏对？大王乃天资颖弗的骄子，我是学问浅陋的野人，怎敢担当教诲重任？但愿大王朝纲独断，不要受仇人蛊惑，国基即可永保稳固！我不遵亲疏，冒昧直言，乞恕死罪！”

吴王听完这一席话，心里非常恼怒，但听到“不要受仇人蛊惑”时，心中默想：西施、郑旦为越王所进，的确是美人计，蛊惑得我如醉如痴，一时难以忘怀。以后当强自抑制，好贤、好色当一视同仁。转念之间，吴王怒气全消，依旧含笑道：“列国都称你是博识君子，无所不知，何必自谦呢！我以客卿之礼待你，请留此以备遇事请教。”

孔子行礼退出。吴王急着回宫，派太宰伯嚭用只有羊、猪二牲的少牢之礼宴请孔子，伍子胥、王孙雄及孔门众弟子陪宴，尽欢而散。

孔子每日与弟子游玩三吴名胜。一天，孔子想起海边有仲雍、齐女等人的墓，且有湖山胜景，命子游驾车前去游览。不料到达十里亭时，看见有两男两女一起同车踏水，男子赤裸裸一丝不挂，女子上身裸露，孔子急忙命子游返回姑苏。

子游问：“眼看到了，为什么又不去了呢？”

孔子说：“男、女不知廉耻，赤裸裸同车踏水，成何体统？我不愿去游览了。”

子游说：“乡愚无知，不足为怪；城中百姓，男、女没有赤裸的。”

孔子不信，催他回去。子游只好转辕回去。直到馆舍前下车，孔子踱步入门，守馆人禀报道：“有内侍奉王命来召您，今日天晚不及入宫，请您明日入朝，大王有事询问。”

第二天，孔子入朝，向吴王行礼，奏问：“昨天大王宣召，我刚好外出，回来晚了，没来得及进宫，不知大王因何事召见我？”

吴王派司库入库，取出五道古色斑斓的古符，交给孔子：“先王破楚成功，有赤鸟衔此符放到王前。至今无人能识别符上图画的意思，特地请你来解释。”

孔子把五道符上的图画仔细看了一遍，奏道："此符出自夏朝。当时，禹王奉命治理洪水，修到牧德山，水中有蛟龙、水豹伤人，工程因此停止。禹王独立山峰，望着洪水长叹道：'洪水为灾，不知有几千年，被水淹死的，不知有几千人。我奉命治水，誓死为世人谋脱巨灾，不治平水患决不罢休。工程已有把握，不料却被水怪阻碍。此乃天心不仁，非我治水不力之罪啊！'话音未绝，一个异人迎面走来，笑容可掬地说：'劳你费神，运用你的心智，来治这滔滔洪水，且有怪物出来伤人阻挠，你太辛苦了！我有灵宝五符，可以驱使蛟龙水豹。'说着，把符授予禹王，告诫道：'这是神符，不可亵渎。成功后，当藏于灵山，勿忘我言。'禹王把灵符谨慎地收藏好，遇有水族作梗，即用此符驱散，治水最后得以大功告成。后来，禹王将此符盛于铁匣，藏入洞庭苞山石穴中。

"吴王阖闾时，龙威夫人得到五道神符，进献给吴王，莫非就是此符？至于赤乌衔符，我确实不知，只听童谣云：'吴王出游观震湖，龙威夫人山中隐居，北上苞山入云墟，搜得秘藏禹王书。天经地义不可舒，此父常传百六初，若强取出丧国庐。'此种童谣，不是年高而见识广的人流传，便是高人所授，不可全信，也不可不信。希望大王把符秘藏于府库，切不可轻易示人。"

吴王命司库把五符藏在铁匣中，外面封闭加锁，藏诸宝库。

吴王和孔子又谈论一些三皇五帝的故事，孔子说得娓娓动听，吴王听得津津有味，不禁听上了瘾，一天都不能间断。吴王每天都要召孔子入宫，谈论史事，二十多天没到馆娃宫去，这可急坏了宠冠六宫的西施。西施暗地里派心腹内侍到太宰面前探问消息。伯嚭以实相告，内侍回灵岩复命，西施才知道吴王爱听客卿孔丘讲经史，无意回灵岩。西施是个工愁善媚之人，听说吴王无意回灵岩，以为恩宠将衰，急得肝火炽旺，不思饮食，终日以手捂心，卧床呼痛。内侍急忙赶到姑苏，入宫奏明此事。

吴王听说西施心痛猝发，一面急召名医，一面命人摆驾，带着名医回馆娃宫。吴王走进寝宫，见西施斜卧在床上，泪痕满面，嘤嘤哭泣，也不理睬他。吴王安慰道："你不要误会我久居吴宫，宠爱郑妃，不是这样。我只是爱听孔丘讲故事，所以乐而忘返。现在说清楚了，你不要悲伤，安心调治吧！"说完，宣名医入寝宫诊脉。

医官对吴王说："贵妃不是心痛，而是郁积的怒气触动肝经，肝、胃、气失调，以致胸中作痛，呕吐时作，不思饮食。腹中有郁积之物作痛，即是肝胀，治法当以平肝理气，解郁开胃为主。”接着写了药方，呈给吴王道：“能使病人心情愉快，肝气容易平顺，不宜再去惹动她的肝火。”说完，告退回家。

吴王立即命内侍持方去配药，煎给西施服用，果然一药而愈，肝气平顺，能喝稀粥了。吴王百般取悦西施，西施只是愁眉不展，时常哭泣。吴王急道：“你若哭哭啼啼，依旧要触发肝气生病。究竟有什么不如意的事，尽可跟我直说，何苦郁积在心里呢？”西施不答话。

吴王再三逼问，西施才轻启朱唇道：“妾以蒲柳之姿，蒙大王不弃，收为姬妾，雨露常沾，一向不间断。近日，大王因爱听孔丘讲经史，弃妾如敝屣，孔丘说妾是奉越王之命，来献美人计，蛊惑大王。这都是大王您亲口告诉妾的。妾想自己既然被大王怀疑，希望已绝，倒不如速死！”说完站起身来，抽出挂在墙上的宝剑要自杀。

西施假装抽取宝剑自杀，吴王却被吓得惊慌失措，急忙抢步上前夺下宝剑交给内侍，并命其交宫卫收藏，接着向西施问道：“我哪件事不依你，你竟甘心自杀？”

西施哭道：“大王待妾恩深如海，妾虽死不忘。妾恨的是孔丘，妾和他素不相识，他却在背后离间，妾与他势不两立！大王若真的爱妾，速把孔丘驱逐出境。妾忧虑全消，才能放心伴王取乐啊！”

吴王沉吟了一会儿说：“孔丘是当世有名的大贤，我若将他驱逐出境，天下人定要批评我远贤亲佞；天下贤士都将裹足不入吴境，这可不行。好在孔丘现居客卿之位，并无职位与禄养，只要我不召他讲经史，不听他说话，对你不会再有损。”

西施说：“大王既不愿驱逐这个野人，妾也不勉强。妾还有一个不逐自走的方法：大王自今日起，推说有微疾，留此调养，以一月为期，不要过问孔丘起居，冷落他，他会自己走的。那时，天下人怎能批评大王不是？无论如何，这个方法希望大王答应，否则妾早晚唯有一死！”吴王舍不得美人自杀，只好答应，从此长居馆娃宫，与西施共享欢乐。

西施受越王重托，指示她要报复世仇。现在见吴王敬重孔子，孔子又把美人计说破，自己的恩宠与富贵将被孔子断送，所以下决心驱逐孔子。她暗中派心腹授意太宰伯嚭与王孙雄，设法逼走孔子，不许他留在吴境。伯嚭不愿背嫉贤妒能的恶名，把事情完全交托给王孙雄办理。

王孙雄本是西施的爪牙，自身富贵都是靠西施得来，当然惟命是从。自从接到西施嘱托后，想了半天，想出一个借公逐贤的恶计。好在他自己是下军元帅，部下有一万两千多人，这些人向来和中军部属同住在城内营房中。两万五千人同处一个营城，早已人满为患，打算分驻。现在借此为名，告知部众，移居城内官府空屋中。

孔子所住的上宾馆，共有六十间房屋，王孙雄一面派兵前去强逼孔子把行李搬走，一面带着一班下军将士卫兵迁入。他把部下兵士分队指派到各处官府空屋中驻扎，孔子被逼得无处安身，只好让子贡去拜见太宰伯嚭，请他指示馆舍。不料太宰伯嚭托病不见客。

子贡含怒回报孔子，孔子微笑道："此处不留人，自有留人处。不如到越国去游览吧！"

子路生气地说："且慢，现在逼走夫子的是军队。伍子胥总掌吴国兵权，夫子敬他若神明，他却暗中派士兵来逼夫子无处安身，是何道理？我愿意保护夫子速去问罪而后行，以稍平我的闲气！"

孔子说："伍子胥断无此种慢贤举动，你不用浮躁，我去问个明白，顺道辞行。你把行李运往破楚门外凯旋客馆中，等我回来一起走。"说完，命子贡驾车去拜访伍子胥，子路同众弟子驾车运行李到凯旋客馆中等候。

孔子驾车去向伍子胥辞行，命子贡投刺帖求见。守门人进去禀报，伍子胥降阶相迎，接他们进客厅，分宾主坐下。

孔子说："我偶然到此游览，蒙吴王盛意，待以客卿之礼，居住在上宾馆。不料，今日有许多将士迁入馆舍，强迫我搬走。这分明是暗下逐客令。事出军队，将军难道不知道吗？"

伍子胥答道："我一点儿都不知道啊，这班军队莫不是归属下军？"

子贡插言道："上宾馆门前贴有下军元帅的牌示，料想必是下军部下。"

伍子胥说："敝国原有三军，中军元帅按例由大王兼任，上军元帅是我。下军元帅自孙武辞职归隐后，向无合适的人继任，现由王孙雄滥竽充数。他是个不文不武的佞臣，依附西施，不但充任下军元帅，西施还保他督造馆娃宫于灵岩，日夜工作，大概用了一年时间。王孙雄从中取利，家资增加数十万。我不愿与此贪鄙佞臣为伍，曾在王前力保他人继任。无奈大王因王孙雄是西施所保，无心换人。现在王孙雄竟敢借公事名义逼夫子让出上宾馆，只怕是奉了西施的密令啊。夫子何不去见太宰，他先前既然引荐你，必会有安顿之所。"

孔子答道："我已命子贡去过了，太宰托病不见，因而我决定去别国游览。只是记挂将军，将军虽功高柱石，怎奈奸佞满朝，只怕是虎落平川，被众犬所噬，特来为将军进一言。'明哲保身'四个字，是英雄处末路的觉悟。将军既然不被大王信任，何苦将须发苍苍的汗马余生，寄于这众人皆醉的漏舟中，而不急流勇退呢？"

伍子胥一手托着银丝似的胡须，低头想了一会儿，抬起头正想说话，看见侍从来禀，说宴席已设在东边客房中了。于是请孔子师徒两人离座，同到客房中。

三人入座，子贡在末座斟酒。酒过三巡，伍子胥触动心事，忽然长叹道："我真后悔当初没有听孙武的话。当时破楚成功，孙武辞官归隐，对我说：'大仇已报，可以结伴遁世了！'我因大王以军政全权相托，不忍忘恩归隐，婉辞拒绝。孙武临别时说：'今日不听我的话，将来后悔莫及啊！'"

孔子安慰道："您现在弃官寻孙武同隐，也不晚啊！"

伍子胥依然叹息道："我的出身与孙武截然不同。我家世代为楚臣，我因为挟父仇才投奔吴国。现在以将死之身，出奔他国做贰臣，半世修来的微名，都将付诸流水，我誓死不为。至于归隐，不免要受天下人责备。我虽然无能，但越王心目中，还是畏我如虎。我活着一天，越王就息兵一天。我早上死了，越兵晚上就会来攻打吴国。

"我国三军齐备，饷械无缺，何惧越兵？不过出兵拒敌，全凭将帅谋勇兼全，部众训练有素。环顾我国，竟无一人能胜任元帅之职。并且水陆两军，久未训练，怎能敌得过十年训练的越军呢？

"我若归隐，国亡指日可待，天下人岂不是要责备我？只好入了棺再图清闲。我担心的是覆巢之下，必无完卵，倘若伍氏灭绝，我怎么对得起祖宗在天之灵？所以我想把一脉单传的小儿，寄托到别国，为我留后，使伍氏血脉不致到我这里而断绝。不过此种大事，不是有交谊的至亲密友，怎能付托呢？所以常挂心头，至今未能解决。"

孔子说："我素知将军与齐国鲍牧为八拜之交。齐属大国，鲍牧为鲍叔后代，又是元老重臣，寄子存后，以鲍氏为最佳。将军意下如何？"

伍子胥答道："我与你意见相同。今年春天，我曾命犬子伍封去齐国探望鲍牧，正值鲍牧病重，伍封懊丧而回。现在鲍牧已经去世，其子鲍息继袭父职，虽不失为重臣，和我的交情却疏远了。只好等机会亲去齐国与鲍息一见，再行决定！"

孔子不禁叹道："吴王若能倚重将军，放逐西施、王孙雄、太宰伯嚭等人，便能使吴国安如磐石，甚至于雄霸东南。一念之差，即招亡国之祸。人君的措施，岂可不谨慎呢！"

伍子胥听孔子这么一说，也忍不住愤愤地说："亡国祸根，不是西施和王孙雄，而是伯嚭贪图越王贿赂，保全了越王性命。最可恨的是，伯嚭竟然劝大王放越王回去，纵虎归山，遗此祸害。伯嚭真是死有余辜！现在又多了一个西施，此乃天亡吴国，谁能挽回呢？"

说到这里，孔子和伍子胥两人相对叹息，酒难下咽。

孔子因为急于远行，离席告辞："我立刻要启程了，太宰既然托病不见客，我就不去辞行了。就此与将军作别，不知今后有无再见之日？"

伍子胥答道："我与夫子年纪相差不多，处境却大不相同。夫子乃闻名天下的圣人，不受拘束，如野鹤孤云，有兴则出山闲游，无兴则在山休养，岁月宽闲，享寿百年；而我却像一只为主人杀敌立功的狗，杀完敌人我便没有利用价值，受主人厌恶，看来我被宰杀烹煮的时日不远了！若想要再与您相见，恐怕只能在梦中了。"

孔子听了，深深叹息道："吉人自有天相，将军无须如此消极。常言道：人定胜天。将军乃当世第一名将，既然已不能保国，应极力保身。谨记吾言，他日定可相见。"说完，孔子拱手告辞，伍子胥送到门外。子贡驾车，孔子拱手登车而行，伍子胥转身回府。

赴 越

孔子走出楚门，直到凯旋客馆门前停下。他的弟子都在门前等候，孔子吩咐："快把行李装上车，随我到越国去。"

弟子们七手八脚把行李装好，把牲口扣在车前的辕上。子贡执辔，一路向越国前进。

赶了几十里路，大家停下来在树林中稍作休息。

树林中蝉声不断，有个驼背的人站在树下，用顶端涂着树脂的竹竿捉蝉，一粘就是一只，像随手捡的一样容易。

孔子问他："你手法这样巧妙，有什么窍门吗？"

驼背的人回答："当然有。蝉这种小虫机灵得很，一有风吹草动就逃了，因此要练得手持竹竿不晃。在竹竿顶端放两颗弹丸，手持竹竿不晃，捉蝉就有了一定的把握；放三颗不掉，失误就只有十分之一；放十颗不掉，捉起来就能像我这样。只是这样还不够，还要善于伪装自己。我站在那里，身子就像树干，手臂就像树枝，它们见了我也不会警觉。这两样都在其次，最重要的是用心专一。虽然天地宽大，万物众多，但这些都和我无关，我只注意蝉的翅膀是否挥动。"

孔子听完点点头，对弟子们说："用心专一，能通于神。他说的就是这个意思。"说完，驱车而行。

一天，孔子在一家客店中遇到虔，虔拱手说："半路逢故友，真是喜出望外。夫子离别家乡十多年，有什么可告诉故人的吗？"

孔子答道："我被围于匡、伐树于宋、谣于卫、困于陈、蔡，适楚被阻于令尹。我受了这么多劫难后，开始觉得旧交渐渐疏远，门徒和朋友慢慢星散，这不是命途困厄吗？"

虔答道："夫子难道不曾听过'林回弃千金之璧而背赤子躲避乱世'的故事吗？有人问林回为什么不要金银而要婴儿，林回称：'重千金的是以利合，重赤子的是以天属。'以利合的人遇到灾祸时一定被舍弃，以天属的人遇到灾祸必得相救，这是古今不变的常理。况且'君子之交淡若水，小人之交甘若醴。'君子淡而亲，小人甘而绝，凡无缘相合的，终必无故而离之。"

孔子道："闻君一席话，胜读十年书，再会吧！"说着，拱手告别。

走到离越都不到一日路程时，孔子又命子贡先去拜见文种，自己在后边亲自执辔缓行。赶了十多里路后停车休息，恰好遇到故人太公任乘马经过。

孔子停下马车向太公任打招呼："多年不见，您苍老了许多啊！"

太公任问："传闻夫子在陈国绝粮七日，几乎饿死，夫子怕死吗？"孔子恭敬地点点头。

太公任又道："我曾听人传说不死之道。东海有一种鸟，名叫意怠，那鸟行动笨拙，好像一无是处，它们飞行时跟随其他鸟，栖息时又被其他鸟所胁迫，以致进不敢向前，退不敢落后，食不敢先尝。因此它们经常身处众鸟的包围中，不容易受到捕鸟者伤害。直木先被伐、甘井先枯竭是不变的规律，夫子应当留心，修身以自保。先知以告人，居安莫忘危，遇困要耐性。

我还听人说，自夸者易贬，功成者招忌，名高者受谤。谁能够抛开功与名，还给众人呢？所以不责人的，人也不责他。”

孔子听了这一席话，说道：“妙哉高论。鸟尚知合群以团结，藏身以避害，人若不知避害，连鸟都不如了！”

接着，两人又谈论了一会儿近况，然后分道而行。

越王勾践自从被吴王释放回国后，卧薪尝胆，发誓要向吴国报复。他一面把西施送往吴国蛊惑夫差，一面又派诸稽郢训练精兵。范蠡保荐南陵处女以剑术教授将士，又保荐楚人陈音督造弓箭、刀矛等精良武器，以十年之期训练；并在琅琊建起一座长九里、高耸云霄，从上面可以望到吴国、太湖与东海的观台；还招募勇士八千人，督造战船八百艘，认真教习水战。

越国正在练兵图强时，子贡奉孔子之命来拜见文种。文种早就听说子贡是孔子门下贤士，见到名帖后，把子贡接入客室中分宾主坐定。

文种问：“敝国僻处东海，何劳高贤辱临？”

子贡答：“特来抚慰您。”

文种又问：“有什么可抚慰的呢？”

子贡回道：“吴王是东南霸主，伍子胥又是老成持重的名将，你要讨伐吴国谈何容易？我驱车入境，只见水陆练兵、工匠制造武器，都在亟亟备战，又驱壮丁入伍，以致田亩荒芜，全国闹饥荒。恐怕吴仇未报，越国已经先起内乱，因此我特地来慰问大夫。”

文种说：“您既知症结所在，一定有办法应对，请明白赐教。”

子贡道：“贵国好似大病初愈、元气未复之人，现在只适宜做调养，如教民练兵、勤修内政，结交敌国佞臣，免除外患。吴国是越国的世仇，太宰嚭是吴国专政佞臣，大夫可以不惜金玉货币，请他庇护越国。那么贵国可以休养生息，积极备战，待时而动。不过吴国有伍子胥总揽军政，他是当世第一名将，可不容易对付啊！伍子胥与我老师孔丘交情深厚。大夫只能试着与伍子胥联络，但他是不可能靠贿赂买通的，只能托我师从中劝说，才可能事成。”

文种问孔子现在哪里，要派人持礼请聘。子贡答道：“我老师将来贵国观光，不用劳烦征聘，您只须在越王前稍微引荐，赐以郊迎之礼，已觉荣耀。”

文种答道：“我现在入宫向越王引荐，不知可否劳烦您驱车返回去迎接？”子贡应命告辞，驾车回去迎孔子。

文种入宫，向越王奏明：“孔丘将来我国，请大王赐以郊迎盛礼。他负天下重望，必有治国良谋；其门下有七十二弟子，皆为贤士。大王正在寻求贤臣辅助，怎可与这个贤士失之交臂呢？”

越王说道：“孔丘乃当世圣人，既然不征而来，我必当亲率百官，郊迎四十里，以表敬贤诚意，使天下贤士闻风来归，我国就有雪前之望了！”

说完，越王下令：“大将军诸稽郢统率水陆全军，由东关外排队四十里；陆军以兵车夹道排阵，水军把战舰分列至来宾经过的河道。士兵一律顶盔贯甲、佩剑执戟，当作临阵一样；军容务求整肃，不得有误。”

诸稽郢接到王谕，马上传令水陆全军齐集东关外，护驾迎贤。文种、范蠡、诸稽郢也率领文武官员齐集宫门候驾。不一会儿，越王勾践头戴点金元帅盔、身披锁子贡夷甲、腰悬精金步光剑、手杖錾钢物庐矛，在三百卫士护从下走出宫门。

文武官员跪拜迎接，越王招手说：“众卿平身，随我郊迎孔圣人去。”

文武官员站起身，各自登车，跟随越王到东关外四十里临时搭成的迎贤馆前下车。君臣入内休息，文种派探子前去观望。

一会儿，探子回报：“车尘已见，相距只有一里。”

越王一面传令军队放信炮，全军高唱迎贤歌；一面同文武官员步行出馆，排列在门前恭候。

断祸福

孔子听子贡回报说越王在前郊迎接，立即叫子路停车，让子贡带路，一同向迎贤馆走去。

道路两旁信炮高鸣，乐声齐奏，孔子走到越王面前，跪拜行礼道：“孔丘是东鲁野人，偶来上国观光，怎受得起大王及众位大夫将士行郊迎礼，真让我受之有愧。”

越王急忙以全礼相还。宾主站起身，孔子又和文种、范蠡、诸稽郢一一行礼相见。随后，孔子命子贡带弟子朝见越王。朝见完毕，文种请驾还朝，越王本想与孔子同车，但孔子谦辞，与文种同车，随驾回朝。

孔子见沿途旌旗密布，卫士们披甲执兵，水陆军容非常整肃，每队都有一个军官领导，高唱迎贤诗歌，心想：何用劳动水陆全军来威吓我这个野人呢？他一路思考，始终觉得莫名其妙，不知不觉车驾已在上宾馆前停住。越王传谕文武官员回衙办事，只留下文种。越王亲自送孔子入馆居住，命文种以上宾礼招待。

越王与孔子分宾主坐下，越王问孔子：“夫子惠然肯来，一定有什么方法助我渡过危局吧？”

孔子回道：“我能述五帝三皇之道，还一并带来古舜雅琴，拟在大王面前奏琴以讲道。我从未学过军旅之事，大王何必劳动水陆大军列队赋歌迎我，真使我局促不安。”

越王道：“列队相迎，无非想让夫子检阅一下敝国军队，看其能否胜任报仇之役。我愿闻五帝三皇之道，明日再请夫子入宫讲解，或是我来这里听讲，悉听尊便。”

孔子答道：“理当我入宫讲解。至于仗兵力以复仇，兵家有云：‘知彼知己，百战百胜’。”

越王问：“什么叫知彼知己？”

孔子答道：“彼，指敌人，要知道敌兵虚实，以及擅长哪一种战术。陆军通行车战，水军通行舰战，对于这些都要先调查清楚。己，指自己，要知道自己训练军队有无劣性。要选择敢死勇士，日日教以最新最奇的战术，若三年见有成效，方可出奇制胜。”

越王长叹道：“夫子精通韬略，何必谦辞未习军旅之事？我素知越人性脆而愚，久居山地，常行水面，以船当车，以楫作马；扬帆快若飘风，把橹迟缓难从；勇士敢死，老弱贪生，这是越人常性。至于敌人虚实和擅长，我也略知一二：吴人生长在富饶之地，终年饱暖无忧，少壮喜野游，老弱图安适，根本没有不怕死的勇士，‘好男不当兵’是吴人习惯。”

孔子说：“是啊，两国情况一经比较就可知道，一旦兵戎相见，越必胜吴。只不过吴国有名将伍子胥职掌军政，他也知道三吴子弟不可用，于是常常到鲁、越边境去招募壮丁，亲自训练，编成强劲军队，其人数虽只有一军，但每个战士都可以一当百。这是我在吴国目睹的事实，并非虚言。”

越王道：“我因畏惧伍子胥而不敢出兵伐吴，但也听说伍子胥最近与夫差不和，而夫子与伍子胥交情又极深，可否仰仗大力，密约伍子胥来投？当报以元帅之职。”

孔子又说："伍子胥忠义贯日月，我也曾极力劝他急流勇退，隐居深山，他都不答应，若要劝他投越做二臣，恐怕万万做不到，只好待时而动。"

这时文种已经令人送饭菜到馆舍中，越王请孔子居客位，孔门弟子陪宴，越王作主人，文种代越王献爵敬酒，尽欢而散。

第二天，孔子正式入朝。越王总是以上宾之礼对待孔子，时常召他入宫讲解五帝德政，越王听得津津有味，时常把贵重物品送给孔子。

四个月之后，越王复仇之心更加迫切，但又畏惧伍子胥，于是几次三番逼迫孔子去劝降伍子胥。孔子被逼无奈，想离开越国，恰巧这时卫灵公已死，由太孙出公继承君位，出公继位后遣使来召孔子、子路、子羔。

孔子借此机会向越王坚决辞行，派子路、子羔先去卫国，又派冉求回鲁国，宰予去晋国，大家分别去观察哪一国能够容他从政，并约定到卫国回复。

众弟子驾车纷纷而去，孔子对子贡说："卫国世子蒯聩尚在晋国，他未必肯让儿子继位，只怕会闹出父子争国的闹剧。我们还是别急着返回卫国，到宋国去暂住一段时间，宋与卫接壤，容易探听到消息。"

子贡恭敬地点点头，公良孺忽然说："夫子经历过伐树危险，还到宋国去做什么呢？"

孔子长叹道："上天要施恩德于我，桓魋想害我也害不了。如今他已被盗寇刺死，难道死去的桓魋还能谋害我这个活着的孔丘吗？"

公良孺说："原来恶人已遭到应有的惩罚，我还不知道呢。"说完，跟随孔子驾车前进，一路都很平安。

第二天他们正要渡河，一只九尾鸟从树林中飞上天空，看见的人都很诧异。

一个弟子问孔子："请问此鸟叫什么名字？"

孔子答道："名叫鸧鹒。"

那人又问："怎见得它是鸧鹒？"

孔子说："我少年时常常听到士人在河上唱歌：'鸧兮鹒兮，遂毛衰兮。一身九尾，夸美兮长兮。'现在这只鸟长着九尾，不是鸧鹒是什么呢？"

说完，孔子和众弟子一同渡河，径直走到宋都附郭。他们经过一家客店门前，被孔小义看见，随后被其诚挚地接到店中安顿。又因为孔小义与孔子原属同宗，于是他添煮几个佳肴为孔子洗尘。

喝过几杯酒后，孔小义说："先生您前年住在这里时，我家的黑牛忽然生下白犊，小侄奉父命向先生询问吉凶，先生说：'是吉祥，留荐上帝。'

不料一年后老父双目失明，而黑牛又再一次生下白犊，老父又命我来问先生。小侄因前一次问过之后父亲双目失明，所以不愿再来问。但老父说：‘圣贤不会骗人，也许事情是先坏后好吧？’于是小侄又来请问。先生仍称是吉祥之兆，宜祭上帝；归告老父，备作祭天之用。不料吉祥事情并未出现，反而连小侄的一只眼睛也失明了，现在仅剩一线光，只能勉强辨别昏旦与方向，不能远视。这些究竟是吉是凶，请先生明白指教？”

孔子慢慢答道：“你家一向施行仁义，应该获上帝报施，不过天意难以预料。善人近祸，安知不是远福；恶人近福，安知不是远祸。从前鲁国有个无恶不作的少年，名叫白食，白天以敲诈强赊为生，晚上潜往墓地，盗取棺中殉葬物。一天夜里，他劈开一口棺木，里面并没有死人，却装着满满的黄金。白食喜出望外，把这些金银搬回自己家里，往返搬了十余次还没有搬完。天渐渐亮了，他只好把剩下的黄金尽量装入包裹中，扛在肩上往家里走。白食以为这是天赐横财让他造屋雇仆，准备享富翁幸福。殊不知是天赐祸水，这笔窖藏是盗跖所埋藏，并留有一个大汉在近处看守。白食回家的路上，被这个大汉看见。大汉马上赶到盗跖面前，照实禀报。盗跖是著名大盗，杀人不眨眼，犯案如山。他一听说自己积蓄的盗赃被白食全部盗去，怒发冲冠，亲率一班盗党，深夜赶到白食住宅，破门而入，将白食捆起来毒打，逼问藏金之地。白食被打得半死，只好招供，带盗跖走入藏金处掘取，但这些黄金已经被他挥霍掉三千两。盗跖大怒道：‘本来应该把你脑袋割下来，不过这些黄金本来也是盗来的。我盗人家黄金，不服罪；你盗我黄金，我也不能将你杀死。不过你比我更作恶多端，死罪可赦，刖刑难恕。’说着，挥刀砍断白食两足。白食痛得昏倒在地，等到苏醒时，盗匪已不知去向，他从此沦为乞丐。所以说一个人的祸福，非人所能预料。”

小义听完不敢多问，只是竭诚招待孔子。

孔子在店里耽搁了三天，忽见子贡从外面急匆匆跑入，向孔子说：“楚军已渡汉水，很快就来伐宋，责问背楚投吴之罪。请夫子快躲避”。孔子同弟子驾车从小路逃往卫国。

楚军当晚到达宋都，并在都城四面围困了几个月。城内粮食断绝，百姓都要饿死了，不得已只能互相吃掉别人的子女充饥。壮丁都被迫出城死战，惟有孔小义父子，因眼睛失明得免兵役，保全性命。父子俩这才相信孔子所断吉凶，对其佩服不已，从此更加力行善事。三年之后，父子两人的眼睛都得以复明。

拒入卫国

子路、子羔应卫君征召，并奉孔子之命，先返回卫国。卫灵公死后，由出公辄继位。蘧伯玉也因年老耳聋，辞职退隐，不问国事，其相位由孔悝继任。孔悝与出公辄为姑表兄弟，以贵戚为相，独揽大权。

孔悝自知缺乏从政经验，又想：蒯聩逃亡也是因为洗雪宫闱奇耻而起，当为天下所共谅，现在又和晋国赵氏感情融洽，他一旦借晋兵来谋权夺国，我将陷于既不能袒护表弟以拒母舅，又不便私通母舅以逐表弟这种左右为难之地。思量多日，孔悝想起孔子是负天下重望的圣人，若有他来同理朝政，一切难题都能解决。于是派使者去越国征聘孔子及孔门贤士返卫从政。

可是没想到现在只来了子路、子羔，孔子却没来。孔悝殷勤地把两人接入室中，劈头问道："夫子因何不来？"

子路答道："夫子与我们同时离开越国，他因宋国有些私事先去宋国，很快就来。"

孔悝道："卫国现正处在危难之时，内无贤才相助，外有世子树敌，所以急待夫子还朝，解决疑难。有劳你遣人到宋请驾吧。"子路唯唯应命，接着谈论一些国政。

孔悝非常惬意，对子路说："先父在时治军数十年，死后兵权才归王孙贾。现在还留有家兵三千人，只是发愁没有合适的人才统率，现在想请您统率家兵，并荐为大夫。"

子路听说身兼两职，可以施展胸中抱负，欣然称谢。孔悝随即同他入朝，拜见卫君。孔悝奏请将子羔官复原职为士师，子路原官是右司马，早已改任浑良夫，只好委以大夫之职。退朝后，子羔独自到士师衙门接任。子路从此常住在孔悝家中，出入与共。孔悝视子路为心腹，子路也以忠心相报。

很快，半年过去了。一天，孔悝得到探子回报：蒯聩因为得知孔子不在卫国而决定复夺君位。

孔悝急忙召子路商议："要想阻止蒯聩不来夺位，惟一的方法是请你们夫子来卫国。"

子路说："我已派人往返四、五次去请，仍不见夫子来，只好我亲自前去强逼他同来。"

孔悝叮嘱："切记要在两日之内把夫子请来，否则蒯聩来攻，可不是儿戏。"

子路领命，立即驾车前往宋国。当日抵达启门，天快黑了，他还找不到宿店，向该地管理启门的末吏晨门询问宿店。

晨门一面指明投宿处，一面问道："你从哪里来？"

子路答："我是鲁国孔丘门下弟子，现要去宋国寻找我的夫子。"

晨门冷笑道："孔丘明知天下事是不可能整顿得了的，却还东奔西走想施行他的那套道理，又怎么行得通呢！"

子路觉得这人像是贤士或隐士，不敢和他多言，拱手告别，去找客店投宿。第二天早早起身，付过宿费后又登程前往。中午时，他远远望见六部马车结伴而来，于是对御者说："巧啊，前面来的一定是我的夫子。"

原来孔子周游列国，公良孺率私车五辆护从，所以每次出行必定有六辆车衔接。车辆慢慢行至近处，子路一看果然是夫子。子路下车走到孔子车旁，说明奉孔悝之命来迎，并问："夫子因何离宋？是不是要到卫国去？"

孔子答道："楚军将伐宋，不得不走。不过这时卫国正值父子争权夺位时期，也不是安乐窝。我还是到仪邑去暂住，那里风俗敦厚，离卫国只有十多里，是去卫国的必经之路。宰我、冉求等如果去卫国，必经仪邑，我在那里等候消息。"

子路只好登车在孔子前面带路，一同来到仪邑，投在客店中居住。子路极力劝孔子去卫国辅助孔悝。

孔子说："蒯聩已经抱有归国夺位的决心，叫我去帮他呢还是帮儿子对抗父亲？势处两难，我只好暂居这里。你回去代我好好回复孔悝，以后若遇到难解决的国事，不妨来和我磋商。"

子路只好告别。临走前，孔子又叮嘱道："子路，你虽好勇过人，但在卫国纷争不已的时候，你还是甘居人后的好，不要奋勇争先。"

子路答道："食君之禄，必当忠君之事，又怎能甘居人后呢？"说完，径直出门，登车而去。

孔子向子贡叹息道："子路与子羔一同任职于卫国，一旦卫国有乱事，子羔也许能安然无恙，子路却不能保身。"

子贡问："夫子何以见得？"

孔子道："这是从他俩平时性情和行事上看出来的。子羔外表看起来愚笨，内心却精细，能深明大义，颇有明哲风度，一旦遇到急难，定能经权择用，从容避害；子路天生好勇，素性率直，只知一意孤行，不肯思前想后，好似一个莽夫，当他陷于危难时，肯定是只知勇往直前，必遭杀身之祸。"说完，又发声长叹。

正在这时，当地的末吏封疆之官请见孔子。孔子知道这人一定是隐于下位的贤士，命子贡出去招待。封人向子贡拱手说道："我虽属风尘末吏，然而知道当世贤人君子经临这里，因此冒昧求见。"

子贡把封人带入室内，封人一见孔子便作揖到地。孔子还礼让坐，问："大驾下顾，不知有何赐教？"

封人答道："我虽居下位，却时时留心天下时势和贤人君子的踪迹。素来仰慕夫子是负天下重望的圣人，又知夫子周游列国，打算以仁政救万民于水火之中，但事与愿违，奔走了十多年，仁义大道终未能施行。夫子既然博学多能，当然通达事理，好不容易才脱离伐树绝粮等危险，应该觉悟息肩了！为什么现在还要东奔西走呢？"

孔子道："我懂得的所有道理都是跟先圣先贤学的。若能够居上位，可借官职来感化百姓，否则只好用我的口舌，用道德来启示人民，但这样效果微乎其微。我之所以走遍天下，游说诸侯、结交士大夫，无非想让我的道义潜移默化于诸侯大夫，使他们推行我的大道呀！富贵对我而言，只是天上浮云；功名对我而言，如同脚上破鞋，没什么稀罕的！"

封人听完，恭敬地说："今天才知道夫子是个救世真人，也能体谅您授人以德、誓欲救民于水火的善心。这不是我这样的风尘末吏所能妄测高深的啊！"说完，作揖退了出去。

孔子命子贡等送封人到客店门外，封人向子贡等告别道："众位何必忧虑天下无贤君，天将以夫子为木铎。你们周游四方，得不到权位，只能以施政设教的木铎播撒于道路，以达到振聩发聋的功效。乱世达到极限，物极则反，不久会重现太平盛世，所以上天特赐金口木舌于夫子，完成他素王事业。众位看我说的对不对？"

子贡无言以答，恭敬地点点头，转身回去。

蒯聩的阴谋

子路回到卫国向孔悝报告说，夫子现居仪邑，离此不远，有疑难可以随时派人去磋商。

这时在座的卫大夫公明贾向子路问道："孔子愿不愿辅佐卫君出公辄呢？"

子路答："夫子只说他左右为难，究竟他愿佐哪一面，我实在不得而知。"

公明贾向孔悝说道："我愿去见孔子，问清楚他愿不愿辅佐出公辄。"

孔悝沉吟一会儿，说："你必须委婉地探问夫子，并告诉他我希望他来辅助我。"

公明贾驾车来到仪邑，到客店中求见。孔子曾和他见过几面，知道他是文子生前心腹，这次来必是奉了孔悝之命，于是连忙让子贡把公明贾接入室中。

两人行礼让座，彼此说了几句别后思念的话之后，孔子问："大夫此来，想必是奉卿相之命来召我入都的吧？"

公明贾答："是我自愿来向夫子求教，不过卿相也命我召夫子入都。卿相盼夫子入都，犹如大旱望甘雨，一切难题还等夫子当面商议。我想起卿相先君，生前与夫子情同兄弟。现在卿相自知才学和从政经验皆不及夫子，愿将卿相之位让与夫子。夫子对解决国难之事向来义不容辞，还请您早日入都。"

孔子说道："我之所以在此居住，以便于卿相来咨询，就是不忘文子生前的友谊呀！请您回去告诉卿相，我已决意居此，况且这里与卫都只有十里距离，一天之内可以往来数次，这与我住到卫都并没有什么区别。若卿相一定强行让我入都，那我只能回鲁国祭扫先墓去了。"

公明贾见孔子这么说，不敢苦劝，应声答应，接着又问："我有一疑问，请夫子赐教。伯夷、叔齐都功过参半，他们究竟算是什么样的人呢？"

孔子回答："伯夷、叔齐是古代贤人，他俩分别是孤竹君的长子和次子。孤竹君偏爱叔齐，遗命立叔齐为太子。孤竹君死后，叔齐不愿以次越长，让位给伯夷。伯夷拒绝道：'父命立弟，兄何敢不遵父命。'于是离开。叔齐见伯夷离开，自己也逃往荆蛮。于是众大夫立中子继位。到商纣末年，周武王起义伐纣，伯夷、叔齐谏阻道：'父亲死了不去葬，而发动战争，还可以算孝顺吗？做臣子的讨伐君主，又算得上仁吗？’武王不听，随后灭了纣王，开启周室功业。这俩人不屑于吃周王室粮食而逃隐首阳山，不久饿死了。”

公明贾问道：“他俩怨不怨悔呢？”

孔子答：“兄弟俩求仁得仁。伯夷尊重父命，叔齐严守天伦，情愿逊国同逃；他们见武王以臣伐君，违反仁义，便谏阻；谏阻无效后，不食周粟而饿死。这是义士高行，有什么怨悔呢？”

公明贾释然叹道：“听了夫子高论，我的疑团尽解。”

此时，已到了午饭时侯，孔子留公明贾吃饭。吃完饭后，孔子说：“大夫以前追随文子，必然了解他生前事情，有人在我面前称誉他有三不美德：就是不言、不笑、不取。这是不是真的呢？”

公明贾答：“这样的赞誉确实夸张。但我夫子平时不愿多言，一旦说一句，听者自然不觉厌恶；平时不多笑，偶然遇到极快乐的事情而笑逐颜开，见者自然不觉可厌；平时不苟取，见到合义的也不拒绝，取不伤廉，他人自然不觉厌恶。”

孔子问：“果真如此吗？”公明贾不愿多批评文子之行，起身告别，登车回都。

公明贾回到卫都，向孔悝报告：“孔子居住仪邑是为了便于卿相咨询。对国君父子的看法，我不便直问孔子，借以伯夷、叔齐的事情询问，才知道孔子既不支持蒯聩，也不赞同国君以子拒父，所以不愿到此。”

孔悝明白孔子的意思，也没有再强求，只好在遇到问题时派人去与孔子商议。

至于蒯聩，他自从逃到晋国后，幸好他的家臣戏阳速与赵氏家臣阳虎为旧交，阳虎得到蒯聩贿赂的金玉后，向赵简子进言，准许收纳蒯聩，蒯聩才得以居住在戚邑。卫灵公死后，蒯聩力求赵氏发兵送他回卫国，赵简子不允。

一天，阳虎来到戚邑，蒯聩问他：“赵氏为何不肯送我回卫国？”

阳虎答：“我家主子因外有吴、楚两国争霸，都想伐晋以扬威；内有三卿争权，应付为难。况且鲁、卫是兄弟之国，晋若出兵伐卫，鲁必出兵相救，所以不敢答应您的请求。”

蒯聩再一次恳求：“我不想长期带着愤怒、忧愁居住在这里，大夫有什么妙计能送我回国？”

阳虎沉吟一会儿，答道：“齐、鲁两国结仇已久，现在齐国陈恒颇有野心，与国中元老重臣都不和睦。若能速派一个能言之人，去游说陈恒出兵伐鲁，使鲁不能救卫国，那么赵氏必肯送君复国。”

蒯聩欣然照办，派戏阳速去齐国游说陈恒。

陈恒在齐国任右卿相，他一直欺侮齐简公懦弱，想篡取王位，但又碍于高、国两氏功高望重、党羽众多而不敢妄动。阳虎从前出奔齐国，险些被高、国、鲍三氏害死，因此与陈恒稍有交情。

戏阳速带着阳虎的书信来到陈恒住所请见。陈恒看了书信，不紧不慢地请戏阳速入见，行礼坐定后，他问道：“你来，可是替蒯聩做说客的吗？”

戏阳速回答：“我此来，不为卫世子，实际是为大夫作说客。大夫虽然世得民心，却以一身而与高、国、鲍、晏四氏元老重臣树敌，不知不觉中已经彼众我寡。大夫处境险如履冰，危如累卵，若不去除仇敌是没法立足的。”

陈恒肃然起敬道：“我正为此事日夜不安呢，你既然猜透我的心事，必有良谋应对，敢请见教？”

戏阳速说：“鲁国联合吴国伐齐的仇未报，大夫何不力保高、国两氏统兵伐鲁？鲁国有吴国相助，高、国两氏到时定被吴国打败，这样大夫就可以公报私仇。”

陈恒听了这个计策后乐不可支，用盛宴款待戏阳速，尽欢而别。

第二天，陈恒入宫向齐简公奏道：“齐国已经割田给鲁国以使两国修好，鲁国却联合吴国伐齐逞威。若不报此仇，国势将会一落千丈！”

齐简公点头赞同。陈恒又举荐国书为大将军，高无平、宗楼为副将，闾邱明、公孙挥为先锋，率兵车一千乘，即日出发，到汶水上扎营下战书，索回汶阳田地。

汶阳是季氏私邑，季康子披阅战书，急召冉求商议。冉求本为季氏家臣，跟随孔子弃官出国。孔子再次返回卫国时，接到伯鱼死讯，命冉求回鲁国治丧，最后被季康子留住，仍为家臣。

冉求入见，季康子说：“齐师已到汶水，欲夺我汶阳田地。你有没有击退敌兵之法？”

冉求说：“兵来将挡。我愿率军迎敌，同时请冉耕去禀告我的夫子，请他设法解除鲁难。”康子答应冉求，一面令冉求督率左军出发抵御敌人，一面派人寻找冉耕，托他去请孔子设法消除鲁难。

冉求一跃成为左军大将，驾戎车督师出征，令樊迟为车右。樊迟也是孔门弟子，虽不是著名勇士，却也精通战术，且精于射箭，所以被冉求用为车右。冉求率领军队旌旗前导，兵车步队后行，浩浩荡荡地出发了。

军队抵达汶水后，冉求下令立即渡河进攻，樊迟劝阻：“进兵贵在速度，神速确实容易取胜，不过季氏德泽未著，难孚众望，请延缓三刻再渡河。”

冉求认为樊迟说得有道理，下令：“全军休息三刻之后再渡河决一死战。若有贪生怕死之徒，速速缴还军装退回，免得临阵畏缩，贻误战机。”

全军战士听后个个士气大振，情愿战死，也不愿退缩。冉求见士气高涨，亲自率领全军渡河，如潮涌般冲入敌营，出其不意地杀得齐军弃营大败。冉求举起长戈，率军驱车追赶，刺死敌兵无数。追了三十多里路，鸣金收兵，渡过汶水扎营驻守。

齐军主将国书，本来就不是什么有名的上将，被鲁军这么一打，齐军损失过半，已无再战能力，只好收拾残兵，扎驻浮营，同时派公孙挥入都告急。恰巧此时孔子得知齐兵伐鲁，也派子贡到齐，游说陈恒罢兵。陈恒本来希望国书战败，以此削夺他的权威，这时见子贡来劝阻伐鲁，就趁势撤回伐鲁军队，同时派使同鲁国和好。

季康子得知冉求获胜，又见齐国派使者来求和，真是喜出望外，下令班师，并亲自出城迎接冉求，又在府中设庆功大宴，让请和的齐使也列席。冉求高居首坐，笑容可掬。

季康子敬酒问冉求：“孔门无将才，你的战术难道是无师自通？”

冉求答：“是学来的。”

季康子问道：“你出自孔丘门下，怎能学习战术呢？”

冉求回道：“我既然学习于夫子，夫子又是无所不通的圣人，文武并用。我只学得一点战法，韬略还尚未精通。”季康子因此格外敬重孔子。宴席完毕，他与冉求商定，派樊迟去请孔子。

子路之死

卫国蒯聩密谋复国，他先请赵氏发兵护送，赵鞅不允；于是变计，派心腹到卫国乞求孔悝之母孔姬怜悯。孔姬与蒯聩原属姐弟。孔姬不能决定，派家臣浑良夫向蒯聩问候。

浑良夫身高貌美，与孔姬私通。他来到戚邑见到蒯聩。蒯聩说："你若能使我复国为君，我可让你享尽荣华富贵，不再追究你之前三次犯下的死罪。"

浑良夫担心口说无凭，要求蒯聩写下他的许诺，才告别回去。浑良夫回到卫国，与孔姬秘密商议。

孔姬最初不敢私下迎接蒯聩回国，浑良夫再三相逼道："卫君是蒯聩的儿子，孔悝是你儿子，以母命迎舅舅复国，难道你儿子敢不依吗？只要你肯作主，派我去迎归蒯聩，我自有办法做好。"

孔姬被逼无奈，说："现在国君是我内侄，蒯聩又是我弟弟，终归是一家人，又何必多此一举呢。"

浑良夫道："私迎蒯聩回国这件事对你诚然没有丝毫得失，我却可成为第一功臣，能得到封爵赐邑。我俩既然有那么一份恩情，这个要求，你就答应我吧！"

孔姬答道："允许你去干，但若弄糟了，我这个女流之辈可收拾不了。"

浑良夫说："天塌下来自有人顶，当然用不着你来收拾。"说完，向孔姬取来两套妇女衣服，去了戚邑。

浑良夫见到蒯聩说："已经得到你姐姐许可，请你同我换上女装潜往孔宅，以避人耳目。"

蒯聩一面更换女装，一面命戏阳速带上三百名勇士混入都城，在孔宅前后埋伏听令。浑良夫也换上妇女装束，又命勇士石乞为统帅，于傍晚混入都城，直抵孔宅。

就这样，蒯聩和浑良夫两人的车子抵达了孔府。两个假女子下车跨入孔宅大门，并向守门人谎称自己是太夫人雇用的婢女，然后径直走入内室。

孔姬迎接弟弟入房相见，安慰道："国家大事，都掌握在我儿子手中。他现在正在宫中议事，等他回来，再慢慢商量。"说完叫蒯聩、浑良夫换下女子衣服。蒯聩命浑良夫速召石乞、盂黶率死士三百，入宅埋伏好，专等孔悝回来。

正巧孔悝这天被出公辄留在宫中夜宴，直到半夜，孔悝才带醉回宅。

孔姬在堂前迎问道："儿呀，父母两族中，谁是至亲？"

孔悝答道："父族中是伯叔，母族中是舅舅为至亲；一个是父亲直系血亲，一个是母亲直系血亲。"

孔姬又说："你既然知道舅舅是母亲至亲，为什么不拥戴他呢？"

孔悝道："废子主孙，乃先君遗命。儿在朝中任卿相要职，又怎么敢违反先君遗命呢？"说完，他捂着肚子连称肚子疼，扶着护兵肩头，急忙走进厕所。

其实孔悝早知道母亲与浑良夫私通，并觉察出他们想要接蒯聩回国，于是派心腹暗中探察孔姬行动。浑良夫两次去戚邑，都被孔悝探到。所以今天孔悝一面派子路到仪邑去向孔子求计，一面入宫与出公辄商议，并命子羔巡视城门，严查奸细。这时他听到母亲提到舅舅，知道情况有变，于是先躲进厕所。

浑良夫见孔悝如此反应，向蒯聩说："成则为君，败则亡命，这次是成是败取决于此时，可太子何以不发一言？"

蒯聩立即命石乞、孟黡去把孔悝挟持过来。石、孟二人守候在厕外，看见孔悝走出来，齐声说道："太子召见。"

说着，还不等孔悝反应过来，簇拥而上，把孔悝挟持到厅堂上。蒯聩坐在厅堂南面，孔姬独自站在左侧，对孔悝厉声喝道："舅舅在此，为什么不拜？"孔悝只好下跪拜见。蒯聩亲手把孔悝扶起，并命他坐在右边。

孔姬问孔悝："国家原属舅舅，只为洗雪国耻未遂才逃到他国，早已得到天下人谅解，现在偏偏是舅舅的亲生儿子不谅解他。我是他亲姐姐，不忍再坐视不管，才把我弟弟迎接回国。悝儿你既为百官之长，一言可以定国，你若能拥戴舅舅即位，不失为忠孝两全的大臣。"

孔悝被逼无奈，答道："母亲的意思孩儿不敢不听从。"

孔姬传话让下人宰猪陈列于堂中，好让孔悝与蒯聩歃血定盟。

孔悝说道："我既任国卿之职，不便驱逐国君，这件事由母亲命令他人去办理吧。"

孔姬立刻召集家兵，命浑良夫为统帅，连夜偷袭王宫，又命石、孟两将在家宅内保护。

出公辄今晚本来已经带醉入寝宫安歇，可突然听到内侍来报说有乱兵偷袭宫中。出公辄连忙下令召见孔悝，内侍奏道："作乱的就是孔氏家兵，他们还口称是奉太子之命来拿逆子。"出公辄如闻晴天霹雳，酒都吓醒了，知道大势已去，自己还是走为上计。他一面传话给乱兵：不必扰乱，子不与父争，情愿退让；一面又命心腹收拾好宫中宝器财货，装载轻车二辆。随后出公辄带着财物，趁着夜黑从后宫门逃出都城，逃往鲁国去了。浑良夫在王宫门外守到天亮，早上闯入后宫才知道出公辄已携家眷出逃，自己只好回去复命。

子路奉孔悝之命赶往仪邑求见孔子，不料馆舍中空空荡荡，他询问馆人，才知道孔子当天早上起程回鲁国去了。

其实孔子早已料定蒯聩要设谋复国，所以命仆从扮作水果贩子，潜往戚邑密探动静，随时报告。仆从看见浑良夫和蒯聩扮作女人乘车，带着三百勇士潜回卫都，立即回来报告。孔子由此知道卫国内乱无法避免。正在这个时候，樊迟又奉季氏之命来请孔子归鲁。孔子就借着这个机会回鲁国了。

子路想到自己与夫子相隔只有半日路程，于是骑上快马追赶。可他却不知道孔子在途中已绕道去郑国探望子产。子路在去往鲁国的路上追赶数十里，沿途询问过的人都称不见有六辆马车经过，他只好掉头回卫都。等子路赶回卫国的时候已经是半夜，卫国城门紧闭，他隔门呼唤。

守城人听出是子路的声音，答道："孔相国正被困在宅内，浑良夫已奉太子之命带兵偷袭王宫，大夫何苦还要入城呢？"

子路说："我奉孔相国之命出差，怎好不入城复命呢？"

守城士兵回答："开门必须要有高大夫命令，你稍等片刻。"

隔了没多久，东方天空已经微微亮了，子羔亲自来巡视。守城士兵向子羔报告说子路在外叫城。

高柴登上城楼，对子路说："政不在你，何苦投入旋涡，还是到别处去逛一两日，等事定后再回来吧！"

子路答道："我受孔悝之禄，他现在有难，我怎能弃他而去呢，还是请您开门吧。"

正在这时，公孙疾奉蒯聩之命率兵车五十乘出城追拿出公辄，子路趁机挨门而入。

公孙疾迎面说："出公辄已经出逃，你还入城干什么？"

子路说："我生平最痛恨那些受人禄养时不离左右，一旦遇难就离弃的行为，我也决不会做出那样可耻的行为。"

说完，子路径自入城，跑到孔氏堂前。他看到孔悝已被孔姬、蒯聩左右挟持，高声大呼道："子路在此，孔大夫还不走避，更待何时？"

孔悝已经失去自由，不敢下堂。子路挺剑上阶，想把孔悝劫过来。蒯聩想到如今事已成功，若孔悝逃走，不免要节外生枝，于是立即命石乞、盂黡下堂迎敌。子路舞剑抵抗，石、盂用双戟袭击。子路因为自己手执兵器短，只能招架，不能刺敌。力战二十多回合后，石乞一戟刺断子路冠缨，子路心慌力竭，不能招架，身受重伤，掷剑大呼道："大丈夫死不免冠，容我结缨自杀。”说完系上冠缨。孔悝在堂上喝道：“别杀子路。”可话音未落，子路已经被乱刀砍为肉泥。

这时浑良夫回来向蒯聩报称：“出公辄已经到鲁国去了，国不可一日无君，请太子入朝正位受贺。”

蒯聩率浑良夫、孔悝等入朝升殿。除了几个随出公辄一起逃走的大夫之外，所有大夫都齐来朝贺。

蒯聩即位，号称庄公，立次子疾为太子。随后庄公论功行赏：浑良夫功居第一，授为左卿；孔悝次之，封为右卿；石乞、盂黡都功不可没，任命为左、右司马。其余官员除了子羔弃官逃回鲁国之外，都各归原职。

蒯聩知道孔悝一定还不忘出公辄，于是密派心腹暗探其举动。果然，密探回来报称孔悝与出公辄有书信往来。蒯聩大怒，决定用鸩酒毒杀孔悝。幸而孔悝早一步知道蒯聩的阴谋，逃奔宋国去了。

而浑良夫从此肆无忌惮地出入孔宅，把孔姬当作自己的妻子。朝中文武官员都与孔文子生前有交情，也知道浑良夫本是孔氏家臣，但没想到文子死后，浑良夫竟敢私通孔姬，谋逐孔悝，大家都觉得这实在是天理难容。但士大夫们人人敢怒而不敢言。

一天，蒯聩问浑良夫：“宫中宝器财货已全被出公辄劫走，你有没有什么聚收财宝的好方法？”

浑良夫回奏：“太子疾与出公辄都是君王的亲生子，君王当初复国时，出公辄没有反抗立刻退让，可见父子之情犹存。君王何不改立出公辄为太子，以此召他归国。这样，出公辄必定会带所有财宝回来。”

庄公想想，说道：“此计很好，但不可操之过急。”

可没想到的是，庄公和浑良夫这一番对话被小竖偷听到了，他秘密回去禀报太子疾，太子疾马上召来诸大夫共同商议。

青弥赦说道：“只要有浑良夫在，国家就没有太平之望！太子何不将浑良夫铲除。在朝文武百官愿作太子后盾，捕杀此贼，以雪文子身后大辱。”

太子疾见有百官愿为后盾，便放胆命勇士埋伏在宫门。勇士看见庄公经过，将他强邀到太子宫中。

太子疾一见父亲，伏地流泪道：“父已立疾为太子，如今又想召出公辄回国，父亲打算置疾于何地呢？”

庄公把疾扶起，说：“这是浑良夫的主张，尚在考虑之中，儿又何须过度忧虑呢?”

太子疾奏道:“姑丈生前捍卫国家，功高柱石。现在浑良夫却奸占姑丈家室，父亲不把他按国法斩首，反让他位列卿相，这岂不是要天下人讥笑父亲不分青红皂白吗?”

庄公说:“你若不愿召出公辄回国也可以，至于浑良夫的淫恶固然当杀，只不过我复国时曾与他订盟，特赦他一死，我又怎可不守诺言呢?”

疾说:“等他犯了四罪，总可以杀他了吧?”

庄公答:“这是当然。”说完转身回宫。

元旦时，宫中新建造一个台，题名为虎幕。竣工落成，庄公召众大夫入虎幕宴会。浑良夫身披紫貂裘，冕冠佩剑，乘车直抵台前停下，昂昂然带剑登堂。太子疾立于堂前，命力士捆缚浑良夫。

浑良夫反抗，问道:“臣奉召入宫，何罪要捆缚?”

太子疾开始数落他的罪状:“臣下元旦见君，应当穿上朝服，你却冠冕袒裘，这是一罪;臣侍君宴不该佩剑，你又带剑上堂，这是二罪;臣下奉召，到宫门时须下车步行，你乘车入宫，这是三罪。”

浑良夫抗声回答:“就算臣犯此三罪，君王早与我有盟言可赦臣三死。”

太子疾厉声喝道:“我兄以子拒父，已是大逆不孝，你竟敢想把他召还，这不是四罪吗?你还犯了一个十恶不赦的大罪，死有余辜。我为先姑丈报仇，将你明正典刑，你敢强辩吗?”

浑良夫低头无语，太子疾立即喝令把他拉出去斩首。召出公辄回国的事也就此作罢。

不知不觉，庄公在位已有两年，晋国赵鞅见他复国后既不回报自己，也不来朝聘，恼怒之下出兵伐卫。庄公父子在晋军讨伐下被逼逃往戎国，最终还是被戎人所杀。

返　鲁

孔子当初为躲避卫国之乱，且应季康子征聘，匆忙回到鲁国。途中为避免孔悝遣骑追寻，又绕道向郑国去。

一天，孔子经过隐谷时，忽然闻到一阵花香随风扑鼻而来，他四处环望，只见几丛幽兰开得很茂盛，不禁长叹道："兰为王者花，却开在隐谷中，与众草为伍；这正如贤人生不逢时，和野人、鄙夫结邻一样。"说完，命令停车赏兰。

孔子下车摘取一株兰花，把花插在车轼上，又从车上取出琴作猗兰曲，边弹边唱："习习谷风，以阴以雨。之子于归，远送于野，何彼苍天，不得其所！逍遥九州，无所定处，世人暗蔽，不知贤者。年纪逝迈，一身将老，伤不逢时，寄兰作曲。"

颜回在车上听到了，问孔子："夫子作此琴曲，以幽兰自比，莫非有归隐之心？"

孔子答："是啊，知我心事的，只有你吧！"接着，命子贡驱车前进。走到傍晚时投宿。

第二天一大早，孔子赶着上路。这天朝阳如血，天气炎热，中午时已经人疲马乏，他们在路旁客店里休息、喂马。休息之后又继续登程。

走到吕梁时，孔子命停车休息。吕梁是著名大河，孔子临河眺望，见河水滚滚而流，奔腾不息，鼋、鼍、鱼、鳖都不能游于这急水中。突然看到一个壮汉从岸上纵身跳进河里，孔子以为是投河自杀，急忙命公良孺设法援救。忽然又听到水面传来阵阵歌声，原来是刚才那个壮汉仰卧水面，唱歌而泳，快乐非常。

孔子大声招呼："在水中游泳的壮士，这河水湍急，鱼、鳖远避，你却能悠然仰卧水面，请问你是不是懂得一些游泳的绝技？"

壮汉回答："我并不知道什么绝技，更没有学过。"

孔子问："难道你一出生就能在水中游走，和行走在陆地一样自如吗？"

壮汉说："我始乎故，长乎性，成乎命，从水之道不为私，所以能蹈水。"

孔子惊讶地问："什么叫做始乎故，长乎性，成乎命呢？"

壮汉边游边答："我生在这里、长在这里，这里是我始生的故土；我长于水、安于水，是我与生俱来的天性；我不知何以能蹈水而能蹈水，生长在命中。"说完，他潜入水中，刹那间游到百米远的地方了。

孔子回头对弟子说："这个人在水中的样子，好像蚊子幼虫，不过大小相差数千倍。我小时候曾见过几页古竹简，简上说，混沌初开时只有涅槃斯、阿弥布两种水产小动物，年深月久，两种小动物体积增长数百倍，于是雌雄配合，繁殖出来我们人类的始祖。我想这两种小动物，就是孑孓吧。”

公良孺问：“怎么见得呢？”

孔子道：“有两个疑点：一是人在水中活动的样子与孑孓一模一样；二是孑孓化生为蚊子，专吸人血以生活，这好似小孩吮乳。我一向不喜欢说神怪之事，这还是盘古以前的事，那时几无人类，自然也没人知道，我也从来没和你们提及过。”

子贡说：“我曾听人说，生长于海边的人出入水中，犹如鱼龙，生长于山中的人爬山越岭，犹如猿猴，这应该是所谓的习惯使然吧？”

孔子点头答道：“谁说不是呢。从前晋国赵盾率十万兵士到中山一带狩猎，并下令众兵放火烧山。飞禽走兽在烟火中纷纷突烟奔逃。赵盾在追捕禽兽时，见一个人从石壁中跳出，随烟进退，挥手灭火，如若无事。这人徐行而来，好像未曾见过烟火似的。众人都以为他是鬼怪。赵盾睁大眼睛仔细打量，只见他走在日光下有影子，形状七窍是人，气息声音是人，不像鬼怪。等走近了再看，果然是一个土人，赵盾问他：‘你有什么方法能够安居石壁？有什么本领能够出入烟火中？’土人问：‘什么是石壁？什么是烟火？我都没有见过。’赵盾说道：‘你平时藏身的地方是石壁，刚才你经过的是烟火，怎么说没有见过呢？’土人说道：‘我真的不知道。’”

子贡听了，问道：“这个土人究竟是何人呢？”

孔子答道：“我听人说：‘和者火开于物，物不得伤；阂者游金石，蹈水火，可以随意出入。’就是说这种人吧。”

子贡又问：“什么叫做和者、阂者呢？”

孔子说：“这是说入山修道的人，水火都不能伤及其身。”说完，登车赶路。

经过郑国国都，孔子命驾车入城寻访子产。孔子等人来到子产住处，这时子产久病垂危，太叔出来迎接孔子，接到客室，分宾主坐定。

孔子说明自己是顺道来访，太叔答道：“侨相卧病在床已有上百日，政事均交给我代办。从前月开始，侨相病势日益加重，自知不久将离人世，叮嘱我：‘我死后，只有你能继我任，要记住，惟有德者，才能以宽厚服民，但这不如用严厉的法律有效，厉法如火，使百姓望而生畏，犯罪的人自然会少；若是既没有德，也没有厉法，百姓会无所畏惧而放纵，这样犯罪的人就会多起来。’”

孔子赞同道："是啊，为政之道，宽难而猛易。"

太叔说："我因初次为政，不忍用猛法而用宽刑。哪知盗贼越来越多，士大夫家都遭劫掠，真是后悔没有听侨相的话啊！"

孔子说道："政宽则百姓慢，慢则当慑以猛；政猛则百姓苦，苦则当施以宽。宽以济猛，猛以济宽，宽猛相济，政和民服。《诗经》云：'民亦劳止，汔可小康。惠此中国，以绥四方。'这是说政猛当施以宽。又云：'毋纵诡随，以谨无良，式遏寇虐，惨不畏明。'这是说政宽当慑以猛。又云：'柔远能迩，以定我王，不竞不絿，不刚不柔，布政优优。百禄是遒。'这是说政和民服。"

太叔听完，肃然起敬，想留孔子同朝从政。

孔子答道："我已年老体衰，不能从政，现在只想回到故乡与二三弟子弹琴鼓瑟，以安度余年。等侨相神志清醒时，请代我向他道声珍重。"

孔子辞别太叔就启程回鲁国了。

途中经过郯县，孔子知道这个小城原封给少昊的后裔郯子，城中民众颇知古礼，于是入城观光。在城里遇到老友程子，两人畅谈别后景况。孔子先把自己周游四方十多年，经历许多困厄，最终不能继续四处游历的详情告诉程子，又说自己现在体力不支，壮志全消，打算从此归隐。

程子说："我的遭遇比你更差。在这附庸小国中，做了几年末吏，几乎弄得身败名裂。幸好辞职早，今日还能与你相见。不过我的景况现在更加窘迫！"

孔子立即命子贡取五匹帛来赠给程子，子贡装作没听见。孔子又说一遍，子贡依然不理，孔子只好自己取出帛来相赠。之后便与程子拱手告别，继续赶路。

子贡这时说："夫子当初离开鲁国时满载财帛五车而行，现在回去时却财帛俱空，何必还要把帛赠给不相干的人呢？"

孔子说道："这个人是天下贤士，不赠给他，终身无可赠之人了。你又何必在乎这区区束帛呢！"

很快，孔子抵达曲阜。冉求奉季氏之命在郊外十里迎接孔子。季康子亲自迎于东门，孔子下车，与季康子握了握手，略道思念之情。季康子说："哀公盼望见到夫子，请立即入宫一见。"孔子推辞不过，吩咐随从弟子先回阙里，自己与季康子一同上车，到宫中请见。

哀公一听孔子回国，立即登上便殿召见。孔子以臣礼拜见，哀公半礼赐座，说道：“十多年不见夫子，你已须发全白，但精神依然如故。你尽可以官复原职，完成以前未竟政绩。”接着向季康子说：“大司寇何忌多次提出辞职，现在可以让夫子继任他的职位。”

孔子极力推辞：“我今年已经六十八岁了，精力衰退，不能再从政了！”

哀公说：“夫子何必谦辞。你多年在外周游列国都不怕，现在游倦归来，理当为父母之邦做些事情。我愿意把国事全权委托于你。”

孔子答道：“君上这样重视孔丘，我也非草木，岂有不识好歹之理，只是我确实心有余而力不足，与其让我这年老体衰之人误了国事，还不如另请高明。我愿意在这里住下来，不担任任何职务，您随时可以到我这里来咨询一些事情。”

季康子点点头说：“这也是实话。我可以让你享受告老重臣的待遇，你五天上一次朝，遇到大事，随召随到。不知这样夫子肯答应吗？”

孔子回答说：“我怎敢不识抬举，但是自问无功于鲁，怎敢当重臣之称呢！”

哀公随后赐给孔子金帛等物。孔子谢恩，同季康子一起出宫。

季康子邀请孔子来到自己家中，设宴洗尘，陪客只有冉求、樊迟两人。

喝了几杯酒后，冉求说：“夫子在外十多年，未曾得到哪一国长期禄养，旅囊中财物恐怕早已用尽了吧？”

孔子答：“何出此言？要知道我视富贵如浮云，我周游列国只是为了施行我的道义，并不是为了追求功名利禄！”

冉求说道：“我真有愧于在夫子门下数十年，竟然不知道夫子志愿！君子虽然不怕穷，但总要解决衣食问题啊。夫子一人，我可以终身供奉，却实在难以兼顾您门下众多弟子。”

孔子不语。冉求又向季康子说：“只好请您每月按照大司寇的俸禄支给夫子。”

季康子说：“可以，你每月去支取，然后给夫子送去就是了。”

孔子听了，向季康子拱手道谢。这席酒一直吃到尽欢而散，然后冉求驾车把孔子送回家。

从第二天起，一群乡里士大夫先后来探望孔子。一连三天，来人不绝，孔子忙着接待他们。第五天是入朝之期，孔子入朝拜见哀公。

哀公问孔子：“国家兴亡祸福是听凭天命，非关人力吗？”

孔子答道："兴亡祸福，责任都在自己，与天灾地祸毫不相干。"

哀公又问："夫子所言，可有事实作证吗？"

孔子道："有的。在殷王帝辛时代，一只小雀在城角生了一只大鸟，守城者奏明朝廷。帝辛请人占卜，那人奏称：'以小生大，国家会强大起来，帝运会更加昌隆。'帝辛相信了这些话，觉得自有神灵相助，于是逐渐荒废国政，杀害忠良，朝臣也都无可奈何，殷国因此灭亡。这是以己意逆天命，变福为祸的实事。还有在殷王太戊时代，因为君主昏庸无道，法度荒乱，致使妖孽兴起，在宫殿里长出桑谷。帝王也请人占卜，奏称：'桑谷是野木，不应该生长在殿庭，这也许是国家将要灭亡的灾兆！'太戊听了，惊骇异常，从此终身行德，效法先王的仁政，力行爱民王道。三年以后，国家变得昌盛起来。这是以己意挽回天命，化祸为福的事实。要知道，天灾地妖，是用来警示君主的；夜梦鬼祟，是用来警示臣子的。灾妖无法战胜善政，梦鬼也无法战胜善行。只有古时候的明君才能明白这个道理。"

哀公说："我听了夫子一番话，胸中豁然开朗。"接着又问："古人云：'死生有命。'那么是智者多寿呢，还是仁者多寿？"

孔子说："人有三死，这些都与仁智、天命无关，而是咎由自取。"

哀公问："什么叫做'三死'？"

孔子答道："三死就是一死于病，二死于刑，三死于兵。一个人若寒暖失调、饮食没有规律、纵欲过度，难免生病而死；一个人居下位而犯上、贪得无厌、刚愎自用，难逃刑罚；若以少犯众、以弱欺强、不自量力，会遭遇兵杀之祸。这三种情况都不是死于天命，而是自己的行为造成。如果一个人是志士仁人，能很好地约束自己，言行守道义，喜怒有度，和蔼待人，那么三死自然会远离他。"

孔子说完这番话，已经到了退朝的时间，君臣各自散去。

孔子在家里吃午饭，只见子羔急匆匆地跑进来，报告说："子路死了！我拼命阻止他入城，他偏要进城去保护孔悝，最后被蒯聩手下勇士砍成了肉泥。"

孔子听了，忍不住失声痛哭，几个弟子也伤心落泪。这个时候，又有卫君派来的人为子路报丧，并带来一个用于装食物的容器。

孔子打开容器，见是肉膏，呜咽着说道："这是子路的肉啊！"从此打定主意，终身不吃肉。随后，孔子和一群弟子将子路的碎肉送到尼山，掘土埋葬。

当初孔子在越国动身时，分派弟子到各国查看。这时，那些弟子陆续回来报告，孔子这才知道齐简公已被陈恒杀害。

原来，陈恒早想篡夺君位，只是碍于简公的心腹阚止手握兵权，因此不敢行动。陈恒暗中派陈逆、陈豹假扮强盗，把阚止杀死。简公知道阚止被杀，又听说陈恒要发动政变，于是逃往别的国家，但在途中被陈恒追上并杀害。陈恒拥戴简公的弟弟骜为君，号平公，自己做了宰相，将公田据为己有。

孔子听说齐国政变之后，入宫向哀公奏道："齐国陈恒杀害了自己的君主，鲁国与齐国情谊深远，请君王出兵伐齐，声讨陈恒之罪。"

哀公答道："兵权早已归三家所有，你不如直接去找三家更为便捷。"

孔子告退，边走边想："我以前做过鲁国大夫，不能不管这件事。"想到此，不禁长叹一声。很快来到季氏家里，孔子请季康子发兵声讨陈恒。

季康子自己也是目无鲁君的权臣，并且与陈恒有交情，因此不愿意过问此事，对孔子说："陈恒虽然弑君，但最终拥立旧君之弟即位，此罪尚可饶恕。况且这是齐国内乱，我们不应该干涉，也无暇过问。我反倒认为邹子已经归附我国，却两年不来朝贡，随后又归附吴国，现在伐邹更为重要。"

孔子道："事关重大，应该请诸大夫来共同商议此事。"

季康子立即召集诸大夫议事，并说明伐邹的原因。

子服景伯说："小国之所以供奉大国，是为了信仰；大国之所以保护小国，是为了仁义。小国背弃大国是失去信仰，大国征伐小国是不仁。常言道：'有了城池百姓才会觉得安全，有了仁德城池才会坚固。'失去了信仰与仁义就到了危险边缘，怎么还能保全呢？"

孟孙何忌说："诸大夫觉得这话怎样？景伯是贤士，你们应该同意他的话吧？"

众大夫沉默片刻，有个依附于季氏的大夫答道："夏禹会合诸侯于涂山，原来拿着玉帛朝供的多达数万国，现今存在的却不到几十个国家了！这正是因为大国不爱护小国，小国不朝奉大国的缘故。如果各位觉得伐邹有危险，为什么不明说呢？"

孟孙愤然说："若坚持出兵征伐，就是要鲁国对邹国不仁义，使鲁国失德，这样做真的可以吗？"

众大夫议论不一，孔子不便袒护任何一方，大家不欢而散。但季康子已经下定决心伐邹。

到了秋天，季康子出兵伐邹。快到达东郭时，似乎听到钟鼓的声音，知道他们全无防备，季康子于是挥兵直入城中。邹都子同大夫夷鸿乘船逃跑，请求吴国帮助。

至于陈恒，他知道自己的行为触怒了众人，于是归还鲁国失地，与晋、吴、越修好，并将钱财、粮食发放给贫民。这使国人悦服，陈恒的势力大增，渐渐地削弱了鲍、晏、高、国诸氏的势力。

颜回病逝

孔子自从回到鲁国，看到鲁哀公懦弱无能，竟将国政全部交给三家主持，心想：君王这样怎能励精图治呢？于是从此心灰意懒，哀公不召见就不入朝，平时与弟子在杏坛上讲道，有时外出访友。

一天，孔子带子贡去见子桑伯子，伯子帽子没带、衣服也没系就接待孔子。孔子与他闲谈了一会儿，告辞回家。

回到家中，子贡问孔子："夫子为何去见这么一个衣冠不整的人？"

孔子回答说："此人品质很好，只是不修边幅，不注重礼节，我也想当面劝告他注意礼貌。"

子桑伯子的门人在孔子离开后，向伯子问道："孔子是个注重礼节的圣人，夫子为什么不整衣冠就出来接见他呢？"

伯子答："孔子品质甚美，只是太在乎那些繁文缛节，例如席子摆不正就不坐，吃饭不与人交谈等，太迂腐。我故意不整衣冠出去迎接他，是想讽劝他改掉那些习惯。"

一天，孔子与颜回驾车去游泰山，车子到达山前时，他们下车步行登山。爬到山顶，孔子举目向东南方遥望，见吴国灵岩山山顶有一匹白马，孔子指着白马所在的方向问颜回："你看得见吴国灵岩山上有什么东西吗？"颜回望了一会儿，答道："好像是匹练。"孔子说："你的眼力还不如我呢，那东西是白色的，但有尾巴摇动，分明是一匹白马，怎么说是匹练呢？"说完，两人又到山寺中游玩一会儿，之后下山登车回家。

从泰山游玩回来，颜回染上疾病，病情一天比一天严重，几十天后不幸病逝。孔子悲伤痛哭。颜氏家贫如洗，于是孔子让冉求、樊迟等人凑了些钱财为颜回办理丧葬。

颜回的父亲颜路请求把孔子乘坐的车改作椁，孔子说：“普通人死后一般是不用椁的，我的儿子伯鱼死后也是有棺无椁，公侯、卿相死后才能棺椁并用，他们甚至还用活人、宝器殉葬。发明殉葬的真是恶毒，我要设法祛除这类恶俗，杜绝后患。其实棺木已经很厚了，何必再用椁呢。”颜路无言而退。

哀公得到颜回病逝的消息，深感惋惜，想去颜回家里吊唁，特地召孔子入宫，问道：“颜回是夫子门下第一贤士，而今死了，我想去他家里，以表哀思。不过他生前未担当任何职务，我该用哪种吊礼呢？”

孔子回答说：“居住在您治内的百姓，都可以视作臣子。按照古代的礼法，君王哀吊臣子都是登上东楼，面向尸体所在的方向哭泣。无论君王赐予的吊礼有多少，对臣子而言都是光荣的。”

第二天，哀公便按照孔子所说的方式去怀悼了颜回。

为颜回举行殡葬时，子游向孔子请示如何举行葬礼。孔子说：“葬礼要视家里的具体情况而定，家贫就只好从简，可以按照古法用茅草扎成的送葬之物。现在有人用木刻的人像，这是我最痛恶的。”

到了亲丧满十三月的祭日，颜路送一块祥肉给孔子，孔子接受之后就入室弹琴，以解哀思，然后与诸弟子分食。孔子原来养了一只狗，出去的时候就随行，回到家里就看门，它一直以来都由颜回喂食。颜回死后，那只狗不再进食，最后也死了。孔子想到此事，就对子贡说：“乘马死，当藏以惟，守狗死，当藏以盖。你可以让养马人把这只狗埋葬在旷野。”

范子华发迹

一天，宰我从晋国回来，去拜见孔子。

孔子见到宰我，说：“我为了避开卫国蒯聩之乱而早早离开了卫国。哪知卫国之乱一日就平定了，子路却被人剁成了肉泥，我真懊悔自己当初离开得太早。如果当时我还在卫国，子路一定不会死的。你觉得晋君能够制伏四卿吗？”

宰我答道：“晋君做不到，另有一人却可以使全国悦服、晋君仰慕、邻国畏惧。可是他的地位却不在四卿之上。”

孔子感到很奇怪：“晋国有名望的人我都认识，这个人会是谁呢？”

宰我说：“此人便是范子华。范氏本来是有声望的家族，唯独他一人不求显达，不食俸禄，不愿在朝廷为官。他的地位虽在四卿之下，却深得君王宠信。凡是子华看重的人，晋王都给他们授以官爵；子华贬抑的，晋王必定罢黜其位。子华任侠成性，常常与门客一同运用智谋攻击那些弄权作恶的奸臣。”

孔子插嘴问道：“那他一定是受人所托才这么做的吧？既然不求显达，何必还要和奸臣作对呢？”

宰我说：“刚开始我也这样认为，后来询问了范氏的门客，才知道是天性使然。子华向来以任侠为乐，久而久之便成了习惯。他的言行影响了晋国的风气，使得国内出现了许多驰马试剑、行侠仗义的勇士。”

孔子听了，忍不住又插嘴说：“这种风气的出现，晋国并非首例。吴、越两国的侠风更浓，例如专诸刺王僚、要离刺庆忌等。专、要两人才是当之无愧的侠士，子华怎么能与他们相比呢？”

宰我继续表述自己的观点，说：“子华的任侠虽不足言道，但他的声名能使全国百姓悦服欣慕，人人都以能见他一面为荣，这就难能可贵了。”

孔子问：“怎见得他有此盛名呢？”

宰我举了一个例子加以说明：“我结交了一个名叫禾生的范氏门客。一天，他和范氏家的上客子伯有事远行，走到荒郊野外时天色已黑，就借宿在田吏商丘家中。商丘杀鸡做饭，招待得非常周到。晚上，禾生与子伯并坐在卧室中，偶然谈及子华的名望声势，说他能使存者亡、亡者存、富者贫、贫者富。

“商丘潜伏在门外，仔细听着二人所说的话，心想：我年少时贫困潦倒、饥寒交迫，现在做了田吏，也不过暂时免受饥寒之苦。范氏这么厉害，我倒不如去投奔范氏，或许还能有出头之日。

“第二天早上，禾生、子伯吃过早点之后，便道谢而去。随后商丘也出门远行了，他肩挑干粮风尘仆仆去登门求见子华。范氏门客都是世族子弟，看到商丘年老力衰、面色黧黑、衣冠破旧，个个都嘲笑他，有的还当面侮辱他。尽管这样，商丘仍然诚恳请见。

“那些门客中，有一个狡猾的人向商丘假意献殷勤，带着商丘以及众门客登上高台。这个人对其他门客说：‘诸位可知道主人筑此高台有何用处?’一客答道：‘让门客练习跳跃功夫的，谁能跳下去不受伤，就会得到重赏，并且被奉为上客。’然后又对商丘说：‘你是我们当中年纪最长的，应该成为我们的先锋表率。’商丘应道：‘好的。’说着就一跃下台，轻若飞鸟落地，不但丝毫无伤，而且衣服上没有沾上灰土。然而，众门客却认为事出偶然，不足为怪。

“那个狡猾之人又领着商丘来到河边，指着河水最深处说：‘范夫人坐船经过这里时，不慎将一颗巨珠坠入河中，巨珠装在一个锦匣里。你若入水将它找到，可以领到赏金一千。’商丘说没问题，摘下帽子，脱掉衣服，便潜入河底。在水中找了很久，商丘最后手持锦匣上了岸。众门客非常惊奇，都围着商丘和他手中的巨珠观看。

“这时，子华回来，问清事情的缘由，接过巨珠，见是原物，高兴地对商丘说：‘此珠遗失将近两年，我这些门客无人能找到。今天全靠您，才使得物归原主，真让我喜出望外啊!’说完，就请商丘进门，好酒好肉地款待他，把他奉为上宾，并让他负责看守家里的库房。

“众门客十分嫉妒商丘，密谋放火烧掉范氏的库藏，以此陷害商丘，好把他赶走。不久，藏库果然起火了。子华对商丘说：‘你若能从火中取出贵重宝物，我必重重赏你。’商丘立刻裹头扎束，直奔烈火中，往返了六七次也没受丝毫损伤。库中的贵重东西全部取出，只有一间库房和几件木器被烧毁。

“子华对商丘更加赞赏：‘这些宝器、金银、锦帛本来可能会化为灰烬，全靠你的勇猛无畏才得以保全，现在我把一半宝物赏给你，作为酬劳。’

“商丘推辞说：‘看守库房，本是我的职责，库内东西只要遗失一件都是我的罪过。没有损失已是万幸，怎敢再拿报酬呢?’

“那些门客听了，都认为商丘是有个道术的侠客，不禁自惭形秽起来。原来捉弄过商丘的人也谢罪说：‘我以前不知道你精通遁法、神通广大，戏弄、欺侮过你，请你饶恕我。’商丘笑笑：‘开玩笑、说笑话，都属常事，没有什么。’随后，众门客都请商丘传授水火遁法。

“商丘大笑道：‘我不知道什么叫遁法，怎么传授给你们?若要说我能入水求珠，这是因为我生长在水边，从小就熟悉水性；至于我入火不伤，无非是因为我把生死置之度外，尽我的职责罢了。’

“众门客又问道：‘那你为何要到这里作门客呢?’

“商丘答道：‘我原来是一个田吏，因禾生、子伯来借宿，说范先生能使存者亡、亡者存、富者贫、贫者富。我深信二人所说的话，才不远千里来到这里。当各位要我跳高台、入深水时，我很担心自己的诚心不够，又担心自己不能忘记身上的疼痛和危险。没想到我都做到了，外物没有伤到我。'

“后来，禾生、子伯回来告诉子华，商丘本来就是贤士，后来隐为末吏。从此，众门客不但不敢再仇视商丘，就连遇到马医、乞丐也不敢再去侮辱了。”

孔子听了宰我的这些话，感叹道：“有诚意的人可以感动万物！看来子华的声势名望有一半是靠商丘得来的。至于其他俗客都微不足道。”

朽木不可雕也

宰我向孔子请教说：“有几个问题，我一直无法参透，请夫子指教。第一个是鬼与神如何区分？”

孔子答道：“人活着的时候有气有魄。精气是活人之神，故称精神，又名神气。人生必死，死必归土，便为鬼；魂气归天，便为神。人们将鬼与神一同祭祀，那是尽孝道的最高礼节。骨肉死后归葬，化为尘土。圣人将制定的法度定名为鬼神，使子民奉祀不衰，但认为这样还不够，于是又建立宗庙，让民众追念祖考，不要忘本。以前周文王祭祀时，尊敬死人像尊敬活着的人一样，一到祭日必定举国哀悼。”

宰我又问：“黄帝是不是神农呢？为何他能活三百年？”

孔子道：“禹、汤、文、武时候的事情有记载的很少，至于黄帝之事就更难考证了。”

宰我说：“请您大致说说吧，总比我什么都不知道要好。”

孔子说道：“黄帝是少典的儿子，名叫轩辕。黄帝一出生就会说话，聪明绝伦，治五行之气，造五量之具，抚育万民，安定四方，驯服牛马，驱除猛兽。后来，他与炎帝在阪泉交战，大败炎帝而得天下。于是他制衣裳，作黼黻，播种五谷，遍尝百草，又考日、月、星、辰以制历，用水火、财物以生民。民赖其利，百年而死；民畏其神，百年而亡；民用其教，百年而移。所以说黄帝活了三百年。”

宰我又问：“那关于颛顼帝又有什么故事呢？”

孔子反问道：“你想一天之内问遍三皇五帝之说，不觉得这样有些急躁轻率吗?”

宰我道：“夫子曾经说过：‘有疑即当问。’所以我才敢问。”

孔子说：“这类故事我已经讲过了，难道你没有听过?”

宰我点点头：“我确实没有听过，请夫子指教。”

孔子说：“颛顼乃是黄帝之孙、昌意之子，名叫高阳，学识渊博又有谋略。他懂得富国强兵之道，能安抚教化民众。他把疆域扩展得北至幽陵，南达交趾，西抵流沙，东及蟠木，并征服偏远荒蛮之地，使那里的人都来朝贡。”

宰我接着又问起帝喾、尧、舜、禹的事。

孔子一一道来：“帝喾乃玄枵之孙，乔极之子，名叫高辛，一出生就能说出自己的名字。他乐善好施，聪慧贤明，既仁义又威严，修身节用，使万民信服。尧帝是高辛之子，名叫陶唐，才智犹如天神，风度犹如云日，富不骄傲，贵能谦恭，知礼仪懂典乐，一年四季都会出巡指点农民勤于农事，天下人没有不敬服他的。舜帝是乔牛之孙，瞽瞍的长子，名叫虞舜。他孝顺父母，爱护朋友，小的时候就懂得耕田、捕鱼、做陶器，以养活亲人，后来富贵了，也能做到尊敬天子、爱护百姓。他在位三十年，五十岁死于苍梧之野。禹乃高阳之孙，鲧的儿子，名叫夏后，敏慧过人，仁厚可亲。他平治洪水，得到天下人爱戴。后来，禹让皋繇、伯益佐治国政，平定乱事。因有治水大功，就做了天子。”

宰我边听边一一记下来。后来，宰我把这些故事告诉子贡。子贡又转告孔子。孔子感慨说：“我曾经以貌取人，后来遇到其貌不扬却品行高尚的澹台灭明，从此不敢再以貌取人；我曾想根据言语判断一个人，遇到有口才而无实学的宰我以后，也不敢靠言语来判断一个人了。”

宰我在隔壁听到了孔子的这些话，恐惧得不敢再见孔子，整天躲在卧室里睡觉。

孔子知道了，就对弟子说：“宰我不分早晚，吃完就睡，志气昏惰，好比一块腐朽的木头，不可以雕琢；又像是粪泥砌的墙头，不可以粉饰。我又何必再去责备他呢！”

孔子教管门下弟子，从来不以恶言责骂，现在说的这几句已经是极重的了。宰我听到孔子对自己的批评，急忙跑到孔子面前，长跪请罪。

孔子含笑说：“你先起来，坐下再说吧。”

宰我起立就座。孔子说："过失，人人都会有，知错能改就好。整天沉睡还只是小错，若贪利附势，那就是大过了。你以前应田常之召到齐国任职，来向我辞行时，我对你说过：'田常不久一定会叛乱，你切不可归附，要急流勇退，才能称得上明哲。'可没想到你到了那里以后，甘愿成为田常的爪牙。田常叛乱时，你虽然逃避得快，保住了性命，却连累了你在齐国的三族被全部诛灭。这难道不是你贪利附势酿成的惨祸吗?"

宰我低头认罪，连称："我真该死!"

就在这时，冉求、颜路来见，向孔子报告说："季氏将伐颛臾。"

孔子听说季氏准备攻打颛臾，立即责备冉求："冉求，这是你的过失啊！当初先王曾授权给颛臾，让其主持东蒙山的祭祀，那东蒙山就在鲁国疆域七百里内，颛臾乃是社稷之臣，季氏为什么要去攻打他呢?"

冉求答道："这是季孙氏的主意，我们两人并没有参与谋划。"

孔子叹息道："鲁国的疆域已被三家瓜分，季孙取得两份，孟孙、叔孙各取一份，现在只剩颛臾的附庸国是公有的，季氏还想占为己有，真是太过分了。颜路人微言轻，无力阻挡。冉求，你是季氏的两代家臣，他视你为心腹，你又有大功于季氏，怎么可能不参与谋划呢？我听周任说过'陈力就列，不能者止'。周任是古之良史，他的这两句话是说：人臣在位，就要尽力去陈辞进谏；若君王不听谏言，你就应该辞去自己的职位。譬如为瞎子引路，若瞎子跌倒了你不去扶，他走到了险境你也不带他避开，这又怎么算是给他引路呢？你的话太不负责了！若虎兕逃出笼外，珠玉坏在匣中，这不是看管人的过失，又是谁的过失呢?"

冉求分辩说："颛臾的城墙牢固，而且离季氏的封邑很近，如果现在不把它占领，将来必定为子孙留下祸害!"

孔子气愤地说："我最讨厌那些明明是贪心，却又不承认自己贪心的人。常听说那些有国有家者，不患寡而患不均，不患贫而患不安。这是因为均无贫，和无寡，安无倾。如果能做到些，远方的人还不归服，那就需要修仁义礼教招致他们来，一旦他们来归服，就要给他们安定的生活。你辅助季氏，不能招来远方的百姓归服，反而使国家支离破碎，甚至还要在自己的国家里发动战事。只怕季氏的忧患不在颛臾，却在自己家里!"

冉求答道："是啊，还请夫子驾临季氏，当面一问便知。"

孔子应允，便同冉求来见季康子。

盗跖

季康子见孔子到来，赶忙殷勤接待。

孔子开口就问："相国为何要征伐臣服的颛臾？"

康子答道："因为东蒙附近多山，成为聚集盗贼的地方。那些盗贼出没无常，使百姓们不能安枕，有些百姓甚至不得已逃离他乡。我是为了保全百姓，才不得不伐颛臾，以铲除盗贼的祸患。"

孔子便说："居上位的人如果不贪心，就算是允许民众为盗，恐怕也无人敢抢劫，又何用征伐！"

康子听到这话，连忙解释："夫子你别误会。我从政以来，得冉求辅助治理私邑，效法夫子以前的政策，在各地设立工场以收留游民、乞丐等，聘技师教授他们技艺，他们每天都有应得的酬劳，境内已经没有盗贼的踪迹了。可是抢劫伤人的案件突然层出不穷，各邑宰联名请兵严缉，于是出动兵车五百乘，到各邑追拿，但盗贼已经远去。于是又派人明察暗访，才知道在东蒙境内有个盗窟。我们不便越境围剿，只好驻扎边境守候。

"一天夜里，两千多个强盗偷袭军营，他们把兵车甲仗抢劫一空，还抓走了三百多名官兵。十多天后，有五六个士兵逃了回来，他们报告说，盗首比虎狼还凶残，他们每天取活人心肝，生炒作下酒物。被掳去的三百多个弟兄都被盗党宰杀烹煮，作犒赏之用。盗党说：'人的五脏的味道胜过猪羊。不过，病人的脏腑筋肉吃不得。最好是两三岁的男童，整个烹食，名叫人生果，有去病延年的功效。'但盗首与男童无仇，不想杀害他们，惟有官兵因为杀死了无数盗党，所以一律抓去吃了。士卒听了这一席话，都害怕成为'人生果'，不敢与之对抗，因此那些盗贼更加猖獗了。"

孔子听完想了想，说："这样残暴的强盗，当世只有盗跖一个。他结党数千，横行于齐、鲁、陈、郑、宋、卫之间，杀人不眨眼，各国都畏惧。不知是不是他？"

康子答道："不是他还会是谁呢！"

孔子叹道："天下没有不可感化的人，连毒蛇、猛虎都可豢养驯服，何况盗跖是个俊美勇敢的大丈夫，怎么不能被感化呢？让我见见盗跖，用我的三寸不烂之舌劝他改邪归正，从此不再干‘风高放火，月黑杀人’的勾当，如何？”

康子连忙阻止：“盗跖不讲情理，不遵守国法，就像未曾豢养的猛虎，野性难驯，见人就咬。夫子还是三思而行，一旦落入虎口，那可不是儿戏啊！”

孔子说：“我初遇匡人，次遇恒魋，三遇陈蔡大夫，所经历的危险犹如身陷虎口，但都得以从容脱险。一个人的生死早有定数，如果我注定死在盗跖手中，迟早是逃不了的；若命中没有这一劫，就算我把头伸到他的刀下，他也不会杀我。”

康子还是不同意：“夫子抱着感化人的决心，不顾年事已高，走近万丈深渊，以我看来，真是危险万分。夫子还是谨慎而行，否则后悔莫及！”

冉求也插嘴说：“夫子万万去不得。”

孔子说：“盗跖有个哥哥名叫柳下季，有个弟弟名叫柳下惠，皆属当世贤士。我先去见他的兄弟，再决定要不要去见盗跖，如何？”

康子答道：“夫子不如去见柳下季，让他去劝告盗跖改邪归正。他们毕竟是同胞兄弟，盗跖再怎么残暴，也不至于把兄长当作‘人生果’的。”

孔子告辞，次日便命子贡驾车，去拜访柳下季。

孔子和柳下季本来就是朋友，两人见面寒暄几句后，孔子说：“我听说鲁国有个人叫盗跖，其门下有九千人，横行天下，侵扰诸侯，掳掠妇女，抢劫财货，对抗官兵，杀人犒赏。又听说如此惨无人道的大盗，竟是先生的胞弟。我起初不信，后来我的弟子也这么说，才知传闻不假。正所谓一树之果，有酸有甜；一母之子，有贤有不肖。先生为当世贤士，令弟却为害天下，非但堕落家声，也玷污了先生的名声。请问先生为何不让弟弟改邪归正，难道先生无力教诲吗？”

柳下季平静地回答：“智和愚，贤和不肖，都是各人天生的性情，无法改变。虞舜和象，周公和管叔、蔡叔，不都是同父异母的兄弟吗？为何虞舜与周公都是大圣人，象与管、蔡二叔却都成为罪人呢？我一介寒士，不敢与虞舜、周公相比，更无力教诲盗跖。但愿他早日被官兵擒住，不光为天下除了害，也为我家除此孽障。这是我日夜祈祷的。”

孔子说：“天下没有不可感化的人，况且令弟是有血性的男儿，更容易感化。我听说他藏在陪尾山中、颛臾城外，与我的故乡相距不远，就让我去劝他改邪归正吧！”

柳下季阻拦道：“去不得。盗跖性如烈火，意如飘风，强足以御敌，辩足以饰非；顺他意则喜，逆他意则怒；况且他不知理法，喜欢侮辱人。夫子还是远避为宜！强人自有强人服，等他恶贯满盈，自然会被诛杀的！”

孔子不听，告辞走了。

出了柳下季家，孔子命子贡直接取道去陪尾山。到盗跖的宅门前，孔子下车对守卫说：“鲁人孔丘，慕将军高义，特来请见。”守卫入报，此时的盗跖正在饮酒，烤人肝作下酒菜，一听到“孔丘”二字，圆瞪双眼大声说：“来的是鲁国的伪君子，别让他进来。对他说：他造言欺人，妄称文武，不耕而食，不织而衣，摇唇鼓舌，颠倒是非，迷惑天下的人主。天下士人听了他的邪说都去捏饰孝悌，窃取功名富贵。他的罪恶真是大极了！他如果不赶快离开，我就剖开他的胸膛，摘取他的伪心来下酒。”

守卫者出来后，用盗跖所说的话警告孔子。

孔子全无惧色，对守卫者说：“孔丘与将军的哥哥柳下季是至交，他介绍，才敢来求见将军，有劳进禀。”

守卫者又转身到盗跖面前禀明，盗跖命人带孔子入见。

孔子抢步至盗跖跟前，作揖行礼：“孔丘久闻将军大名，如雷贯耳，只恨无缘相见。近日在从卫国返回鲁国的途中遇见令兄，问起将军，才知道将军隐居此山，与我的处所相隔不远，请得令兄许可，特来求见，以慰平日的欣慕！”

盗跖踞坐石上，怒目直视，一手按着剑说：“你有多大的胆量，敢来游说我？我姑且让你说说，所言顺我者生，逆我者死。我言出如山，你可别活得不耐烦，自来送死。”

孔子慢慢地说：“我听说天下有三德：一是生来相貌魁梧，使见者悦服，这是上德；二是顶天立地，能辨万物，这是中德；三是勇悍果敢，聚众率兵，这是下德。凡人有此三德之一，足以成帝王万世之业。将军兼有此三德，且身高九尺，目如闪电，唇如渥丹，齿如齐贝，声如洪钟。这可是贵不可言的异相啊，只可惜将军却只以‘盗跖’为名，我实在是为将军深感遗憾啊！将军如肯听孔丘的话，孔丘自愿派遣我门下能言善辩的弟子，为将军扬威名，并游说各国为将军建筑大城，尊将军您为大国诸侯。将军您若能修文习道，以信义服众，必是众望所归。”

盗跖听了，拍案大怒："甘受功名所利诱、愿听伪君子劝告的人，都是愚陋之徒，你怎敢以此来煽动我？我生来相貌魁梧，这是我父母的遗德，不用你说我也知道。我很清楚像你这样当面称赞人的人，都喜欢在背后诋毁人。现在你之所以说要让你的弟子游说天下诸侯，为我筑城坐镇，只不过是想用些花言巧语来诱骗我，你若真有这能耐，早就为你自己打算了，怎么还会来诱惑我？况且能筑大城的，最大也大不过尧、舜、禹、汤、文、武，他们当时虽然拥有天下，使万国来朝供，但到了后世不一样都绝灭得没有寸土了？高踞大城有什么稀奇呢？"

孔子平静地说："天下本来就不可能总为一人所有，人总难免一死，只不过人的生死却有轻重之别。例如尧、舜、禹、汤，他们生前以德服人、身系天下安危，死后自然名传后世、青史流芳，这样的死就重于泰山；还有许多人，他们生无益于时，死无闻于世，死后只有尸体与腐草同化，这样的死便轻于鸿毛。"

盗跖反驳道："古往今来德泽最大的，要算三皇五帝。古时禽兽多，人民少，人和鹿豕同居，最初并没有相害相争的事情发生。然而到黄帝时代，就有了与蚩尤大战于涿鹿之野，流血百里，之后更有成汤放桀、武王伐纣，于是渐渐造成了以强凌弱、以暴欺寡的风气。如此说来，汤、武等都是乱人之徒了。至于你整天宣扬修文偃武之道，身穿缝衣浅带的儒服周游列国，专以矫言伪行迷惑人主，以求富贵，你更应该算是一个无刀大盗！天下人不称你为盗丘，偏称我为盗跖，只不过是因为你善于伪装，能够用饰辞遮盖自己的罪过；而我是个刚直的人，敢作敢当，不愿意掩饰罪过。"

孔子说："将军千万别误听人言，他人妄称我求取富贵，可如今我穷得衣食不足，请问富贵在哪里呢？他人妄称我巧伪饰辞，可究竟我又遮盖了哪几件罪行呢？"

盗跖厉声答道："我一向是不听信流言的。但你的罪过，都是我亲见亲闻，绝无虚假。武官子路，本是一个忠孝两全的勇士，误信人言，投在你的门下。你让他去戎冠、解长剑、抛弃了蒲邑宰，跟着你周游列国，接着你推荐他到卫国去做官，使他被害死在孔悝家。这难道不是你的罪过吗？我所知道的贤人高士，都是不愿趋炎附势的，惟有你离开鲁国，三返于卫，遭厄于宋，绝粮于陈、蔡，落到了几乎不能容身于天下的地步，却还想遮掩天下人耳目。难道这些是贤人高士应该做的吗？世人所称颂的德行最高的，莫如五帝，然而唐尧不慈、虞舜不孝、夏禹不沾、商汤放主、周武伐君，他们做的这些事都十分可耻，怎么能称得上贤士？在世人中能称得上忠臣的，莫如关逢龙、比干，但这两人都未能善终。我何苦也去做有功之狗，等到狡兔死，有功之狗就遭烹杀，被天下人耻笑。你所重视的，都是我所鄙弃的，你无话可说了吧？”

孔子听了盗跖一派无理的话，又出言自辩：“子路是我门下的好勇弟子，他素性刚直果敢，我早知他难保善终。至于他在卫国做官，其实是蘧伯玉所荐。我料到卫国将有父子争国的内乱，才决定弃卫返鲁。临行我曾对弟子们说：高柴仕卫，虽然愚鲁而知机，因此能保住性命；子路忠于任事、勇敢过人，却很难自保。子路遭受杀身之祸确实是咎由自取，与我无关，怎能说是我的罪过呢？至于我逐鲁返卫、围匡厄宋、在陈绝粮，这都是我命中注定的困厄，并不是罪过；而且我每遇亲友，都会将这几次遭厄脱险的经过一一对他们述说，从未在人前遮掩过。若说五帝的道德高尚，那是天下人所公认，并非我一人的偏见。将军请别误会。”

盗拓勃然大怒：“你的这些废话，都是我最深恶痛绝的。大丈夫立身天地间，上寿不过百年，中寿不过八十，下寿不过六十；除去疾病、睡觉若干日、为生活奔走若干日，剩下的算起来，一月之中只有六、七日是逍遥自在的。而且光阴易逝，由少到壮、由壮到老都好似一刹那间，一个人死后就烟消云散了，争城夺地有何用？功名富贵有何稀奇？若真想留名于后世，只须在到过的山林泉石上镌名留题，那么后人经过，必然驻足而观，口头说及你的姓名。这个比青史留名容易得多啦！如此说来，你的话句句是巧伪虚饰，你再敢在这里摇唇鼓舌，还不离去的话，我就挖你的心肝出来当下酒物！”接着向左右怒目而视，喝道：“厨夫在哪里，快把尖刀、血盆拿上来。”

子贡被吓得不敢出声，躲在孔子身后。这时有两个手拿雪亮尖刀、绯红木盆的盗党向孔子迎面走来。这一吓真是非同小可，子贡慌忙拖着孔子的衣袖，转身向山下奔逃。孔子也吓得魂飞魄散，脚下被山石一绊，差点被绊倒。幸好子贡双手把孔子扶住，拖着他飞也似的直奔到停车的地方。

这时子贡止步回顾，见没有盗党追来，惊魂稍定，伸手拭去额上的汗，说：“险啊！对着虎豹讲道德理性，真是自讨苦吃！”

孔子气喘连连地说：“我有生以来从未遇到过这样残暴的人，我们赶快逃吧！”说着两人上了车。

出了陪尾山，孔子说："时候还早，我们走大路到曲阜去访季氏吧。若走小路，恐怕有盗党追来。"

子贡应命，驱车从大道而行。到了曲阜东门，正巧遇见柳下季正步行出城。

柳下季看到孔子面带惊怖，讶然问："夫子莫非从陪尾山来吗？"

孔子答道："是啊，刚才入虎穴捋虎须，几乎死于非命。现在得脱虎口，还算侥幸。"

孔子又驱车入城，去访季康子，一见到康子就说："我刚从陪尾山来。"

康子问："遇见盗跖没有？"

孔子回答："遇见了。"接着把与盗跖对话的经过略述了一遍。

康子听完不由得说："夫子身为国老，何等尊贵，岂可不自珍重，而冒昧直入虎口呢！以后千万不可再蹈此危险了！"

就在这时，冉求从外面走来，对孔子说："君上命我驾车来迎夫子，得闻夫子在此，特来宣召。"

孔子随后拱手向康子告别，和冉求入宫请见。

孔子朝见后，向哀公奏明自己刚才去劝盗跖弃恶从良的经过。

哀公说："跖是不知仁义国法的野兽，不能理喻的，你还是远避为宜。"

孔子问："主公宣召，不知有什么下问？"

哀公道："我想请鲁国的士人佐治国政，敢问如何择取？"

孔子回答："就请挑选那些力行古道、不染时俗、常穿古服的。若不明古道、不知古服的，便不是正士。"

哀公问："那么头戴章甫冠，脚穿絇头履，腰束绅带，手捧象笏的，都是贤人吗？"

孔子答道："不是的。我所说的力行古道，是指那些在斋戒的日子里，穿着黑色的斋服，冠冕乘轩，不在乎吃菜；穿着斩衰草鞋的丧服，持杖吃粥，不在乎酒肉之味的人。"

哀公又问："你还有什么高论吗？"

孔子说："主公若不嫌麻烦，就容我详细奏闻：世人有五种仪表，分别为庸人、士人、君子、贤人、圣人。君王能够审察出这五种人，治道必隆。具体而言，庸人就是心中不存慎终之念，口中不出训格之言，不择贤以托身，不力行以自立，见小暗大，五窍为物所诱，不知根本。士人有自定的心思，有相守的设计，虽不能尽道术之本，必有品行；虽不能备百善之美，必有专长。知不贪多，只求精明；言不多说，只求实践；行不苟且，必求笃实。立志犹如性命形骸般不可变换，富贵不能增益，贫贱不能减少。”

孔子还没说完，哀公便迫不及待地问：“还有君子、贤人、圣人等，是怎样的呢？”

孔子细细道来：“君子，出言本着忠信，心无怨望，仁义在身不敢自满，思虑通明不敢自专，修身信道，始终如一，遇事不敢急进，甘居人后。贤人比君子更进一层，修德不限内外，行事必依规绳，立言足为天下法却无口过，行道足以化百姓却不伤身，富则天下无贫民，贵则世人蒙其福。圣人又比贤人进一层，能够德合天地，穷究万事的终始，扶植万物的自然，明如日月无不到，行若神明无不及，下民不知其德。”

哀公不禁赞叹：“妙啊！若不是遇到你这位贤人，我又怎么能听到如此一番高论呢？不过，我生在深宫之中，长于妇人之手，不知哀、忧、劳、惧、危，只怕不能够辨别这五种仪表之人。这该如何是好呢？”

孔子道：“主公要想知哀，可在祭祀入庙时从右登阶，仰观屋椽，俯察几筵，看到器物皆存却不见祖先，以此可思哀；主公想知忧，可在黎明时起身视朝，想想一物失理便可乱亡，以此可思忧；主公想知劳，可日出听政，日暮始歇，诸侯子孙往来为宾，行礼揖让，不失威仪，以此可思劳；主公想知惧，可反复长思，巡游四门，张目远望，便能见处处是亡国故址，以此可思惧；主公想知危，就要懂得国君犹如一只船，百姓犹如江湖河海中的水，水能行船，也能覆船，以此可思危。主公明了这五者，再请稍留意于五种仪表，那么政治自然可日渐发扬光大了。”

哀公又问：“常听说得人而治，武王有贤臣十人而治天下，敢问取得贤臣的方法是什么？”

孔子道：“有句话叫‘因材器使’。就是说任事于官，就要委任给各官所能办的事。不要选过于聪明的人，那些人往往贪鄙；不要选浮薄的人，那些人容易叛乱；不要选多言的人，他们善于欺诈。弓箭协调了才能求劲，马被驯服了才能奔驰，士必须诚信才能求智。不诚信而多智，犹如豺狼，是不可以取用和接近的。”

哀公接着问：“请问人道哪一样最大？”

孔子正容对道："主公问及人道，这是百姓之福，臣当知无不言。人道以政为最大。'政'，就是'正'。国君正，那么百姓皆正，这就是上行下效的道理。若国君不为正，百姓何从效法呢？"

哀公不解，说："敢问为政是怎样的？"

孔子答道："夫妇别，男女亲，君臣信。这三者若正，万事皆正了。古帝王为政，爱人为大，所以治爱人；礼为大，所以治礼；礼以敬为至，敬以婚为至，所以治大婚。婚礼，冕而亲迎，天子诸侯一律奉行，合二姓之好，立人伦之本；文王化行南国之诗，首列《关雎》之篇，足见婚礼关系至大。宫闱赖以正肃，风俗赖以纯良，可称治道的基本。从前先君也曾向臣问及为政之道，臣也以大婚为对，可惜未曾实行。臣打算把《周礼》中的婚制略加修正，进呈阅定如何？"

哀公又一次称赞："好啊，我当即颁行全国，与民共守。"

孔子在宫中奏对了半天，才告辞出宫，由冉求驾车送回。

国老的难处

这天，孔子正和公西赤在室中阅读《周礼》，冉求匆匆走到孔子屋里，孔子惊讶地问："难道你又奉了君命来召我不成？"

冉求答："不是奉君命，而是奉季氏之命来问夫子。季氏因赋税之法中规定的税额太轻，现在想将田与家财各分为一赋，叫做田赋，敬请夫子订定颁行。"

孔子说："我不是富家儿，又不是理财家出身，不懂田赋。"

冉求说："夫子前为鲁司空，分别五土，使全国没有了荒废的田地，怎么说不是理财家？您现在身为国老，国家政事只等夫子开口，就可以奉行，你为何不发一言？"

冉求连连请求了三次，孔子还是不答应。

等冉求恭敬地站到一旁时，孔子徐徐说道："君子施行政事，必先看是否合于礼法，然后才能颁行。在施与百姓时应求厚，收取赋税时应求薄。这样说来，以鲁国现有的马一匹、牛三头的上赋之法就足够应用的了！若不合礼法而妄行，贪得财利而无厌，那么就算是实行了使百姓不能负担的田赋法，收取赋税的人还是会嫌不足的。到时又该怎么办呢？季孙氏如果是行合法的政令，那么周公的典法尚存，何必还问我呢？如果是他自己想妄行加赋，又何必还来问我呢？冉求，你专为季氏聚敛私财，公室田地的一大半已经归季氏所有了，他难道还嫌少吗？”

冉求解释说：“这次要实行田赋，一则为弥补去年因灾荒使赋收不满半数；二则因为吴使来聘，要季氏出兵会同吴师伐齐，粮饷缺少，不得已才行田赋，以济急用。季氏征赋都是由他自作主张，我不过承命而行，怎敢助他聚敛呢！”

孔子斥道：“吴王要求会师伐齐，当求从根本上去解决问题，而不应该加赋扰民，出兵废时。我只担心胜败未分，就民心离散，后患不堪设想了！”

冉求说：“这件事关系重大，夫子既然身为国老，不应该不加过问啊！还是请您速去与季氏商酌为宜。”

孔子答应了，随即与冉求去访季氏。

康子见孔子到来，殷勤地将其接入室内。

孔子先说：“据冉求来报，相国为应吴国的要求会师伐齐，欲行田赋新制。我认为这实在是本末倒置的下策。这么一来，不但使鲁民困苦，还会与齐国结怨。请慎思而行！”

康子回答：“我也知这样做对鲁国有害无利，只是若不答应吴王的要求，他就会来问罪。不知您有没有两全的上策？”

孔子沉吟了一会儿，答道：“吴王刚愎自用，不可理喻，让我派子贡先去吴国求见伍子胥，请伍子胥谏阻吴王伐齐。若吴王不纳忠谏，一定要与鲁会师攻齐，相国可趁此机会消灭盗患！”

康子诧异地问：“鲁国的盗患是指盗跖吗？夫子曾试图去劝说都不曾见效，还险些丢掉性命。现在怎么说可以消除盗患呢？”

孔子答道：“这次是难得的机会，相国可借会师伐齐为名，派遣使者去征聘盗跖，让他带本部为前部先锋，助以兵车五百乘，赐禄养封为列侯。”

康子怀疑地说：“谁敢到虎穴中去降服猛虎？他若不愿就范，我们岂不徒然枉送性命。”

孔子说：“我代相国写好一封书信，相国派人把信送往陪尾山，然后在山下等候回信，不必去面见他，决无性命之忧。”

康子想了想，答应了。孔子立即写好征用盗跖的书信。

季氏命小卒把书信送往陪尾山。

盗跖展开信，见上面写着："季氏于士大夫相聚时听闻：柳氏有三杰，鲁国不能用，因此积弱至此，不能与强国抗衡！季氏惕然憬悟。令兄柳下季前曾仕鲁，现已辞职，令弟柳下惠仕卫为士师。惟足下英雄盖世，善于用兵，部下有虎贲子弟三千人，足可担当鲁国大任，现在正逢鲁国将应吴王之请会师伐齐，此乃足下立功当世的大好机会，岂可交臂失之！如肯出山，请率子弟为伐齐前部先锋，将助兵车三百乘，以供指挥。等到凯旋之日，必当以封侯食邑相报。识时务者为俊杰。惟足下图之。鲁国卿季肥拜启。"

盗跖看完信，哈哈大笑："我要是想得功名富贵，十年前早已受宋、卫封为列侯了！我正是因为不愿受拘束，情愿虎踞山林，不怕刑法，不讲情理，活得逍遥快乐！"说罢，在信背后写上："跖不懂上阵交锋，只能杀人放火。有负盛情，吾将离开鲁国，另寻他处。"于是命盗党将回信拿给送信来的小兵。

小兵带回呈复季氏。第二天，季氏便得到回报说：盗跖率部下三千人连夜离开陪尾山，取道向宋、卫交界去了。康子快活非常，请孔子到家，告知盗跖已去，鲁国从此没有盗患了。

孔子说："他本来是狼子野心，不可以招降的，现在自愿离开鲁境，正是鲁民的福气。"

康子就说："这都是夫子的大功，只怕百姓都不知道呢。"

孔子问："赶走了一个大盗，何功之有?"

正说着，樊迟走来对孔子说："吴国的太宰嚭死了。"

孔子说："胡说，伯嚭不会死的。你从何处听来的谣言?"

樊迟答道："是从一些吴国商人口中说出来的，而且还知道他是生落头疽丧命的。"

孔子不信。康子就问孔子："夫子怎见得伯嚭不会死，难道他修德行善，该享上寿不成?"

孔子回答说："不是的。伯嚭乃是覆亡吴国的祸根，这是上天注定的劫运。如果伯嚭死了，还有谁去覆亡吴国呢?"

康子便说："或者吴国不该覆亡，所以伯嚭先死，也不一定啊!"

孔子摇摇头，道："吴国灭亡之祸，早已根深蒂固，只不过早晚罢了！”

康子问：“夫子怎能看得这样真切，说得这样坚定呢？”

孔子答：“吴王内宠西施、外宠伯嚭，将奸佞当作心腹，将忠勇名将视若仇敌。如此昏庸之王是不可能保守社稷的。我已派子贡送信到吴国，他很快就会回来，伯嚭死不死，到时一问子贡即知。”

正在这个时候，有人来报：吴使又来催促出兵，并约期到艾陵会师攻齐。

康子着急地问：“吴使又来，可见吴王不听伍子胥忠谏，决意伐齐。我该如何回答呢？”

孔子说：“弱不抗强。吴使既来，只好如约会师。”

康子又问：“冉求能率兵伐齐吗？”

孔子答道：“恐怕难以胜任！不如叔孙州仇，他久战沙场，号称上将，必能胜任。”

于是康子一面答复吴使说如期会师，一面请州仇到家，委为大将军，命他率兵三千，即日出发至艾陵与吴兵会集攻齐。州仇应命。

孔子又对州仇说：“大夫此去，当见机而行。齐、鲁已经修好，犯不着再结深仇。要等到吴兵胜了，才去帮助其攻齐；若齐兵胜，最好退缩不前。千万不可打头阵。”

州仇唯唯答应，立即下教场，挑选了三千精兵，兵车五百乘，准备率兵起行。

子贡奉孔子之命送信到吴国给伍子胥。过了二十多天，子贡才回来，向孔子报告：“伍将军看过夫子的信后，立刻入宫谏阻吴王夫差，请他收回伐齐之命，并说明齐国是癣疥小疾，越国才是痈疽大毒；今舍大毒不治，反去治小疾，若越主乘隙内犯，国亡有日了！夫差怒他阻挠出兵，恨不得将他赐死，于是伯嚭进言说：‘派伍子胥到齐国约战，以借齐君之手杀他，大王也可免去害贤之名。’夫差准奏，派伍子胥到齐国约战。伍子胥同儿子伍封同往，并将伍封安顿于齐国鲍氏家，以存伍氏之后，改姓名叫王孙封。等到伍子胥归国复命，伯嚭密奏吴王，称子胥私通齐鲍氏，故得齐君优待。夫差怒上加怒，于是撤去伍子胥的兵权，改任胥门巢统领上军。又命王子姑曹统领下军，夫差自己统领中军，以伯嚭为副，兴师十万伐齐。我就是于出兵之日，动身回来的。”

孔子问：“有吴国商人来此说：伯嚭已患落头疽死了。我固然不信。但这种谣言，从何而来？”

子贡说：“无非是一些忠正士大夫见伯嚭当权、伍子胥被排挤，有心造此谣言，以泄私愤罢了。事实上，伯嚭并没有死，连所谓的疮疖也没有生过。”

孔子听了，长叹道：“我就知道伯嚭为亡吴祸首，吴未亡，伯嚭决不会先死。果然不出我所料！只是伍子胥一代名将，却落得如此下场！难怪盗跖只愿做杀人放火的强盗，不愿做上阵交锋的功狗，不失为草野英雄。”

子贡也感慨地说：“为人臣真不容易！不忠，要受人唾弃；忠了就要牺牲性命。子路忠勇冠绝，结果被砍为肉泥，这是何苦！”

孔子的养生之道

吴王约鲁、越合兵伐齐，命胥门巢率军先行，直抵艾陵扎营。齐将国书早已屯兵在汶上，得知吴军先锋已到，便传令公孙挥率部出战，自己统大军接应。胥门巢还没站稳就被公孙挥杀得大败。国书乘胜追杀，吴军死伤不计其数。

第二天，吴王亲率大军和越国军兵一起赶到，叔孙州仇也率鲁国军队来会。胥门巢向吴王请罪，差一点就被斩首，幸好伯嚭求情，最后许他戴罪立功。吴王又令胥门巢出阵，王子姑曹打二阵，大将展如同鲁、越两军为接应。吴王同伯嚭屯兵在高阜观战。齐将国书亲率公孙挥、公孙夏、宗楼等奋勇迎敌。鼓声震天，两军混战多时，不分胜负，吴王便与伯嚭兵分两路，从斜刺里杀来接应。吴将见吴王亲自出战，人人奋勇死战，杀得齐军大败而逃。国书与公孙挥战死，公孙夏被擒。齐君得知全军覆亡，只好派遣使者向吴国求和，并以重金贿赂伯嚭，让他向吴王进言。和议告终，吴王厚赏鲁军，州仇班师回国。

吴王班师归国，大犒三军，设宴与百官庆功。诸大夫都向吴王称贺，唯独伍子胥不发一言。吴王问伍子胥：“相国为什么不说一句称贺的话呢？”

伍子胥奏道：“佞臣进谀，忠臣塞口。吴国联越伐齐，已养痈成溃，吴将灭亡，何贺之有？”

吴王大怒：“看来你这个老贼有意要侮辱我。我姑且念在以前的功绩上对你不加诛戮。你速速自行了断吧。”于是赐给伍子胥一把佩剑。

伍子胥接过剑，仰天叹道：“天哪！我为你打败楚、越两国，才得以保全你的嗣位，你现在不但不听我的话，反而将我赐死。我今天死了，越兵明天就来灭你的宗社。”说罢挥剑自杀。

吴王下令把伍子胥的头砍下，悬于盘门，又把他的尸身沉入吴江中。吴王杀死了伍子胥，欲与晋国争盟主，召集鲁、卫、晋、齐会盟于黄池。

州仇凯旋后，进呈齐国土产金桃于哀公。哀公念在孔子忠心报国，特意召他入宫，赐给他金桃两枚，又盛了一盘杂黍放到桌上。孔子先食黍，后食桃，其他人见了都忍不住捂嘴而笑。

哀公也忍不住说：“黍不是吃的，而是用来拭去桃毛的。”

孔子回答：“我知道。但因为黍居五谷之长，奉祀宗庙时总以黍为贵品，供诸上列。而果类有六，桃居于最下，从不被列于祭祀之筵。我只知道用贱物来擦拭贵物，而从来没有用贵物擦拭贱物的。若用五谷之长来擦拭最下的果子，分明是上下倒置，以贵奉贱。我担心有悖于教义，才不敢用黍擦桃，而先吃黍以示尊贵敬上之意。”

哀公微笑称赞：“夫子不愧称为圣人，食桃也不忘上下贵贱之别，可见圣人的举动总与常人迥异。”

孔子道：“君王赐予的食物虽属微物，也是恩宠，我又怎么敢不敬呢？”

哀公又说：“南宫敬叔追随夫子多年，后来从卫国归来时，曾与我谈及夫子的饮食是‘不时不食，不正不食’。这又是怎么一回事呢？”

孔子答：“不时不食是指凡是那些过时的和还没到季节的东西，例如夏季的甲鱼、鸡，因带有毒而不吃；冬季的生硬东西，因不易消化而不吃。至于不正不食，那是指不正当的食品，例如鼋肉，以及猎得的不常见的野兽肉，一概不吃。我这么做无非也是慎重起见，并没有其他的原因。”

哀公便问：“姜不是补品，可夫子为什么长年累月地吃呢？”

孔子就说：“姜虽非补品，却有很好的药效，其性温味辣，有祛寒解毒之功。我每到吃饭时没有姜就难以下咽，并且还可用姜解除食品中的寒性与毒性。常食姜，是有益无害的。”说罢，把手中的桃子吃完。

哀公点点头，又对孔子说：“吴王夫差可算得上是一位雄主，伍子胥可称得一代名将，他们君臣若能同舟共济，那么夫差的功业将可以和晋文公、秦穆公并称。如今他却把伍子胥赐死，只怕难成霸业了吧！”

孔子微叹道：“吴国全赖伍子胥一人才得以强盛，他打败楚、越，并且力保夫差嗣位，功高柱石，那是顾命重臣。没想到吴王以怨报德，竟将伍子胥赐死。这真让天下的英雄贤士闻而寒心，没有人再愿意跨入吴境，吴王不但难成霸业，而且离覆亡之日也不远了！”

哀公问：“怎么见得死了一个伍子胥，吴国就会覆亡呢？”

孔子答：“越国和吴国有不共戴天之仇。勾践卧薪尝胆，誓欲灭吴，只因畏惧伍子胥才不敢急进。现在伍子胥已死，勾践行将发动越国所有的精兵伐吴。试问吴国有谁能敌越兵？又怎么会不灭亡呢！”

哀公长叹道：“伍子胥一人既能让吴国成就霸业，又能使国家灭亡，关系竟这样重大。当国安可不谨慎？敢问应该如何施行为政之道呢？”

孔子想了想，说：“文王、武王的政绩，载在方策上。总而言之，一国之中重要的人生存，则百政俱兴、国治民安；重要的人死亡，则百政俱废、国乱民叛。用人行政就好比种树，迅速见成效的，犹如栽种蒲苇，极易生长。但是树要得到人的培植，行政需要得人而治；要得人就要修身，而修身关键在于亲仁。仁，指人身生理而言，父母为生身的根本。所以论仁，惟亲近亲族为最大。所以君子不可以不修身；想修身，不可以不敬亲；想敬亲，不可以不知人；想知人，不可以不知天。天下普及的达道有五，即君臣、父子、夫妇、兄弟、朋友。天下普及的达德有三，即智、仁、勇。达道、达德虽有分别，但奉行起来却是一样的。或者生来就知的，或者学了才知的，或者从困苦中知晓的。知晓既有分别，奉行也各有不同。或者安逸而行，或者顺利而行，或者勉强而行。至于成功也是一样的。”

哀公禁不住点头赞赏道：“夫子的理论真是高深！但我愚陋，只怕难以成功！”

孔子便说：“请容我再明白说说。学而不倦就能得到智慧，因为智识皆从学问中得来，若能好学必多智；遇事竭力而行近乎仁，成仁取义，都是从实力行事中得来，若力行必近仁；知耻近乎勇，耻辱能够激发勇气，所以知耻必近勇。知道这三项，就知道怎样修身，怎样治人。知道了修身治人，自然可以成功治天下。”

哀公问：“为政之道只是这些吗？”

孔子答："治理国家还有九经，即修身、尊贤、亲亲、敬大臣、体群臣、重庶民、来百工、柔远人、怀诸侯等九项。这九经各有成效，修身，则自立有道；尊贤，则多闻善言而不惑；亲亲，则伯、叔、兄、弟不怨；敬大臣，则朝纲整饬；体群臣，则贤士偕来；重庶民，则百姓听命；来百工，则财用充足；柔远人，则四方归附；怀诸侯，则万国畏服来朝。"

哀公又问："怎样做到这九经呢？"

孔子道："敬畏鬼神，非礼不动，这是修身；去邪远色，贱货重德，这是尊贤；待之诚而养之厚，敬宗睦族，这是亲亲；官高役多，入朝乘轩，这是敬大臣；举忠信，给重禄，这是体群臣；农忙莫使民，赋税莫加重，这是重庶民；按月考工，择优加资，这是来百工；送往迎来，嘉善惩恶，这是柔远人；扶弱存亡，厚往薄来，这是怀诸侯。我所说的达道、达德全在这九经之中了。要行这九经，必须预先立定志愿，否则废而难行。不光如此，其实任何事情都要事前做准备。例如：说话之前先想好，就不致后悔；办事前有准备，就不产生那么多困难；立身有前定，就可免疲病；行道有前定，不会穷迫。总而言之，能行此九经，最重要的是一个'诚'字。'诚'字的意义，虽属天道，能够实行此'诚'字，却是人道。"

哀公说："夫子教我详尽极了。敢问实行此九经，应从何开始？"

孔子答道："立爱自亲起始，可以教民睦；立敬自尊长起始，可以教民顺。百姓都能孝于亲，且能恭顺听命，那么行诸天下，无所不可了。"

这时，季康子入宫向哀公请奏。

子贡解围

季康子奏道："吴国派使者来召请主公于本月十五日赴黄池，与吴、晋、齐、卫诸君会盟，修好邦交。"

哀公道："弱不违强，只好答应准期赴会。"转过脸来对孔子说，"诸侯会盟，全在相礼之人。当年夫子偕同先君参加夹谷会盟，威震坛坫，收回汶阳失地，这次还想请夫子为我做相礼。"

孔子拒绝道："丘今为告老闲人，不能陪您去会盟，这是诸侯盟会规章定的，不可不依。"

康子插嘴说："这是实情，请夫子在诸大夫中，举荐一个人吧。"

孔子略微思考一会儿，答道："叔孙州仇曾与吴国会师伐齐获取大胜，用他相礼，吴王必然同意。"

哀公说道："夫子所举荐的人定能胜任，除了州仇也没有他人了。"

康子说："诸侯会盟，相礼大臣相当于国君的喉舌。若得人心，则争雄坛坫；若失人心，则有辱国体。此人关系重大，比起统率三军的将帅，有过之而无不及。得失、荣辱就在片刻之间，非同儿戏！主公何不立即召州仇入宫，当面加以委任呢？"

哀公随即派人去召州仇，之后又向孔子问道："吴王为什么要邀请四国会盟，偏偏将越国排除在外，难道是想联合四国之兵灭越？"

孔子说："晋国视吴国为敌国，怎么肯助他伐越呢？吴国这次会盟，无非想执牛耳、称盟主。盟会向来由晋主持，这次吴王与晋侯必有一番争执，主公乃属陪位列盟，是无关得失的。至于为什么会将越国除外，是因为勾践早已臣服于吴，吴王只把越国视为附庸国，所以不召他列盟。"

正说着，州仇应召而来。哀公当面委任州仇为相礼，同赴黄池与吴王会盟。哀公问州仇："你觉得自己能胜此重任吗？"

州仇答道："不能。臣只知军事，上阵交锋尚能胜任，而相礼会盟，全凭口舌争雄。臣拙于口才，怎能胜任呢？主公何不借重孔门弟子子贡，他口才出众可是闻名于列国的。"

哀公又问孔子："夫子认为如何？"

孔子道："子贡虽然擅长言语，但人微言轻，怎能胜任相礼？"

哀公又说："那就委任他为副相，州仇为正，遇有疑难，商酌行事。"

孔子点头同意。临近盟会，子贡奉孔子之命入宫朝见哀公，护驾启行。州仇率勇士三百人护驾，密令五千精兵远远随行，离黄池三里扎营，以防意外。

吴王与齐、卫两君已先到。而晋定公接到吴王会盟之约，不敢不来，便任赵鞅为相，最后赶到。吴王派太宰嚭恭迎晋定公，并邀齐、鲁、卫三君一同登坛坫观看建筑。春秋时会盟定例，盟坛与馆舍都由发起人先期建筑。吴王所承办的馆舍极为华贵，四国诸侯齐声赞好。

吴王命太宰嚭与赵鞅商议这次会盟载书名次的先后。赵鞅说："晋自文公以来，世世为中原盟主，应该列于载书之首，用不着商议。”太宰嚭反驳道：“晋始封祖为叔虞，是成王之弟；吴始封太伯，乃武王的伯祖，尊卑相差数辈。若说晋主中原盟会，从前会宋会虢时都居于楚下，现在却想居吴之上，这是不可能的。”

双方争论不休，鲁侯命州仇调解。州仇劝道：“与其这么争论不休，不如到歃血定盟时，谁执牛耳，谁便列载书之首如何？”

伯嚭便不再争论，赵鞅也扶着晋定公推说要更衣而先行下坛，赵鞅临走之前特意看了卫君出公辄一眼。

出公辄本来已被其父蒯聩驱逐出卫国，现在怎么会又成了卫君呢？原来，当初蒯聩在位时，晋国赵鞅恼恨他不去朝贡，便举兵伐卫。蒯聩被乱兵杀害后，卫国的士大夫就前往鲁国迎出公辄回国复位。出公辄为回报晋国的恩情，便亲自去朝贡晋国，并归附于晋国。

出公辄这时看到赵鞅投来的眼神，自然领会其意，于是向吴王劝道：“大王必将威振东南、称霸天下，那时万国皆甘居吴后，今日实在没有必要与晋侯争论虚名的先后。此次盟会既然由大王召集，到会的诸侯都知道大王是盟主了，又何必为了这些形式上的争论伤和气呢？”

吴王听了这一席话，勃然大怒：“自古以来都是名正则言顺，你是篡夺父位的贼子，人人都可以讨伐你，现在竟敢在盟坛上说出这么不公正的狂言！我现在要为卫君蒯聩讨贼以伸张正义。”说完便喝令卫士拿住卫出公，准备将他拘禁起来。

卫君惊慌不已，其相礼的公明贾急忙向鲁侯哀公求救。

哀公赶紧劝阻吴王：“大王暂息雷霆之怒。卫君虽然出言不公，大王姑且念在他服从王命，首先赶来会盟的这份诚意上，就不要追究了。若将他拘禁，晋君必然连夜逃走。盟会若因此而失败，对大王来说就真是不值了。请大王以这次会盟为重。”

吴王见状，便说：“贤侯为他说情，孤王怎敢不依？”接着命卫士退下，大家不欢而散。

吴王下坛回馆舍后，传令让五百兵士去守住卫国馆舍，等到会盟结束之后，把卫侯挟持到吴国囚禁起来。出公辄看到有吴军围守卫国馆舍，便立即派公明贾去找鲁哀公求救。

哀公对公明贾说：“我刚才在吴王面前为卫君讨情得到应允，完全是侥幸，这次万万不可再去冒险了。”

公明贾又向州仇乞怜。州仇答道：“吴王夫差性如烈火，我去说情也是没有用的。你还是求子贡去，或许他还能有几分把握！”

公明贾立刻去见子贡，说明一切。子贡想到当初随侍孔子居住在卫国时，颇蒙出公优礼相待，这份情意是不能不报答的，于是答应公明贾去为卫君说情。子贡来到吴王馆舍，请见伯嚭。

伯嚭素来喜爱子贡的多才，于是将他接到室中坐定，伯嚭说：“别来无恙。我听人说，自从孔子返鲁闲居之后，其门下诸弟子也没有出仕。吾王很看重你的口才，我可以引荐你为吴国的上大夫，不知你愿不愿来吴国？”

子贡答道：“太宰既然想为国家进贤，就应该用信用和仁义来辅佐吴王，使吴国称雄东南，这样自然会有贤士来求仕。可如今吴王召集四国诸侯会盟，只因卫君出言相劝，吴王竟派兵围住馆舍，并且还要抓他到吴拘囚。这种失信用、灭仁义的举动，太宰应当力谏阻止啊！”

伯嚭说：“嚭早已劝王勿拘卫君，可吴王怒气未平，不听我劝。还是有劳你去向吴王进言规劝。”

子贡点头答应，伯嚭立即带他去见吴王。

吴王以礼相待，说道：“我很欣赏你的口才，朝中没有谁的口才能比得上你。你肯到吴国做大夫吗？”

子贡道：“我为孔门弟子，如今夫子不入仕途，我也只好不入仕途。”

夫差问：“你既不愿到吴为官，那你来见我所为何事？”

子贡答：“我素来仰慕大王胜楚败越，觉得大王霸业将成，可现在却要前功尽弃了！我实在为大王感到可惜，特来请见。”

夫差不解，问：“你怎见得我的霸业就要前功尽弃了？”

子贡慢慢地说：“卫君出公原来一直依附晋国，但此次大王要约期盟会，卫君特意召集诸大夫商议行止，他还忠正地说：‘吴王召集盟会，想以仁义昭示天下，以成齐桓之业，我当应召前往，以全吴王威信。依附吴国远远胜于依附晋国，因为晋君无能，政归权臣，不易奉承。’奸佞却说：‘吴王贪暴无厌，怎能以仁义示天下？若冒昧前往，到时吴王有什么要求，我们一旦拒绝，则会触怒吴王，必被他拘回囚禁，不如不去，以免重蹈越王的覆辙。’最终卫君还是顾全大王威信，如期来会。可是我今天却听说大王围守其馆舍，要抓他回吴国囚禁，大王这样做正好中了卫国奸佞者的猜度，这不能不说是大王的错误。况且卫君出言劝大王，也只是说了一些息事宁人的好话，并非挑拨的恶语，大王为何为了一时的愤怒而做出失信用、灭仁义的举动？如果大王将来再想召集盟会，只怕天下诸侯惧蹈卫君的覆辙，都不来参加了，这难道不是使霸业前功尽弃吗？”

吴王恍然觉悟，说道：“你说的很对，我差点就被怒火贻误了大事。”随后，吴王传令撤去卫君馆舍的守兵。子贡称谢告退。他回到自己的馆舍，对公明贾说：“总算没有辜负使命，吴王已答应不怪罪出公了！你现在可以回馆舍复命，以安出公之心。”

公明贾拱手向子贡称谢，并向哀公、州仇告别。他回到馆舍，发现守卒果然一个也不见了，高兴地回到室中告诉出公，君臣两人这才得以安睡。

勾践灭吴

吴王夫差在子贡回去后，忽然接到一个警报，如闻晴天霹雳。原来王子地派探子飞马来禀告吴王：“越王乘虚率倾国精兵，水陆并进，攻入吴境。”吴王大惊失色，急忙问伯嚭：“太宰！此事该如何处理？我与四国会盟，正想大展雄图，做中原盟主。不料勾践竟敢乘此机会兴兵作乱，使我双方不能兼顾，这该如何是好？”

伯嚭答道：“为今之计，自然不能再顾及会盟之事，大王还是速速回国坐镇，与敌人决一死战，以定胜负。如果能够一战而胜，将越国灭了，那时再招列国君主会盟于此。晋国就算夙号强国，自然也不敢争这盟主一席了！”

吴王听他说得有理，便说：“既然如此，事不宜迟，你立刻传令启行。”

于是吴王连夜赶回姑苏。第二天，晋、齐、鲁、卫四君不见吴王，便各自收拾人马，回本国而去。

越王勾践自从受了吴王的奇耻大辱，被放归故国，每日卧薪尝胆、刻苦训练，时时不忘报仇雪耻。越国国内，文的有文种、范蠡等一班忠直老臣，武的有诸稽郢、仲甲等一班名将，全国上下一心，声威大震，早有吞并吴国之心。只因之前吴国有大将伍子胥坐镇，越人惧怕他，因此虽心存吞吴之念，却不敢发动。后来，伍子胥以身殉国，越王勾践举手向天道：“伍子胥之死，是天亡三吴。去此一老，我从今便可以没有顾虑地报我二十年的深仇宿怨了！”

就在勾践准备派兵遣将向吴国报仇时，恰好吴王夫差在一战胜齐之后，傲视一切，想雄霸东南而约晋、齐、鲁、卫四国会盟于黄池。越王勾践得到了如此一个好机会，哪里还肯轻易放过，于是便召集群臣，共议伐吴之策。勾践命文种率领左军，范蠡率领右军，自己率领中军，诸稽郢为副，发动倾国之兵伐吴。

临行时，勾践向三军说：“各位战士中若有父子同在军中的，准许父亲免战；兄弟同在军中的，准许兄免战；家中没有兄弟父亲的，准许他回去养家；有疾病不胜战斗的，给医药费遣散。”

越王的这种宽容政策，使得一军之中，没一个不感激他的恩德，人人都抱着必死之心。到了拔队启行时，一国百姓都到郊外相送，各致勉辞道：“此行不灭吴，不再相见。”众人异口同声，震天动地。

越王带着大队一路向吴国进发。走了没有多少路，忽见一只大蛙挡路。大蛙睁目胀腹，一幅盛怒的样子。勾践见了，急忙起立，作揖致敬。

大家都很诧异，诸稽郢问：“大王为何见蛙致敬呢？”

勾践说：“我因见蛙如欲斗之士，所以起敬！”

众军议论纷纷，都说：“大王见怒蛙而起敬，我等受了国家的俸禄，难道反不及怒蛙吗？我们愿以死报效大王。”越军的士气霎时间高涨到极致。

吴王夫差在赶回吴国后，立即下令，自己率领中军、胥门巢率领左军、王子姑曹率领右军，准备迎战越军于江上。

勾践在黄昏时令文种率左军溯江而上五里，到半夜时鸣鼓进攻；又命范蠡率右军渡江十里，只等左军接战，即上前夹攻；并敲起大鼓，以振声势。

这天夜里，吴军忽闻鼓声大震，个个猝不及防、惊慌失措。夫差一面传令右军镇静应敌，一面调左军接应。可还没准备完毕，勾践就带了六千多勇士冲入中军，见人便杀，锐不可当。吴王被弄得左右不能兼顾，吴军死伤不计其数，被迫大败而逃。逃到三十里以外，吴军才算收住败势，屯兵整顿。可没想到越兵随后又追上来，两军战于笠泽，吴兵还是大败。

吴军三战三败，吴将王子姑曹、胥门巢战死，吴王连夜逃回姑苏，闭城坚守。勾践统率三军从横山而进，围攻姑苏城。此时的吴王就像只斗败的鸡，被逼得手足无措，最后不得已命王孙骆光着上身膝行到越军中求和。王孙骆见了勾践，呈上吴王的盟书。勾践打开盟书，见上面写着：“孤臣夫差，异日得罪于会稽，夫差不敢逆命，得于君王结成以归；今君王举兵而诛孤臣，孤臣意者，亦望如会稽之赦罪！”

勾践看到吴王措辞哀婉，心里顿生怜悯之情，正要同意他的求和，文种、范蠡二人力争道：“大王以十年生聚，十年训练，卧薪尝胆，才得以有此一日。如今大功将成，却要舍弃，非但无以对祖宗，也无以对上天。一定不能答应吴王的请求。”勾践认为这二人的话有道理，便拒绝了吴王的请和。王孙骆一共往返了七次，任凭他怎样卑辞哀求，越王就是不答应。

越国攻打得越来越急，吴军当中已没有将领能够抵御，夫差哀声长叹道：“假如伍子胥不死，越人又怎敢犯境？如果我当年听了孔子的话，不中勾践的美人计，也决不会遭今日之厄，现在真是悔之莫及！”

此时，伯嚭却擅自开城投降，夫差知道后只好慌忙带上王孙骆和三个儿子出逃阳山，可越军步步逼近，最终被围困在千燧。

越王勾践见夫差不肯自杀，便对文种、范蠡说：“你们何不把他捉来杀了？”

文、蠡二人答道：“臣子不能诛杀君主，此事当由大王亲自动手！”

勾践便手持宝剑，走到吴王面前，大声喝道：“世上没有万世的君王，你已难逃一死，难道还要让我亲自动手吗？”

吴王听勾践这么说，回顾左右道：“我杀害忠臣伍子胥、公孙圣，如今，怎么有脸去地下见这二人呢？”说完，拔剑自刎。王孙骆等也各自解带自缢而死。

勾践大胜后入据吴宫，接受群臣朝贺。伯嚭也在其中，他自以为有献城之功，一副很得意的样子。

勾践对伯嚭说道：“你是吴国的太宰，怎么又来依附于我？吴王在阳山，你为何不去追随他呢？”说完，就命人将此佞臣杀了，以报伍子胥的忠贞。

大夫范蠡是个聪明绝顶的人，他早已看透了越王勾践的心思，知道自己再待下去，必然有功高被妒的一天，难逃杀身之祸，还不如急流勇退。打定主意后，范蠡暗中差遣心腹到馆娃宫中将西施接出来。两人不辞而别，连夜出了齐女门，从水路乘船走了。现今姑苏齐门外的蠡口镇，便是他们的逃跑之地。

范蠡逃跑为何还要带着西施同行呢？这其中还有一段因缘。当初，范蠡奉越王之命送西施到吴国。从越入吴，交通本来很便利，几十天的时间就足够了，可是范蠡送西施一次来回，却足足费了三年之久。原来这二人在途中产生了感情，朝欢暮乐，不忍分离，不久西施便有了身孕。范蠡自然不能拿一个孕妇去献给吴王，于是两人就在嘉兴暂时安顿下来，直到西施分娩。范蠡不忍抛弃小孩，就这样一拖再拖，费去了近三年的时间。范蠡见不能再延缓，只好将孩子寄养在民间，然后同西施入吴。今天在嘉兴有条河叫语儿溪，溪上有一个亭子，名为语儿亭，就是西施生儿的地方。

越王献西施给吴王，其实是美人计，他要借西施迷惑吴王，使吴国势力衰微，然后乘机取事。范蠡成竹在胸，将种种迷惑吴王的伎俩，悉数教授给西施。西施到了吴宫，不断使出狐媚手段，弄得吴王夫差神魂颠倒。西施身虽在吴，心却牵挂范蠡，恨不得吴国立刻灭亡。吴国早亡一天，她就可以和范蠡早一天重续旧好。范蠡也抱着同样的心思，所以越军占领吴国之后，范蠡就实行他预定的计划，带着西施连夜弃官而逃。后人还以为他是怕越王因宠爱西施而重蹈吴王的覆辙，才带着西施同走，因此才有“载去西施岂无意？恐留倾国误君王”等题咏。

范蠡在临走前，曾写过一张纸条给文种：“狡兔尽，猎狗烹，敌国破，良臣亡。”第二天，越王勾践知道了范蠡逃亡的事，很是纳闷，要派人去追。文种进谏道：“范大夫神机不可测，追也没用，不如让他功成身退，逍遥世外吧！”勾践无奈，只好算了。

叹不梦

鲁哀公从吴国的盟会回朝，孔子来朝见。

哀公赐座，孔子问：“五国会盟于黄池，谁执牛耳？”

哀公便将发生在黄池的种种情形细说了一遍，并问孔子：“吴、晋争盟主之事，夫子怎么看？”

孔子答道：“晋国自文公成立霸业以后，世代为中原盟主。吴虽为后起的强国，却只靠武力，不修政事，其德不足以胜晋。晋人自然不甘屈居其下，卫侯当然也不愿附吴而附晋。吴虽想成为盟主，但人心如此，他又怎么能如愿呢？”

哀公又问：“夫子又如何看待越伐吴一事？”

孔子道：“吴、越本是兄弟之邦，唇齿相依，宜敦睦以共存。吴王夫差当初不应用兵力来欺凌越国，成会稽之盟。现在越王勾践提兵以报吴，也是人情之常，不能说他不合礼。”

哀公继续问：“夫子认为吴越之战，谁胜谁败？”

孔子微微叹道；“越国必胜，吴国必亡。越王勾践自从会稽受辱之后，就卧薪尝胆，休养生息，以图报仇。越国的文种、范蠡诸臣又都老成谋国，君民上下同心同德，光是这样就足以胜吴了，根本不用等到两国交战之时。”

哀公道：“夫子之所以说吴国必灭，是因为吴王杀害了伍子胥而得出的判断吗？”

孔子徐徐地说：“这固然也是吴国灭亡的一个原因。如果伍子胥不死，越国一定不敢擅自加兵。但吴国灭亡的原因还有很多：吴王内宠西施，外用伯嚭，有贤人而不用，有良谋而不听，一味地荒淫作乐、妄自尊大、措施颠倒，使得人心离散、奸佞满朝，他却不知黜斥，这不是自取灭亡吗？吴王身犯六过：杀戮功臣伍子胥是第一大过；因直言忠谏杀公孙圣是第二大过；太宰嚭奸谗用事，反委以重任，是第三大过；齐、吴两国素来无仇，他却屡次出兵，加以侵伐，是第四大过；吴、越乃兄弟之邦，他不但不提携，反而加以侵凌奴视，是第五大过；越国亲杀吴之先王，他不但不知报仇，反而纵敌远逝，以贻今日之患，是第六大过。吴王夫差身犯这六大过，又怎么能自保其国呢？”

哀公说：“我曾听夫子讲过仁义之事，所以对于吴王的第六大过存有疑虑。当初吴师伐越于会稽，吴国大胜，本来灭越国易如反掌，夫差同意越国臣服，结会稽之盟，而不杀勾践，不失仁人之用心、霸主之风度啊！为何又说是他的大过呢？”

孔子喟然答道：“不孝之人还能行仁义于世的，我还从来没有听说过。勾践可是夫差的杀父仇人啊！世上惟有君父之仇，不共戴天。夫差有能力灭敌国而不灭，又不知报父仇，这就是不孝。不孝的人还怎么讲仁义呢？行一时的小仁小惠而妨于礼，其罪与不仁不义相等，这难道不是他的过失吗？”

哀公肃然起敬说：“我今天听了夫子的话，才知大舜行仁义于天下，万民感化，四夷宾服，全由孝之一念所致！敢问夫子，大舜戴何冠？”

孔子默默地想了许久，才回答：“大舜做君主，其政好生而恶杀，其任授贤而弃不肖，其德若天地而虚静，化若四时而变物。是以四海承风，畅于异类，凤翔麟至，鸟兽驯德。这没有别的缘故，只在于好生罢了。”

哀公听后很开心，拱手说：“孤今日得闻舜帝为政之道了！然而我这般庸懦，如何敢期望能达到舜帝的万分之一？我又该怎么做呢？”

孔子回答：“第一件要做到的事就在于喻臣。大舜治理天下也重在这二字上面，他有能治乱的十个贤臣帮助他治理天下大事，才能使百姓安乐，国家太平。但这十位贤臣必须与大舜是上下一心，才能收到如此效果。君臣之所以能够一德一心，正是大舜喻臣所得的效力！殷纣有臣三千，却每人各有一条心，最终致使国家灭亡，这就是纣不知喻臣之故。总而言之，善于喻臣的，只在一个‘公’字。如能天下为公，权臣也就不能插足朝纲。如果君王都存有私心，人臣自然上行下效，各行其私，如何还会一德一心呢？所以说为政的首要在于喻臣。”哀公听了这一席话，心中十分欢喜。

孔子退朝回家，子贡一道回去。两人坐定后，子贡问：“我随侍夫子多年了，从前齐君问夫子为政之道时，夫子说是节财；叶公问为政之道时，夫子却说是悦近而来远；现在鲁君问为政之道，夫子又说是喻臣。夫子为何对不同的人会有不同的回答呢？”

孔子含笑答道：“你只知其一，不知其二，为政是要各因其事的。齐君当国，奢乎台榭，淫于苑囿，五官伎乐，不解于时。他不知节俭，劳民伤财，毫无实益。对他而言，为政若不从节财入手，是没有办法的。至于叶公，因荆地地广都狭，民有离心，他若不设法使近地的百姓悦服，决不能使远方的百姓来依附。所以为政之道对他而言，就在于悦近而来远。至于鲁君，他有臣三人，内比周以愚其君，外拒诸侯而蔽其明，因此当先喻其臣，使臣子有尊公室之心，然后才谈为政！有这三点，为政就不能不变换了！《诗经》上说：‘丧乱蔑资，曾不惠我师。’这就是感伤奢侈不节为乱。又说：‘乱离瘼矣，奚其造归？’这是感伤离散为乱。又说：‘匪其止共，惟王之卭。’这是感伤奸臣蔽主为乱啊！我们了解了这三点，就可以知道百姓对于政治的需要是有所不同的了。为政要合于民心，民之所需者施之，民之所病者革之，才可以得到上下一德的效果！”

子贡听完受益匪浅，肃然而退。

孔子自从这一次由吴回鲁之后，自已也觉得精神衰弱，虽时常入朝，但已经无心过问政事，大有久安于鲁、不再漫游之意。在闲居之余，他常常和弟子论《礼》、《乐》，修《诗》、《书》，正先王之道，使其得以传于后世。对于《易经》，孔子尤其感到不易贯通，于是撰述《序卦》、《象》、《系辞》、《彖》、《说卦》、《杂卦》、《文言》，使后人有所遵循，不至茫然。他常常对门人叹息："假使老天再让我多活几年，我就能精通《易经》了！"孔子这么说，其实也有感于自己精神不济，恐怕不能够完成预定的著作了。

一天，子贡来见孔子，看到孔子正忙着整理著作，子贡劝道："夫子年事已高，最多多调养休息，何必还勤于著述，岂不使精神消乏吗？"

孔子不禁喟然长叹："你又怎能知道我的苦衷呢？我在少壮的时候，凡遇到疑难之事，一时不能解决，晚上一定会梦见周公给我指迷解惑。可是现在却不行了，我已经很久没梦见周公了。从前并不想梦见他，无意间就会梦见；如今有心梦见他，却终究不得如愿。唉！我是衰颓透了！要不如何会久不梦见周公呢？这些未了的事情，若不趁现在还能整理的时候加以修改，还等待何时呢？"说完，又微微叹息。

子贡看到孔子这种神情，便不敢多说什么，岔开了这话题，以宽夫子之心。正谈论得高兴，忽然有人来报，说鲁哀公遣使相召，有要事待商。

孔子马上更换了朝服，命子贡驾车入朝。朝中季康子等人都在。

孔子拜过哀公，哀公赐了座位，孔子问："今天我君特地召臣相见，不知有何事故？还望我君明示！"

哀公正言说："夫子不愧为圣人，凡事都能未卜先知、料事如神啊！如今吴国已被越国灭了，夫子所说，又一次应验。原来自黄池一会之后，吴王夫差匆匆回国，统兵御敌，但因吴国上将不多，军士骄惰，一败于江上，再败于笠泽，三败于横山，三战三败。结果卖国求荣的太宰嚭献城投降，夫差被迫自刎于阳山。吴国最终还是灭亡了，各事都不出夫子所料啊！"

孔子平静地说："我早已知道能亡吴国的，除了伯嚭便没有第二个人。上次伐齐时，有吴商传说伯嚭已生疽而死，我知道他不会先吴而亡。但是如今吴国是灭亡了，伯嚭恐怕也不能久存。越王勾践是沉毅之人，对于身为吴国太宰，食吴禄养，不顾忠义，靦颜降敌的人物，照我想来，一定是容留不得的！"哀公道："此事只需问越使便知。"孔子道："原来有越使来朝，不知来此所为何事？还望我君明示！"

哀公说："今天召夫子相见，正为此事。越王勾践自灭了强吴之后，威镇东南，想以盟主自居，今特遣使约各国诸侯，会盟于舒州。被邀的除我国之外，还有齐、晋、宋、卫诸国。为此才请夫子指教，我们究竟应当如何应对此事。”

孔子道：“越王勾践是新兴之霸，他在灭吴之后与各国会盟，只不过是想结好诸邦，以自固基业。这次会盟与黄池之会中吴王夫差欲争霸自尊的用意稍有不同。越王既然把我国看在眼里，遣使前来相约，便可推知他毫无歹意。况且弱不抗强，这是必然的，我们又岂能不去？论国势，我国自然不敌新兴之越，若去会盟，自然也不会有多大的利益。但只要相礼的人善于应付，周旋坛坫，不失礼貌，对于我国便没有害处。要是拒绝越王的约会，不去赴盟，越王必然怀恨。万一用兵于鲁，在从前还有吴国阻梗其间，地利上颇多不便，现在越已收吴为外府，与鲁境齿牙相接，非常便利。如果越国加兵相袭，鲁又如何敌得过呢？还是答应约会为妙！”

哀公听孔子详说了其中的利害，大为悦服，又问：“楚国不也是诸侯之邦吗？越王勾践既要大会诸侯于舒州，为何却舍去楚国呢？”

孔子答道：“两强不并立，这也是古今的常理。楚国一向自称强国，况且最近又兴兵灭了陈国，其威望越来越重。越国若去相招，万一楚侯不答应，那越国岂不是自损威信吗？反不如不去招他。如此，一来可以自全威信，二来也可使楚人生顾忌之心，不敢正视越国。”

哀公这才豁然明了。

退朝之后，孔子回到家对众弟子说：“近来楚灭陈、越灭吴，现在楚、越两国势均力敌，并且各怀主盟中原之心。齐、鲁两国正处于重要的战略地位，但兵力声威都远在楚、越之下。如今越王欲立舒州之盟，却不邀楚国加入，其嫉忌之心，早已不言而喻。除非楚国肯示弱于越，齐、鲁两国才能安然无事，否则兵戎一兴，恐怕就无可适从了！齐、鲁虽属大国，但都失于政事，一旦国家有难，国君都有呼应不灵的危险。此事大可引为隐忧！我现在已一大把年纪，或许看不到这些不幸的事情了。但你们都在少壮之年，又都是有为之士，应当设法消除这种祸患啊！”

子张问孔子：“此次会盟于舒州，对于鲁国的利弊如何呢？”

孔子将对哀公所说的话，重新复述了一遍，并说：“总而言之，越王既然坚持邀盟，他必挟大军以壮声势，决不肯轻举妄动。去会盟，鲁国利少而无害；不去会盟，鲁国无利而有害。权衡轻重，现在不能不赴越王之约。”

子张又说：“既然如此，鲁国附越已经是大势所趋。这暂且可以不必讲，但是越国邀鲁国会盟，分明要借此自固。既然他可以利用我们各国，为什么我们就不能反过来利用他呢？照目前鲁国的情势而论，虽则积弱不振，但与陈被灭于楚的情形终究不同。鲁国所以有贤才而不能用，有财用而不能理，都是由君弱臣强所致。我认为鲁侯正可以借舒州会盟之事，结好于越王，然后借越国兵力以伐强臣，则鲁国不但一举称霸，反而还利用了越王吗？"

孔子听完，微微一笑说："《诗经》上说：'兄弟阋于墙，外御其侮！'从未听说一家人相斗，反去向外人求助的。引狼入室是自取杀身之道，这怎么可行呢？上次鲁君问政于我，我以喻臣为对。须知鲁国的君弱臣强之弊已非一日，数十年之前就如此了。要想革除此弊，当然不是举手投足就能办到的。从前也有人倡言强公室、抑私臣，这话虽说得很光明，但实际上他们也不过是借此美名，夺三家之权为己有。如少正卯、公山不狃等一班人都是存心不良，争权夺利才是真的。那时因为变起于内，并且早有防范，才能消除变乱。如果现在还有别国之力参与变乱，那么鲁国之难就不堪设想了。你现在想外结强邻而内除强臣，到时强臣未灭，强邻之兵又起，鲁国如何得存？你又何以自保？你以后切记慎言，万一你的这些话被鲁君听到，又不顾一切照此施行起来，遭成不良后果，你就罪不可赦了！"子张听孔子这么一分析，才知道自己的考虑不周，于是不敢再多言。

这时恰好子贡来见。子贡之前奉了哀公之命招待越使，顺便问伯嚭之事，入朝复命之后，现在来见孔子，向孔子叙述了详情。

孔子听后，问子贡："现在有人想外结强邻而内伐三家，你看这事可行吗？"

子贡不假思索，率然回答："与异类相好而自残同类，虽可看到同类被伤，可自己终究也不能免于爪牙之危。此事断然行不得的。"

孔子回头看看子张，说："看到了吗？像子贡这样才算得上识大体。"

鲁哀公应了会盟之事以后，让子贡作相礼，又命叔孙州仇与冉求二人挑选三千名精兵，带着兵车五百乘，赴舒州会盟去了。

冉耕恶病缠身

孔子每天仍旧与弟子们做《春秋》和修订《诗》、《书》、《礼》、《易》的工作，闲暇时也驾车出游。

一天，孔子在外面郊游时，看见一个猎人携着弓箭在野外打猎。猎人瞥见树头有乌鸦在栖息，于是迅速张弓而射。一只乌鸦应弦落地，树上的群鸦受惊，飞到半空中哑哑地乱叫，却又并不远去。猎人提起死鸦就走，那群乌鸦跟在他后面飞，而且还不断地狂叫。猎人被那群乌鸦弄得心烦意乱，以为自己打死了乌鸦是不祥之兆，于是将手中的死鸦向田里一丢，背着弓箭扬长而去。说也奇怪，那一群乌鸦见死鸦被掷于田中，便不再跟着猎人，而是全往田里飞去。那一群乌鸦围着死鸦，哀鸣不已，像吊丧一般，十分凄切。此时一个经过的农夫见了如此情形，便过去把死鸦埋葬了。那一群乌鸦这才各自飞回树上栖宿。

孔子目睹这一番情形，不禁喟然长叹。弟子问："夫子何故兴叹啊？"

孔子说："我是有感于鸦而叹！乌鸦是禽类中最仁慈的一种，就如人类中的君子。我见其无故被杀，所以兴叹！"

子夏问："夫子何以见得鸦是禽类中最仁慈的呢？"

孔子道："鸦有反哺之心，故称为慈。你们刚才也看见一鸦被猎人所杀，群鸦就冒死追随猎人之后，无一远去。被杀的乌鸦被抛弃在田中，它们又围守其尸而哀鸣，直到农人将死鸦埋入土中，它们才安心而去。乌鸦那种不忍看到同类死亡并被暴露于野的感情是何等深切，这是你们所共见的啊！如今天下扰攘，同类相残之事不断，再看看这一群乌鸦，怎不叫人兴起无限感慨呢？你们也应三思，作为一个人，怎么可以连一只乌鸦都不如呢？"

大家听了，都觉愀然。孔子自从门下弟子中颜回、子路两人相继死去之后，遇事易于兴感。这次见了乌鸦，又不免难过起来。

孔子无心再郊游，同弟子们就此返回。途中，孔子忽然又想起一个人来，就是他门下以德行著称的一个弟子，虽比不上颜回，却极受孔子器重。这人就是冉耕，字伯牛。冉耕本是鲁国人，自幼即好学不倦，其言行都本着仁恕之道，对人特别宽和，责己却异常严峻，并且尊长爱幼。冉耕既然是孔门高徒，又是鲁国人，为何不以他的高德去辅佐鲁君施仁行义呢？这是有原因的：一则冉耕生性淡泊，不乐仕途；二则他身有恶疾，容易惹人厌恶，因此不愿以赘疣之身受公家的禄养。

究竟冉耕患上了什么恶疾呢？原来他自出生时便被遗传了癞皮疯，刚发病时不过皮肤枯燥发痒，表皮显现出如鱼鳞般一片片棱起的小片，偶然搔抓，便皮屑纷下，家人到处为他觅药医治，却始终找不到能治此病的方法。

一年之后，病情变得严重了，他的皮肤开始迸裂，从裂缝中流出黄水，粘腻不堪。慢慢地，他也自愧形秽，不敢与人多接触，逢人就绕道而行，生怕将病传染给别人。

然而孔子并没有因为冉耕的恶疾而厌恶他，并且常在弟子们面前称道冉耕的德行，说冉耕是与颜回并驾齐驱的。此时孔子想起了冉耕，便很想去看望他，于是对弟子们说："我久不见冉耕，很惦记他，今天趁归途之便，想去看看他。因为他家里没有人手，若大家同去，招待自难周到，反而要使他不安，所以让我独去为妙！"

于是大家分道回去，孔子只带了冉求一起去冉耕家。

到了冉耕家，应门的只有一个小童，他引孔子、冉求二人来到中堂，便急忙去告知冉耕。

冉耕听说孔子来访，感激涕下："我这残废之身早已被人所共弃，如何敢劳夫子来访呢？"

冉耕的癞皮疯病越发越凶，如今已严重到全身麻木，不能自由行动，长日卧床不起。他听说夫子亲身到来，免不得竭力挣扎起来，走到外面迎候。可他毕竟病得太深了，举动都不能自主，好容易挨到房门跟前，已支持不住了，只好依门而立，喘息说道："我是个残疾之人，却劳夫子下顾，真该万死。家中又没人招呼，怠慢了夫子，叫我如何过意得去呢？"

孔子连忙说："冉耕啊，你不必说这些客气话，我只担心你的病，现在怎样了？"

冉耕便将自己的病况详述了一遍，接着说："此病是不会好了！我生平受夫子教诲之恩，却一直没能报答，心中真是愧疚得很！"

孔子听着，心中生出一阵酸楚，几滴泪珠在眼眶里打转，赶紧伸手擦拭了泪水，接着用力握住冉耕的手，默不作声。

半晌，孔子才叹息着说："像你这样有德行的人，却患了这恶毒的疾病，我还能说些什么呢？只能听天由命了！"说完，又安慰了冉耕几句，叫他静心休养，之后便告别回家。

孔子回到家，子夏、子张等一班弟子出来相迎，并问起冉耕的病状。

孔子摇头叹道："他的病看样子是没法治愈了！像冉耕这样有德行的人，却遭如此恶疾，真是令人叹息啊！仁慈之鸟，猎人捕之；贤德之人，恶疾乘之。在这种情形下，还怎么实行圣人之道呢？"

大家都默默无言，各自退出。子夏对其他弟子说：“我看夫子近来遇事易于感伤，恐怕是精神过度衰微所致。夫子近来的处境，与从前厄于匡，绝粮于陈、蔡，都大有不同。为何夫子现在能安闲自乐了，反而多感伤了呢？”

子罕道：“夫子的大道不能行于当世，怀抱也不能施展。夫子的感伤，正是为天下呀！精神过于衰颓，恐怕未必至此！”

子夏并不与他争辩，其他弟子也没有再说什么，大家各自回房。

问 命

再说鲁哀公与子贡、叔孙州仇等带了壮士来到舒州，那时齐、晋、宋、卫诸君已先后赶到，越王勾践也带领文武百官、水陆军马浩浩荡荡地来到舒州地界。五国君主出郊十里相迎，各自见过后，一同到行馆中分位坐下，相互间略问了各邦近况，越王设筵相待，当下各自欢叙而散。

次日清晨，越王便带着五国诸侯，一同去视察祭台。台上布置得十分整肃威严，越王非常满意，当即择日预备举行会盟大典。

接着勾践带着五侯到行馆欢宴。宴上，越王问其他诸侯：“众位可知道孤王此次会盟的用意吗？”

大家都摇头，越王说：“孤王自秉政以来，历观中原各国，都各自为政，但多数都只知自尊自霸，竟不把周天子放在眼里，只顾着自己到处征战杀戮，弄得干戈不息、人民困苦。孤王一向不忍见此惨状，只因越国僻处海滨，又受强吴的牵制，虽有‘尊周攘夷’的心思，苦于能力不及，不能与列国贤侯共谋其成，深感遗憾！如今终于破灭无道强吴，去了一大障碍，才得与诸贤侯相会于舒州。希望能与列国共尊周室，安定天下，使各方百姓共享升平。诸侯须知今日之会中，孤王绝无丝毫私心，为恐列国贤侯有所疑虑，故今日先将我的本意说明，以免隔阂。以后愿与会盟诸国共本此旨，共策进退。凡有背盟或不遵此旨的，共同讨伐，决不宽容。”

齐、晋、鲁、宋、卫诸君听了越王勾践这一番话，不由得一个个都欠身起敬，齐声说“愿守盟约”，共同签订了盟书。大家都畏惧越国的兵威，不敢有所争持，自然一致推选越王勾践为盟主。

鲁哀公退回馆舍之后，对子贡说："我一直以为越王勾践也和吴王一样存着吞并的野心，没想到他却是个明达之人，以'尊周攘夷'为志，毕竟是雄霸之主，见识也高人一等啊！"

子贡却严肃回答道："以我愚见，越王之所以这么说，一来是为堵住各诸侯的口舌，二来别具'挟天子以令诸侯'的深心。他表面上说是尊周，将来万一有人违逆他的意旨，他就可以借天子之命，加以讨伐，岂不是名正言顺，无人能加以疵议吗？他这'尊周攘夷'四字，真是冠冕堂皇，让人没办法反对。如此一来，盟主之位就非他莫属了！可是他既然说自己不存私心，倒可以要求他割地以取信，不怕他不允。"

哀公问："如何要他割地取信呢？"

子贡答："此时不便说，到了会盟时，我自有言语，说得越王勾践应允是了。"

转眼就到了大典之期。这天一大早，越王勾践便率领齐、晋、鲁、宋诸侯及各国相礼之臣，同赴祭坛。各国司马率同甲士，分列于祭坛之下，以保护其君主。各国君主上了祭坛，分次序站定，越王勾践位于首位，其次是晋侯，第三是齐侯，第四是鲁侯，宋侯居末。

越王手执牛耳站在坛坫，率众家诸侯行礼完毕，然后致会盟之辞："孤君勾践敬于某年月日，与晋、齐、鲁、宋四国之君会盟于舒州之野，以至诚昭告于皇天后土之灵曰：'窃自诸侯割据，讨伐自专，周纲不振，天子无权，循至兵革盱乘，干戈不息，天怒人怨，窃柄之罪，实应共诛。'孤君德薄，未能戡乱于既往，徒有尊周之心，亦无可表白于世。如今天假其手，诛灭无道，始得成全初志，约晋、齐、鲁、宋诸君，会盟于舒州，以成'尊周攘夷'之誓。从今以后，愿与晋、齐、鲁、宋诸君，同守此盟，如有渝盟或目无天子者，愿并力讨之。孤君如敢自私以炫人，甘受天讨。区区至诚，神人共鉴！谨此誓盟。"致完词，越王焚化了盟书，又行歃血之礼。

礼毕，鲁相礼子贡上前致贺道："周道的衰微已久，难得大王义师创尊周之议。这是大王非凡之业，我当拜贺！各国深知吴、越为世代仇敌，当日大王统率雄师讨伐吴国之时，世人也不过视为私战，不以大王的胜败荣辱系天下之望。现在一经表白，才知大王当时是在讨伐无道，越王的大公无私实在是足以让天下人归心。但是吴国的土地甚为辽阔，其中多半不是吴国原有，而是侵夺来的。现在大王既然以不私为言，我便敢替大王打算，当日吴国凭着兵力，割他人的土地据为己有，却终究不能自保，究其原因，无非是自私，现在大王加兵于吴而收为外府，若也像吴王那样拥为已有，那么吴国覆亡之祸，必将重见于大王。这是我替大王深感忧虑的啊！”

越王当初所说的“尊周攘夷”本来只是一个幌子，想以此利用诸侯。如今他听子贡话说得井井有条、句句合理、针锋相对，颇觉不易应付，于是踌躇了一会儿，反问子贡：“大夫所言甚合孤君之意。但依大夫的高见，应当如何才算妥当呢？”

子贡端庄严肃地回答：“关于此事，我已替大王深思熟虑过了！吴国边境各地，侵于宋，削于楚，掠于齐、鲁的地方又何止千里，所以才会出现吴地日广，而各国之地日蹙的情况。现在大王如果能一秉大公，不惜此区区千里之地，将其一一归还给各国，使被侵之国因为大王灭吴之功便可不费兵戈之力，安然收回已失的疆土，那么各国君主必定对大王感激不尽。他们既然感激大王归还失地之德，怎么还会有不归附的呢？大王要是有诚意行仁义于天下，使各邦归附，就在此一举了。冒昧陈词，还望大王明察！”

越王听了一篇大道理，暗暗盘算了一下，不觉欢然色喜道：“大夫贤良，谋其国而兼孤君，面面周到，真可算得天下的奇才了！如此尽忠之言，孤君怎敢不听，愿依大夫之言行事！”

越王经子贡这么一游说，竟答应了归还各国的失地，这可把同在坛坫的齐、晋、宋三侯欢喜得心花怒放，心中自然对子贡感激万分。

越王勾践之所以应允子贡的游说，把吴国之地归还给各国，其实是有原因的。他认为吴国之地本非越国所应有，只因打败吴国才得到这些土地，吴国的百姓表面上不敢背越，但心中决不会乐于附越。况且本着国小易治的老话，要安抚吴国百姓已经让自己感觉麻烦，再加上吴国边境还有许多别国土地，这对越国更是力不能及。如果现在全部据为己有，将来必定会有叛变之乱，倒不如现在就把边境归还各国，一来，可以向列君示好；二来，万一吴民有变，可借各国之力以挟制；三来，各国有变，亦可使吴民为前驱。越王勾践正是出于这样的考虑，才采纳子贡的建议。

越主勾践既然答应了子贡的要求，就向晋、齐、鲁、宋诸君说：“鲁大夫子贡之言，谅大家已共闻。孤君本也不打算据他国之地为私有，今以泗水以东的地方给鲁，以前吴国所侵齐国的地方，还给齐国；所掠宋国的地方，还给宋国。希望大家能各保疆土，共图富强，不要再有侵略的事情发生。这是孤君所深望诸君的，若背此盟，神明共讨。”

各君都欣喜地向越主同声致谢，礼成而退。越王从各国贡祭之品中选了几件最珍贵的，又写下奏章详述了舒州会盟之事，遣使朝贡于周，以尽君臣之分。可怜那时周虽是天子之国，却因势力衰微，早不被诸侯看在眼里了。号令久已不行，诸侯的朝贡更不必说了！现在忽有强国诸侯遣使朝贡，周天子自然十分意外，于是赐予勾践衮冕、圭璧、彤弓、弧矢，并封他为东方之伯，以示殊荣。

会盟礼成之后，哀公回到鲁国，十分感激子贡会盟之功，想封子贡为上卿，但子贡坚决不受，哀公只好封他为鲁相。

子贡从朝中出来，直奔孔子住所而去。师徒小别重逢，自不免有一番寒暄，敷衍过后，孔子便问起舒州会盟之事，子贡将前后的种种情形，从头到尾，详详细细地说了一遍。

孔子欣然含笑道：“子贡啊！这也多亏你了！但幸而遇见的是越王勾践，他想要借着仁义之名以笼络诸侯，才会成全你的功劳，若是遇到黄池会上的吴王，那恐怕你就要徒劳唇舌，无功可言了！”

子贡唯唯称是，然后又问起夫子近日著作如何？孔子点头微叹道：“我如今真是精力衰竭了，关于著书之事，现在全靠弟子们帮着我整理。现在修改订正的几种书大都已经完成，独有《春秋》一书还只记到哀公十年，中间还有几年大事没有记述，打往后去，国家大事还多着呢，我又年岁已高，正愁没有个结束呢！”

子贡说：“夫子虽闲居，心里却系着国家大事。《春秋》之作可以流传于后世，训育儒士，岂可仓促结束呢？”

第二天清晨，孔子因鲁国在这一次会盟中获得百里土地，于是入朝向哀公道贺。行过了君臣之礼，孔子致贺道：“臣听说此次会盟于舒州，赖我君的德望及祖上的福泽，一行得到百里土地，这可是难得之事。我谨为君贺，尤愿我君能施仁德以泽民，永保此土，传之百祀！”

哀公谦虚地答道：“这都是夫子高徒子贡一人之力。可见夫子平日教育英才备为国用，才得子贡如此能言善辩，争荣坛坫，正是夫子的大功，孤王当向夫子致贺才对啊！但我德薄能寡，还愿夫子指迷解惑！”

孔子答道：“我君如果有任何疑问，臣只要知道的，又岂敢不告！”

哀公道："孤常听人说'性命之道'，对此十分不解，敢请夫子明白指示！究竟这'命'与'性'该怎样解释？"

孔子徐徐道来："分于道的叫做命，形于一的叫做性，化于阴阳象形而发的叫做生，化穷数尽的叫做死。所以命是性的开始，死是生的终了，有了始必定有终。人在出生时是不具备五种能力的：眼睛看不见，不能饮食，不能行走，不能言语，不能发育。直到出生了三个月之后，眼睛才开始变得灵活，才认得清一切；出生八个月之后才开始长牙齿，才能咀食东西；出生三年后，才会说话；十六岁时开始通精气，才能发育。阴穷反阳，故阴因了阳而变动，阳穷反阴，故阳因了阴而化育。所以男子八月生齿，到了八岁就废乳牙，而生永久齿；女子七月生齿，到了七岁便废乳牙，变为永久齿；十四岁而发育，一阴一阳，单双相配，然后道合、化成。性命的发端，就由此形成了！"

哀公道："听夫子这么一说，我已明白了！但《礼》言'男子三十而娶，女子二十而嫁'，又是什么道理呢？"

孔子答："这不过说最迟的年龄罢了！其实男子二十而冠，已经可以为人父了，女子十五岁时已经可以嫁人了！"

哀公又问："那么娶妇之道呢？"

孔子便说："女有五不娶、七出和三不去：逆家的不娶、乱家的不娶、世有刑人的不娶、有恶疾的不娶、丧父长的不娶，这便是五不娶；不顺父母的当出、无子的当出、淫僻的当出、嫉妒的当出、恶疾的当出、多口舌的当出、盗窃的当出，这便是七出；有所取无所归的不去、与共三年之丧的不去、先贫贱后富贵的不去，这便是三不去。以上这些规则，都是圣人依据男女的交际和伦理道德所制定下来的，大家都要遵守圣人之道，不可相违。"

曾参休妻

孔子退朝之后，回到家中。曾参来见，对孔子说："我听说夫子因鲁国获地百里，而贺于朝，敢问获地果真是应该庆贺的吗？"

孔子答道："天下的事情不可以一概而论，获地对于鲁国，是可以庆贺的。因为我们获得这些地并没有损于廉洁，我们以力致之、以德守之，就算获地千里都不为过，何况这区区百里之地呢！但若是以术取之，以强暴守之，即使得到了万里之地，也终不能够保全，必然受人宰割。”

曾参闻言，微叹道：“这便是吴国终究不能自保的原因啊！然则夫子贺于朝，哀公又是怎么说的？”

孔子便将刚才与哀公的对话重新复述了一遍，曾参便说：“哀公不失为贤明之主，若哀公之权高于臣权的话，倒大可以与他国一争霸业啊！只可惜目前的情形不同，但不知哀公心里又是作何感想？”

孔子说：“哀公也未尝没有振奋自拔之心。他也想抑私家，只因自己势力不足以相制，才尚未发动。不过他抑私家的心愈切，私家的存心也越发不堪问。万一走上极端，那才让人担忧！因为哀公如果被逼到不能容忍的时候，势必舍己而求人，不顾利害，其患就不可知了！”

曾参也说：“现在哀公能重用贤人，以子贡为相。子贡毕竟是圣门明达之士，一定能辅助君主，治国家于磐石之安。夫子未免过虑了吧？”

孔子摇头说：“你难道还不知道吗？老实告诉你吧！等到我死后，子夏的能力会增强，而子贡则会越来越弱。子夏这个人呢，喜欢和那些比自己贤达的人相处；子贡却不然，他只喜欢和不如自己的人相处。古语有云：‘与善人相处，如入芝兰之室，久而不闻其香。’这就是被善人同化的意思。‘与不善的人相处，如入鲍鱼之肆，久而不闻其臭。’这也是被不善的人同化。藏丹的地方，一定是红的，藏漆的地方，则一定是黑的，这是不可违背的自然定律。因此君子交友，必须特别谨慎。子贡在鲁虽有贤名，但他这个喜欢与不如己者相处的习惯，的确是他一生当中最大的缺点。况且他毕竟是卫国人，一旦我死了，恐怕他未必能终身事鲁。”

曾参道：“夫子诲人不倦，察人无隐，于此益见夫子之道，足以震烁百世了！”

师徒二人默然相对了片刻之后，曾参便揖别回家。

曾参与孔子告别之后，心里不禁感到有些疑虑和失望，于是独自啧啧长叹。

曾参这个人天性纯孝，他虽然只是孔子的弟子，但对待老师就像对父母一样地孝顺，孔子还曾为了他而有《孝经》之作。当初，齐国国君在听闻曾参的贤名后，便用厚礼相聘，欲授他上卿之职。曾参却坚辞不肯任职，并说：“人生所以贵有人子，无非是老来奉事之计，现在我的父母年纪已老，我怎能远离他们呢!”

曾参的继母对他非常刻薄，一点恩义也没有，但曾参仍旧对继母万般孝顺、供养不衰。一次，曾参命妻子蒸梨给母亲，但妻子不小心把还没蒸熟的梨拿给母亲。曾参知道后十分气愤，立刻写下休书把妻子休掉了。

别人都认为他这么做太过分了，纷纷向他问道：“妇人要犯了七出之条，才可将她休掉，蒸梨这样的小事，并不犯七出之条啊!”

曾参答道：“不错！蒸梨的确是件小事，不在七出之例。但我叫她蒸熟了再奉给母亲，她竟不听我的命令。如此小的事情她都违逆我的意思，以后大事还了得？这种妇人，如何还能留得？”

曾参最终还是没听别人的劝解，把妻子休了，之后一直没有再娶。他的儿子请他续娶，他却对儿子说：“高宗因有了后妻而杀孝已，尹吉甫因为有了后妻而放逐伯奇，我上不及高宗，中不足以与尹吉甫相比，又怎能保证我有了后妻之后，不会做出那样不孝的事呢？”

从此曾参的孝名益振。他对待父母如此，对待孔子自然也十分恭敬。

曾参知道孔子素来达观，即使遭受困厄，也没有任何抱怨。可最近却常常听到孔子说些不祥的话，曾参深感疑虑和担忧，再加上今天又听见孔子说起自己死后子夏日益、子贡日损的话，看到孔子越发显得衰颓，他心中禁不住生出凄切之情。

正当曾参不断叹息时，商瞿迎面走来，曾参先开口说：“你从何而来？近来久不相见，不知你忙碌些什么？听说夫子因为你善于易理，特地拿《易经》相传，命你记述。不知可有此事？”

商瞿说：“路上不是说话的地方，我家离此不远，还请枉步到寒舍，叙谈一会儿。”曾参也不推辞，二人便一同前行。

说到商瞿这人，他表字子木，也是鲁国人氏，善于钻研，平生最爱读的就是《易经》，并对此研究极深。他的卜易应验如神，也为众人所佩服。孔子对于门下弟子，本来就是因材施教，商瞿既然好《易》，夫子自然就拿《易》理来教他。这次夫子忙着修《诗》、《书》、定《礼》、《乐》，阐明《易》理的工作，便将《易》授给商瞿，命他记录。

其实《易经》之理最不容易贯通，一旦能贯通，就可以将一切富贵、穷通、吉凶、祸福等占卜而知。商瞿既然精通此理，占卜起来，自然非常灵验了。

一次，商瞿与同学等人约会出游，临行时，他忽然向其他人说：“今天出游必然遇雨。但既然已经约定好了，我们当该守信，即使知道有雨也要前往。但请各位携带雨具，以备不时之需。”商瞿说这话的时候，天空晴朗、阳光明媚，但大家考虑到他精于观测，于是都带上雨具而行。一路上风和日暖，直到晌午还是毫无下雨的征兆。大家开始怀疑商瞿的话了，可就在此时，突然刮起大风，霎时间乌云密布，大雨倾盆而下。大家对商瞿佩服不已，争相问他其中的原因。商瞿说：“我昨夜看见月宿于毕，所以知道今天一定有大雨。”

事后，大家把商瞿料雨如神的事情告诉孔子，孔子含笑说：“学问之道，只要处处留心，就没有不能参透的。瞿能够料到今日有雨，就是因为他能做到处处留心啊！《诗经》说：‘月宿于毕，俾滂沱矣。’这两句话难道不是你们所共知的吗？为什么只有瞿一人知道呢？”大家都默默无语，从此更加深信商瞿的话。

平时大家或是列举细事，或是丢了物件，都要找商瞿占卜，商瞿总是婉言推辞说：“占卜是鬼神之事，决不能当儿戏！为国家占兴亡，能使君王修仁政；为百姓占旱涝，能使耕者知防避；为一家占吉凶，能使庶人齐家。若以占卜为儿戏，必违鬼神而致不祥。大家本来就没有需要占卜的事，又何必求问于卜呢？”

大家都被商瞿这一番道理所折服，以后若不是有什么疑难之事，都不敢去问他，一旦遇上疑难之事，又非去问商瞿不可。

一次，邻居丢失了一只鸡，便去请商瞿占卜。

商瞿先问：“你的鸡是什么时候丢的，你知道吗？”

邻人说不知。商瞿想了一想说：“这鸡回不来了！此刻正当巳时，大约已被大蛇吞食了。你家附近有马厩吗？”

邻人回答：“西邻只有一个马厩，但早已废置不用了。”

商瞿说：“那么你就到那马厩中去找，一定能够得到线索。”

邻人听了，赶紧来到马厩中搜寻。只见厩内的泥地上，果然有一撮沾着血的鸡毛，再向石槽里望去，真的有一条大蛇盘踞在那里。那蛇见有人来，蜿蜒地向屋角草地爬去，它的腹部异常饱满。邻人见所有的情况都和商瞿说的吻合，禁不住赞叹商瞿料事如神。于是一传十，十传百，商瞿善卜的名声，从此不胫而走。

再说商瞿将曾参带到自己家中，两人在书房里分宾主坐定。

商瞿对曾参说：“子与，我们已多日不见了，你近来可好？我今天看你的面色，察觉到你心中似乎有什么隐忧，不知你是否方便告诉我呢？”

曾参听了，心中暗想：子木不愧是个机警的人，善于察言观色。做儿子的不忍说其亲之死，做弟子的，自然也不忍说其师之死，那么我心中之事也不能直告于他，究竟我该怎么回答他呢？犹豫了一会儿，继而又想道：子木是聪明人，此事可以不必直言，只消隐约相示，他也自会知道的。于是对商瞿说：“子木啊！你觉得夫子近日状况如何？”

商瞿说：“夫子自回鲁之后，修《诗》、《书》、定《礼》、《乐》、赞《易经》、作《春秋》，想把先王之道写下来传于后世，现在事情已经做得差不多了，只剩《春狄》一书还没有写完。这些事，子与你也全都知道，为何却问起我来，莫不是另有什么疑虑？”

曾参道：“我是想问你觉得夫子的精神如何？”

商瞿又答：“夫子将自己毕生精力致于圣人之道，虽栖栖惶惶，但宁愿放弃爵禄，也不停止对于大道的追求。至于夫子之道，虽然不能用于今日，却可以传之万古而不灭。一遇有道之世，自能大行。现在各书的著述，就是夫子精神的寄托。所以说夫子的精神与日月共存，亘万古而常留，永不会磨灭！须知夫子可是一代大圣人，我们不能拿他的形骸与常人并论。”

曾参听了这番隐而不露的言辞，心里怎么会不明白，不住地点头称道。二人又谈论了一会儿，曾参才欣然告别，取道回家。

不孝有三，无后为大

曾参刚离开商瞿家没多久，梁鳣来拜访。

梁鳣本是齐国人，表字叔鱼，他于孔子居住在临淄时，投到孔子门下。此人生性好游，不乐仕进，在齐国的名声很好，又因为他生于富有之家，不愁吃穿，高兴时便游山玩水，无忧无虑，人人都对他羡慕不已。然而对于叔鱼自身而言，美中不足的就是自己年纪已上三十，却没有一男半女，而父母在堂，又抱孙心切。他这次拜访商瞿也正是为了此事而来。

商瞿看到叔鱼千里迢迢来访，不好怠慢，急忙迎出来。两人久别重逢，少不得互道别后之事，絮絮长谈。

叔鱼和商瞿两人开心地叙旧，经过了一番海阔天空的长谈之后，叔鱼终于说出自己的心事来。

叔鱼先问商瞿：”我常常听人称赞说你善于占卜，并且能为人决疑择策，是这样的吗？”

商瞿说：“这样的事情是有的，但不敢违理，你这么问，是觉得我有什么做得不够的地方吧？还望赐教！”

叔鱼道：“我怎么会对你有什么不满呢，是我自己正有疑难之事想跟你商议呢！”

商瞿说：“我们既是旧相识，又是同门好友，你有什么事尽管说，我定会竭力为你解决！”

叔鱼没有直言，而是先问：“我来见你的途中遇见曾参，便想起一件事情来了，我们都知道曾参是极孝顺的人，他因孝顺父母而休掉妻子，但至于他休妻的具体原因我却不很清楚，请以之相告！”

商瞿回答：“那是因为他的妻子蒸梨不熟而奉于母亲！”

叔鱼又问：“这并不在七出之条里面啊，他这种行为，可以算得上守礼吗？”

商瞿道：“蒸梨以奉母，妇人有从夫之训。不熟而奉母，是慢上，不听丈夫之言，是失了三从之道。曾参因此而休妻，也不能说他不合于礼！”

叔鱼接着问：“妇人无子，可合于七出之条吗？”

商瞿答：“那是当然。”

叔鱼便认真说道：“现在有一个人，年岁已上三十，娶妻数年，妻却无法生育。照此情形，他是否该把妻子休掉呢？”

商瞿听到这里便明白，叔鱼所说之事正是他自己的情况，于是从容地回答说：“男子三十以上不算老，娶妻数年不算久，还可再等待，不宜休妻。”

叔鱼说：“我从前听夫子说过：‘不孝有三，无后为大。’这不是自相矛盾吗？”

商瞿答道：“我没说永不休她啊！不过叫你暂且等等，因为你现在正值壮年，娶妻又没多久，怎么就见得妻子永不生育呢？须知人生得子迟早，是不可一概而论的。老弟呀！让我来讲一个故事给你听，你就知道我的话是不错的了！

我和你相遇最初是在齐国的临淄，你可知道我那一次到临淄去的缘故吗？”

叔鱼道：“当时你又没有告诉我，我怎么会知道呢？”

商瞿含笑说：“不瞒老弟说，我正是为了子嗣问题才避到齐国去的。”

叔鱼听得有些糊涂，说：“你的话越说越奇，真使人如坠五里雾中，无从测摸了！要是为了子嗣之事，你应该在家里谋求解决的方法，为何反而千里迢迢地避往他国呢？”

商瞿依然笑笑，说：“你且少安毋躁，让我慢慢讲来。那一年我正是三十八岁，娶妻已足足有十二年了，也没有一男半女，我家二老又日日盼着抱孙子。可是盼了一年又一年，一直过了十二年，依然盼不到孙子。当时，家母已急得忍无可忍了，决定替我另行娶妻。我既不想做越礼的事，又不想违抗母命，进退两难之下，不得已便去求教于夫子。夫子说：‘这算怎么一回事，同一根滕上的瓜、同一棵树上的果，成熟还有迟早，何况是人呢？你切不可另娶，你要是担心违母命，我正有事要派人往齐国去，你就借此一行，便可避免了！’我于是回家告诉母亲，自己奉了夫子之命，要去齐国。可我母亲当时正预备给我另娶之事，硬是不同意我去齐国。接着，我母亲便亲自去见夫子，将前事细说一番，请夫子另派他人前往，一定要留下我来。夫子便对家母说：‘你不必忧虑子嗣。瞿今年三十八岁，虽然结婚十二年尚未生子，但依我看来，他并不是无后之人，待过四十以后，他可能会得五子呢！若等到四十无子再另娶，也不晚啊！’家母因夫子是当今圣人，既然他这么说，决不会有错，于是就不再阻止我去齐国。等到我三十九岁回家的时候，夫子所说的话果然应验了。第二年，我妻子果真生了一个男孩子，从那一年起，说也奇怪，我妻子竟是三年产两子，直到现在，整整的生了五个男孩子。要不是听了夫子的劝言，也未必能如此圆满。所以我想告诉你的是：凡事不可性急，尤其是子嗣之事，更不可急求。水到渠成，切不可违犯自然之理。”

叔鱼欠身谢道：“敬闻明教，使我茅塞顿开，愿听子木之言，等到了不惑的时候，再另做打算。子木肯拿真心话对我讲，使我免做不道德的事情，真让我感谢不尽！”

商瞿谦虚地说：“叔鱼不必谢我，就凭你处事谨慎，能够反躬自责，这就不是无后之兆。你只须记着我的话就是了！”

二人又长谈了一些别的事情，吃过午饭后，叔鱼就辞别了商瞿。

叔鱼听了商瞿的劝解，打掉了休妻的念头。数年之后，他也得了二子。

祥和不祥的真义

一天，哀公退朝之后，忽然想起已有多天不见孔子了，想要召孔子入宫讲学，又念他年纪已老，不便来回跋涉，便自己命人驾车，带上两个侍卫直赴孔宅。

哀公快到孔子住宅时，孔宅仆人得知消息，急去报知孔子。孔子听说哀公驾到，急忙扶杖出迎，行过了君臣之礼，然后请驾入内，在堂上居中设了特座，请哀公坐了，自己在下首设一偏坐相陪，众弟子侍立背后。

君、臣二人各致慰问之词后，孔子说："不知我君驾临寒舍，有何事见谕，愿闻其说。"

哀公道："前天我听内侍们说了个笑话：从前有个人因急于搬家，一心一意地收拾行李，结果却把妻子给落下。天下果真有这样的事吗？还是内侍们胡说的？"

孔子听了此话，欠身说："这种事情，的确会有的，但照臣看来，这个人所忘记的东西还不算厉害！要忘得厉害的话，恐怕连自己的身体也会忘了！据说夏桀当年身为天子的时候，四海之内都是他的土地，富贵到极点了。但他的富贵，并不是自己所致，而是祖上留传下来的，照理他该行仁义之道于天下，依着祖上的典法，以保全富贵，使之永久。可他却忘了圣祖之道，破坏典法，废除世祀，这就是忘了本源。他所追求的只是声色和酒食，酒色是耽，不顾利害。当时朝廷上的忠直之臣加以谏阻就遭杀戮，以至于一班忠直之臣都缄口不言。于是就有一班谄谀之臣，非但不加劝阻，反而想出种种方法去博他的欢心，兴土木、增赋敛，劳民伤财都在所不顾。夏桀只管取乐，完全不把民间的一切放在心上，他还以为自己是无上之尊，没人能奈何得了他。当他的行为过分到天怒人怨的时候，天下的百姓便联合起来将他诛戮。夏桀这才是连本身都忘却了！若不是这样，又何至于亡国呢？我君刚才所说的那个人，不过因搬家之故，忘却了妻子，与臣所讲的事，两两相较，那搬家者所遗忘的只是细流末节，不足深责！"

哀公听完，收敛了刚才的笑容说："夏桀的灭亡，真是咎由自取。但当时所谓忠君爱国之臣，事前不能很好地劝导，等到君王行为不善时才谏阻就晚了。何况一见君王不听忠谏，个个都逃罪不言，这也未免太失人臣之道了吧，我认为臣子也是难辞其咎的。”

孔子也严肃地答道：“我君之言固属责备贤者之道，但做臣子的并非不愿意忠于其君王，而是君王不能明鉴，且奸臣满朝，忠臣只是为了明哲保身，才不得已逃遁而去了！所以，如果贤能的人遇不上明君，恐怕终究性命不保啊！就拿龙逢、比干这两个人来说，他们可算是贤达之士了，但他们却遇到了桀与纣这样的暴君，最终龙逢被夏桀所杀，比干被商纣所杀，两人落到不得终命的下场。因此《诗经》上说：‘谓天盖高，不敢不局；谓地盖厚，不敢不蹐。’这就是上下畏罪，无所自容的意思啊！我君若能够对于此事深加体察，就可知为人臣的不易了。”

哀公欠身说：“谨闻夫子教诲，我知所自勉了！但还要请教夫子，贤君治国之道，究竟以何事为先？”

孔子微笑道：“关于这个问题，以前子路也问过我，我当时回答他说：‘贤君的治国之道虽多，但最重要的莫过于尊贤而贱不肖。’子路听了我的话，有些不信，又问：‘我听人说过，晋国的中行氏可以算得尊贤而贱不肖的了，为什么他却会那么迅速灭亡呢？’子路因中行氏而疑及我的话，这也不能怪他。中行氏的尊贤、贱不肖，为各国所共知，他也并不是沽名钓誉的虚伪作为。只不过名与实，须相辅而行才能成事，若是徒有虚名，不切实际，那就成事不足，败事有余了！中行氏虽有尊贤、贱不肖的心思，却没能引贤人、君子而为己用，也没有摈弃不肖小人使其远去。这就是致使他灭亡的原因。他的那一班贤人君子见他表面虽尊敬亲爱，终没有引用之意，心中对他自然不免有怨恨，结果还是离之而去；而那一班不肖小人，知他心中已经厌恶而贱视自己，就不免生了仇视之意。中行氏正是因有了尊贤、贱不肖的名声，才弄得君子和小人都仇视自己。怨仇并存于国，已足以致覆亡之祸，何况邻国又构兵于郊外呢？故贤君治国，虽以尊贤、贱不肖为先着，但尊贤要能够引用贤人君子，贱不肖要能够扫除不肖小人，那才有治平之望！否则空有五字虚名的话，只能像中行氏那样自取覆亡。我君诚有望治之心，就当留心及此，照此去做，鲁国将来一定有极大希望。”

哀公又一次被孔子的道理所折服，拱手道：“夫子之言让我心中豁然开朗！我今日之来原不为此事，却意外听到夫子这一席话，实在是万分欣慰！这正是种麦得黍了！”

孔子便问："原来我君枉驾，另有他事下问于臣！请明白见告。"

哀公道："我上次听季氏说过，东益的房屋很是不祥，必将有害于公室。夫子是博识君子，熟知一切，故请夫子释我之疑，东益到底是不是不祥呢？"

孔子闻言，含笑回答："东益的不祥，我却不知道！照我说来，不祥共有五事，东益却不在其内。"

哀公问："那么，不祥之事究竟是哪五种呢？"

孔子答："一个人不思上进，专干损人利己的事情，行为不正，这是身之不祥；一家之人，弃置老年，不知孝敬，专门溺爱幼弱，违背人伦，这是家之不祥；一国之中，放弃了贤人不用，反将重任委于小人之手，倒行逆施，这是国之不祥；乡里之间，年老的人不知教导子弟，年幼的人不知跟从父兄去求学，上废下荒，这是风俗的不祥；四境之内，有了圣人却不知重用，使他蛰伏无闻，反使愚鲁之人擅大权，秉国政，黑白混淆，这是天下的不祥。臣所知的不祥，只有此五事，东益是不在其内的。"

哀公道："那么就是季氏之言不足为信了！"

孔子又说："东益之宅祥与不祥，关键都在于人。不仅东益如此，就连天下也是如此。若天下为有道的人居之，原来不祥的，也会变祥；无道的人居之，原来祥的，都会变得不祥。天下有道，就算不祥的事物，也会是祥瑞；天下无道，就算祥瑞的事物，也会变为不祥。"

哀公抚掌称善，随后告辞而出，登车回宫。

孔子送走哀公之后，回到中堂坐定，叔仲会问孔子："夫子年过七十，国君迁就于你而亲自登门相问，这是古礼中理所当然的吗？"

孔子答道："从前有虞氏贵德而尚齿，夏后氏贵爵而尚齿，殷人贵富而尚齿，周人贵亲而尚齿。尚齿，意为尊崇年长之人。虞、夏、殷、周的君王都是天下的上王，他们所贵的虽不同，所尚却是一样，没有谁是遗弃年老的。因此在朝廷上爵位相同的，以年长者为尊；年至七十以上的，就可扶杖入朝，国君有问，须先设下坐席，让他就座之后才发问；年至八十的，就可不仕于朝，国君有事相问，就要亲自去访而问之了。而我年逾七十，又是不仕的闲人，国君亲访来问，这礼就有些过了，但因为我没有官职，所以也不能说这不合古礼。"

叔仲会继续问道："今日哀公枉驾就问，其志在于东益的祥与不祥。但来到之后，却不先问东益之事，而反先说徙宅忘妻之事，这又是什么缘故呢？"

孔子道：“这恐怕是哀公欲徙东益之宅，而忘记他的不祥吧？”

叔仲会恍然大悟道：“原来如此。但徙宅而忘他的不祥，那不过只是遗忘；东益的不祥，依旧还是不祥啊。现在夫子善譬曲喻，不说东益的不祥，而另举五件不祥相示，使人君知不祥之事在于彼而不在东益，非但能够消除哀公徙宅之念，而保东益，还释了哀公不祥之疑。夫子真是有功于鲁！”

孔子笑道：“祥与不祥其实是没有定律的，但有时也会有人事互相感应的情况。须知冲和之气，足以致祥；乖良之气，就足以致不祥。这是由人事所召的。正如在同一宅地上，善人居住就祥，恶人居住就不祥。因此国家将兴，必会发生祯祥的事情；国家将亡，必会产生妖孽之端。这只要观列朝的兴亡，便可以知道了。”

叔仲会欣然而退，将今天夫子所说的话，一一记录了下来，以便传后。

悲获麒麟

光阴似箭，不知不觉间已到了哀公十四年。鲁国国内平安丰稳，四邻和睦，相安无事，百姓安居乐业。

这年孟冬之月，哀公选好吉日到西野狩猎。狩猎一事，在当时被视为国家大典，几乎与祭天一样隆重，上自国君，下至微宫末秩，都要参加。到了狩猎这天，五更时分，众官就已齐集于朝。哀公升坐受朝之后，带领众官出宫登车。文武百官，乘车的乘车，骑马的骑马，前后拥护着哀公直往郊外而去。

到了山野之处，哀公便停了车骑，亲自率文武官员到森林茂草之中去觅取野兽围猎。这时游骑四出，各纵弓矢。哀公手执弓箭，正四处寻觅，忽见深林丛中有一只梅花鹿奔出，掠身而过，其行如飞。哀公赶紧纵马追逐，追到与鹿相距不远时，“嗖”地就是一箭，弓开如满月，箭发若流星，弓弦响处，那支箭已穿入鹿身，梅花鹿应声倒在地上。群臣见了，纷纷前来称贺哀公的武德，三军也欢声雷动。随后，大家又四下去觅取野兽。

到了未时，哀公传命停猎。于是大小百官，都把自己猎得的野兽拿到哀公马前献获，獐、麋、鹿、兔之属，无所不有，而且为数极多，哀公欣喜不已。

哀公正要驾车回宫时，叔孙氏突然奔到马前，向哀公行礼说：“臣刚才猎于山麓时，看见一只异兽出没于林中，其形状非麂、非鹿，毛色斑斓、头角发亮。但因其速度飞快，臣连射三箭都不能命中，幸而臣的驾车之士子钼商力强善走，我命子钼商去追捕，果然被他追着，并将异兽砍断了一足，才得以捕获。敬献于左右！”叔孙氏说完，子钼商就背着异兽，献到哀公马前。

哀公与群臣仔细观看，那只异兽形状有些像鹿，但更大些，尾巴像牛，蹄又像马，头上长着一只肉角，光亮滑润，不同凡兽；背部的毛都呈现出掌大的旋轮，五彩缤纷，色泽鲜明；腹部的毛为淡黄色，没有旋轮，分披左右，也极光致，有点像狮子毛。哀公看了，不能说出它的名字，群臣也都不知其为何物。

哀公于是说：“此兽若是活捉了来，养在苑囿之中，倒很好玩！可惜如今已折足死了。”

季孙氏说：“这种不常见的东西突然出现，大概是不祥之物，我主切不可带回朝去。不如就弃在西郊，免致灾祸。”

子贡从旁插言道：“现在我们连此物是什么都不知道，是否不祥也无从断定，不如就暂放此地，回朝之后告诉夫子，问个明白。如果真是不祥的，就弃而不取；要是祥瑞的，再行取它回朝也不迟！”

哀公点头说：“子贡说得有道理。孔子是博物君子，无所不知，若去问他，定有分晓。”

说完，哀公便与群臣一并回朝。回到宫中，哀公命叔孙氏以全鹿赐予孔子，并向孔子问明异兽的名称与祥否。

叔孙氏和子贡一同来到孔子处所。见过孔子，送了鹿，叔孙氏开口说道：“今日哀公狩猎于西郊之野，我猎得一头异兽，似麇而有角，毛色灿烂，不知究竟何物。季氏担心此物不祥，便劝哀公暂时把它放置于西郊之野，我特来向夫子询问，究竟此兽何名，是否不祥？”

孔子闻言，又惊又疑，面色骤然大变，许久才说：“我既未亲见，无从测知其名，更无法推度其吉凶，必须等亲眼见过之后才能断定。”

于是孔子与叔孙氏、子贡一同出西关观看异兽。很快，他们来到了异兽放置的地方，孔子下车将异兽仔细一看，不觉惊讶地说：“咦！这是麒麟啊！为何却在此地出现呢？为什么在此时出现呢？难道我道大约就此而穷了吗？”叔孙氏一听说这异兽是麒麟，知道这是个祥瑞之物，心里是万般地惊喜，急命人将死麒麟拾上自己车中，径自回朝见哀公复命。

孔子见了死麒麟之后，十分感伤，竟忍不住哭泣起来。子贡心中满是疑惑：自己跟随夫子多年，从来不曾看见过夫子这样哭泣，就是当年颜回死的时候，夫子也只说是天丧予；子路死了，也只说是天祝予；现在见了一只死麒麟，反说是我道穷矣！麒麟不是祥瑞之兽吗？它既然出现，应该欢喜才对呀，为何反而感伤泣下呢？子贡百思不得其解，只好先把夫子扶上车，一同回家再说。

两人回到家后刚坐定，孔子又长叹道："我道穷矣！"

子贡乘机问道："我听说麒麟是仁兽，正是祥瑞之兆，夫子今天见了，竟至于泣下，这是什么缘故呢？"

孔子叹息着答道："子贡啊！你怎么不想想啊，麒麟固然是仁兽，然而它要在有明王在位的时候才出现，以示祥瑞于世。故尧帝在位时，麒麟游于郊外，百姓知道它是吉祥之物，不忍伤它；周朝将兴时，凤鸣于岐山，万民以为祥瑞，争着画它的形，麒麟也一度见于野。这些吉祥之物都必须遇到圣明之世才出现，不遇明王在位，就隐匿不见。因此自从尧、舜以至于今日，麒麟只出现过两次。它这次出现，却是反常之事，因为现在并没有明王在位。它既出现得不是时候，而且还被砍足而死，这叫我怎么不感伤呢！"

子贡又问："夫子因获麒麟而自怨道穷，这又是何故呢？"

孔子听到这个问题，更感哀伤："我就像那麒麟啊！麒麟的出现，因不遇明王而遭害；我这一生当中也遇不到明王，这是我道所以不能行于世，而终至于穷途末路啊！"

子贡安慰道："夫子之道因为太宏伟了才不能施行于当世，但此后必定会有明君去行夫子之道的，并且传之千秋万祀。大道不替，夫子又何苦如此感伤呢！"

孔子依然觉得心里很难受，默默不语，子贡便告辞而出。

过了好些天，孔子把自己在鲁国的弟子全部召集来，对他们说："麒麟以出非其时而被害，我因此知道我道终穷。所以我的著作，都可以从此绝笔了！幸好所修订的几种书早已完成，只有《春秋》一书，自平王东迁记起直到现在，二百余年的大事，也可算列举无遗。至于记述以后事情的这个重任，就交给诸子了。我以获麟为绝笔之期，就算将此书结束。我的道终不行于当世，只希望后世有明王行我的道，拿来传于久远了！我自从二十岁起，为了施行我的道，不辞跋涉风尘，奔走列国。无奈我正如那被害的麒麟一样，不遇圣明之世，强欲出现，非但不遇知遇的人，反被人所诋毁！我初次见厄于匡人，几乎因貌似阳虎而遇危；然后又在宋遇桓魋，因被其嫉妒，又险遭伐树之灾；接着适卫过蒲邑，又被公叔氏所困，也是无妄之灾；之后又遭厄于陈、蔡之间，绝粮七日，弟子馁病，几乎成为饿殍；回鲁之后，去劝说盗跖，又逢彼之怒，暴性发作，几乎丧了生命。凡此种种，都是诸子所共知的。我不畏惧任何危难地前行，只希望能使君行我道。无奈举世滔滔，人不我知，正如麒麟不见知于鲁人一般。幸而我退隐得早，比死麟已侥幸得多了。希望你们能继我之志，使我道发扬光大，永传于世，我就可无遗恨了！"

一班弟子同声应诺，孔子便将他将修订过的《诗》、《书》、《礼》、《易》，以及《春秋》、《孝经》等书，交给众弟子，命他们各自去传抄；可各藏一部，以免将来年久散失。诸弟子都受命而散。

哲人其萎

孔子安排好这一桩大事，内心终于释然，在此后的日子里闲暇清静了许多。门生弟子见老人家这般情形，知道老师将不久于人世，心里都非常难过，感到师生在一起的日子一天少似一天。远居他乡异地的，无法聚首；就近的像子贡、商瞿、叔仲会、子夏等孔门弟子每天都到孔子跟前，徘徊不愿离去。孔子深知他们的用意，心中深感欣慰。

一天，子贡退朝后径直来看孔子。因为来得早，其他弟子都还没到。子贡一脚刚跨进大门，就听到有歌声。子贡停了脚步，侧耳静听，细辨声音，是孔子正在唱："泰山其颓乎？梁木其坏乎？哲人其萎乎？"子贡循声看去，只见孔子两手反交于背后，曳杖而行，一边歌唱，一边走入内堂，临窗而坐。

子贡心里不免又为夫子担忧起来，因为那几句歌辞有不祥之意，他长叹一声，心里想道：泰山如果崩颓了，叫我还敬仰些什么？梁木毁坏了，让我到哪里去找到倚靠和寄托呢？哲人凋谢了，我又到何处去取法呢？今日夫子有这样的歌辞，恐怕他要生病了吧！

子贡一面想，一面急步来见孔子，行过礼，侍立一旁。孔子看到子贡，楸然叹息道："子贡，你为何来得这么迟呢？我有事要告诉你，已经等了你好一会儿了！”

子贡道：“一退朝就立刻赶来，没想到还是来迟了。有劳夫子久候，实在是罪过，但不知夫子有何见教，敢请明示！”

孔子说：“我近夜常梦见自己坐于两楹之间。夏朝人殡于东阶之上，殷朝人殡于两楹之间，周朝人殡于西阶之上。我是殷人啊！现在明王不兴，天下又有谁能师法于我呢？梦境如此，我大概将要死了！”

子贡忙说：“夫子之道乃圣人之道，即便不行于今世，也必将行于后世。至于梦境之事，又怎能当真？夫子年虽老，精神却还未衰，又何至于这么快就离弃我等而去呢？”

孔子默然不语。

这时，公西赤、言偃等弟子陆续而来，孔子又向大家诉说了梦境之事，众弟子纷纷加以宽慰。但自从有了那个梦之后，孔子果然生起病来，且卧床不起。

众弟子甚为忧虑，忙着请名医施药调治，各人轮流看护，像守着自己的父亲一样。但孔子一则年纪已大，经不起病魔的折磨；二来早年周游列国，受尽风霜劳苦，晚年又勤于著述，精力耗损太大，所以一病就很难调治过来。孔子的病始终没有起色，药吃下去也没有什么作用，弄得众人束手无策，只能相对叹息流泪。

孔子卧病在床，一躺就是七天。这一天，病势突然加重，昏昏沉沉地不省人事，牙关紧闭，连药也灌不下了。傍晚时分，孔子与世长辞！

此时正值鲁哀公十六年，四月，己丑，孔子年寿七十有三。

鲁哀公听到孔子去世的消息，悲痛不已，发出这样的哀悼之辞：“昊天不吊！不慭遗一老，俾屏余一人以在位，茕茕余在疚。呜呼哀哉！尼父，毋自律!”（大意为：上天不善，不愿意给我留下一个国老，让他保护我在位，孤单的我有病在身。呜呼哀哉，尊敬的孔夫子，我失去了榜样！）子贡对此评论说：“哀公大概不会善终于鲁国吧！夫子曾说‘礼失则昏，名失则愆。失志为昏，失所为愆。’夫子在世之时，国君不能大用，以行圣明之道；如今死了，却来致哀悼之意，这已是非礼。诔辞中自称余一人，也不合名分，因为‘余一人’乃天子自称之语，鲁是诸侯之邦，不应有此称谓。这是国君的两个失误啊！”

孔门弟子共同商议，一致推选公西赤主持殡葬之事。殓事定好了规章，众人分头去准备。众弟子对于服制一事发生了疑问，因为古时丧礼大殓之后，亲属会按照与死者关系的亲疏远近穿上不同的丧服。子贡说：“我记得当年夫子在颜回去世时，如同丧了自己的儿子一样而无服——古丧制指五服之外的服丧关系；后来丧了子路，也是如此。夫子丧了弟子，既然如同丧自己的孩子一样而无服，现在我们的夫子去世了，也就该如丧严父而无服。不知众位意下如何？”其他弟子认为子贡的话有道理，都无异议。各事议定之后，依时成殓，一切都依古礼。

众弟子将孔子葬于鲁国城北泗水之上，入地不及泉，封为偃斧之形，高四尺，植松柏为志。众门生弟子都宿守墓上，行心丧之礼，守了三年，期满之后方才诀别。又行哭奠，尽哀而散。唯有子贡守墓六年后才离去。

孔门弟子以及鲁国人移居到孔子墓旁的，共有上百户人家，此地改名为孔里。

司马迁在《史记·孔子世家》中说：

> 《诗》有之：“高山仰止，景行行止。”虽不能至，然心向往之。余读孔氏书，想见其为人。适鲁，观仲尼庙堂、车服、礼器，诸生以时习礼其家，余祗回留之不能去云。天下君王至于贤人众矣，当时则荣，没则已焉。孔子布衣，传十余世，学者宗之。自天子王侯，中国言六艺者折中于夫子，可谓至圣矣！

天下的君王以及贤人，生前固然享有荣华富贵，但死后就一了百了。孔子乃一介布衣，传十余世后，其道发扬光大，可称得上至圣的名号了！孔子子孙此后历朝历代都有封典，祀奉不替，时人都尊孔圣，不敢言其名讳。

谨以唐玄宗咏孔子的一首五言律诗录下，以此作结：

夫子何为者？
栖栖一代中！
地犹鄹氏邑，
宅即鲁王宫。
叹凤嗟身否，
伤麟怨道穷！
今看两楹奠，
当与梦时同？

后 记

青年时期，孔子就很有名。上至王侯将相，下至乡野村夫，都知道“鲁国的孔丘”很不一般。不过，按照司马迁的说法，孔子之所以如此耀眼，并不是因为事业有成，而是因为他异于常人的长相。除了生来头顶下凹外，《史记》还说“孔子长九尺有六寸，人皆谓之‘长人’而异之”。九尺六寸，怎么折算也在两米以上，出门在外确有鹤立鸡群的效果，想不引人注意都难。

孔子年轻时，鲁国的季孙氏设宴款待名士，孔子兴冲冲前去赴宴，却吃了闭门羹。季孙氏的家臣对他说：“我们招待的是名士，没有邀请你呀！”可见此时的孔子还是个小人物。但孔子后来的威望已远远不是所谓名士所能比拟。他辗转于诸侯各国之间，宣扬自己的政治主张，还办私学，收门徒，红红火火。孔门弟子人才济济，个个顶大用。

千百年过去了，孔子的思想已深入中国文化的骨髓。我们今天的所思所想、一言一行，无不渗透着他的气息。如此丰富而深邃的一个人，是很难用语言描述的。正如颜回所说：“仰之弥高，钻之弥坚。瞻之在前，忽焉在后。”这种琢磨不透、把握不住的感觉，反而留下了足够宽广的空间让我们去体味。

此次翻译整理以上海大通书社 1936 年出版的《孔子演义：至圣事迹历史长编》为底本，力求文从字顺、晓畅明白，以飨广大读者。

张　弛

2008 年 8 月 20 日